Karin Fischer / Christian Reiner / Cornelia Staritz (Hg.)

GLOBALE GÜTERKETTEN

Wien 2010

Historische Sozialkunde / Internationale Entwicklung

Geschäftsführender Herausgeber:
Gerald Hödl (Internationale Entwicklung, Wien)

HerausgeberInnen:
Joachim Becker (Volkswirtschaft, Wien)
Axel Borsdorf (Geographie, Innsbruck)
Gerald Faschingeder (Internationale Entwicklung, Wien)
Karin Fischer (Soziologie, Linz)
Ingeborg Grau (Afrikawissenschaften, Wien)
Karl Husa (Geographie, Wien)
Karen Imhof (Internationale Entwicklung, Wien)
Franz Kolland (Soziologie, Wien)
Andrea Komlosy (Wirtschafts- und Sozialgeschichte, Wien)
Wolfram Manzenreiter (Ostasienwissenschaften, Wien)
Christof Parnreiter (Geographie, Hamburg)
Birgit Sauer (Politikwissenschaft, Wien)
Walter Schicho (Afrikanistik, Wien)
Anselm Skuhra (Politikwissenschaft, Salzburg)
Sabine Strasser (Kultur- und Sozialanthropologie, Wien)

für den Verein für Geschichte und Sozialkunde (VGS),
in Kooperation mit dem Institut für Wirtschafts- und Sozialgeschichte
der Universität Wien
und dem Mattersburger Kreis für Entwicklungspolitik an den
österreichischen Universitäten

Karin Fischer / Christian Reiner /
Cornelia Staritz (Hg.)

Globale Güterketten
Weltweite Arbeitsteilung und ungleiche Entwicklung

Historische Sozialkunde /
Internationale Entwicklung 29

PR⌾MEDIA   SÜDWIND
WELTMUSIK BÜCHER WELTLADEN

Gedruckt mit Förderung der Österreichischen Entwicklungszusammenarbeit, des Bundesministeriums für Wissenschaft und Forschung in Wien und des Kulturamtes der Stadt Wien, Abteilung Wissenschaft und Forschungsförderung.

Die Deutsche Bibliothek verzeichnet diese Publikation in der deutschen Nationalbibliographie; detaillierte bibliographische Daten sind im Internet über http://dnb.ddb.de abrufbar.

Beiträge zur Historischen Sozialkunde / Internationalen Entwicklung 29/2010
Journal für Entwicklungspolitik, Ergänzungsband 21

Umschlaggestaltung: Jarmila Böhm
Coverillustration: Containerterminal Tollerort im Hamburger Hafen, Am Vulkanhafen, 20457 Hamburg, Foto: © 2009, Fritz Pankratz
Lektorat: Andrea Schnöller
Satz: Marianne Oppel
Druck: Interpress, Budapest
ISBN: 978-3-85371-310-5

Inhalt

Karin Fischer – Christian Reiner – Cornelia Staritz

Einleitung
Globale Güterketten, weltweite Arbeitsteilung und ungleiche Entwicklung

Das Jahr 2007 markiert eine symbolische Wende in der internationalen Arbeitsteilung zwischen reichen und armen Staaten: Die USA importierten zum ersten Mal mehr Industriegüter aus Entwicklungsländern als aus Industrieländern (Krugman 2007). Hinter dieser makroökonomischen Verschiebung stehen massive Veränderungen in der Organisation ökonomischer Aktivitäten. Die Produktion von Waren und Dienstleistungen erfolgt zunehmend in komplexen, netzwerkartigen Organisationsformen, die eine Vielzahl von AkteurInnen und Weltregionen miteinander verbinden. Bis in die 1970er Jahre galt das aus den USA stammende Modell des vertikal integrierten und oftmals räumlich konzentrierten Großunternehmens als „best practice" für die profitmaximierende, industrielle Wertschöpfung. Im Rahmen der Konzentration großer Unternehmen auf ihre Kernkompetenzen, nicht zuletzt als Reaktion auf steigende Renditeerwartungen der Shareholder, ist die räumliche (*offshoring*) und/oder organisatorische (*outsourcing*) Auslagerung von lediglich komplementären Wertschöpfungsstufen entlang technisch trennbarer Schnittstellen an Subunternehmer und Kontraktfertiger zur Norm vieler Industrien geworden.

Als paradigmatisches Beispiel für diese neuartige funktionale Integration der Weltwirtschaft durch weltweite Produktionsnetzwerke wird häufig die Computerindustrie genannt (Voskamp 2005). Die weitgehende Modularisierung und Standardisierung der Einzelteile eines PC prädestinieren diese Industrie für eine Zerlegung der Wertschöpfungskette und die Zuweisung der jeweiligen Aktivitäten an den dafür vorteilhaftesten Standort. Eine idealtypische Standortkonfiguration eines PC-Produktionsnetzwerkes könnte wie folgt aussehen: Halbleiterchips werden in Mexiko, Schottland oder Malaysia produziert, Festplattenlaufwerke in Singapur, Thailand oder den Philippinen. Der Monitor stammt aus Japan, Grundplatinen kommen aus China. Zusammengebaut wird der Computer schließlich in Mexiko oder in Ungarn (Shipper/de Haan 2005). Was auf den ersten Blick bereits verstrickt anmuten mag, erweist sich als vereinfachtes Bild der realen Produktionszusammenhänge. Gourevitch/Bohn/McKendrick (2000) legen eine detaillierte Analyse eines Moduls in der PC-Güterkette vor. Sie analysieren die Organisation der Produktion von Festplattenlaufwerken und geben damit Einblick in die räumliche Verteilung von Unternehmen, ArbeiterInnen und Löhnen. Wie Tabelle 1 zeigt, umspannt diese Güterkette drei Kontinente bei räumlicher Konzentration auf die USA, Japan und Südostasien. Die Produktion von Festplattenlaufwerken wird von US-Unternehmen dominiert. Der Großteil der Lohnsumme entfällt auf US-amerikanische ArbeitnehmerInnen, wiewohl sich die meisten Beschäftigten in Südostasien befinden. Diese erhalten aber lediglich einen geringen Anteil an den Löhnen.

Tabelle 1: Regionale Verteilung der Unternehmensstandorte, Beschäftigten und Löhne in der Herstellung von Festplattenlaufwerken (in Prozent)

	USA	Japan	Südost-asien	Asien (Rest)	Europa	Andere Staaten
Hauptsitz der Unternehmen	88,4	9,4	0	2,2	0	0
Anteil Beschäftigung	19,3	8,3	44,0	17,1	4,7	6,5
Anteil Löhne	39,5	29,7	12,9	3,3	8,5	6,1

Quelle: Verändert nach Gourevitch/Bohn/McKendrick 2000:308.

Neben der räumlichen Betrachtung und der damit verknüpften Ungleichheit von Wertaneignung in Form räumlich differenziert anfallender Lohnsummen, bietet sich auch eine funktionale Betrachtungsweise an. Diese fragt danach, wie die verschiedenen Unternehmensfunktionen in der Güterkette – etwa Produktion, Logistik oder Marketing – mit der Verteilung der Wertschöpfung korrelieren. Tabelle 2 veranschaulicht eine derartige Analyse für die Güterkette des Apple-Produkts iPod. Dabei wird deutlich, dass der Bereich Produktion eine lediglich untergeordnete Bedeutung in Bezug auf die angeeignete Wertsumme hat. Wesentlich größere Werte kann sich der Konzern Apple aneignen, der sich auf Forschung und Entwicklung sowie Marketing konzentriert. Damit verbucht er 40 % des insgesamt in der Kette entstehenden Bruttogewinns auf sich. Die Tabelle zeigt auch die große Bedeutung des Einzelhandels, auf den der zweitgrößte Anteil an der gesamten Wertsumme entfällt, vor Logistik und Produktion. Eine Verknüpfung der räumlichen und funktionalen Betrachtung verdeutlicht, dass bestimmte, tendenziell geringwertige Funktionen in peripheren Regionen, Städten und Staaten angesiedelt sind, während hochwertige Aktivitäten häufig in einigen zentralen Städten, Regionen und Staaten der Welt konzentriert sind.

Die Integration der Weltwirtschaft über global organisierte Produktionsnetzwerke bezeichnet Dicken (2003) als „Globalisierung" im Unterschied zur Vorläuferphase der „Internationalisierung", die durch die grenzüberschreitende Ausweitung ökonomischer Aktivitäten und die dadurch intensivierten Handelsbeziehungen gekennzeichnet war. Die Weltwirtschaft besitzt nunmehr „a highly complex, kaleidoscopic structure involving the fragmentation of many production processes, and their geographical reallocation on a global scale in ways which slice through national boundaries" (Dicken 2003:9).

Als Folge dieses „slicing up the value chain" entstehen räumlich und organisatorisch komplexe Wertschöpfungsketten, die in der Regel von mächtigen, zumeist in den Zentren der Weltwirtschaft angesiedelten Leitunternehmen (*lead firms*) gesteuert und

Tabelle 2: Verteilung des angeeigneten Wertes* in der iPod-Kette bei Verkauf in den USA in US-Dollar (2005)

	USA	Japan	Korea	Taiwan	Total
Leitunternehmen Apple (Entwicklung, Marketing)	76	–	–	–	76
Produktionsunternehmen** (Modullieferanten, Zusammenbau)	7	27	1	4	39
Logistikunternehmen	30	–	–	–	30
Einzelhandel	45	–	–	–	45
Total	158	27	1	4	190

Quelle: Verändert nach Dederick/Kraemer/Linden 2007:20.

*   Der angeeignete Wert (*value captured*) ist identisch mit den in Geschäftsberichten ausgewiesenen Bruttogewinnen (*gross profits*). Diese Maßzahl misst den Wert, den sich ein Unternehmen durch die Teilnahme an der jeweiligen Güterkette aneignen kann und der anschließend für unterschiedliche Verwendungen zur Verfügung steht: Verteilung an die Shareholder, Investitionskapital, Kostendeckung für Abschreibungen und Gemeinkosten (Marketing, Verwaltung).

**   Hunderte kleinere Inputs im Gesamtwert von ca. 24 US-Dollar wurden in dieser Berechnung nicht berücksichtigt. Die relative Verteilung verändert sich durch deren Hinzurechnung jedoch nicht.

kontrolliert werden. Diese Leitunternehmen sind in der Regel transnationale Konzerne (TNCs). Wiewohl die Ursprünge moderner Multis in der zweiten Hälfte des 19. Jahrhunderts liegen, ist die Entstehung globaler Güterketten nur vor dem Hintergrund des Machtzugewinns von TNCs ab Mitte des 20. Jahrhunderts zu verstehen (siehe Ungericht in diesem Band). Die Transaktionskosten haben durch politische – beispielsweise den Zollabbau im Rahmen der Welthandelsorganisation – und durch technologische Entwicklungen – beispielsweise Internet und Containerverkehr – dramatisch abgenommen. Die Verminderung der Fertigungstiefe durch Outsourcing, also die Abnahme des betriebseigenen Wertschöpfungsanteils am Wert der eigenen Produkte, führt im Extremfall zu „Industrieunternehmen ohne Fabrik", wie dies etwa beim Elektronikunternehmen Apple oder dem Sportartikelkonzern Nike der Fall ist. Die Entstehung solcher transnationaler Leitunternehmen ohne eigene Produktionskapazitäten war der entscheidende Anstoß für Gery Gereffi (1994), ein theoretisches Konzept „Globaler Güterketten" vorzulegen (siehe weiter unten).

Die Leitunternehmen, seien sie „hohle" oder produzierende Konzerne, weisen die Produktion jenen Standorten zu, die für den jeweiligen Produktionsschritt komparative Vorteile besitzen. Im Falle der Standorte und Regionen in Entwicklungsländern sind das typischerweise vergleichsweise niedrige Arbeits-, Sozial- und Umweltkosten (siehe Flecker und Plank/Staritz in diesem Band). Bedeutsam ist auch die Einbindung von südlichen Produktionsstandorten auf der Basis klimatischer und naturräumlicher Bedingungen, etwa im Bereich Kakao oder Fisch (siehe Fold bzw. Fischer in diesem Band).

Neue Formen der Integration von Schwellen- und Entwicklungsländern in globale Güterketten folgen jedoch immer weniger den traditionellen, rein kosten- oder naturräum-
lich bestimmten komparativen Vorteilen, sondern knüpfen an den steigenden technologischen Kompetenzen von Zulieferunternehmen und Arbeitskräften an. Ausdruck dessen
ist die Zunahme von Outsourcing und Offshoring von technologisch anspruchsvollen
Prozessen und gehobenen unternehmensbezogenen Dienstleistungen, die mittlerweile
auch über globale Güterketten zwischen Zentren, Semiperipherien und Peripherien der
Weltwirtschaft organisiert sind (siehe Zeller in diesem Band). Abbildung 1 und 2 zeigen anhand von aggregierten Maßzahlen die damit verbundenen strukturellen Veränderungen. Während Abbildung 1 die wachsende Abhängigkeit von Industrieländern vom
Import von Zwischengütern darstellt, gibt Abbildung 2 einen Hinweis auf die Herkunft
dieser Zwischengüter aus Entwicklungs- und Schwellenländern. Die Höhe der Balken
macht sichtbar, wie ungleich Länder und Regionen in weltweite Austauschbeziehungen
involviert sind. Eine weitere, unmittelbar damit zusammenhängende Veränderung der
Handelsflüsse besteht in einer Zunahme des intra-sektoralen und des *intra firm*-Handels
zulasten des klassischen inter-sektoralen Handels und des Austauschs zwischen unterschiedlichen „nationalen" Firmen. Unter Intra-Firm-Handel wird jener Handel verstanden, der zwar die Grenzen von Staaten überschreitet, aber innerhalb der Netze transnationaler Konzerne abgewickelt wird (Dicken 2003).

Der Aufbau industrieller Exportkapazitäten in Ländern des globalen Südens, wie in
Abbildung 2 dargestellt, ist unter anderem eine Folge exportorientierter Entwicklungs-

Abbildung 1: Verhältnisse der importierten Zwischenprodukte zu nicht-importierten
Zwischenprodukten (1995–2000)

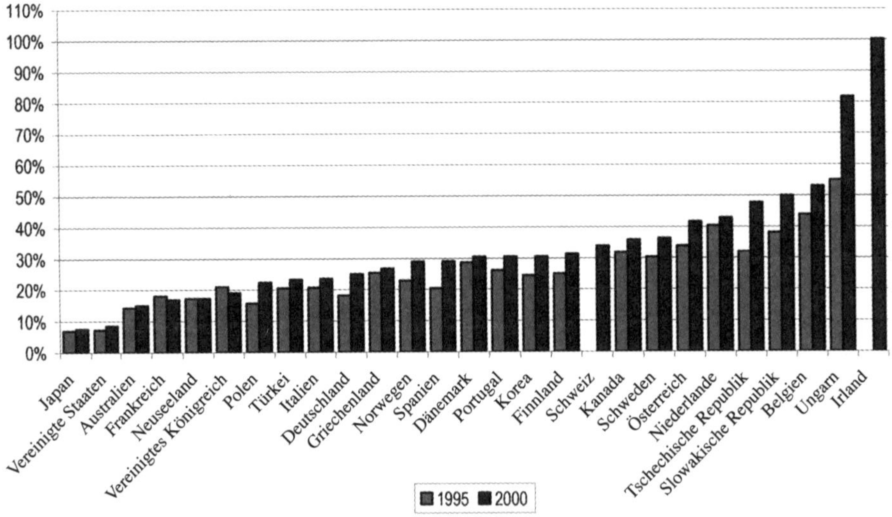

Zahlen für Australien 1995 und 1999; Kanada 1997 und 2000; Griechenland 1995 und 1999; Ungarn 1998 und 2000; Norwegen 1995 und 2001; Portugal 1995 und 1999.
Quelle: OECD (2007: 7).

Abbildung 2: Anteil von Weltregionen an der globalen industriellen Wertschöpfung (1980–2000)

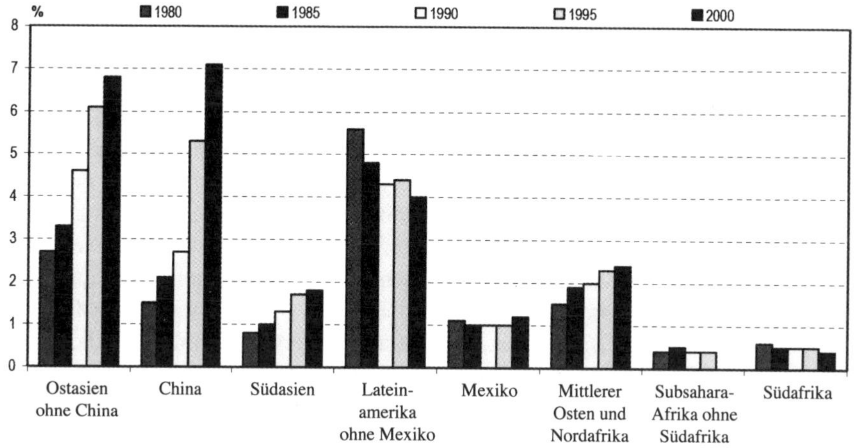

Balken und Legende stimmen in der Reihenfolge von links nach rechts überein.
Quelle: UNIDO (2004) in OECD (2007:12).

strategien, die seit dem Ende der Importsubstitution im Zuge von Öl- und Schuldenkrise und neoliberaler Hegemonie seit den 1980er Jahren stark an Bedeutung gewannen. Bei dieser entwicklungsstrategischen Wende spielten die asiatischen Tigerstaaten eine wichtige Rolle, gelten sie doch gleichsam als Beweis für die vielfältigen positiven Entwicklungsmöglichkeiten, die sich durch eine Integration in globale Güterketten eröffnen. Genauere Analysen lassen allerdings Zweifel an der einfachen Replizierbarkeit exportorientierter Erfolge in anderen armen Staaten aufkommen und zeigen ferner, dass die Entwicklungspfade der asiatischen Schwellenländer untereinander stark differieren. Darüber hinaus vergessen VertreterInnen des Washington Konsens in ihrem Exportenthusiasmus gerne, dass die industrielle Basis unter den protektionistischen Verhältnissen der Importsubstitution aufgebaut wurde (Raffer/Singer ²2004).

Eine der zentralen Fragen in der Güterkettenforschung – und in vielen Beiträgen im vorliegenden Buch – bezieht sich darauf, welche Entwicklungseffekte durch die Integration von AkteurInnen in armen Ländern entstehen. Können sie durch den Zugang zu kaufkraftstarken Märkten und zu Technologieführern wertvolles Wissen zur Aufwertung eigener Unternehmensaktivitäten erlangen oder werden sie lediglich als untergeordnete, abhängige Grenzproduzenten in Produktionsnetzwerke integriert? Sind die neu entstehenden Produktionsstandorte in die lokale Wirtschaftsstruktur eingebettet oder stellen diese lediglich „Kathedralen in der Wüste" ohne lokale *linkages* dar? Wie verändern sich Löhne und Arbeitsbedingungen für die ArbeiterInnen durch die Einbindung in globale Güterketten? Unter anderem um diese Fragen zu analysieren, sind in den vergangenen Jahrzehnten unterschiedliche Ketten- und Netzwerkansätze entstanden, die wir im Folgenden vorstellen.

Forschungsansätze über globale Güterketten und Produktionsnetzwerke

In den vergangenen Jahrzehnten entwickelte sich ein Literaturkorpus, der sich mit Ketten- oder Netzwerkansätzen den skizzierten Veränderungen in der internationalen Arbeitsteilung nähert. Diese beschreiben zum einen, welche Stationen ein Produkt oder eine Dienstleistung durchläuft, angefangen bei der Planung über die Beschaffung von Rohstoffen, verschiedene Fertigungsprozesse, Dienstleistungsinputs und Vertrieb bis hin zum Endkonsum und der Entsorgung. Zum anderen analysieren sie, von wem globale Produktion organisiert und gesteuert wird und wie wertschöpfende Aktivitäten entlang der Kette oder im Produktionsnetzwerk verteilt sind. Die Frage, wer die Profiteure sind und wie sich global gestreute Produktion auf die Entwicklungschancen der beteiligten AkteurInnen in armen Ländern oder Regionen auswirkt, wird insbesondere von der Entwicklungsforschung aufgegriffen. Aus unserer Sicht können vier Stränge unterschieden werden, die – wenngleich sie Erkenntnisinteressen und Anliegen teilen – unterschiedliche theoretische und disziplinäre Bezüge aufweisen und anders gewichtete Fragestellungen ins Zentrum der Analyse stellen (für eine detaillierte Diskussion siehe Bair in diesem Band).

In der Tradition der historischen Weltsystemanalyse verwendeten Hopkins und Wallerstein als erste den Begriff Güterkette (*Commodity Chain,* CC) und definierten diese als „a network of labour and production processes whose end result is a finished commodity" (Hopkins/Wallerstein 1986:159). Ihr Konzept verweist auf die räumlich ungleiche Verteilung von Konkurrenz und die daraus folgende ungleiche Verteilung der Möglichkeiten, jenen Wert anzueignen, der entlang der Güterkette geschaffen wird. Auf diese Weise strukturieren und reproduzieren globale Produktionsketten ein hierarchisches Weltsystem bestehend aus Zentrum, Semiperipherie und Peripherie.

Beeinflusst von der Organisations- und Wirtschaftssoziologie sowie der vergleichenden Entwicklungsforschung entwickelten Gary Gereffi und ein Team von SozialwissenschaftlerInnen in den 1990er Jahren ein relativ kohärentes und operationalisierbares Forschungsparadigma, mit dem die historisch und qualitativ neuen Phänomene in der Weltwirtschaft untersucht werden. Eine globale Güterkette „consists of sets of interorganizational networks clustered around one commodity or product, linking households, enterprises and states to one another within the world economy" (Gereffi/Korzeniewicz/Korzeniewicz 1994:2). Sie weist nach Gereffi (1994) vier Dimensionen auf: Die (1) Input-Output-Struktur zeigt, dass an jedem Ort und auf jeder Ebene bestimmte Inputs und wertschöpfende Aktivitäten erbracht und im Prozess der Wertschöpfung miteinander verknüpft werden. Die (2) räumliche Dimension beschreibt die geografische Konzentration oder Streuung von Produktions- und Verteilungsnetzwerken, an denen mehrere Unternehmen beteiligt sind. Die Machtbeziehungen zwischen den beteiligten Unternehmen drücken sich (3) in der *Governance*-Struktur aus, die darüber bestimmt, wie finanzielle, materielle und menschliche Ressourcen innerhalb der Kette koordiniert und kontrolliert werden. Die vierte Dimension bildet (4) das institutionelle Gefüge, das lokale, nationale und internationale Institutionen und Regulierungen miteinander verbindet und artikuliert (Fischer/Parnreiter 2007).

Der Großteil der im Rahmen dieses Forschungsparadigmas vorgelegten Analysen befasst sich mit Fragen der Koordination und Steuerung einer *Global Commodity Chain*

(GCC) und im Speziellen mit der Rolle der Leitunternehmen. Unterschieden wird ideal-
typisch zwischen den Governance-Typen der produzenten- und käufergesteuerten Güterkette. Leitunternehmen in produzentengesteuerten Ketten, beispielsweise im Automobilsektor (siehe Lengauer/Wukovitsch in diesem Band) oder in der Luftfahrtindustrie,
kontrollieren und besitzen auch oft die zentralen Produktionsstätten der jeweiligen Güterkette. Demgegenüber kontrollieren *global buyers* in käufergesteuerten Ketten räumlich weit gestreute Netzwerke aus Subunternehmen. Sie sind in der Regel sogenannte
„hohle Konzerne" und „manufacturers without factories". Sie besitzen keine Produktionsstätten, sondern verkaufen die von Subunternehmen gefertigten Produkte unter ihrem Markennamen. Neben Markenunternehmen, etwa im Bekleidungs- und Spielzeug-
sektor, gehören auch große Einzelhandelsketten wie Wal-Mart zu dieser Art Leitunternehmen (siehe Aufhauser/Reiner in diesem Band).

Im GCC-Ansatz wurde das Konzept des *Upgradings* aufgegriffen und konzeptualisiert. Unter Upgrading wird die Aufwertung von geringwertigen zu höherwertigeren
Aktivitäten in einer Güterkette verstanden, mit der im Allgemeinen ein erfolgreicher
Entwicklungspfad von exportorientierten Firmennetzwerken sowie von lokalen, regionalen und nationalen Ökonomien unterstellt wird. Dahinter steht die Annahme, dass unterschiedliche Positionen in der internationalen Arbeitsteilung in einer hierarchischen
Abfolge durchlaufen werden: vom simplen *assembly subcontracting* hin zu einem kom-
plexeren Bündel an Aktivitäten, die regionale Linkages aufweisen und eine höhere Wertschöpfung beinhalten (Gereffi 1999).

Seit der Jahrtausendwende wird der GCC-Ansatz von einer dritten Strömung abgelöst bzw. überlagert, die mit dem Begriff der globalen Wertschöpfungskette (*Glo-
bal Value Chain*, GVC) operiert. Sie entstand im Umfeld des Institute of Development
Studies an der Universität Sussex und befasst sich stärker mit anwendungsorientierten
Analysen für Entwicklung. Unter dem Einfluss der internationalen Unternehmens- und
Managementliteratur werden Upgrading-Potenziale unter gegebenen, aber auch verän-
derbaren Transaktions- und Koordinationsbedingungen identifiziert, insbesondere für
Industrien und einheimische Unternehmen in armen Ländern (Gereffi u. a. 2001; Ge-
reffi/Humphrey/Sturgeon 2005).

In Übereinstimmung mit diesem Forschungsanliegen hat der GVC-Ansatz neue und
differenzierte Typologien im Bereich Governance und Upgrading vorgelegt. Die dicho-
tome Kategorie der produzenten- und käufergesteuerten Governance wurde durch fünf
Steuerungsformen ersetzt, die der Vielzahl unterschiedlicher Akteursbeziehungen in Güterketten besser gerecht werden sollen. Innerhalb des Kontinuums zwischen (1) firmeninternen und (5) auf reinen Marktbeziehungen beruhenden Steuerungsformen unterscheiden
Gereffi/Humphrey/Sturgeon (2005) drei weitere (2, 3, 4) netzwerkartige Idealtypen der
Ketten-Governance. (2) Hierarchische oder kaptive Governance-Strukturen sind durch
ein hohes Maß an Kontrolle durch die Leitunternehmen über die abhängigen Zulieferer
geprägt. Sie entsteht vor allem dann, wenn die Kompetenzen der Zulieferer relativ gering
sind und diese daher auf die technologische und/oder organisatorische Unterstützung der
Lead Firm angewiesen sind. Kaptive Strukturen sind eine besonders häufige Form, denen sich Unternehmen aus Entwicklungsländern gegenübersehen, wenn sie sich in globale Produktionsnetzwerke integrieren. (3) Relationale Governance-Strukturen entstehen
bei komplexen Interaktionen zwischen Zulieferern und Lead Firms, bei denen implizites

Wissen (*tacit knowledge*) ausgetauscht werden muss, um das Produkt in der spezifizierten Form arbeitsteilig erzeugen zu können. Der Zulieferer verfügt über hohe Kompetenzen, die komplementär sind zu jenen des Leitunternehmens. Als Folge dieser Konstellation entstehen wechselseitige Abhängigkeiten und relativ symmetrische Machtbeziehungen. In (4) modularen Governance-Strukturen werden einzelne Produktteile weitgehend unabhängig voneinander gefertigt. Da die Zulieferer aufgrund der modularen Produktarchitektur an viele unterschiedliche Käufer liefern und unabhängig von diesen ihre Produktion organisieren, bestehen hier geringere Abhängigkeiten und Machtasymmetrien zwischen den in der Wertschöpfungskette verbundenen Unternehmen.

Dieser Typologie bedienen sich auch einige AutorInnen im Band, um die veränderlichen Machtverhältnisse zwischen bäuerlichen ProduzentInnen, Firmen und Zulieferern im Zusammenhang mit der Organisation von Güterketten zu beschreiben (siehe etwa die Beiträge von Stephan/Stamm, Manzenreiter, Fischer und Aufhauser/Reiner). Allerdings, und das ist ein wesentlicher Kritikpunkt, werden im Rahmen des GVC-Ansatzes für die Bestimmung der Governance ausschließlich „ketteninterne Kriterien", wie die Komplexität der Transaktionen oder die Kompetenzen der Zulieferer, herangezogen. Die AutorInnen dieses Bandes fassen die Bestimmungsfaktoren der je spezifischen Governance-Form breiter und berücksichtigen explizit auch „kettenexterne Kriterien", welche die Beziehungen und Machtverhältnisse zwischen den AkteurInnen in globalen Güterketten und Produktionsnetzwerken entscheidend prägen. Dazu gehören institutionelle Mechanismen und Arrangements wie staatliche Förderpolitiken, multilaterale Vertragsprozesse und Handelsregulierungen ebenso wie private Standards und Produktnormen (siehe weiter unten).

Dass sich die EntwicklungsforscherInnen dieser Strömung so intensiv mit Governance beschäftigen, hat seinen Grund darin, dass der Typus der Steuerung und der Kontrolle eng verbunden ist mit den Möglichkeiten für einen Aufstieg in der Kette: „Different forms of chain governance have different upgrading implications." (Humphrey/ Schmitz 2002:1023) In anderen Worten: Bestimmte Governance-Formen können förderlich, andere als Barrieren für die Aufwertung von Aktivitäten in Entwicklungsländern wirken. Auch im Bereich Upgrading sorgte der GVC-Ansatz für eine mittlerweile weithin – und auch in den Beiträgen dieses Bandes – genutzte Typologie (Humphrey/ Schmitz 2002). Mit einem (1) Produkt-Ugrading werden höherwertige Produkte hergestellt und damit höhere Stückpreise und Gewinnspannen erzielt. Im Rahmen eines (2) Prozess-Upgrading tragen neue Technologien oder besser organisierte Produktionsprozesse zu Effizienzgewinnen bei. Mit einem (3) funktionalen Upgrading verbessern Firmen ihre Position, indem sie neue Funktionen entlang der Kette übernehmen. Das kann dadurch geschehen, dass sie Arbeitsschritte mit höheren Wertschöpfungsanteilen wie Logistik oder Design übernehmen oder eigene Vertriebsstrukturen und Marketingabteilungen aufbauen. Schließlich ist noch das (4) intersektorale bzw. *inter-chain*-Upgrading zu erwähnen, bei dem Fähigkeiten, die in einer Kette angeeignet wurden, in einer anderen, höherwertigeren Kette eingesetzt werden.

Als vierter Ansatz ist das aus der Wirtschaftsgeografie stammende Konzept der globalen Produktionsnetzwerke (*Global Production Networks*, GPN) zu nennen. Es wurde in kritischer Auseinandersetzung mit den Annahmen und der Forschungspraxis der GCC und GVC-Analyse entwickelt (Henderson u.a. 2002; Coe/Dicken/Hess 2008).

Neben der Kritik, dass diese beiden Schulen die räumliche Dimension von Güterketten vernachlässigt haben, betonen die GPN-ForscherInnen zwei wesentliche Unterschiede. Erstens eröffnet der Begriff Netzwerk eine bessere Annäherung an die komplexen und dynamischen Beziehungen in globalen Produktionszusammenhängen als eine Kettenterminologie, die Produktion und Verteilung als vertikale und lineare Prozesse erscheinen lassen. Zweitens will der GPN-Ansatz eine auf Unternehmen verengte Forschungsperspektive vermeiden. Er steht für eine breitere polit-ökonomische Betrachtungsweise, bei der die geografischen, kulturellen und institutionellen Strukturen, in die Produktionsnetzwerke eingebettet sind, stärker berücksichtigt werden. Auch dabei erweist sich der Begriff Produktion als nützlich: Im Unterschied zum Güterbegriff, der standardisierte Produkte und eine immer gleiche Herstellung impliziert, treten die gesellschaftlichen Bedingungen hervor, unter denen Güter und Dienstleistungen produziert, reproduziert und konsumiert werden (Fischer/Parnreiter 2007).

Verdienste der Güterkettenforschung

Inspiriert durch die unterschiedlichen theoretischen Konzeptionen der Güterkettenforschung, entwickelte sich eine umfangreiche empirische Literatur. Untersuchungen liegen vor zu unterschiedlichen Industriezweigen (von Textil und Bekleidung über die Automobil- bis zur Elektronikindustrie), zu Agrarprodukten (von Gemüse über Gewürze bis zu Kaffee und Kakao) sowie zu Dienstleistungen (von Tourismus über produktionsbezogene Dienstleistungen bis zur Biotechnologie). Das Verdienst dieser Studien ist es, empirisch vielfältige Einsichten in die qualitativen, strukturellen Veränderungen der internationalen Arbeitsteilung zu liefern. Die Forschung über globale Güterketten und Produktionsnetzwerke bietet einen Analyserahmen, der es erlaubt, die traditionelle Staatszentriertheit in den Sozialwissenschaften zu überwinden. Indem auf konkrete Orte der Produktion und auf deren Vernetzung fokussiert wird, rückt die historisch veränderliche „Geografie des Profits" in den Blickpunkt (Fischer/Parnreiter 2007).

Der Fokus auf Firmennetzwerke ermöglicht es, Unternehmensstrategien und die mit ihnen verbundenen organisatorischen Dynamiken theoriegeleitet zu beforschen. Die Untersuchungen zu Governance zeigen, wie sich Konzernmacht in globalen Produktionsnetzwerken manifestiert. Leitunternehmen entscheiden, mit wem sie kooperieren; sie legen fest, welche Ware oder Dienstleistung die Zulieferer wann, wo, in welcher Qualität und in welchem Umfang bereitzustellen haben. Die Forschungsergebnisse unterstützen die Arbeit von NGOs, die Konzernpraktiken öffentlich machen und die KonsumentInnen dafür sensibilisieren, unter welchen Bedingungen die Güter des täglichen Bedarfs hergestellt werden und wer davon profitiert.

Indem die Frage der Steuerung und Kontrolle mit den Chancen für Upgrading verbunden wird, versucht man Antworten auf entwicklungspolitisch bedeutsame Fragen zu finden: Wie können AkteurInnen im globalen Süden Zugang zu Fertigkeiten, Wissen und Kompetenzen erlangen, um an globalen Produktionsnetzwerken teilzuhaben? Wie können lokale Unternehmen ihre Position dahingehend verbessern, dass sie Funktionen übernehmen, die einen höheren Wertschöpfungsanteil enthalten? Wie können Unternehmen, Industrien und Gesellschaften in Entwicklungsländern die Art ihrer Einbindung in globale Güterketten aktiv verändern?

Entsprechende entwicklungsstrategische Empfehlungen findet man u.a. in den zahlreichen Sektorstudien des Institute of Development Studies an der Universität Sussex. Auch die Publikationen der Internationalen Arbeitsorganisation, einschlägiger Organisationen der Vereinten Nationen, der OECD, der Weltbank oder der Deutschen Gesellschaft für Technische Zusammenarbeit dokumentieren die (entwicklungs-)politische Relevanz der Güterkettenforschung (für eine Übersicht siehe http://www.globalvaluechains.org/).

Eine positive Folge der Kettenforschung für Entwicklungspolitik liegt sicherlich darin, dem „deregulate and wait" des Washington Konsens strategische Ansätze entgegenzuhalten und industriepolitischer Intervention zu neuer Bedeutung zu verhelfen (Rodrik 2006). Die Integration in weltwirtschaftliche Zusammenhänge erscheint dabei aber unumgehbar: „The most fruitful response is not to debate whether global economic integration should take place at all, but rather to examine how this integration can be managed in order to produce positive effects for a majority of participants" (Gereffi u.a. 2001:2).

Konzeptionelle Beschränkungen

Die kapitalismuskritische Traditionslinie des Weltsystemansatzes ging im vergangenen Jahrzehnt weitgehend verloren. Wie Bair in diesem Band schreibt, orientiert sich ein Großteil der jüngeren Kettenliteratur „immer stärker an der Mesoebene sektoraler Dynamiken und/oder der Mikroebene der Aufwertung von Unternehmensaktivitäten". Zwei Beschränkungen sehen wir in diesem Zusammenhang als besonders bedeutsam an. Die Ketten- und Netzwerkanalysen fokussieren vornehmlich auf transnationale Unternehmen und die Beziehungen zwischen Firmen. Dadurch werden andere AkteurInnen und die breiteren institutionellen und regulativen Kontexte, in die Produktionsnetzwerke eingebettet sind, tendenziell vernachlässigt (Plank/Staritz 2009). Die Verlagerung des Analysefokus weg vom Staat hin zu (transnationalen) Unternehmen, die implizit oder explizit als die zentralen zeitgenössischen Akteure in Entwicklungsprozessen erscheinen, ist aber problematisch. Institutionen und Regulierungen – auf lokalstaatlicher, nationalstaatlicher oder supranationaler Ebene – haben großen Einfluss auf die Gestaltung transnationaler Produktionsnetzwerke. Durch sie können Staaten und Organisationen von Staaten beeinflussen, ob Güterketten lang, das heißt tendenziell global, oder kurz, das heißt tendenziell national oder regional, verlaufen. Ein Beispiel dafür ist das Multifaser-Abkommen der WTO. Sein Auslaufen wirkte sich auf die räumliche Konfiguration von Produktionsnetzwerken im Bekleidungssektor massiv aus (siehe Komlosy und Manzenreiter in diesem Band). Ein anderes Beispiel sind die Strukturanpassungsprogramme der internationalen Finanzinstitutionen. Niels Fold beschreibt in seinem Artikel, wie sich die aufgezwungene Liberalisierung in den 1980er Jahren auf die Ausgestaltung der globalen Kakao-Schokoladen-Wertschöpfungskette und die ProduzentInnen in den westafrikanischen Ländern ausgewirkt hat.

Einen zweiten Schwachpunkt sehen wir in der mechanischen und engen Auffassung von Upgrading. Der herkömmlichen Sichtweise zufolge wird Upgrading als ein Prozess aufgefasst, in dem lokale Unternehmen von Global Buyers „lernen" und ihre Möglichkeiten, in der Wertschöpfungshierarchie aufzusteigen, verbessern (Humphrey/ Schmitz 2002). Upgrading wird auf diese Weise mit Entwicklungsfortschritten gleichgesetzt und in alter modernisierungstheoretischer Tradition zu einem allgemein gültigen Muster. Der skizzierte Entwicklungspfad ist aber lediglich einer unter vielen möglichen, die sich aus der Teilnahme an globalen Produktionsnetzwerken ergeben können. Die ÖkonomInnen der UNCTAD (2007) haben die Entwicklung von 24 Güterketten in den 50 „am wenigsten entwickelten Staaten" (LDCs) der Welt für den Zeitraum 1995 bis 2005 untersucht. Ihr Ergebnis ist ernüchternd: Nur in sieben Güterketten konnte ein Upgrading identifiziert werden, zwölf Güterketten waren aus der Sicht der LDCs mit einem Downgrading verbunden. Selbst wenn Unternehmen „erfolgreich" sind, ernten diese nicht zwangsläufig die Früchte, die mit einem Upgrading verbunden werden, etwa gesteigerte Rentabilität und Sicherheit – und noch weniger die AkteurInnen am unteren Ende der Güterkette in Form höherer Löhne oder besserer Arbeitsbedingungen (siehe Bair, Flecker und Plank/Staritz in diesem Band).

Empirische Herausforderungen

Aus forschungspraktischer Perspektive lassen sich zumindest zwei Herausforderungen benennen. Erstens erweist sich die Operationalisierung der unterschiedlichen Kettenansätze für empirische Forschung als keineswegs trennscharf (Bathelt/Glückler ²2003). Wenngleich sich unterschiedliche AutorInnen auf unterschiedliche Konzepte berufen, unterscheiden sich empirische Arbeiten in vielen Fällen nicht signifikant. Eine Ursache dafür liegt vermutlich in der oftmals schwierigen Datenlage für die im jeweiligen Ansatz als relevant angegebenen Kategorien. Macht, Wert, Profitverteilung, Möglichkeit der Kodifizierung, Komplexität der Transaktion etc. sind abstrakte Kategorien, für die erst in mühsamer Kleinarbeit ein Set von Proxy-Variablen erfasst werden muss.

Dies führt zur zweiten forschungspraktischen Beschränkung: der Datenverfügbarkeit. Einerseits liegen die Daten nicht in der gewünschten Kategorisierung vor. Neben der eben beschriebenen Proxy-Variablen-Problematik sind gerade öffentliche Statistiken nur eingeschränkt verwendbar, da diese in der Regel nur für bestimmte Territorien erhoben werden. Güterketten sind aber gerade dadurch gekennzeichnet, dass sie politische Grenzen in vielfacher Weise durchschneiden. Weiters ist anzumerken, dass der Güterkettenansatz *flows* von Kapital, Arbeit, Wissen und Gütern in den Mittelpunkt der Analyse stellt. Daten über Flüsse, noch dazu zwischen kleinräumigen Einheiten wie Städten oder Regionen, sind im Gegensatz zu Daten über *stocks* kaum verfügbar. Bereits die Beschaffung von Daten zur Außenhandelsverflechtung der österreichischen Bundesländer ist relativ kompliziert.

Aber selbst wenn Daten vorhanden wären, besteht in vielen Fällen nur ein eingeschränkter Zugang. Dazu zwei Beispiele aus der Forschungspraxis. Leitunternehmen betrachten ihre Zulieferkette als Teil ihres Wettbewerbsvorteils. Da ein Wettbewerbsvorteil aber nur so lange tatsächlich ein Vorteil ist, wie er von dem jeweiligen Unternehmen gegenüber den Konkurrenten geheim gehalten werden kann, besteht in vielen Fällen strenge Geheimhaltung von Daten zur Organisation der Zulieferkette. Dederick/Kraemer/Linden (2007:9) bemerken in ihrer Studie zur Gewinnverteilung entlang der iPod-Kette, dass Leitunternehmen in der Elektronikindustrie „jealously protect information about pricing deals they have negotiated, and often require the silence of their suppliers and contractors through non-disclosure agreements." Als Berichte über Arbeitsrechtsverletzungen in Zulieferunternehmen für Apple Anfang des Jahres 2010 an die Öffentlichkeit gelangten, weigerte sich Apple, die Unternehmen und die betroffenen Fabrikstandorte zu nennen, um keine Informationen über die Beschaffungskette preiszugeben (The Economist, 6. März 2010).

Bereits die Beschaffung von Daten über die Standorte des Leitunternehmens können ein Problem darstellen. Die Ökonomin Emek Basker versuchte in mehreren Studien die ökonomischen Effekte von Wal-Mart-Geschäften auf die Standortregion herauszufinden. Dazu benötigte sie zunächst Daten zu allen US-Filialen und zwar wann und wo diese eröffnet bzw. geschlossen wurden. Nachdem Wal-Mart sich weigerte, diese scheinbar unsensiblen Daten zur Verfügung zu stellen, musste Basker in zeitintensiver Kleinarbeit einen eigenen Datensatz erstellen (Fishman 2007). Als Konsequenz dieser Datenprobleme erweist sich in der Regel die Triangulation, also die Nutzung unterschiedlicher Datenquellen und empirischer Forschungsmethoden, als hilfreich. Geschäftsberichte, Zeitungsartikel, Handelsstatistiken und eigene Primärdatenerhebungen durch Interviews, um nur einige Beispiele zu nennen, müssen in sinnvoller und synergetischer Weise kombiniert werden, um den ambitionierten theoretischen Konzeptionen der Güterkettenforschung zu entsprechen. Aber nicht zuletzt diese, gleichsam detektivisch anmutende empirische Forschungspraxis macht die Güterkettenforschung zu einem spannenden Feld für WissenschaftlerInnen aus unterschiedlichen Disziplinen.

Wozu ein Buch zu globalen Güterketten?

Der vorliegende Band soll eine Lücke schließen. Denn während es im angelsächsischen Raum eine Reihe von Textsammlungen zu globalen Güterketten und Produktionsnetzwerken gibt, suchen interessierte LeserInnen vergeblich nach einem deutschsprachigen Band. Bislang liegen nur wenige, in Zeitschriften und Sammelbänden verstreute Beiträge vor (vgl. Fischer/Parnreiter 2007; Die Erde 2007; Geographische Rundschau 2008, Journal für Entwicklungspolitik 2009). Dies mag daran liegen, dass die Forschung in diesem Bereich stark von englischen und US-amerikanischen Institutionen und Wissenschaftlerinnen vorangetrieben wurde. Es mag auch an dem kleinen Markt für deutschsprachige Publikationen liegen. Die Frage, von wem und unter welchen Bedingungen die Produkte hergestellt werden, die wir konsumieren, erhält allerdings immer größere Aufmerksamkeit in einer (entwicklungs-)politisch interessierten Öffentlichkeit – Anlass genug, um ein Buch mit einführendem Charakter und vielfältigen Fallbeispielen vorzulegen.

Das Buch will allerdings nicht nur Einblick in ein facettenreiches Forschungsfeld geben, sondern auch zur Weiterentwicklung der Güterkettenforschung im deutschen Sprachraum beitragen. Um konzeptuelle Einseitigkeiten zu vermeiden, erhielten die AutorInnen einen inhaltlichen Wunschzettel. Wir baten, jene Aspekte zu berücksichtigen, die in der bisherigen Kettenforschung unterbelichtet geblieben sind: die AkteurInnen am unteren Ende der Kette, die breiteren institutionellen und politischen Kontexte sowie die historische und räumliche Dimension. Zweitens werden in den Beiträgen unterschiedliche Ketten- und Netzwerkansätze vorgestellt und herausgearbeitet, inwieweit sie dazu beitragen, ungleich verbundene Entwicklungsprozesse zu zeigen und zu verstehen. Schließlich wird in den Beiträgen eine explizit entwicklungsbezogene Sichtweise eingenommen. Damit rücken die Auswirkungen vor Ort und die möglicherweise sehr unterschiedliche Betroffenheit von Unternehmen und ArbeiterInnen in Entwicklungsländern ins Zentrum der Aufmerksamkeit.

Die Beiträge im Überblick

Jennifer Bair eröffnet den Band mit einem aus dem Englischen übersetzten Aufsatz zur Entwicklung und Ausdifferenzierung der verschiedenen Ansätze der Güterkettenforschung. Sie diskutiert in ihrem Beitrag die in der Tradition der Weltsystemanalyse wurzelnden Anfänge, die Entstehung des Global-Commodity-Chain-Ansatzes und die Etablierung einer dritten Strömung, der Global Value Chains, unter Bezug auf betriebswirtschaftliche und institutionenökonomische Theorien. Als Konsequenz dieser mikroökonomischen, unternehmensorientierten Ausrichtung fordert Bair eine Reorientierung der Forschungsperspektive, um erneut globale Ungleichheiten unter je spezifischen polit-ökonomischen Kontexten zu analysieren, wie dies im Weltsystemansatz grundgelegt ist.

Jörg Flecker stößt mit seinem Beitrag in eine Forschungslücke, indem er zeigt, wie Restrukturierungsprozesse in Wertschöpfungsketten auf die Arbeitsbedingungen in den unterschiedlichen Abschnitten der Kette einwirken. Am Beispiel der Bekleidungsindustrie und der Softwarebranche verdeutlicht Flecker die Ambivalenz von Upgrading-Prozessen: Einerseits ist die Übernahme höherwertiger Funktionen durch Unternehmen in Transformations-, Schwellen- und Entwicklungsländern keine hinreichende Voraussetzung für eine Besserstellung der ArbeiterInnen. Andererseits sind auch die Arbeitsbedingungen in den Leitunternehmen selbst durch hohe Anforderungen hinsichtlich Flexibilität und einem damit verbundenen Unsicherheitspotenzial charakterisiert. Neue, durch Lead Firms implementierte Geschäftsmodelle, wie etwa die Verkürzung der Produktlebenszyklen durch „fast fashion" in der Bekleidungsindustrie, führen zu einem größeren Druck auf die abhängig Beschäftigten in der gesamten Kette.

Bernhard Ungericht thematisiert die bislang relativ zahnlosen Versuche internationaler Organisationen, transnationale Wertschöpfungsketten zu regulieren. Neben der Entstehung und Weiterentwicklung entsprechender Bestimmungen der Vereinten Nationen, der ILO und der EU rückt der Autor die unter dem Begriff „Corporate Social Responsibility" firmierende „freiwillige Selbstregulierung" seitens der Unternehmen in den Blick. Die Diskussion um Verhaltensregeln für Konzerne beschreibt Ungericht als politische Arena, in der ungleiche AkteurInnen für ihre Interessen kämpfen: Die einen wollen Instrumente für eine Verantwortungszuschreibung, die anderen Instrumente für eine Verantwortungsabwehr durchsetzen. Die Schieflage in der Regulierung spiegelt die Machtverhältnisse wider: Investoren- und Besitzrechte sind international geschützt; Vorgaben in Bezug auf ökologische, soziale und menschenrechtliche Aspekte im Rahmen internationaler Unternehmenstätigkeiten bleiben freiwillig und rechtlich nicht bindend.

Andrea Komlosy beschäftigt sich in ihrem Beitrag mit dem historischen Wandel der Organisation textilindustrieller Produktion. Dem Weltsystemansatz folgend zeigt sie, dass die Textilproduktion in multilokalen, durch Kettenbeziehungen verbundenen Standorten seit der Etablierung des Verlagssystems im 17. Jahrhundert organisiert ist. Die Arbeitsteilung zwischen Stadt und Land, zwischen Regionen innerhalb eines Territoriums oder zwischen unterschiedlichen Weltregionen sind dabei lediglich Variationen des gleichen Prinzips: Profiterzielung durch das Ausnutzen räumlich definierter Differenziale von Löhnen sowie sozialer und umweltbezogener Regulierungen. Zentraler Indikator für die Positionierung einer Region innerhalb der Textilkette ist das jeweils spezifische Mischungsverhältnis unterschiedlicher Arbeitsbeziehungen: formelle und informelle Arbeit, selbst- und unselbstständige Arbeit, frei- und unfreiwillige Arbeit, Lohn- und Subsistenzarbeit.

Karin Fischer rekonstruiert in ihrem Artikel die Lachs-Güterkette von ihrem Ausgangsort an einem Küstenabschnitt Chiles bis zu den Verbrauchermärkten in den Zentren. Entlang der vier Dimensionen der Güterkettenforschung beschreibt sie die Entstehung und den vorläufigen Niedergang dieser jungen globalen Industrie: die Input-Output-Struktur, die räumliche Dimension, die beteiligten AkteurInnen, die veränderlichen Governance-Formen im Zuge von Unternehmenskonzentration und des Aufstiegs der Supermärkte sowie den institutionellen Kontext. Ihre Analyse der regulativen und institutionellen Rahmenbedingungen unterstreicht die Bedeutung nationaler (Entwicklungs-)Politik, in diesem Fall die Förderung exportorientierter Industrien und Unternehmen zulasten ökologischer und sozialer Standards. Die Entwicklungseffekte sind zwiespältig: Einem Zuwachs an Arbeitsplätzen in einer strukturschwachen Region stehen eine Überausbeutung der natürlichen Ressourcen und Arbeitskraft gegenüber.

Niels Fold liefert in seinem Beitrag eine umfassende Analyse der globalen Kakao- und Schokoladen-Industrie. Nach der Darstellung der Weltproduktions- und Handelsmuster arbeitet er die Dynamiken und Verlagerungen im Raum- und Strukturmuster der globalen Wertschöpfungskette heraus. Den Schwerpunkt legt der Autor auf eine im GCC-Forschungsparadigma vernachlässigte Dimension: auf die institutionellen Rahmenbedingungen und die Regulierungsmechanismen. Er beschreibt die Auswirkungen der Liberalisierung und die Wirkweise neuer Formen privater Regulierung auf die an der Kette beteiligten AkteurInnen in Nord und Süd, von den Anbauenden über die Konzerne der Nahrungsmittelindustrie bis zu den KonsumentInnen. Der Ausnahmefall Ghana, das sich den Konditionalitäten der internationalen Finanzinstitutionen entgegenstellte, zeigt, dass die staatliche Regulierung von Ketten eine bedeutsame Rolle in der Sicherstellung der Lebensgrundlagen kleinbäuerlicher Haushalte spielen kann.

Christiane Stephan und *Andreas Stamm* diskutieren am Beispiel der Zimtwirtschaft in Sri Lanka die Chancen und Risiken, die den lokalen ProduzentInnen aus der Einbindung in globale Wertschöpfungsketten erwachsen. Sie identifizieren in der Zimtwirtschaft zwei Produktionssysteme, ein konventionelles, das für den Großteil der Zimtexporte sorgt, und das Fair-Trade-Segment. Beide Segmente sind jeweils in unterschiedlich organisierte und kontrollierte Wertschöpfungsketten eingebunden. Die Feldstudie zeigt, dass im konventionellen Bereich die Machtbeziehungen in der Kette eine Barriere gegenüber Upgrading darstellen. Im vergleichsweise kleinen Fair-Trade-Segment haben die lokalen ProduzentInnen erheblich mehr Chancen, ihre Arbeitsprozesse aufzuwerten. Partnerinstitutionen im Verbrauchermarkt schaffen eigene Strukturen, die Weiterbildung, Wissenstransfer etc. und damit eine Verbesserung der Einkommens- und Lebenssituation ermöglichen.

Wolfram Manzenreiter beschäftigt sich mit der Sportartikel-Güterkette und der Rolle asiatischer Produktionsnetzwerke in dieser Kette. Unter besonderer Berücksichtigung der Entwicklungen in der Sportschuh- und Sportbekleidungsindustrie stellt der Autor die zunehmende Bedeutung asiatischer Produktionsstandorte sowie die dynamische Abfolge verschiedener Muster intraregionaler Arbeitsteilung dar. Während die erste und zweite Generation der Tigerstaaten bereits ein industrielles Upgrading und einen damit verbundenen Aufstieg in der Wertschöpfungskette realisieren konnte, scheinen die Chancen von Kambodscha, Sri Lanka und Laos beschränkt. Obwohl nationale Gewerkschaften eher geringen Einfluss haben, konnte die bis in die 1990er Jahre dominierende Strategie des „race to the bottom" in der Sportartikelindustrie durch den Einfluss von NGOs und kritischen KonsumentInnen abgeschwächt werden. Der politisch geförderte regionale Integrationsprozess und die damit verbundene Bedeutungszunahme Asiens in der Sportartikelindustrie könnte ein weiterer Schritt zur partiellen Entkopplung von US-amerikanischen Markenfirmen sein. Ob dadurch Wohlfahrtsgewinne gleichmäßiger verteilt werden, bleibt eine offene Frage.

Leonhard Plank und *Cornelia Staritz* gehen in ihrem Artikel der Frage nach, inwieweit die positiven Entwicklungseffekte, die von der Integration mittel- und osteuropäischer Standorte in globale Elektronik-Produktionsnetzwerke erhofft wurden, tatsächlich eingetreten sind. Der empirische Fokus liegt auf Ungarn, dem wichtigsten Elektronik-Exporteur der Region, und auf Rumänien, einem bedeutenden Neueinsteiger in der Elektronikproduktion. Sie beschreiben mit einem adaptierten Global-Production-Network-Ansatz die organisatorische und räumliche Konfiguration der Elektronikindustrie und untersuchen dann, wie sich die Einbindung in Produktionsnetzwerke auf lokale Unternehmen und ArbeiterInnen auswirkt. Ihre Studie zeigt, dass positive Entwicklungseffekte – im Sinne lokaler Linkages, Wissenstransfer oder höherwertiger Jobs – hinter den Erwartungen geblieben sind. Verantwortlich dafür sind u.a. die Dynamiken globaler Produktionsnetzwerke und ihre räumlich und organisatorisch konzentrierten Zulieferstrukturen.

Lukas Lengauer und *Florian Wukovitsch* analysieren das Produktionsnetzwerk der Automobilindustrie als eine produzentengesteuerte Güterkette. Zentrale Inhalte dieses Beitrags sind die Entwicklung der autoindustriellen Kette in den letzten drei Jahrzehnten und die damit verbundenen Veränderungen von Standortmustern und Governance-Strukturen. Im Gegensatz etwa zur Bekleidungsindustrie weist die Autoindustrie stärker räumlich kompakte, regionalisierte Produktionsnetzwerke auf: Autos für den europäischen Markt werden in Europa, Autos für den chinesischen Markt in China bzw. Asien gefertigt. Am Beispiel der Integration mittel- und osteuropäischer Staaten in autoindustrielle Güterketten wird die Bedeutung von Cluster-Strategien als industrie- und regionalpolitisches Instrument zur Förderung von Upgrading-Prozessen diskutiert. Zusammen mit klassischen Kostenvorteilen konnten Regionen etwa in der Slowakei oder Ungarn höherwertige Aktivitäten übernehmen. Dennoch bilden hierarchische Beziehungen, kontrolliert von oligopolistisch konkurrierenden Leitunternehmen, eher die Regel als die Ausnahme.

Christian Zeller widmet sich in seinem Beitrag der Pharmaindustrie. Neben einer allgemeinen Darstellung der komplexen Kette, die ein Medikament von der Forschung und Entwicklung bis zur pharmazeutischen Produktion und zum Verkauf durchlaufen muss, liegt der Schwerpunkt des Artikels auf der Darstellung der Internationalisierung des Schweizer Pharmakonzerns Novartis. Zeller zeigt einen in drei Phasen ablaufenden Prozess der Integration von Schwellen- und Entwicklungsländern in die Pharmakette: Bis in die 1980er Jahre bauten Lead Firms der Pharmaindustrie Produktionskapazitäten in diesen Staaten auf, nicht zuletzt ein Ergebnis politischer Regulierungen im Rahmen Importsubstitution fördernder Wirtschaftspolitiken. Danach folgte eine Phase des Rückzugs aus diesen Märkten und darauf eine aktuell anhaltende Phase der selektiven Expansion. An den Beispielen von China und Indien werden diese Entwicklungen beispielhaft erörtert. Der Autor bleibt skeptisch, ob dies tatsächlich zu einer Neuverteilung von Machtverhältnissen im globalen Pharma-Biotech-Komplex hin zu aufstrebenden Ländern führen könnte. Die ungebrochen starke Konzentration zentraler Forschungseinrichtungen in einigen wenigen Technologieregionen in den USA und Europa stützen diese Einschätzung.

Elisabeth Aufhauser und *Christian Reiner* analysieren Supermärkte und die vom Einzelhandel gesteuerten Güterketten. Ausgangspunkte der Analyse bilden zwei Entwicklungen: einerseits die etwa 1960 einsetzende „Supermarktrevolution" und die damit verbundene Oligopolisierung des Einzelhandels durch einige wenige große Player, andererseits die einige Jahrzehnte später einsetzende Internationalisierung dieser *big buyer* und ihre Expansion in andere Industrie- sowie in Schwellen- und Entwicklungsländer. Die Macht der Supermärkte über Produktionsunternehmen zeigen die AutorInnen exemplarisch am Beispiel von Wal-Mart, dem – gemessen an den Beschäftigten – größten Unternehmen der Welt, auf. Im Resümee entwickeln die AutorInnen die These der „multiplen Polarisierung" als Folge der Expansion und Internationalisierung global organisierter Einzelhandelsketten. Die Chancen auf Upgrading werden dabei neu verteilt: große, kapitalintensive Unternehmen scheinen ihre Position als Zulieferer von Wal-Mart & Co verbessern zu können; kleinere, ressourcenschwache Unternehmen könnten von Verlusten und Marktaustritt bedroht werden.

Literatur

Bathelt, Harald/Glücker, Johannes (²2003): Wirtschaftsgeographie. Ökonomische Beziehungen in räumlicher Perspektive. Stuttgart: Eugen Ulmer

Coe, Neil M./Dicken, Peter/Hess, Martin (2008): Global production networks: realizing the potential. In: Journal of Economic Geography 8: 271-295

Dederick, Jason/Kraemer, Kenneth L./Linden, Greg (2007): Capturing Value in a Global Innovation Network: A Comparison of Radical and Incremental Innovation. Personal Computing Industry Center. http://pcic.merage.uci.edu/papers/2007/CapturingValue.pdf, 20.3.2010

Dicken, Peter (2003): Global Shift – Reshaping the Global Economic Map in the 21st Century. New York: Guilford Press

Die Erde (2007) 138/2: Special Issue: Commodity Chains

Fischer, Karin/Parnreiter, Christof (2007): Globale Güterketten und Produktionsnetzwerke – ein nicht staatszentrierter Ansatz für die Entwicklungsökonomie. In: Becker, Joachim/Imhof, Karen/Jäger, Johannes/Staritz, Cornelia, Hg.: Kapitalistische Entwicklung in Nord und Süd. Handel, Geld, Arbeit, Staat. Wien: Mandelbaum: 106-122

Fishman, Charles (2007): The Wal-Mart Effect. London: Penguin

Geographische Rundschau (2008) 9: Globale Wertschöpfungsketten

Gereffi, Gary (1994): The Organization of Buyer-Driven Global Commodity Chains: How U.S. Retailers Shape Overseas Production Networks. In: Gereffi, Gary/Korzeniewicz, Miguel, Hg.: Commodity Chains and Global Capitalism. Westport: Praeger: 95-122

Gereffi, Gary (1999): International trade and industrial upgrading in the apparel commodity chain. In: Journal of International Economics 48/1: 37-70

Gereffi, Gary (2005): The Global Economy: Organization, Governance, and Development. In: Smelser, Neil J./Swedberg, Richard, Hg.: The Handbook of Economic Sociology. Princeton: Princeton University Press: 160-182

Gereffi, Gary/Korzeniewicz, Miguel/Korzeniewicz, Roberto P. (1994): Introduction: Global Commodity Chains. In: Gereffi, Gary/Korzeniewicz, Miguel, Hg.: Commodity Chains and Global Capitalism. Westport: Praeger: 1-14

Gereffi, Gary/Humphrey, John/Kaplinsky, Raphael/Sturgeon, Timothy (2001): Introduction: Globalisation, Value Chains, and Development. In: IDS Bulletin 32/3: 1-8

Gereffi, Gary/Humphrey, John/Sturgeon, Timothy (2005): The Governance of Global Value Chains. In: Review of International Political Economy 12/1: 78-104

Gourevitch, Peter/Bohn, Roger/McKendrick, David (2000): Globalization of Production: Insights from the Hard Disk Drive Industry. In: World Development 28/2: 301-317

Henderson, Jeffrey/Dicken, Peter/Hess, Martin/Coe, Coe/Wai-Chung Yeung, Henry (2002): Global production networks and the analysis of economic development. In: Review of International Political Economy 9/3: 436-464

Hopkins, Terence K./Wallerstein, Immanuel (1986): Commodity chains in the world economy prior to 1800. In: Review 10/1: 157-170

Humphrey, John/Schmitz, Hubert (2002): How does Insertion in Global Value Chains Affect Upgrading in Industrial Clusters? In: Regional Studies 36/9: 1017-1027

Journal für Entwicklungspolitik (2009) 25/2: Global commodity chains and production networks. Understanding uneven development in the global economy

Krugman, Paul R. (2007): Trouble with Trade. In: New York Times, 28.12.2007

OECD (2007): Moving Up the Value Chain: Staying Competitive in the Global Economy. Main Findings. http://www.oecd.org/dataoecd/24/35/38558080.pdf, 20.3.2010

Plank, Leonhard/Staritz, Cornelia (2009): Introduction: Global Commodity Chains and Production Networks – Understanding Uneven Development in the Global Economy. In: Journal für Entwicklungspolitik 25/2: 4-19

Raffer, Kunibert/Singer, Hans Wolfgang (²2004): The Economic North South Divide: Six Decades of Unequal Development. Cheltenham/Northampton: Edward Elgar

Rodrik, Dani (2006): Development for Asia from Non-Asian Countries. In: Asian Development Review 23/1: 1-15

Shipper, Irene/de Haan, Esther (2005): CSR Issues in the ICT Hardware Manufacturing Sector. SOMO ICT Sector Report. SOMO: Amsterdam

UNCTAD (2007): The Least Developed Countries Report 2007. http://www.unctad.org/en/docs/ldc2007_en.pdf, 20.3.2010

Voskamp, Ulrich (2005): Grenzen der Modularität – Chance für Hochlohnstandorte in globalen Produktions- und Innovationsnetzwerken. In: SOFI-Mitteilungen 33: 115-129

Jennifer Bair

Globaler Kapitalismus und Güterketten
Rückblick und Ausblick[*]

Während der 1980er Jahre wurde der dynamische Entwicklungspfad ostasiatischer exportorientierter Ökonomien von vielen als Beleg dafür herangezogen, dass die Integration in die Weltwirtschaft die einzige Option sei, der Entwicklungsländer folgen sollten. Dieser Schluss schien insbesondere dann zulässig, wenn den Erfolgen der asiatischen Schwellenländer die enttäuschenden Entwicklungsleistungen jener Länder gegenübergestellt wurden, die Modelle einer staatlich geleiteten Industrialisierung verfolgten, unter diesen auch einige lateinamerikanische Länder, die von der Schuldenkrise in die „verlorene Dekade" taumelten. Obwohl die vorherrschende neoliberale Orthodoxie nicht kritiklos existiert, scheinen auch KritikerInnen die Steigerung der Wettbewerbsfähigkeit auf den Weltmärkten als Ziel für Entwicklungsländer zu akzeptieren. In diesem Zusammenhang überrascht es nicht, dass das Konzept der globalen Güterketten eine Reihe jüngerer wissenschaftlicher Auseinandersetzungen dazu inspirierte, Untersuchungen über die Globalisierung mit der Forschung über wirtschaftliche Entwicklung zu verbinden.

Dieser Beitrag bewertet die Errungenschaften und Grenzen der Güterkettenforschung, die sich im letzten Jahrzehnt entwickelte. Die vorrangigen Ziele sind dabei zweierlei. Erstens möchte ich die beträchtliche Vielfalt betonen, die innerhalb dieser Literatur besteht, indem ein wichtiger, aber üblicherweise nicht anerkannter Bruch zwischen der ursprünglichen, von der Weltsystemanalyse inspirierten Tradition der Güterkettenforschung und zwei auf diese folgenden Zugängen hervorgehoben wird: den Ansätzen der globalen Güterkette (*Global Commodity Chain,* GCC) und der globalen Wertschöpfungskette (*Global Value Chain,* GVC). Ich behaupte, dass der aktuelle Stand der einschlägigen „Kettenliteratur" eine Unterscheidung zwischen drei verwandten, aber unterschiedlichen Paradigmen erlaubt und erstelle ein Klassifikationsschema, um Ähnlichkeiten und Unterschiede zwischen den konkurrierenden Ansätzen aufzuzeigen. Zweitens argumentiere ich, dass ein Großteil der jüngeren Kettenliteratur, vor allem jene über globale Wertschöpfungsketten, im Gegensatz zur Makro- und holistischen Perspektive der Weltsystemanalyse sich analytisch immer stärker an der Mesoebene sektoraler Dynamiken und/oder der Mikroebene der Aufwertung (*Upgrading*) von Unternehmensaktivitäten orientiert. Ich schließe daraus, dass mehr Augenmerk auf die breiteren institutionellen und strukturellen Rahmenbedingungen, in die Güterketten eingebettet sind, gerichtet werden müsste, um die Entwicklungsdynamiken des zeitgenössischen Kapitalismus im global-lokalen Zusammenhang besser zu verstehen.

Die Analyse erfolgt in vier Schritten.

* Erstens diskutiere ich die Entwicklung des Güterkettenansatzes, indem ich die Beziehung zwischen den beiden Schulen darlege, die ihn vertreten: Die Weltsystemanalyse (deren VertreterInnen den Begriff prägten) und das GCC-Lager, das aus der Arbeit von Gary Gereffi und dessen KollegInnen hervorging.
* Im zweiten Abschnitt wird der Fokus auf letztere Schule gelegt, um die Beiträge der GCC-Forschung hinsichtlich Methodologie, Theorie und Politik hervorzuheben.
* Drittens zeige ich die in jüngerer Zeit erfolgte Akzentverlagerung in der Kettenliteratur auf, die durch einen weiteren Ansatz – den GVC-Ansatz – hervorgerufen wurde. Dessen VertreterInnen argumentieren, er repräsentiere einen umfassenderen Zugang für die Untersuchung internationaler Produktionsnetzwerke als der GCC-Rahmen. Was den GVC-Ansatz von dem mit ihm eng verbundenen GCC-Paradigma unterscheidet, sind der größere Einfluss der Internationalen Betriebswirtschaftslehre (*International Business*) auf dessen Analysen globaler Produktionsnetzwerke im Gegensatz zu der eher soziologisch inspirierten Ausrichtung des früheren GCC-Rahmens sowie das stärker ausgeprägte Interesse an politischen Implikationen. Teils sind diese Unterschiede nur graduell, da AnhängerInnen beider Zugänge das Interesse teilen, zu verstehen, wie das Konzept der Wertschöpfungskette von Unternehmen für Strategien eines industriellen Upgrading nutzbar gemacht werden kann. Trotz der Nützlichkeit des Upgrading-Diskurses für die politikorientierte Forschung, die der GCC- und vor allem der GVC-Rahmen vertreten, schließe ich diesen Abschnitt mit dem Argument, dass das Upgrading-Konzept aufgrund der engen Fokussierung auf die Wettbewerbsfähigkeit von Unternehmen innerhalb einer bestimmten Industrie nur wenig Aufschluss über GewinnerInnen und VerliererInnen in der aktuellen Weltwirtschaft gibt.
* Im vierten und letzten Abschnitt skizziere ich Zukunftsperspektiven in der Güterkettenforschung. Ich behaupte, dass wir von Forschungen profitieren würden, die einen umfassenderen politökonomischen Kontext in den Blick nehmen, in dem Ketten organisiert werden. Darunter fallen auch die institutionellen und systemischen Faktoren, die Güterketten prägen und die mit ihnen verbundenen Auswirkungen entscheidend beeinflussen. Bei der Vorstellung dieses Programms bediene ich mich einiger jüngerer Beiträge, die nahelegen, dass sich bereits eine zweite Generation der Güterkettenforschung ausmachen lässt.

Von Güterketten zu globalen Güterketten

Der Begriff der Güterkette kann auf einen Artikel von Terence Hopkins und Immanuel Wallerstein zurückgeführt werden, der im Jahr 1977 in *Review* erschien, einer Zeitschrift, die vom Fernand Braudel Center for the Study of Economies, Historical Systems, and Civilizations herausgegeben wird. In diesem programmatischen Beitrag skizzieren Hopkins und Wallerstein ihre Vision eines Forschungsprogramms, an dem sich die Weltsystemanalyse ausrichten sollte. Damit beabsichtigten die Autoren, ihr Verständnis vom räumlichen Wirkungsfeld des Kapitalismus von der orthodoxen Denkweise über Globalisierung abzugrenzen. Statt die Entwicklung der Weltwirtschaft als einen Prozess aufeinanderfolgender Etappen zu verstehen, in dem sich nationale Märkte durch eine Expansion des Außenhandels in den internationalen Markt eingliedern, beginnen die Autoren „[…] with a radically different presumption. Let us conceive of something we shall call, for want of a better conventional term, ‚commodity chains‘. What we mean by such chains is the following: take an ultimate consumable item and trace back the set of inputs that culminated in this item – the prior transformations, the raw materials, the transportation mechanisms, the labor input into each of the material processes, the food inputs into the labor. This linked set of processes we call a commodity chain. If the ultimate consumable were, say, clothing, the chain would include the manufacture of the cloth, the yarn, etc., the cultivation of the cotton, as well as the reproduction of the labor forces involved in these productive activities.“ (Hopkins/Wallerstein 1977:128)

Im Verlauf der 1980er Jahre tauchen in der Weltsystemforschung mehrere an dieses Konzept der Güterkette anschließende Untersuchungen auf. Der Begriff findet sich in der Einleitung von *Historical Capitalism*, in dem Wallerstein (1983:15) die Besonderheit des Kapitalismus als ein historisches soziales System zusammenfasst, das durch die „widespread commodification of processes – not merely exchange processes, but production processes, distribution processes and investment processes – that had previously been conducted other than via a market“ gekennzeichnet ist. Hopkins und Wallerstein (1986:159) boten in einem *Review*-Artikel, in dem sie Handels- und Kapitalbewegungen in der Weltwirtschaft vor 1800 analysierten, eine prägnantere Definition, wonach eine Güterkette „a network of labor and production processes whose end result is a finished commodity“ bezeichnet. Giovanni Arrighi und Jessica Drangel (1986:16) erläuterten in ihrem Beitrag in derselben Review-Ausgabe, dass die Unterscheidung der Weltsystemanalyse zwischen Zentrum und Peripherie dazu dient, „to designate the unequal distributions of rewards among the various activities that constitute the single overarching division of labor defining and bounding the world economy. All these activities are assumed to be integrated in commodity chains.“ Die erste ausführlichere Darstellung von Güterketten erfolgte in der Publikation *Commodity Chains and Global Capitalism* im Jahr 1994. Herausgegeben von Gary Gereffi und Miguel Korzeniewicz, begründete dieser Sammelband den GCC-Ansatz unter expliziter Berücksichtigung der Weltsystemanalyse. Das am häufigsten zitierte und einflussreichste Kapitel war das von Gary Gereffi, das einen Rahmen für Untersuchungen dessen bereitstellte, was er als globale Güterketten bezeichnete.

Der Ursprung des GCC-Ansatzes kann mithin auf die Tradition der Weltsystemanalyse zurückgeführt werden. Beide Schulen stimmen darin überein, dass das Konzept der Güterkette geeignet ist, um die für die kapitalistische Produktionsweise charakteristische internationale Arbeitsteilung zu analysieren. Dennoch ist es wichtig, die Trennlinie zwischen der Güterkettenforschung hervorzuheben, die auf die Formulierung von Hopkins und Wallerstein zurückgreift, und jener des GCC-Paradigmas, das im letzten Jahrzehnt durch Gary Gereffi und dessen KollegInnen entwickelt wurde. VertreterInnen der Weltsystemanalyse verstehen Güterketten nicht nur als Summe von Produktionsschritten, die notwendig sind, um Rohstoffe in Endprodukte zu transformieren, sondern auch als Netzwerke, in denen diese Tätigkeiten mit der gesellschaftlichen Reproduktion menschlicher Arbeitskraft – einem entscheidenden Input dieses Prozesses – verbunden sind. Darüber hinaus wollen AnhängerInnen der Weltsystemanalyse vor allem untersuchen, wie Güterketten ein stratifiziertes und hierarchisches Weltsystem strukturieren und reproduzieren. Demgegenüber wird das Forschungsprogramm der GCC-VertreterInnen, das sich im Verlauf des letzten Jahrzehnts herausbildete, größtenteils durch andere Interessen und Anliegen geleitet. GCC-ForscherInnen verstehen Güterketten als Unternehmensnetzwerke, die Produzenten, Zulieferer und Subunternehmen globaler Industrien untereinander und mit internationalen Märkten verbinden. Sie sind vornehmlich mit der Frage befasst, wie und ob die Integration in globale Güterketten ExporteurInnen aus Entwicklungsländern industrielles Upgrading ermöglichen kann. Die Unterschiede zwischen den Ansätzen lassen sich anhand zweier Fragen zeigen: erstens, wie Globalisierung zeitlich und räumlich aufgefasst wird und zweitens, welches Ziel die jeweiligen Denkschulen mit ihrer Forschung verfolgen.

Die Güterkettenforschung aus der Perspektive der Weltsystemanalyse konzentriert sich auf die historische Rekonstruktion von Industrien im „langen 16. Jahrhundert". Dagegen untersuchen die VertreterInnen des GCC-Ansatzes, wie Güter – etwa Autos, Kleidungsstücke und Computer – in der gegenwärtigen weltwirtschaftlichen Konfiguration produziert werden. Dieser Unterschied in der zeitlichen Ausrichtung zeigt, dass die beiden Schulen hinsichtlich der Neuheit und des Auftretens der „Globalisierung" nicht gänzlich übereinstimmen. VertreterInnen der Weltsystemanalyse vertreten die These, dass „transstate, geographically extensive, commodity chains are *not* a recent phenomenon, dating from say the 1970s or even 1945, [...] they have been an integral part [...] of the functioning of the capitalist world-economy since it came into existence in the long sixteenth century" (Wallerstein 2000:2). Das Beharren darauf, soziales Handeln und sozialen Wandel im Gesamtzusammenhang der eurozentrischen Weltwirtschaft zu untersuchen, die sich im „langen 16. Jahrhundert" ausbildete, ist unabdingbare Voraussetzung der Weltsystemanalyse.

Über das Verständnis des Weltsystems als ein räumlich-zeitliches Ganzes hinaus, das den Rahmen für soziales Handeln vorgibt, betont die Weltsystemanalyse den Widerspruch zwischen der globalen Organisation der Produktion und der Aufspaltung des Systems in kleinere politische Einheiten – in (National-)Staaten. Dieser Widerspruch – zwischen den zentripetalen Kräften der kapitalistischen Weltwirtschaft einerseits und der geopolitischen Ordnung in Gestalt einzelner Länder andererseits – ist ein zentrales Thema in der Weltsystemanalyse (Hopkins/Wallerstein 1977). Die staatszentrierte Ausrichtung eines Großteils der sozialwissenschaftlichen Literatur stellt deshalb ein besonderes Problem für die Weltsystemforschung dar, da sie die Einseitigkeit, Daten auf der Ebene nationaler Politik und Wirtschaft zu erheben und zu analysieren sowohl widerspiegelt als auch reproduziert, wodurch Prozesse jenseits und unterhalb dieser abgegrenzten Analyseeinheiten nicht erfasst werden können. Das Konzept der Güterkette ist einer der vorgeschlagenen Lösungswege aus diesem methodologischen Dilemma. Da Güterketten die Möglichkeit bieten, die internationale Arbeitsteilung abzubilden und zu analysieren, sind sie ein Werkzeug, um den globalen Kapitalismus jenseits territorialer Grenzen der Nationalökonomie zu untersuchen.

Auch der GCC-Ansatz bedient sich der Güterkette als eines Konzepts, das eine Mehrebenen-Analyse ermöglicht. Im einleitenden Beitrag von *Commodity Chains and Glo-*

bal Capitalism erläutern die Herausgeber, dass ihr „GCC framework allows us to pose questions about contemporary development issues that are not easily handled by previous paradigms, and permits us to more adequately forge the macro-micro links between processes that are generally assumed to be discreetly contained within global, national, and local units of analysis" (Gereffi/Korzeniewicz/Korzeniewicz 1994:2). Das GCC-Lager weicht jedoch insofern von der Weltsystemperspektive ab, als es globale Güterketten als eine zunehmend bedeutsame Organisationsform versteht, die mit einem jüngeren und qualitativ neuartigen Prozess der wirtschaftlichen Integration verbunden ist: „One of the central contentions of the GCC approach is that the internationalization of production is becoming increasingly integrated in globalized coordination systems that can be characterized as producer-driven and buyer-driven commodity chains." (Gereffi 1996:429) Ein entscheidender Unterschied zwischen der Güterkettenforschung der Weltsystemanalyse und jener des GCC-Lagers liegt in der Frage, ob Globalisierung als Prozess aufgefasst werden sollte, der mit dem Aufkommen des Kapitalismus im „langen 16. Jahrhundert" einsetzte, oder als zeitgenössisches Phänomen, das durch zunehmend integrierte Produktionssysteme ermöglicht wird.

Der zweite Unterschied zwischen den beiden Schulen liegt in Meinungsverschiedenheiten über den Zweck der Güterkettenforschung. GCC-Analysen befassen sich vorrangig mit der Organisation globaler Industrien. Dazu zählt die Erhebung aller Unternehmen, die an der Produktion und Distribution einer bestimmten Ware oder Dienstleistung beteiligt sind, und die Beschreibung der Beziehungen, die zwischen diesen bestehen. Ziel ist es zu verstehen, wo, wie und durch wen Wert geschaffen und entlang einer Güterkette verteilt wird (Appelbaum/Gereffi 1994). Besonderes Augenmerk gilt den Leitunternehmen (*lead firms*) einer Industrie. Aufgrund ihres Einflusses auf andere Firmen der Kette und wegen der ihnen zugeschriebenen Bedeutung als potenzielle Katalysatoren von Upgrading-Prozessen und Entwicklung werden sie als „chain driver" bezeichnet: „One of the major hypotheses of the global commodity chains approach is that development requires linking up with the most significant lead firms in the industry." (Gereffi 2001:1622)

GCC-ForscherInnen behaupten, dass von den entlang einer Kette bestehenden Dynamiken von Organisationsmacht auf die Entwicklungsperspektiven eines Landes, das an globalen Güterketten teilhat, geschlossen werden kann. Das substanzielle Interesse an und die analytische Betonung von nationaler Entwicklung bilden weitere Bruchlinien zwischen dem GCC-Ansatz und der Weltsystemtradition, da letztere gegen die Kurzsichtigkeit dieser „developmentalist illusion" ankämpft (Arrighi 1990; Wallerstein 1994). VertreterInnen der Weltsystemanalyse erkennen die Möglichkeit der Mobilität zwischen den verschiedenen Ebenen des Weltsystems an, da einzelne Länder auf- oder absteigen können. Entscheidend ist jedoch aus ihrer Sicht die Reproduktion der hierarchisch strukturierten kapitalistischen Weltwirtschaft (Wallerstein 1974; Arrighi/Drangel 1986), denn „[w]hat is central [...] is the fact of unequal exchange operating through a set of mechanisms [...] that continually reproduces the basic core-periphery division of labor itself – despite massive changes over the centuries in the actual organization of production processes and continual shifts in the areas and processes constituting the core, semiperiphery and periphery" (Hopkins/Wallerstein 1977:117).

Da es in dieser Sicht keine nationale Entwicklung geben kann, ist die geeignete Vergleichs- oder Analyseeinheit das Weltsystem (Wallerstein 1974) – und nicht die einzelnen Länder und noch weniger die Netzwerke bestimmter Unternehmen, die vorrangiger Gegenstand der GCC-Analysen sind. Dementsprechend verstehen VertreterInnen des Weltsystemansatzes die Güterkette als zentralen, in räumlicher Hinsicht geeigneten Forschungsgegenstand für Untersuchungen der kapitalistischen Weltwirtschaft (Wallerstein 2000). Das Kettenkonzept erweist sich insofern als brauchbar, als es die Dynamiken der Kapitalakkumulation an einem bestimmten Punkt der Entwicklung des Weltsystems beleuchtet. Eines der zentralen Anliegen der Weltsystem-Güterkettenforschung ist es, Berechnungsmöglichkeiten für den gesamten Mehrwert einer Kette zu entwickeln und Aussagen über die Verteilung dieses Mehrwerts zwischen den unterschiedlichen Gliedern der Kette zu treffen.

Obwohl die meisten Literaturüberblicke zu GCC die geistigen Ursprünge in der Weltsystemanalyse (Leslie/Reimer 1999; Dicken u.a. 2001; Smith u.a. 2002; Phyne/ Mansilla 2003), der sogenannten „radikalen" Entwicklungstheorie (Whitley 1996), der strukturalistischen Entwicklungsökonomie (Cramer 1999) oder der Dependenztheorie (Henderson u.a. 2002) verorten, verabschiedeten sich deren VertreterInnen von der für die Weltsystemanalyse charakteristischen langfristig-historischen und ganzheitlichen Forschung. Der GCC-Ansatz hat sich stattdessen zu einer netzwerkbasierten organisationstheoretischen Denkschule entwickelt, die die Dynamiken globaler Industrien in den Blick nimmt (Raikes/Jensen/Ponte 2000).

Eine der Stärken des GCC-Ansatzes ist, dass sein Forschungsprogramm ein kohärentes Literaturkorpus über globale Industrien hervorbrachte. Seit Mitte der 1990er Jahre untersucht die internationale Forschungsgemeinschaft unterschiedlichste Güterketten, die sich über Asien, Afrika und Lateinamerika sowie Nordamerika und Europa erstrecken. Dazu zählen Tourismus, Bekleidung und Textilwaren, Schuhe, Automobile, Elektronik, Kunststoffe sowie eine Bandbreite agrarischer Güter, darunter Obst, Gemüse, Kaffee und Kakao.

Was können wir von der GCC-Forschung lernen?

Die auf den von Gereffi und Korzeniewicz (1994) herausgegebenen Sammelband folgenden Jahre brachten eine umfangreiche GCC-Literatur hervor. Wie zuvor festgestellt, weicht ihr Ansatz auf signifikante Weise von der Weltsystemperspektive ab. Dieser Bruch hatte auf die Güterkettenforschung mehrere Auswirkungen. Erstens ermöglichte er, dass sich diese Literatur in Richtung empirisch ergiebiger Fallstudien über internationale Produktionsnetzwerke in verschiedenen Sektoren der heutigen Weltwirtschaft bewegte. Zweitens lehnt der Gutteil der GCC-Forschung – explizit oder implizit – ab, was von der Orthodoxie der Weltsystemanalyse mit dem Begriff der „developmentalist illusion" bezeichnet wird. Ein wichtiger Aspekt der Arbeit besteht darin, Güterketten im Zusammenhang mit den Entwicklungsperspektiven eines Landes zu analysieren. Dadurch stieg die Relevanz der GCC-Forschung für die Politik. Sie nützt deren Erkenntnisse und Empfehlungen im Hinblick auf die Förderung der Wettbewerbsfähigkeit und industrielles Upgrading.

Ohne eine umfassende Rückschau auf ein Jahrzehnt der GCC-Forschung zu bieten, möchte ich kurz die bedeutenden Beiträge dieser Schule für die drei Bereiche Methodologie, Theorie und Politik hervorheben. Erstens stellt die Entwicklung und Anwendung des GCC-Modells einen methodologischen Fortschritt dar, da globale Industrien als räumlich verstreute und in ihrer Organisation komplexe Produktionsnetzwerke abgebildet und analysiert werden. Den Weg eines Gutes zu verfolgen – sei es eine in China aus indischer Baumwolle genähte Jeans, eine in Ghana kultivierte und in den Niederlanden zu einem Schokoladeriegel verarbeitete Kakaobohne oder die Montage eines Laptops in Mexiko aus in Ostasien produzierten Komponenten – ermöglicht es, die global-lokalen Verbindungen auf fundierte Weise zu untersuchen und zu operationalisieren. Mit dem GCC-Ansatz wird Globalisierung vor Ort analysiert und unser Augenmerk auf die spezifischen Standorte gerichtet, an denen bestimmte Produktionsprozesse stattfinden, während er gleichzeitig erhellt, wie diese voneinander getrennten Orte und Aktivitäten als Glieder einer durch sie konstituierten Güterkette miteinander verbunden sind. In der Betonung von Örtlichkeit (*locality*) und Ort (*place*) verabschiedet sich der GCC-Ansatz vom Großteil der Weltsystemtradition, da deren makroökonomische Ausrichtung tendenziell Unterschiede innerhalb von Makroregionen (wie etwa Zentrum oder Peripherie) ausblendet, ganz zu schweigen von der zunehmenden Diversität innerhalb der Nationalökonomien. Der GCC-Ansatz unterscheidet sich auch insofern, als er Aktivitäten bestimmter Unternehmen analysiert, allen voran jene der *chain driver*, die eine Schlüsselrolle in der Steuerung internationaler Produktionsnetzwerke einnehmen. Damit weist er Unternehmen eine weit gewichtigere Rolle innerhalb aller zentralen AkteurInnen kapitalistischer Ökonomien zu als die Weltsystemanalyse.

Zweitens leisteten GCC-Untersuchungen einen theoretischen Beitrag zum Verständnis der Funktionsweise der Weltwirtschaft, insbesondere hinsichtlich der Frage, wie Macht in globalen Industrien ausgeübt wird. Die weitere Erörterung dieses Punkts erfordert eine kurze Klärung des GCC-Konzepts. Gereffi (1994) nennt vier Dimensionen, entlang derer jede Güterkette analysiert werden kann: Erstens eine Input-Output-Struktur (der Prozess der Transformation von Rohmaterialien in Endprodukte); zweitens ein Raummuster (räumliche Konzentration oder Streuung); drittens eine Governance-Struktur und viertens ein institutionelles Gefüge. Untersuchungen von globalen Güterketten konzentrieren sich vor allem auf Governance-Strukturen, das heißt auf die Frage, welchen Unternehmen es in der Kette am besten gelingt, verschiedene Bereiche des Produktionsprozesses zu kontrollieren, und wie sie sich den geschaffenen Mehrwert aneignen und/oder diesen verteilen. Die Beschreibung der Governance-Struktur einer Kette gibt somit Aufschluss über die Machtbeziehungen innerhalb einer Kette. Das Governance-Konzept, wie es im GCC-Rahmen verstanden wird und in unzähligen Fallstudien ausgearbeitet wurde, bestätigt die These der Literatur über flexible Spezialisierung oder Post-Fordismus, dass die Macht- und Kontrolldynamiken in der zeitgenössischen Weltwirtschaft nicht zwangsläufig mit herkömmlichen Eigentumsverhältnissen übereinstimmen. Die vielleicht bekannteste Unterscheidung in der GCC-Literatur ist jene, die Gereffi zwischen produzentengesteuerten (*producer-driven commodity chains*) und käufergesteuerten (*buyer-driven commodity chains*) Güterketten zieht. Erstere sind charakteristisch für kapitalintensive Industrien (beispielsweise die Automobilindustrie), in der mächtige Produktionsunternehmen mehrere der vertikal organisierten Zulieferer kontrollieren und oft auch besitzen. Im Gegensatz dazu steht die verarbeitende Leichtindustrie (etwa die Bekleidungsindustrie), in der dezentrale Zuliefernetzwerke von auf Design spezialisierten Unternehmen, dem Einzelhandel und anderen Markenunternehmen gesteuert werden, welche die unter ihrem Markenzeichen verkauften Produkte vermarkten, aber eben nicht zwangsläufig herstellen (Gereffi 1994).

Anwendbarkeit und Nützlichkeit der Unterscheidung zwischen produzenten- und käufergesteuerten Ketten sind umstritten (Clancy 1998; Henderson u.a. 2002; Gellert 2003). Am bedeutsamsten an der Dichotomie dieser Idealtypen ist die Theoretisierung des Handelskapitals (in der GCC-Literatur oft als große Käuferunternehmen, sogenannte *big buyer,* bezeichnet) als machtvoller Akteur, der in der Lage ist, die zahlreichen und räumlich verstreuten Unternehmen der Kette in seinem Interesse zu organisieren. Die Big Buyer kontrollieren die Ketten, selbst wenn sie keine Eigentumsrechte an den für sie produzierenden Unternehmen haben. Die Bekleidungsindustrie stellt das am besten beforschte Beispiel einer käufergesteuerten Kette dar (Gereffi 1999; Bair/Gereffi 2002). Ähnliche Governance-Strukturen werden auch in Agrarketten festgestellt, bei denen Einzelhandelskonzerne als Big Buyer landwirtschaftliche Produktionsbetriebe kontrollieren (Dolan/Humphrey 2000). Untersuchungen über käufergesteuerte Governance-Strukturen scheinen heute für die Länder des globalen Südens besonders aktuell: Die weitgehende Abkehr von Strategien der importsubstituierenden Industrialisierung zugunsten exportorientierter Politiken haben häufig eine Spezialisierung in jenen arbeitsintensiven verarbeitenden Leichtindustrien begünstigt, die mit einer solchen Governance-Struktur verbunden sind.

Drittens möchte ich die politischen Implikationen der GCC-Forschung hervorheben. Ihre Erkenntnisse sollen es lokalen Unternehmen ermöglichen, ihre Position in einer bestimmten Güterkette zu verbessern – ein Prozess, der als Upgrading bezeichnet wird: „Understanding how [...] value chains operate is very important for developing-country firms and policy-makers because the way chains are structured has implications for newcomers. How can economic actors gain access to the skills, competencies and supporting services required to participate in global value chains? What potential is there for firms, industries, and societies from the developing world to ‚upgrade' by actively changing the way they are linked to global value chains?" (Gereffi u.a. 2001b:2). Lokale und nationale Regierungen wie auch internationale Institutionen, etwa die Internationale Arbeitsorganisation (ILO), sind interessiert an Antworten auf diese Fragen und betrachten den GCC-Ansatz als ein Paradigma, das für Politikberatung und entwicklungsstrategische Empfehlungen eingesetzt werden kann (Henderson u.a. 2002; Gereffi 2005).

Die GCC-Forschung wird auch von Nichtregierungsorganisationen genutzt, wie beispielsweise der Anti-Sweatshop-Bewegung, die die Clean-Clothes-Kampagne vorantreibt, und Organisationen, die andere Formen des KonsumentInnen-Aktivismus unterstützen, wie etwa Fair Trade-Kaffee (Gereffi/Garcia-Johnson/Sasser 2001a). In Folge mehrerer öffentlich bekannt gemachter Fälle von Verstößen gegen Arbeitsnormen in US- und lateinamerikanischen sowie asiatischen Bekleidungsfabriken, die für bekannte Markenfirmen produzieren, beschäftigen sich NGOs in Nordamerika und Europa mit der Frage, wie in globalen Industrien, in denen mächtige und räumlich flexible Big Buyer einer weitgehend machtlosen und für KonsumentInnen unsichtbaren Belegschaft gegenüberstehen, Arbeitsrechte, sichere Arbeitsbedingungen und ausreichende Entlohnung gefördert werden können (Bonacich/Appelbaum 2000). Eine wichtige Stoßrichtung dieser Bemühungen war die Forderung nach der Übernahme von Verantwortung für das, was weltweit in den Produktionsstätten der Zulieferbetriebe und Subunternehmen passiert, selbst wenn – wie für diese Industrie typisch – die Leitunternehmen nicht an den Unternehmen beteiligt sind, die für sie produzieren. Unter anderem forderten Anti-Sweatshop-AktivistInnen den Einzelhandel und DesignerInnen auf, Verhaltenskodizes einzuführen und umzusetzen, die sicherstellen sollen, dass ihre Produkte in einem menschenwürdigen Arbeitsumfeld hergestellt werden. Um wirkungsvoll zu sein, erfordert diese Strategie das Sichtbarmachen zwischenbetrieblicher Netzwerke, in denen Käufer- und Zulieferbetriebe verbunden sind. Derartige Anwendungen des Güterkettenkonzepts auf real existierende Problemlagen zählen zu den fruchtbarsten Folgen der GCC-Forschung.

Trotz dieser Leistungen gibt es nach wie vor eine Reihe offener Forschungsfragen, die ich im folgenden Abschnitt im Kontext einer dritten Strömung – des Ansatzes der globalen Wertschöpfungsketten – diskutiere.

Von globalen Güterketten zu Wertschöpfungsketten?

Im Verlauf der 1980er und 1990er Jahre manifestierte sich die Verschiebung vom „development project" zum „globalization project" (McMichael 1996) in den entwicklungspolitischen Strategien der Länder des globalen Südens; in vielen erfolgte eine Abkehr von importsubstituierender, staatlich geförderter Industrialisierung zugunsten exportorientierter Entwicklungsstrategien. Der GCC-Ansatz schien besonders geeignet, Empfehlungen über die für Entwicklungsländer günstigsten Zugänge zu und Vorteile aus der Teilnahme an internationalen Märkten abzugeben. Seine Methoden fanden deshalb Eingang in ein ILO-Forschungsprogramm zu Globalisierung und Beschäftigung und die regionale Cluster-Strategie der Wirtschaftskommission für Lateinamerika und die Karibik (CEPAL).

Für das Nachdenken über die Funktionsweisen globaler Industrien ist das GCC-Paradigma jedoch nur einer unter mehreren Netzwerk- oder Kettenzugängen, die heute bei der Untersuchung wirtschaftlicher Globalisierung verwendet werden. Angesichts der Vielfalt an Zugängen und Begrifflichkeiten – von globalen Güterketten über Beschaffungsketten bis zu Produktionsnetzwerken – wurde vorgeschlagen, sich auf den Begriff der „Wertschöpfungskettenanalyse" (*value chain analysis*) zu einigen, um eine gemeinsame Sprache und eine übergreifende Forschungsgemeinschaft zu fördern. Tatsächlich besteht eine derartige Gemeinschaft bereits in Form der *Global Value Chains Initiative*. Diese gab bei ihrem Gründungstreffen im Jahr 2000 diesem Konzept den Vorzug, weil es das umfassendste ist und mit dem Begriff sämtliche Aktivitäten und Produkte integriert werden können (Gereffi u.a. 2001b; siehe www.globalvaluechains.org).

Es stellt sich jedoch die Frage, ob die begriffliche Veränderung mehr als eine reine Wortspielerei darstellt. Genauer gesagt: Verdient es der GVC-Ansatz, als konkurrierendes drittes Kettenkonzept angesehen zu werden, das sich von der Weltsystemtradition sowie dem GCC-Ansatz hinreichend unterscheidet? In einem jüngeren Artikel wird dies von Gereffi, Humphrey und Sturgeon (2005) bejaht: Eine Wertschöpfungskette könne die vielfältigen Netzwerkformen und -beziehungen, die in der empirischen Forschung festgestellt werden, besser veranschaulichen. In diesem Beitrag bemühen sich die Autoren um eine fundierte Theorie der Governance in Wertschöpfungsketten, die nicht nur diese Vielfalt feststellt, sondern erklären soll. Sie differenzieren zwischen fünf Ideal-typen von Governance, die Netzwerkbeziehungen beschreiben, welche Zulieferer und Leitunternehmen globaler Industrien verbinden. Diese Typologie basiert auf Kombinati-onen der drei unabhängigen Variablen Transaktionskomplexität, Informationskodifizier-barkeit und Zuliefererkompetenzniveau. Die Theorie der Wertschöpfungsketten-Gover-nance legt nahe, dass sich die Beziehungen von Leitunternehmen und Zulieferern zwi-schen den Industriezweigen und -sparten aufgrund bestimmter Merkmale des Produkti-onsprozesses und der Organisation der Industrie unterscheiden. Dazu zählen Stand und Verfügbarkeit der verwendeten Technologie, das Vorhandensein oder Fehlen von (tech-nischen und prozessualen) Normen oder das Ausmaß, in dem rasche Umschlagzeiten oder der schnelle Markteintritt von Innovationen wesentlich für die Wettbewerbsfähig-keit sind. Ziel ist es, die Abweichungen zwischen den Sektoren hinsichtlich der Orga-nisation und Steuerung der globalen Produktion zu erklären, wobei auf die Schlüssel-rolle jener Transaktionskosten fokussiert wird, die sich durch die Koordination der Ak-tivitäten entlang der Kette ergeben (Baldwin/Clark 2000).

Nach dieser Einführung in die drei Traditionen der Kettenforschung (Weltsystema-nalyse, GCC- und GVC-Ansatz), fasse ich die grundlegenden Merkmale dieser drei kon-kurrierenden Ansätze in einer Tabelle zusammen, um den systematischeren Vergleich ihrer Ähnlichkeiten und Unterschiede zu ermöglichen. Diese Übersicht unterstreicht, dass die Kettenansätze substanzielle Anliegen und in einem gewissem Ausmaß auch in-tellektuelle und theoretische Grundlagen teilen, sich jedoch bezüglich der Analyseebene sowie der Zielsetzung unterscheiden. Die beiden jüngeren Zugänge (GCC und GVC) orientieren sich analytisch an der Mikroebene (Unternehmen) oder Mesoebene (Sek-toren) im Gegensatz zur Makroebene und der holistischen Betrachtungsweise, die für die Konzeptualisierung von Güterketten durch die Weltsystemanalyse kennzeichnend sind. Ebenfalls in Kontrast zu der früheren Weltsystemtradition teilen der GCC- und der GVC-Ansatz die Anwendungsorientierung (die vor allem bei letzterem stark ausgeprägt ist). PolitikerInnen und AkteurInnen des Privatsektors, die sich darum bemühen, poten-zielle Vorteile aus der Integration in internationale Handels- und Produktionsnetzwerke zu vergrößern, werden zu den AdressatInnen beider Schulen gerechnet.

Eine wichtige Kontinuität zwischen GCC- und GVC-Ansatz stellt das Forschungs-interesse am industriellen Upgrading auf Unternehmensebene dar – speziell die zentra-le Frage, wie Unternehmen (vor allem jene aus Entwicklungsländern) ihre Position in-nerhalb der Ketten verbessern können, um mehr Wert hervorbringen und einbehalten zu können. Um dieses Ziel zu erreichen, müssen Unternehmen erkennen, an welcher Po-sition sie in die Ketten passen, an denen sie teilnehmen. Hier zeigt sich die Verwandt-schaft von GCC- und GVC-Ansatz besonders deutlich, da viele Erkenntnisse der frü-heren GCC-Forschung über Governance die Entwicklung der Wertschöpfungsketten-analyse beeinflussten. In der Ausarbeitung des Konzeptes der Ketten-Governance legen Humphrey und Schmitz (2001) nahe, dass Machtdynamiken einer Kette unter anderem an der Setzung unterschiedlicher Parameter erkennbar werden, die für Zulieferer ver-bindlich sind. Diese spezifizieren nicht nur, welche Güter produziert werden sollen, son-dern auch häufig, wie diese zu produzieren sind. Governance-Strukturen – vor allem in käufergesteuerten Güterketten – erfassen zunehmend Vorgaben, die sich auf Aspekte

Konkurrierende Kettenansätze

	Güterketten	Globale Güterketten	Globale Wertschöpfungsketten
Theoretische Basis	Weltsystemanalyse	Weltsystemanalyse, Organisationssoziologie	Betriebswirtschaftliche Literatur, globale Güterketten
Analysegegenstand	Kapitalistische Weltwirtschaft	Zwischenbetriebliche Netzwerke in globalen Industrien	Sektorspezifische Entwicklungen globaler Industrien
Konzeptionelle Ausrichtung	1. Internationale Arbeitsteilung 2. Zentrum – Peripherie – Semiperipherie 3. Ungleicher Tausch 4. Kondratjew-Zyklen	1. Industriestrukturen 2. Governance (produzenten-/käufergesteuert) 3. Organisationelles Lernen / industrielles Upgrading	1. Wertschöpfungsketten 2. Governance-Typen (modular, relational, hierarchisch) 3. Transaktionskosten 4. Industrielles Upgrading und Renten
Intellektuelle Einflüsse	1. Dependenztheorie 2. Strukturalistische Entwicklungsökonomie	1. Literatur über transnationale Konzerne 2. Vergleichende Entwicklungsliteratur	1. Internationale Betriebswirtschaftslehre / industrielle Organisation 2. Außenhandelstheorie 3. Globale/internationale Produktionsnetzwerke bzw. -systeme
Zentrale Texte	Hopkins/Wallerstein (1977, 1986), Arrighi/Drangel (1986), Arrighi (1990), Review 23/1 (2000)	Gereffi/Korzeniewicz (1994), Appelbaum/Gereffi (1994), Gereffi (1999), Bair/Gereffi (2001)	Humphrey/Schmitz (2000), IDS Bulletin 29/1 (2000), Sturgeon (2001), Gereffi/Humphrey/Sturgeon (2005)

des Produktionsprozesses ausdehnen, wie etwa Arbeitsbedingungen, Qualitätskontrolle und Umweltnormen. Dieser Sichtweise zufolge ist der Zugang zu Leitunternehmen, die Parameter für die Teilnahme an Wertschöpfungsketten setzen, eine notwendige, wenngleich nicht hinreichende Voraussetzung für eine erfolgreiche Teilnahme an Weltmärkten. Aufgrund der Zentralität des Upgrading als einem richtunggebenden Konzept, das sowohl GCC- als auch GVC-Literatur teilen, lohnt es sich zu prüfen, wie es in diesen Ansätzen verstanden wird. Daher widmen sich die folgenden Passagen der Erörterung und Kritik des Upgrading-Diskurses, der in der aktuellen Kettenforschung eine so bedeutende Rolle spielt.

Auf einfachster Ebene wird Upgrading in der Wertschöpfungskettenliteratur als die Verbesserung der Position eines Unternehmens innerhalb einer Kette definiert, was in der Regel mit gesteigerter Wettbewerbsfähigkeit verbunden wird, die das Einbehalten eines höheren Anteils vom Mehrwert erlaubt, der im Produktionsprozess geschaffen wird. Wie kann aber dieses Ziel erreicht und wie sollen Upgrading-Bemühungen evaluiert werden? Grundsätzlich lassen sich vier Formen des Upgrading unterscheiden: Erstens der Aufstieg eines Unternehmens innerhalb derselben Kette von einer eher marginalen zu einer eher zentralen Position durch die Steigerung der Bandbreite der übernommenen Funktionen. So sind etwa *turn-key-supplier* oder *full-package-supplier* – das sind Lieferanten, die eigenständig und unabhängig die Produktion und Logistik von Gütern im Auftrag von Käuferunternehmen organisieren – meist für zusätzliche Funktionsbereiche verantwortlich, die über die Produktion hinausgehen, wie etwa Design oder Logistik. Dies wird als *intra-chain* oder funktionelles Upgrading bezeichnet. Die weiteren Formen sind zweitens das Produkt-Upgrading (die Produktion höherwertiger Güter zu höheren Stückpreisen), drittens das Prozess-Upgrading (eine Verbesserung der Technologie und/oder des Produktionssystems) und viertens das *inter-chain*-Upgrading (von einer Industrie in eine andere zu wechseln) (Humphrey/Schmitz 2001).

Wie Untersuchungen unterschiedlicher Wertschöpfungsketten nahelegen, haben Unternehmen, die das Upgrading entlang einer dieser Routen verfolgen, oft erhebliche Schwierigkeiten, es zu realisieren. Größtenteils kann dies auf zunehmende Eintrittsbarrieren zurückgeführt werden, die innerhalb der Kette bestehen. Zentral für die Macht der Leitunternehmen, vor allem jener, die käufergesteuerte Güterketten kontrollieren, sind die mit Marketing, Design und Markenentwicklung verbundenen Aktivitäten. Die GVC-Forschung weist auf die bedeutenden – und manche würden behaupten zunehmenden – Hürden von Unternehmen im Upgrading-Prozess hin: „As intangibles [i.e. marketing, brand development, design, J.B.] become more important, tangibles [production and manufacturing, J.B.] have become increasingly commodified, leading to new divisions of labor and new hurdles for developing-country producers to overcome if they wish to enter these chains. It is almost certainly a pervasive trend […] that the barriers to entry in intangibles are growing faster than those in tangible activities." (Gereffi u.a. 2001b:6) Sowohl die GCC- als auch die GVC-Kettenforschung dokumentiert die Bestrebungen von Unternehmen unterschiedlicher Industrien um ein Upgrading durch das Verfolgen einer oder mehrerer Strategien sowie deren Erfolge oder Misserfolge (Talbot 1997; Bair/Gereffi 2001; Fitter/Kaplinsky 2001). Das Resultat dieser Untersuchungen ist ein bedeutender Beitrag zum besseren Verständnis des Verhältnisses von Governance in Wertschöpfungsketten und Upgrading-Möglichkeiten von Unternehmen, das wiederum – so das Argument der GVC-ForscherInnen – wegweisend ist „to the debate on whether there is a spreading of the gains from globalization" (Humphrey/Schmitz 2001:21).

Der Beitrag der Wertschöpfungskettenforschung zur Debatte über die GewinnerInnen und VerliererInnen der Globalisierung sollte aus der obigen Diskussion deutlich erkennbar sein. Es gibt jedoch einige klare Einschränkungen der in der Kettenliteratur angebotenen Upgrading-Rezeptur. Erstens konzentriert sich der Großteil der GCC- und GVC-Forschung vor allem auf das Upgrading von individuellen Unternehmen im Kontext einer bestimmten Wertschöpfungskette. Diese Orientierung am Unternehmen wirft ein Problem mit der Analyseeinheit auf. Wie kann der Upgrading-Prozess auf Firmenebene in seinen Auswirkungen für die größeren Einheiten übersetzt werden, die traditionell als Entwicklungsräume angesehen werden, wie etwa die nationale oder regionale Wirtschaft? Wenn Gereffi (1995) argumentiert, dass die Entwicklungsperspektiven eines Landes dadurch bestimmt werden, wie es in globale Industrien eingebunden ist, wie kann dann die Art und Weise, auf die ein Unternehmen in eine bestimmte Güterkette eingebunden ist, Aufschluss über die Einbindung eines Landes in die Weltwirtschaft geben? Das Problem ist besonders irritierend, da beinahe jedes Land durch mehr als eine Exportposition mit der Weltwirtschaft verbunden ist (Gereffi/Wymann 1990), auch viele Unternehmen über mehr als eine Verbindung in eine Warenkette eingegliedert sind (etwa als Subunternehmen für einige KundInnen, als Komplettzulieferer für andere und als ProduzentInnen von Eigenmarken für den lokalen Markt). Zweitens müssen wir vorsichtiger sein bei der Feststellung, wer tatsächlich vom Upgrading-Prozess profitiert. So beschreibt beispielsweise das funktionelle oder *Intra-Chain*-Upgrading häufig Situationen, in denen Zulieferer auf Initiative eines Leitunternehmens zusätzliche Verantwortungsbereiche (wie Design, Logistik oder Vertrieb) übernehmen. Obwohl diese Zulieferer vom Blickpunkt der *chain driver* dadurch „Wert schaffen", ist eine andere Interpretationsmöglichkeit dieses Prozesses das Auslagern weniger gewinnbringender Aktivitäten auf periphere Unternehmen. Die Fähigkeit eines Zulieferers, den Wert des Leitunternehmens zu steigern, kann die Wettbewerbsfähigkeit gegenüber KonkurrentInnen erhöhen, bis diese dementsprechende Kompetenzen entwickeln. Eine Anzahl an Studien zeigt demgegenüber, dass Unternehmen, die „erfolgreiches" *intra-chain-* oder Prozess-Upgrading durchliefen, nicht notwendigerweise die Früchte – wie etwa erhöhte Sicherheit und Rentabilität – ernten, mit denen Upgrading typischerweise verbunden wird (Fitter/Kaplinski 2001; Gibbon 2001; Schurman 2001; Schrank 2004).

Schließlich erfordert die genauere Spezifizierung der ProfiteurInnen von Upgrading-Prozessen die stärkere Fokussierung auf die Rolle von ArbeiterInnen. Unternehmen, die erfolgreich an globalen Wertschöpfungsketten teilnehmen, geben die Gewinne nicht notwendigerweise an ArbeiterInnen in Form höherer Löhne, größerer Beschäftigungssicherheit oder verbesserter Arbeitsbedingungen weiter (Talbot 1997; Schurman 2001; Ponte 2002; Wood 2001). Es ist daher erforderlich, sich in der Forschung künftig genauer mit der Rolle der ArbeiterInnen zu beschäftigen, um eines der vorrangigen Anliegen der GVC-VertreterInnen einzulösen: die Darstellung der Einkommensverteilung, die sich aus der Teilnahme an internationalen Produktionsnetzwerken ergibt (Fitter/Kaplinsky 2001). Zusätzlich zur Analyse des Ausmaßes, in dem ArbeiterInnen von Upgrading-Prozessen profitieren – wie also der Wert entlang der Kette verteilt wird –, müssen Upgrading-Analysen auch untersuchen, wie ArbeiterInnen in Form des Arbeitsprozesses zur Wertschöpfung beitragen (Bair/Ramsay 2001; Smith u.a. 2002). In diesem Zusammenhang lohnt es sich darauf hinzuweisen, dass das Konzept der Güterkette in seinem ursprünglichen Entwurf die Bedeutung der Arbeit berücksichtigte, sowohl in Form der Arbeitskraft als einem Input des Produktionsprozesses als auch in Form eines Kettenglieds, das reproduziert werden muss, wodurch es mit anderen Güterketten in Verbindung steht (so sind etwa IndustriearbeiterInnen mit agrarwirtschaftlichen Güterketten als NahrungskonsumentInnen verbunden) (Wallerstein 2000).

Das Upgrading-Konzept ist aufgrund seines heuristischen Potenzials attraktiv und ermöglicht es, Mobilität entlang der Wertschöpfungskette darzustellen. Es ist aber ein zu enges Konzept, um die vielen Fragen beantworten zu können, die der GVC-Ansatz hinsichtlich der GewinnerInnen und VerliererInnen im Globalisierungsprozess anzusprechen vorgibt und hinsichtlich der Fragen „how and why the gains from globalisation are spread, and how the numbers of gainers can be increased" (Gereffi u.a. 2001b:2). Um die Nachteile der Globalisierung verstehen zu können, müssen wir den Untersuchungsbereich über die Ebene des Unternehmens, der Wertschöpfungskette oder sogar des Sektors hinaus ausdehnen. Im vierten und letzten Abschnitt des Beitrags skizziere ich einige Möglichkeiten, wie die Güterkettenforschung in diese Richtung vorangetrieben werden könnte.

Jenseits der Wertschöpfungsketten: Ein Programm für die zweite Generation der Güterkettenforschung

Die nächste Generation der Güterkettenforschung sollte sich darauf konzentrieren, die Stärken des Kettenzugangs durch einen Ansatz zu ergänzen, der es uns erlaubt, den globalen Kapitalismus zu konzeptualisieren und zu untersuchen, wie er sich in bestimmten Unternehmensnetzwerken manifestiert und wirtschaftliche AkteurInnen im Raum verbindet. Im Folgenden präsentiere ich einige jüngere Untersuchungen, die die Notwendigkeit unterstreichen, Ketten im Kontext breiterer sozialer, kultureller und politökonomischer Wirkungszusammenhänge zu untersuchen.

Regulative Mechanismen, insbesondere Handelspolitiken, bestimmen die räumliche Streuung oder Konzentration und die Gestaltung vieler Güterketten der Weltwirtschaft. Der regulative Kontext hat großen Einfluss darauf, in welchem Ausmaß ExporteurInnen aus Entwicklungsländern von der Teilnahme an Güterketten profitieren. Während beispielsweise Gereffi, Humphrey und Sturgeon (2005:92ff) in ihrer Erklärung des Verhältnisses afrikanischer ExporteurInnen und britischer ImporteurInnen der Frischgemüse-Wertschöpfungskette die modulare Governance-Struktur betonen, argumentiert Chris Stevens (2001:46), dass „the past success of [...] African horticultural producers may not be *only* the consequences of having met the demanding technical standards of the UK supermarkets that are the dominant force in the buyer-driven value chain [...]. Meeting technical requirements may be a necessary but not sufficient condition. Trade analysis suggests that past European Union (EU) trade policy has effectively excluded many of the most important global suppliers from the UK market." Stevens Untersuchung des EU-Markts für landwirtschaftliche Güter zeigt, dass handelspolitisch induzierte Renten Wertschöpfungsketten beeinflussen, die afrikanische Zulieferer mit den europäischen Märkten verbinden. Er kommt zum Schluss, dass dies wahrscheinlich auch in Zukunft so bleiben wird, obwohl ein – wenngleich ambivalenter – Trend zur Liberalisierung des landwirtschaftlichen Sektors im Rahmen der Welthandelsorganisation und zur Reform der gemeinsamen Agrarpolitik der EU besteht.

Die Untersuchung der nordamerikanischen Bekleidungsgüterkette von Gereffi und Bair (1998) zeigt auf, wie Änderungen des regulativen Kontexts globale Güterketten verändern können. Sie belegt, dass der drastische Anstieg der mexikanischen Bekleidungsexporte nach 1994 die Reaktion der führenden US-amerikanischen Textil- und Bekleidungsunternehmen auf das neue Handelsregime des Nordamerikanischen Freihandelsabkommens (NAFTA) war. Die die Bekleidungsgüterkette kontrollierenden Leitunternehmen restrukturierten ihre internationalen Beschaffungs- und Produktionsnetzwerke, um Vorteile aus der neuen Ursprungsregelung des NAFTA zu ziehen, die den Handel mit Textilprodukten in Nordamerika bestimmt. Der anfängliche Aufschwung mexikanischer Bekleidungsexporte und – in geringerem Ausmaß – der Expansion lokaler Textilproduktion nach der NAFTA-Etablierung signalisierte den Aufstieg der *full-package*-Produktion in Mexiko, da US-EinkäuferInnen versuchten, ihre Abhängigkeit von asiatischen HerstellerInnen zugunsten naher ProduzentInnen südlich der Grenze zu verringern, deren Textilien und Bekleidungen bevorzugten Zugang zum US-Markt erhielten (Bair/Gereffi 2002).

Die Untersuchung des nordamerikanischen Textil- und Bekleidungskomplexes unterstreicht auch den Einfluss von Marktinstitutionen auf die Ergebnisse der Umgestaltung von Güterketten, insbesondere hinsichtlich der Frage, ob beziehungsweise welche lokalen Unternehmen und ArbeiterInnen von der Teilnahme an Güterketten profitieren. Nach dem Aufkommen der Full-package-Produktionsnetzwerke als einer post-NAFTA-Organisationsform, die mexikanische ExporteurInnen und US-amerikanische EinkäuferInnen verbindet, analysierten Bair und Gereffi (2001) die in Mexiko erhobenen Daten ihrer Feldforschung um herauszufinden, ob der von ihnen festgestellte industrielle Upgrading-Prozess auf Unternehmensebene (der durch die Verschiebung von der Maquila-[Montage] zur Full-package-Produktion angedeutet wird) positive Entwicklungsergebnisse in den verschiedenen Bekleidungsproduktionszentren zur Folge hatte, in denen die meisten mexikanischen BekleidungsexporteurInnen ihre Standorte haben. Die räumliche Ungleichmäßigkeit des mexikanischen Exportaufschwungs und die verheerenden Auswirkungen des US-amerikanischen Wirtschaftsabschwungs auf mexikanische ExporteurInnen unterstreichen die Unsicherheit und Kontingenz der durch diese Exportdynamik hervorgebrachten positiven Entwicklungsergebnisse (Bair/Gereffi 2003).

Wird das GCC-Modell als Methodologie verstanden, die der Untersuchung der Dynamiken und Auswirkungen der kapitalistischen Weltwirtschaft dient, wäre es vorteilhaft, mehr Augenmerk auf die strukturelle Beschaffenheit des zeitgenössischen Kapitalismus zu richten. Können wir Ähnlichkeiten in der Entwicklung unterschiedlicher Güterketten hinsichtlich ihrer systemischen Prozesse industrieübergreifend erklären? Können wir beispielsweise das zunehmende Auftreten käufergesteuerter Güterketten durch die Untersuchung der strukturellen Transformation der Weltwirtschaft darstellen?

In der Globalisierungsliteratur der letzten Jahre finden sich zahlreiche Interpretationen dessen, was sich in der Folge der US-Hegemoniekrise der späten 1970er Jahre als dominante politökonomische Formation ausbildete: sei es die „Netzwerkgesellschaft" (Castells 2000), der durch eine „Zeit-Raum-Kompression" gekennzeichnete postmoderne Kapitalismus (Harvey 1989) oder das *Empire* (Hardt/Negri 2000). Eine Reihe an Analysen begreift die Finanzialisierung des globalen Kapitalismus unter US-Schirmherrschaft als zentral für das Verständnis einer Reihe von Phänomenen, die mit der zeitgenössischen Ära verbunden werden: Die Deindustrialisierung in den Zentren, das ostasiatische „Wunder" einerseits und die „verlorene Dekade" Lateinamerikas andererseits, sowie der Washington Konsens (Arrighi 1994). Arrighi, Silver und Brewer (2003) bieten dieses Argument als Erklärung auf die Frage an, warum der rasche und weitreichende Aufbau industrieller Kapazitäten in der sich entwickelnden Welt der vergangenen 20 Jahre zur industriellen Annäherung zwischen dem globalen Norden und Süden (gemessen am prozentuellen Anteil der Industrieproduktion am BIP) führte, ohne dass eine entsprechende Minderung des Einkommensgefälles erfolgte. Diese Erkenntnisse führen zum Schluss, dass die weitreichende Industrialisierung der Semiperipherie und in Teilen der Peripherie bedeutet, dass die Glieder und Knotenpunkte in Güterketten durch steigenden Wettbewerb gekennzeichnet sind, was zur Folge hatte, dass „the industrialization of the semiperiphery and periphery has ultimately been a channel, not of subversion, but of reproduction of the hierarchy of the world-economy" (Arrighi/Drangel 1986:56).

Ein Güterketten-Zugang kann zu dieser Art der Analyse beitragen. Er ermöglicht die Untersuchung der Frage, wie Muster der Ungleichheit zwischen dem globalen Norden und Süden reproduziert werden; zum Teil durch die Organisation internationaler Produktionsnetzwerke und die Beziehungen zwischen den sich an unterschiedlichen Positionen der globalen Güterketten befindlichen Unternehmen. Vorhandene Untersuchungen über die Wettbewerbsdynamiken von Ketten, wie die unterschiedlichen Formen von Renten, die durch Upgrading-Prozesse erzielt werden und die als Eintrittsbarrieren für potenzielle MitbewerberInnen dienen, können diesen Forschungen Anregungen vermitteln (Schmitz/Knorringa 2000). Auch wenn die GCC- und GVC-Ansätze einen Weg anbieten, empirisch zu untersuchen, welche mehr beziehungsweise weniger Wert schaffenden Tätigkeiten in globalen Industrien bestehen und wo sich diese räumlich befinden, müssen wir vorsichtig sein, den Wandel von geringwertigen zu hochwertigen Aktivitäten als Beweis für das Upgrading zu interpretieren (vor allem, da dies eine bloße Tautologie darstellen würde, sofern Upgrading als eben dieser Wandel definiert wird), oder gar als Entwicklung.

Ich plädiere dafür, dass die nächste Generation der Güterkettenforschung ihren Analysebereich ausdehnen sollte, um regulative Mechanismen, Marktinstitutionen und die strukturelle Beschaffenheit des zeitgenössischen Kapitalismus einzuschließen, die auf die Konfiguration und die Abläufe dieser Ketten ebenso wie auf die mit ihnen verbundenen Entwicklungsergebnisse Einfluss nehmen. Während zukünftige Forschung auf den wichtigen Erkenntnissen der bestehenden Güterkettentradition aufbauen sollte, kann die Aussagekraft des Güterketten-Zugangs verstärkt werden, indem größeres Augenmerk auf jene Faktoren gerichtet wird, welche die Auswirkungen der Teilnahme an Güterketten für Unternehmen und ArbeiterInnen der Weltwirtschaft beeinflussen. Dies wird unser Verständnis fördern; und zwar nicht nur hinsichtlich der Frage, wie die Dynamiken in Güterketten für industrielles Upgrading auf der Unternehmensebene genutzt werden können, sondern insbesondere dafür, wie diese Ketten und die politischen und sozialen Verhältnisse, in die diese eingebettet sind, zum Prozess ungleicher Entwicklung beitragen, der den globalen Kapitalismus kennzeichnet.

Übersetzt von Andrea Kremser

* Gekürzte und übersetzte Fassung von Bair, Jennifer (2005): Global Capitalism and Commodity Chains: Looking Back, Going Forward. In: Competition & Change 9/2: 153-180. Wir danken der Autorin und dem Verlag für die Genehmigung der Veröffentlichung.

Literatur

Appelbaum, Richard P./Gereffi, Gary (1994): Power and Profits in the apparel commodity chain. In: Bonacich, Edna/Cheng, Lucie/Chinchilla, Norma/Hamilton, Nora/Ong, Paul, Hg.: Global Production: The Apparel Industry in the Pacific Rim. Philadelphia: Temple University Press: 42-64

Arrighi, Giovanni (1990): The Developmentalist Illusion: A Reconceptualization of the Semi-periphery. In: Martin, William G., Hg.: Semiperipheral States in the World-Economy. New York: Greenwood Press: 18-25

Arrighi, Giovanni (1994): The Long Twentieth Century: Money, Power and the Origins of Our Times. London: Verso

Arrighi, Giovanni/Drangel, Jessica (1986): The Stratification of the World-Economy. An Exploration of the Semiperipheral Zone. In: Review 10/1: 9-74

Arrighi, Giovanni/Silver, Beverly J./Brewer, Benjamin D. (2003): Industrial Convergence, Globalization and the Persistence of the North-South Divide. In: Studies in Comparative International Development 38/1: 3-31

Bair, Jennifer/Gereffi, Gary (2001): Local clusters in global chains: the causes and consequences of export dynamism in Torreon's blue jeans industry. In: World Development 29/11: 1885-1903

Bair, Jennifer/Gereffi, Gary (2002): NAFTA and the apparel commodity chain: corporate strategies, interfirm networks, and local development. In: Gereffi, Gary/Spener, David/Bair, Jennifer, Hg.: Free Trade and Uneven Development: The North American Apparel Industry after NAFTA. Philadelphia: Temple University Press: 23-50

Bair, Jennifer/Gereffi, Gary (2003): Upgrading, Uneven Development, and Jobs in the North American Apparel Industry. In: Global Networks 3/2: 143-169

Bair, Jennifer/Ramsay, Harvie (2001): Global Production Networks: A Commodity Chain Analysis and its Implications for Labor. In: Cooke, William L., Hg.: Multinational Companies and Transnational Workplace Issues. Westport: Quorium: 43-64

Baldwin, Carliss/Clark, Kim B. (2000): Design Rules. Cambridge: MIT Press

Bonacich, Edna/Appelbaum, Richard P. (2000): Behind the Label. Berkeley: University of California Press

Castells, Manuel (^{2}2000): The Rise of the Network Society: The Information Age: Economy, Society and Culture, Bd. I. Oxford: Wiley-Blackwell

Clancy, Michael (1998): Commodity chains, services and development: theory and preliminary evidence from the tourism industry. In: Review of International Political Economy 5/1: 122-148

Cramer, Christopher (1999): Can Africa Industrialize by Processing Primary Commodities? The Case of Mozambican Cashew Nuts. In: World Development 27/7: 1247-1266

Dicken, Peter/Kelly, Philip F./Olds, Kris/Wai-Chung Yeung, Henry (2001): Chains and networks, territories and scales: towards a relational framework for analysing the global economy. In: Global Networks 1/2: 89-112

Dolan, Catherine/Humphrey, John (2000): Governance and trade in fresh vegetables: the impact of UK supermarkets on the African horticulture industry. In: Journal of Development Studies 37/2: 147-176

Fitter, Robert/Kaplinsky, Raphael (2001): Who gains from product rents as the coffee market becomes more differentiated? In: IDS Bulletin 32/3: 69-82

Gellert, Paul (2003): Renegotiating a Timber Commodity Chain: Lessons from Indonesia on the Political Construction of Commodity Chains. In: Sociological Forum 18/1: 53-84

Gereffi, Gary (1994): The Organization of Buyer-Driven Global Commodity Chains: How U.S. Retailers Shape Overseas Production Networks. In: Gereffi, Gary/Korzeniewicz, Miguel, Hg.: Commodity Chains and Global Capitalism. Westport/London: Praeger: 95-122

Gereffi, Gary (1995): Global production systems and third world development. In: Stallings, Barbara, Hg.: Global Change, Regional Response: the new international context of development. Cambridge: Cambridge University Press: 100-142

Gereffi, Gary (1996): Global Commodity Chains: New Forms of Coordination and Control Among Nations and Firms in International Industries. In: Competition and Change1/4: 427-439

Gereffi, Gary (1999): International trade and industrial upgrading in the apparel commodity chain. In: Journal of International Economics 48/1: 37-70

Gereffi, Gary (2001): Shifting Governance Structures in Global Commodity Chains, With Special Reference to the Internet. In: American Behavioral Scientist 44/10: 1617-1637

Gereffi, Gary (²2005): The Global Economy: Organization, Governance and Development. In: Smelser, Neil J./Swedberg, Richard, Hg.: The Handbook of Economic Sociology. Princeton: Princeton University Press: 160-182

Gereffi, Gary/Bair, Jennifer (1998): U.S. companies eye NAFTA's prize. In: Bobbin 39/7: 26-35

Gereffi, Gary/Garcia-Johnson, Ronie/Sasser, Erika (2001a): The NGO-Industrial Complex. In: Foreign Policy 125: 56-65

Gereffi, Gary/Humphrey, John/Kaplinsky, Raphael/Sturgeon, Timothy (2001b): Introduction: Globalisation, Value Chains, and Development. In: IDS Bulletin 32/3: 1-8

Gereffi, Gary/Humphrey, John/Sturgeon, Timothy (2005): The Governance of Global Value Chains. In: Review of International Political Economy 12/1: 78-104

Gereffi, Gary/Korzeniewicz Miguel/Korzeniewicz, Roberto P. (1994): Introduction. In: Gereffi, Gary/Korzeneiwicz, Miguel, Hg.: Commodity Chains and Global Capitalism. Westport/London: Praeger: 1-14

Gereffi, Gary/Wyman, Donald L., Hg. (1990): Manufacturing Miracles: Paths of Industrialization in Latin America and East Asia. Princeton: Princeton University Press

Gibbon, Peter (2001): Upgrading Primary Production: a global commodity chain approach. In: World Development 29/2: 345-363

Hardt, Michael/Negri, Antonio (2000): Empire. Cambridge: Harvard University Press

Harvey, David (1989): The Condition of Postmodernity. Cambridge: Blackwell

Henderson, Jeffrey/Dicken, Peter/Hess, Martin/Coe, Neil/Wai-Chung Yeung, Henry (2002): Global Production Networks and the Analysis of Economic Development. In: Review of International Political Economy 9/3: 436-464

Hopkins, Terence K./Wallerstein, Immanuel (1977): Patterns of Development of the Modern World-System. In: Review 1/2: 11-145

Hopkins, Terence K./Wallerstein, Immanuel (1986): Commodity chains in the world economy prior to 1800. In: Review 10/1: 157-170

Humphrey, John/Schmitz, Hubert (2001): Governance in Global Value Chains. In: IDS Bulletin 32/3: 19-29

Leslie, Deborah/Reimer, Suzanne (1999): Spatializing commodity chains. In: Progress in Human Geography 23/3: 401-420

McMichael, Philip D. (1996): Development and Social Change: A Global Perspective. Thousand Oaks: Pine Forge

Phyne, John/Mansilla, Jorge (2003): Forging Linkages in the Commodity Chain: The Case of the Chilean Salmon Farming Industry. In: Sociologia Ruralis 43/2: 108-127

Ponte, Stefano (2002): The „Latte Revolution"? Regulation, Markets and Consumption in the Global Coffee Chain. In: World Development 30/7: 1099-1122

Raikes, Philip/Jensen, Michael Friis/Ponte, Stefano (2000): Global commodity chain analysis and the French filière approach: comparison and critique. In: Economy and Society 29/3: 390-417

Schmitz, Hubert/Knorringa, Peter (2000): Learning from Global Buyers. In: Journal of Development Studies 37/2: 177-205

Schrank, Andrew (2004): Ready-to-Wear Development: Foreign Investment, Technology Transfer, and Learning-by-Watching in the Apparel Trade. In: Social Forces 83/1: 123-156

Schurman, Rachel A. (2001): Uncertain Gains: Labor in Chile's New Export Sector. In: Latin American Research Review 36/2: 3-29

Smith, Adrian/Rainnie, Al/Dunford, Mick/Hardy, Jane/Hudson, Ray/Sadler, David (2002): Networks of value, commodities and regions: reworking divisions of labour in macro-regional economies. In: Progress in Human Geography 26/1: 41-63

Stevens, Chris (2001): Value Chains and Trade Policy: The Case of Agriculture. In: IDS Bulletin 32/3: 46-59

Sturgeon, Timothy (2001): How Do We Define Value Chains and Production Networks? In: IDS BUlletin 32/3: 9-18

Talbot, John M. (1997): The Struggle for Control of a Commodity Chain: Instant Coffee from Latin America. In: Latin American Research Review 32/2: 117-135

Wallerstein, Immanuel (1974): The Rise and Future Demise of the World Capitalist System: Concepts for Comparative Analysis. In: Comparative Studies in Society and History 16/4: 387-415

Wallerstein, Immanuel (1983): Historical Capitalism. New York: Verso

Wallerstein, Immanuel (1994): Development: Lodestar or Illusion? In: Sklair, Leslie, Hg.: Capitalism and Development. London: Routledge: 3-20

Wallerstein, Immanuel (2000): Introduction to Special Issue on Commodity Chains in the World Economy, 1590 to 1790. In: Review 23/1: 1-13

Whitley, Richard (1996): Business Systems and Global Commodity Chains: competing or complementary forms of economic organisation? In: Competition and Change 1/4: 411-425

Wood, Adrian (2001): Value Chains: An Economist's Perspective. In: IDS Bulletin 32/2: 41-45

Jörg Flecker

Bewegliche Ziele
Aufstieg in globalen Wertschöpfungsketten und die Qualität der Arbeit

Die Entwicklung von Arbeit und Beschäftigung in den Wertschöpfungsketten bzw. Produktionsnetzwerken des globalen Kapitalismus ist von gegensätzlichen Tendenzen geprägt: Einerseits setzen die internationalen Markenfirmen und Kernunternehmen ihre Zulieferer und Dienstleister unter immer stärkeren Kosten- und Zeitdruck und bürden ihnen belastende Arbeitsbedingungen auf. Damit sind die Arbeitsplätze am unteren Ende der Wertschöpfungsketten ganz besonders von der weiter zunehmenden internationalen Konkurrenz und den Folgen der Weltwirtschaftskrise betroffen. Andererseits gelangen vielen Betrieben und ganzen Ökonomien auch am unteren Ende der Wertschöpfungsketten durch die Weiterentwicklung von Wissen und die Übernahme höherwertiger Aufgaben eine Aufwertung und eine Verbesserung ihrer Position. Insgesamt sind die Beziehungen zwischen Firmen und nationalen Ökonomien in den globalen Netzwerken höchst dynamisch. Erreichte Positionen können in kurzer Frist in Frage gestellt werden, bisher benachteiligte Standorte können neue Chancen wahrnehmen.

Der Begriff Wertschöpfungskette verweist auf eine lineare Abfolge von Verarbeitungsschritten, wobei dem Produkt bzw. der Dienstleistung auf jeder Stufe der Produktion oder Dienstleistungserbringung – von der Produktentwicklung über mehrere Fertigungsschritte bis zur Vermarktung – Wert hinzugefügt wird. Dagegen betont das Konzept der Produktionsnetzwerke, dass es neben dieser linearen Verkettung auf jeder Stufe auch horizontale Beziehungen bzw. Vernetzungen in Form der Zulieferung von Produktteilen oder der Inanspruchnahme von Dienstleistungen gibt (Gereffi/Humphrey/Sturgeon 2005; Henderson u.a. 2002; Dicken 2005). Im Zuge der Internationalisierung und Globalisierung der kapitalistischen Wirtschaft wurden diese Wertschöpfungsketten und Produktionsnetzwerke geografisch ausgedehnt und erstrecken sich nunmehr vielfach über mehrere Länder und gar Kontinente. In diesem Beitrag ist von Wertschöpfungsketten und Produktionsnetzwerken zugleich die Rede, um dem Umstand Rechnung zu tragen, dass in verschiedenen Branchen und Einzelbeispielen jeweils der eine oder der andere Begriff angemessener sein kann.

Die Beziehungen zwischen Firmen und Standorten innerhalb der Ketten und Netzwerke sowie ihre Dynamik wirken sich unmittelbar auf Beschäftigungs- und Arbeitsbedingungen aus. Zum einen ist Arbeit am unteren Ende der Wertschöpfungsketten häufig durch Niedriglöhne, lange Arbeitszeiten, hohe Flexibilitätsanforderungen, Unfallgefahren sowie körperliche und psychische Belastungen gekennzeichnet. Zum anderen beinhaltet die Aufwertung von Betrieben innerhalb von Wertschöpfungsketten und Netzwerken die Chance auf anspruchsvollere Tätigkeiten und berufliche Entwicklungsperspektiven für die Beschäftigten. Ob auch eine Verbesserung der Arbeitsbedingungen mit einem Aufstieg in den Wertschöpfungsketten einhergeht, ist eine offene Frage (Plank/Staritz 2009a).

Im Konzept der globalen Wertschöpfungsketten (*Global Value Chains*) bzw. in der dynamischen Wertschöpfungskettenanalyse (*dynamic value chain analysis*) (Gereffi/Humphrey/Sturgeon 2005) werden neben der Verteilung von Verarbeitungsschritten auf verschiedene Firmen in unterschiedlichen Ländern die Beziehungen zwischen den beteiligten Firmen betont. Die Formen der Steuerung der Wertschöpfungsketten oder Netzwerke durch die Kernfirmen und die Machtverhältnisse zwischen den Abnehmern und ihren Zulieferern spielen nicht nur für Fragen der Entwicklung von Ländern und Regionen (Henderson u.a. 2002; Gereffi 2006) eine große Rolle, sondern ebenso für die Arbeits- und Beschäftigungsbedingungen, auch wenn diese in der einschlägigen Literatur in der Regel nicht im Zentrum stehen (Smith u.a. 2002).

Doch die Qualität der Arbeit ist unmittelbar von der Umstrukturierung der Wertschöpfungsketten und Produktionsnetzwerke berührt (Huws u.a. 2009): Erstens war und ist es ein treibendes Motiv für die Aufgliederung von Produktionsprozessen und die Auslagerung von Unternehmensfunktionen, dass in einem segmentierten Arbeitsmarkt mit Unterschieden in den Lohnhöhen und Beschäftigungsbedingungen zwischen Branchen und Betrieben durch die Auslagerung Kosten eingespart werden können. Im internationalen Maßstab wirken das Lohngefälle zwischen Ländern ebenso wie die höchst unterschiedlichen Arbeitszeit- und Arbeitsschutzbestimmungen als Anreize für die geografische Verlagerung von Arbeit.

Zweitens wirken sich die Machtverhältnisse zwischen den Betrieben in der Wertschöpfungskette bzw. in einem Produktionsnetzwerk auf die Arbeits- und Beschäftigungsbedingungen aus. Abhängige Betriebe haben oft wenig Einfluss auf die Bedingungen, welche die Kernfirmen für die Geschäftsbeziehung festlegen, und geben die Anforderungen an ihre Beschäftigten weiter. Damit bekommen die Arbeitskräfte den Kostendruck, die Flexibilitätsanforderungen an den Betrieb sowie die Unsicherheiten in der Auslastung recht direkt in Form niedriger Löhne, langer Arbeitszeiten, gesundheitsgefährdender Arbeitsplätze und wenig planbarer Arbeitszeiten bzw. unsicherer Beschäftigung zu spüren. Häufig sind die Beschäftigten der direkten Kontrolle der Auftraggeberfirmen und nicht nur des eigenen Managements unterworfen. Für viele bestimmen die Inhalte der Verträge ihres Arbeitgebers mit dessen Auftraggebern unmittelbar die Arbeitsbedingungen. Dies ist im Fall der Callcenter sehr deutlich zu sehen, wo sich die Arbeit in vielerlei Hinsicht an den Dienstgütervereinbarungen (*service level agreements*) zwischen den Firmen orientiert (Dunkel/Schönauer 2008). Damit wird nicht nur der innerbetriebliche Verhandlungsspielraum eingeschränkt, es werden auch die subjektiven Möglichkeiten zum Widerstand untergraben. So ergab eine Untersuchung über Callcenter-Agents in Mumbai und Bangalore, Indien, dass sie die Arbeitsbedingungen zwar als repressiv wahrnahmen, aber diese den Service Level Agreements (SLA) zuschrieben und sogar Verständnis dafür zeigten, dass ihre Vorgesetzten mit ihnen brüllten, um die Einhaltung der SLA zu erreichen (D'Cruz/Noronha 2009).

Drittens sind die Beziehungen zwischen den Firmen selten statisch, sondern verändern sich im Laufe der Zeit. So kann es in der zwischenbetrieblichen Arbeitsteilung zu Verschiebungen kommen, wenn eine Zulieferfirma beispielsweise zusätzlich zu den Produktionstätigkeiten höher bewertete Aufgaben in der Produktentwicklung oder in der Logistik übernimmt. Dieses Upgrading innerhalb der Wertschöpfungskette verändert die Art der Arbeitsplätze und die Anforderungen an die Beschäftigten. Sie kann sich auch in einer Verbesserung der Arbeits- und Beschäftigungsbedingungen niederschlagen, wenn die Aufwertung die Machtverhältnisse sowohl zwischen den Firmen als auch zwischen Arbeitgebern und Beschäftigten verändert. Dies ist aber keineswegs ein notwendiger Zusammenhang. Zudem sind Wertschöpfungsketten und Produktionsnetzwerke nicht nur in der Hinsicht dynamisch, dass Betriebe Funktionen und Positionen wechseln, sondern es verändern sich zugleich die Bedingungen, unter denen die Positionen ausgefüllt werden. Der Aufstieg kann ja gerade darauf zurückzuführen sein, dass eine bestimmte Funktion zu niedrigeren Kosten erfüllt wird und dies die Arbeitsbedingungen verschlechtert (Bair 2008 zit. in Plank/Staritz 2009a).

Zwischen der Aufwertung eines Betriebs und der Veränderung der Arbeitsbedingungen sind also unterschiedliche Zusammenhänge denkbar: Zunächst stellt sich die Frage, ob sich der Aufstieg für den Betrieb wie erhofft in einer besseren Verhandlungsposition, in höheren Preisen, in einer stabileren Auslastung etc. niederschlägt. Auch wenn dies der Fall sein sollte, ist keineswegs gesichert, dass solche Verbesserungen in Form von höheren Löhnen und besseren Arbeitsbedingungen an die Beschäftigten weitergegeben werden. Auch Nathan und Kalpana (2007) berücksichtigen diese zwei Aspekte, wenn es um die Qualität der Beschäftigung im Zusammenhang mit der Umstrukturierung von Wertschöpfungsketten geht: „First, the possibilities available to companies and producers within value chains to increase the share of their total surplus, in other words their bargaining capacity within the value chains. Second, the scope for workers to secure an improvement in working conditions. The first may occur without the second, i.e. without some of the benefits of increased bargaining power being passed on to workers. The second, on the other hand, is unlikely without the first; i.e. if companies have little bargaining power within the value chain, then it is unlikely that workers will be able to secure a significant improvement in the conditions of work." (Nathan/Kalpana 2007:9)

Die Veränderung der Arbeit wiederum ist entlang unterschiedlicher Dimensionen zu beurteilen: Erstens geht es um die Tätigkeiten, die Qualifikationsanforderungen und die Handlungsspielräume in der Arbeit, zweitens um die Einkommen und die soziale Absicherung, drittens um die Arbeitszeit, die Flexibilitätsanforderungen und den Leistungsdruck und viertens um die Arbeitsplatzsicherheit und die Einflussmöglichkeiten auf die Arbeit. Die Dimensionen und die einzelnen Merkmale der Arbeit und der Beschäftigung können sich unabhängig voneinander verändern, es kann also im Zuge der Umstrukturierung von Wertschöpfungsketten zu Verbesserungen in einer bestimmten Hinsicht bei gleichzeitiger Verschlechterung in anderen kommen. Jedenfalls sind anspruchsvollere Tätigkeiten und höhere Qualifikationsanforderungen in der Regel nicht mehr mit günstiger Arbeitszeit, niedrigem Leistungsdruck und hoher Arbeitsplatzsicherheit verbunden. Im Zusammenhang mit der Aufwertung von Standorten und Betrieben könnte es sich

bei den mit einer höherwertigen Funktion verbundenen Arbeits- und Beschäftigungsbedingungen also um „bewegliche Ziele" in dem Sinn handeln, dass sie nicht mehr dieselben sind, wenn die Funktion endlich erreicht wird.

Die internationale, oft weltweite Verlagerung von Arbeit hat seit den 1970er Jahren, als eine „neue internationale Arbeitsteilung" (Fröbel/Heinrichs/Kreye 1977) durch
die Ansiedlung von Industriearbeit in großem Umfang in Entwicklungsländern einsetzte, immer mehr und immer verschiedenere Arten von Arbeit erfasst. Gereffi (2006:9)
unterscheidet in dieser Hinsicht vier Arten von Arbeiten: Erstens Montagearbeiten in
exportorientierten Industrien, zweitens einfache Industriearbeit im *Original Equipment
Manufacturing* (OEM), bei dem eine Markenfirma die Fertigung zur Gänze auslagert,
drittens Arbeit in fortgeschrittenen Stufen der Produktion und viertens Verlagerung von
Dienstleistungsarbeit einschließlich Forschung und Entwicklung und *business process
outsourcing,* also die Auslagerung von Unternehmensfunktionen wie Buchhaltung, Per-
sonalverrechnung oder Kundenbetreuung. Gerade Letzteres hat in den USA, aber auch
in Europa eine breite Diskussion über Offshoring und seine Folgen ausgelöst, weil eine
neue, teils hochqualifizierte und bisher gut gesicherte Gruppe von Arbeitskräften betroffen ist, während der Verlust von Arbeitsplätzen von NäherInnen der Bekleidungsindustrie
schon lange kein Medieninteresse mehr findet. In der Debatte wurde Arbeit angesichts
der Verbreitung von standardisierter Computertechnik und Internet als zunehmend orts-
unabhängig beschrieben. Dabei handelte es sich zwar meist um starke Übertreibungen,
doch dort, wo keine Anwesenheit von Beschäftigten und Kunden am gleichen Ort für
die Dienstleistung erforderlich ist und die benötigten Informationen vollständig digita-
lisiert werden können, bestehen tatsächlich weitgehende Möglichkeiten zur Verlagerung
und ortsunabhängigen Dienstleistungserbringung (Huws 2003; Boes/Kämpf 2006). Im
Einzelnen werden die Software-Branche und die IT-Dienstleistungen im Hinblick auf
digital delivery, also die ortsunabhängige Dienstleistungserbringung über Telekommu-
nikationsnetze, als am fortgeschrittensten eingeschätzt (OECD 2004:8).

Mit der Ausweitung globaler Wertschöpfungsketten und Produktionsnetzwerke auf
Dienstleistungsbranchen hat die Vielfalt an Arbeits- und Beschäftigungsbedingungen,
die von der Dynamik internationaler Verflechtungen unmittelbar geprägt sind, weiter zugenommen. In diesem Beitrag gehe ich den Wechselwirkungen zwischen der Dynamik
von Wertschöpfungsketten bzw. Netzwerkbeziehungen und den Arbeits- und Beschäftigungsbedingungen nach. Dabei stütze ich mich unter anderem auf empirische Ergebnisse aus dem europäischen Forschungsprojekt „Work Organisation and Restructuring in
the Knowledge Economy" (WORKS), insbesondere auf die Befunde der internationalen
Fallstudienreihe (Flecker u.a. 2008). Die Entwicklungen werden am Beispiel der Bekleidungsindustrie und der Softwarebranche beschrieben. Die Bekleidungsindustrie steht
für jene Industriebranchen, in denen schon seit den 1970er Jahren eine Verschiebung in
der internationalen Arbeitsteilung zu beobachten ist, während die Softwareentwicklung
das Beispiel einer Branche aus dem Dienstleistungssektor darstellt, in der erst im letzten
Jahrzehnt umfangreiche Verlagerungen von Arbeit im globalen Maßstab erfolgten.

Anhaltende Dynamik in der globalen Bekleidungsindustrie

Im Herbst 2008 brachten Nachrichtenagenturen und Zeitungen die Meldung, dass Tausende junge Männer, die in der Türkei in der Bekleidungsindustrie arbeiten, vom Tode bedroht sind. Sie sind in Kleinbetrieben der Schattenwirtschaft mit dem Sandstrahlen von Jeans beschäftigt, um diesen ein modisch abgewetztes Aussehen („stone-washed") zu geben. Ohne Schutzvorkehrungen durchgeführt, bewirkt diese Arbeit häufig Silikose, eine Krankheit, die unheilbar und im fortgeschrittenen Stadium tödlich ist. LungenspezialistInnen in der Türkei schätzen, dass die Hälfte der 10.000 bis 20.000 jungen Männer, die beim Sandstrahlen eingesetzt waren (oder noch sind), möglicherweise an den Folgen sterben werden (Der Standard, 23.3.2009). Inzwischen haben die türkischen Behörden diese Behandlungsmethode von Jeans untersagt, wobei es allerdings fraglich ist, ob das Verbot tatsächlich zu einer Änderung der Praktiken in den meist illegalen Firmen führt (Stuttgarter Nachrichten, 6.4.2009).

Szenenwechsel: Die Arbeiterinnen der Bekleidungsindustrie in Bangladesch – hier arbeiten überwiegend Frauen – arbeiten vielfach bis zu 13 Stunden pro Tag, verdienen laut einer nicht repräsentativen Befragung als Helferinnen im Durchschnitt 26 Euro und als Näherinnen durchschnittlich 40 Euro im Monat, bekommen ihren Lohn unregelmäßig und oft verspätet, Überstunden häufig gar nicht bezahlt, sind in der Arbeit nicht selten Beschimpfungen und Schlägen sowie sexueller Belästigung und Gewalt ausgesetzt (Feuchte 2009). Die Unsicherheit des Arbeitsplatzes und die sofortige Entlassung bei Abwesenheit vom Arbeitsplatz (auch wegen Krankheit), bei Protest und gewerkschaftlicher Aktivität machen eine Gegenwehr fast unmöglich. Dennoch kam es im Jahr 2006 zu einer ausgedehnten Revolte tausender Bekleidungsarbeiterinnen in Bangladesch. Nach wie vor findet das nationale Arbeitsgesetz, das die Arbeitszeit (auf 72 Stunden pro Woche!) begrenzt und Mindestlöhne vorsieht, jedoch in dieser Branche keine Anwendung. Als Gründe dafür nennt Feuchte (2009) die Korruption und das Interesse der Regierung, die Produktionskosten in der Branche niedrig zu halten, aus der 75 % der Exporterlöse des Landes kommen.

Nochmaliger Szenenwechsel: Ein wichtiges Markenunternehmen der italienischen Bekleidungsindustrie – spezialisiert auf Unterwäsche und Bademode hoher Qualität – beschäftigt 1.200 Personen. Seit dem Jahr 2000 wurden zunehmend nicht nur die Produktion, sondern auch die Musterfertigung und Teile des Designs nach außen vergeben. Nur noch 6 % der Produktion erfolgen intern, ein großer Teil dagegen bei Tochtergesellschaften und Zulieferern in Italien und etwa 40 % im Ausland (Mittel- und Osteuropa, Tunesien, Mexiko und China). Die Lohnfertiger, d.h. die Firmen, die Fertigungsaufträge ausführen, sind auch bei langdauernden Beziehungen in einer schwachen Position gegenüber dem Markenunternehmen. Dies trifft vor allem auf jene zu, die den Großteil ihres Umsatzes mit diesem Unternehmen machen. Eine Folge davon ist, dass der Zeitdruck auf sie abgewälzt werden kann: Treten innerhalb der Markenfirma Verzögerungen auf, müssen diese von den Tochterfirmen oder Auftragnehmern/Zulieferern aufgeholt werden. Diese wiederum geben den Druck an ihre Arbeitskräfte weiter. Für Kleinbetriebe mit weniger als 15 Beschäftigten wird das durch die schwächere Regulierung von Arbeit in diesen Betriebsgrößen in Italien erleichtert. Zum Teil vergeben die Lohnfertiger Näharbeiten in Heimarbeit außer Haus. Abgesehen vom schwächeren ArbeitnehmerInnenschutz und den niedrigeren Löhnen ist die in Kleinbetriebe ausgelagerte Produktion von einer tayloristischen Arbeitsorganisation mit kurzen Zyklen und hoher Arbeitsgeschwindigkeit sowie den damit einhergehenden Arbeitsbelastungen geprägt.

Letzter Szenenwechsel: Eine ehemalige Großhandelsfirma in der portugiesischen Modebranche hatte ab den 1990er Jahren immer mehr Funktionen entlang der Wertschöpfungskette der Bekleidungsindustrie übernommen: Beratung, Forschung, Modedesign, Musterentwicklung, Materialeinkauf, Produktionsbeauftragung, Labortests, Qualitätskontrolle etc. Der kleine Betrieb mit nur 24 Beschäftigten lagert die meisten Tätigkeiten aus und lässt die Produktion der Kleidungsstücke von Lieferanten in Portugal, Brasilien, Indien, der Türkei und Ägypten ausführen. Mit fortschrittlichen Informationssystemen wird die Vergabe und Abwicklung der Aufträge verfolgt, welche die Firma von Einzelhandelsunternehmen oder von den Markenfirmen bekommt. Der Betrieb hat damit eine zentrale Position in den Produktionsnetzen errungen. Doch auf ihren Lorbeeren ausruhen können sich die Beschäftigten nicht. Eine Modedesignerin beschreibt das so: „Der Druck ist stark gewachsen. Wir haben sehr kurzfristige Termine, und wir sind immer unter großem Druck. Du kannst Dich in der Abteilung nie entspannen. Alles muss sehr schnell gehen, und wenn wir ein Problem haben, müssen wir es schnell lösen. Ich entspanne mich praktisch nie." (Woll/Vasconcelos da Silva/Moniz 2007:12) Dazu kommen hohe Anforderungen an die zeitliche Flexibilität: Die Kunden, also die Marken- und Einzelhandelsfirmen, erwarten auf ihre Anfragen innerhalb von 24 Stunden eine Antwort. Um die rasche Kommunikation über die verschiedenen Zeitzonen sicherzustellen, arbeiten manche Beschäftigte am Abend von zu Hause, während andere am Morgen früher beginnen.

Die Produktionsnetzwerke und Wertschöpfungsketten der Bekleidungsindustrie sind seit Jahrzehnten stark fragmentiert, sie sind international, wenn nicht global, und die Preiskonkurrenz übt einen enormen Druck zur Senkung der Lohnkosten in dieser arbeitsintensiven Branche aus. Konzentrationsprozesse im Einzelhandel haben die Position der Produktionsbetriebe weiter geschwächt. Die Machtverhältnisse in den Produktionsnetzen und Wertschöpfungsketten begünstigen in der Regel die Markenfirmen bzw. Einzelhandelsunternehmen, ausgeglichene Machtverhältnisse sind in dieser Branche selten (Faust/Voskamp/Wittke 2004). Die Asymmetrien und Abhängigkeiten in den Beziehungen zwischen den Firmen – ob man sie als *buyer-driven value chains* (Gereffi/Korzeniewicz 1994) oder *captive value chains* (Gereffi/Humphrey/Sturgeon 2005) bezeichnet – schlagen sich auf die Arbeits- und Beschäftigungsbedingungen nieder. Am unteren Ende der Wertschöpfungsketten stehen die Firmen und HeimarbeiterInnen der informellen Ökonomie, sei es in Italien, der Türkei, Bangladesch oder China. Hier können die Arbeitsbedingungen im Wortsinn tödlich sein. Aber auch innerhalb der regulären Wirtschaft drücken die Abhängigkeiten zwischen den Unternehmen auf die Löhne und die Beschäftigungsbedingungen. Neben niedrigen Einkommen sind es insbesondere lange Arbeitszeiten, hohe Flexibilitätsanforderungen und großer Zeitdruck, der die häufig weiblichen Arbeitskräfte belastet. Dazu kommen der mangelhafte ArbeitnehmerInnen-Schutz und die sich daraus ergebenden Gefährdungen der Gesundheit. Während die Bekleidungsindustrie von Bangladesch am unteren Ende der Wertschöpfungsketten verblieb und sehr schlechte Arbeitsbedingungen aufweist, sind in Indien Tendenzen zur Verbesserung der Arbeitsbedingungen auszumachen. Firmen, die in Maschinen investierten, benötigen gut geschulte Arbeiterinnen und finden es daher für notwendig, die Fluktuationsrate zu senken. Um das zu erreichen, wurde von Akkord- zu Zeitlöhnen übergegangen und die Durchschnittslöhne sind zwischen 1998/99 und 2003/4 um 25,7 % gestiegen (Nathan/Kalpana 2007:10).

Am oberen Ende der Wertschöpfungskette können die mit den Verlagerungen verbundenen Aufwertungen von Standorten unmittelbar zu Verbesserungen in den Arbeitsbedingungen führen. Das Beispiel der Unternehmenszentrale eines Bekleidungsherstellers in Belgien illustriert diesen Punkt: Die Unternehmensleitung hatte nach einem schon seit den 1980er Jahren anhaltenden Prozess der Verlagerung der Produktion nach China, Osteuropa und Nordafrika beschlossen, die letzte Fertigungsabteilung in Belgien zu schließen und die Arbeiterinnen in der Musterfertigung einzusetzen (De Bruyn/Ramioul 2007). Die Veränderung der Arbeit ist gravierend: Anstelle einer tayloristisch organisierten Massenproduktion werden nun Einzelstücke in handwerklicher Manier hergestellt. Damit steigen die Qualifikationsanforderungen, die Arbeit wird anspruchsvoller und durch ihre Vielseitigkeit nehmen bestimmte körperliche und psychische Arbeitsbelastungen ab. Freilich ist die repetitive Produktionsarbeit damit nicht verschwunden, vielmehr sind durch die Verlagerung nun Arbeiterinnen in anderen Ländern damit konfrontiert.

Das oben dargestellte portugiesische Beispiel eines Betriebs, der eine Mittlerrolle und damit eine wichtige Position in den Wertschöpfungsketten einnimmt, zeigt, dass sich die Aufwertung eines Standorts nicht in besseren Arbeitsbedingungen niederschlagen muss. Auch wenn die Beschäftigten hoch bewertete Tätigkeiten in den Unternehmensfunktionen Design oder Logistik ausführen und darüber entscheiden, ob die Produktionsaufträge nach Brasilien, Ägypten oder in die Türkei gehen, sind sie selbst einem hohen Arbeitsdruck unterworfen. Dieser ergibt sich zum einen aus der Abhängigkeit ihres Betriebs von Aufträgen durch die Markenfirmen oder Einzelhandelsunternehmen und damit aufgrund der Notwendigkeit, rasch auf deren Anforderungen zu reagieren, zum anderen schlägt sich die generelle Beschleunigung der Geschäftsprozesse in der Branche auf die Arbeitssituationen nieder. So sind viele Unternehmen der Modebranche dazu übergegangen, ihre Kollektionen nicht mehr im Frühjahr-Herbst-Rhythmus, sondern kontinuierlich zu erneuern (Flecker/Holtgrewe 2008; Plank/Staritz 2009b). Dadurch wurden die Zeitvorgaben für das Design und die Musterfertigung verkürzt und die Anforderungen an die Logistik nach oben geschraubt. Länder in Mittelost- und Osteuropa und um das Mittelmeer werden aufgrund der größeren Bedeutung geografischer Distanzen seit dieser Beschleunigung von einigen Unternehmen als Produktionsstandorte gegenüber Asien bevorzugt. Allerdings lässt der teilweise Einsatz von Arbeitskräften aus Asien in Rumänien (Plank/Staritz 2009b) darauf schließen, dass sich diese Präferenz nicht in bessere Arbeitsbedingungen umsetzen lässt. Dazu kommt, dass der Aufstieg in den Wertschöpfungsketten die Sicherheit der Arbeitsplätze nicht verbessern muss. So zeigen Beispiele aus Mittelosteuropa, dass Firmen zunächst in eine zentrale Mittlerrolle gelangten und den Zugang zu noch kostengünstigeren Standorten in Osteuropa für die Kernunternehmen organisierten, dann jedoch durch eine direkte Kooperation der internationalen Unternehmen mit den lokalen Lohnfertigern in Osteuropa ersetzt wurden (Smith 2003).

Einige Länderbeispiele im WORKS-Projekt zeigten auf, wie sich Positionen in Wertschöpfungsketten und institutionelle Rahmenbedingungen wechselseitig bedingen. Die Absiedlung der Produktionsstätten und der Rückgang der Beschäftigungsmöglichkeiten in der Bekleidungsindustrie schwächten beispielsweise in Belgien, aber auch in Ungarn und Griechenland, die Bildungseinrichtungen für die Branche. Hintergrund waren wohl politische Überlegungen, dass nicht mehr in Ausbildungen investiert werden sollte, die offensichtlich keine Zukunft haben. In manchen Fällen führte dies jedoch zu einem Mangel an FacharbeiterInnen, der die Weiterführung von hochwertigen Produktionsschritten in Belgien erschwerte und so die Tendenz zur Verlagerung der Produktion in andere Länder noch verstärkte. Eine Ausnahme stellt in dieser Hinsicht Portugal dar, wo die regionalen Netzwerke der Branche und die unterstützenden Einrichtungen noch intakt scheinen (Flecker/Holtgrewe 2008:28).

Internationalisierung der Software-Entwicklung

In den 1990er Jahren und besonders um die Jahrhundertwende ließ der Boom in der Informationstechnikbranche „Fachkräftemangel" zu einem geflügelten Wort werden. In dieser Phase waren viele Firmen in West- und Nordeuropa und Nordamerika bereit, die Risiken einer Verlagerung von Arbeit nach Mittelosteuropa und nach Asien in Kauf zu nehmen, um expandieren zu können und zugleich Kosten zu senken. Diesem Offshoring wurde zunehmend und insbesondere in den USA öffentliche Aufmerksamkeit zuteil. Doch anfangs sorgten Wirtschaftsboom und Engpässe am Arbeitsmarkt dafür, dass die Verlagerungen auch von ArbeitnehmerInnenseite weitgehend akzeptiert wurden, weil dadurch in den Ursprungsländern anfangs selten unmittelbar Arbeitsplätze verloren gingen. Die indische Software-Branche nützte – unterstützt durch staatliche Bildungs- und investorenfreundliche Steuerpolitik – die Gelegenheit. Sie entwickelte sich rasant und zog Aufträge und Direktinvestitionen an. Der Anteil von Software und IT-gestützten Dienstleistungen an den gesamten Exporten Indiens stieg von 3 % im Jahr 1996 auf 21 % im Jahr 2003 (UNCTAD 2004) und ihr Anteil am indischen Bruttoinlandsprodukt stieg von 1,2 % im Jahr 1989 auf geschätzte 5,8 % im Jahr 2009 (NASSCOM 2009). Nicht nur verlagerten US-amerikanische und europäische Unternehmen Arbeit nach Indien, indische Konzerne expandierten und gründeten Niederlassungen in Europa, um den Kundenkontakt zu verbessern und die Akquisition und Abwicklung von Aufträgen zu erleichtern (Hirschfeld 2004). Die Beschäftigung in diesem Sektor ist sehr stark gewachsen und erreichte im Jahr 2009 geschätzte 2,23 Millionen (NASSCOM 2009).

Diese dynamische Internationalisierung war durch die „Industrialisierung" der IT-Industrie und der Software-Entwicklung vorbereitet worden (Boes/Kämpf 2006): Die Schnittstellen zwischen den Modulen der Produkte wurden standardisiert, der Prozess der Entwicklung von Software wurde in Einzelschritte zerlegt und die Vorgangsweise genau vorgegeben, es wurde eine genauere Dokumentation der Arbeit und der Programmteile verlangt, der Grad der Arbeitsteilung ist gestiegen und insgesamt der Handlungsspielraum der IT-Beschäftigten in der Arbeit geschrumpft. Die hohe Standardisierung der Prozesse und die Vereinheitlichung von Programmiersprachen und Ablagesystemen erleichterten – zusätzlich dazu, dass die für die Arbeit benötigten Informationen, die „Werkzeuge" und die Produktteile in elektronischer Form vorliegen – die Aufgliederung des Entwicklungsprozesses in Module und die räumliche Verteilung der Arbeit (Holtgrewe/Meil 2008:49).

Nach 2001 war die nordamerikanische und europäische IT-Branche in einer völlig anderen Situation. Die Blase war geplatzt und von Fachkräftemangel war keine Rede mehr. Im Gegenteil: Die Kapazitäten der Firmen waren nicht mehr ausgelastet und erstmals in der Branche wurde in größerem Umfang Personal abgebaut. In vielen Fällen waren die Beschäftigten in West- und Nordeuropa aufgrund des deutlich höheren Lohnniveaus besonders betroffen, während die Kapazitäten in den inzwischen etablierten, kostengünstigen Betrieben in Mittelosteuropa und in Asien häufig nicht verkleinert wurden. Während die europäische IT-Branche also schrumpfte, wuchs sie in Indien weiter und erreichte 2004 bis 2006 noch jährliche Wachstumsraten von ca. 33 % (DB-Research 2005; Upadhya/Vasavi 2006 zit. in Feuerstein/Mayer-Ahuja 2009). Diese Verschiebungen in der internationalen Arbeitsteilung in einer relativ kurzen Zeitspanne werden verständlich, wenn man die qualitativen Veränderungen mit bedenkt: Sowohl in Asien als auch in Mittelosteuropa konnten die IT-Firmen bzw. die Niederlassungen transnationaler Konzerne ihre Position in den Wertschöpfungsketten rasch verbessern. Das Argument, dass ohnehin nur einfache und lohnkostensensible Tätigkeiten verlagert würden, und die anspruchsvolle Arbeit in West- und Nordeuropa verbliebe, stimmte sehr rasch nicht mehr (Flecker 2004).

Folgendes Beispiel soll die Verschiebung in der Arbeitsteilung – diesmal innerhalb Europas – illustrieren. In einem internationalen Technologiekonzern besteht in Österreich ein Betrieb mit mehreren tausend Beschäftigten, der für alle Konzernbereiche Software entwickelt. Ende der 1980er Jahre verstärkte sich der Druck auf den Betrieb, die Kosten zu senken, weil die AbnehmerInnen bzw. die Konzernzentrale durch die Globalisierung und die Transformation der mittel- und osteuropäischen Staaten nach 1989 Möglichkeiten sahen, Software in anderen Ländern billiger entwickeln zu lassen. In Absprache mit der Konzernleitung startete das Management des Softwarebetriebs eine Expansion in die mittelosteuropäischen Länder. Im Laufe der 1990er Jahre wurden in der Slowakei, in Ungarn, in der Tschechischen Republik und in Kroatien bestehende Firmen übernommen bzw. Tochtergesellschaften gegründet und mit Unterstützung durch die Muttergesellschaft ausgebaut. Die Expansion verfolgte das Ziel, Arbeit an Standorte mit niedrigeren Personalkosten vergeben zu können, um insgesamt im Rahmen der vorgegebenen, maximalen jährlichen Kostensteigerungen zu bleiben. Die tatsächliche Verlagerung von Arbeit erfolgte im Rahmen von Projekten, indem Projektleiter in Österreich Beschäftigte aus den Nachbarländern in die Projektteams aufnahmen oder Teile des Projekts an die neuen Standorte vergaben. Die neuen Tochtergesellschaften entwickelten sich unterschiedlich, doch manche expandierten rasch. Gestützt auf die hohe Qualifikation der Beschäftigten versuchte das Management etwa des ungarischen Betriebs, von der Rolle wegzukommen, bloß Personalkapazitäten für das Programmieren und den Test von Software zur Verfügung zu stellen. In den neuen Tochtergesellschaften wurden in der Folge bald höher bewertete Aufgaben ausgeführt. Mit der Branchenkrise und dem Rückgang der Aufträge von anderen Konzernbereichen hatte die Expansion in Österreich ein Ende gefunden. Das Management legte den Abbau von 5 % des Personals jährlich als Ziel fest. Während daraufhin der österreichische Standort zu schrumpfen begann, veränderte sich die Arbeitsteilung zwischen den Standorten weiter. Die ungarische Niederlassung übernahm in manchen Projekten die Projektleitung und auch der Kundenkontakt lief nicht mehr ausschließlich über die ÖsterreicherInnen. Diese Aufwertung des Standorts und die Verbesserung seiner Position in der Wertschöpfungskette stützten sich neben den hohen Qualifikationen der Beschäftigten auch auf flexiblen Arbeitseinsatz nach Projektbedarf, kurzfristig angekündigte Dienstreisen und auf Wochenendarbeit. Hier wurde die schwächere Regulierung der Arbeit in Ungarn gezielt in der Konkurrenz zwischen den Standorten eingesetzt. Doch in den letzten Jahren bekommt der ungarische Betrieb ebenfalls die Konkurrenz von Standorten mit niedrigeren Lohnkosten, etwa in der Slowakei, zu spüren. Das Management ist deshalb dazu übergegangen, weniger anspruchsvolle und arbeitsintensive Teile der Projekte nach Rumänien und Bulgarien auszulagern (Makó/Illéssy/Csizmadia 2007).

Auch Beispiele aus der indischen Software-Branche zeigen relativ rasche Aufwertungen im Sinne der Übernahme anspruchsvollerer und höher bewerteter Aufgaben, als dies bei der Gründung von Niederlassungen oder beim Abschluss eines Outsourcing-Vertrags vorgesehen war. Zwei Gründe dafür finden sich in vielen Fallstudien wieder: Erstens waren viele Firmen besonders in den Zentren der Branche in Bangalore oder Mumbai bald mit harter Konkurrenz auf dem Arbeitsmarkt konfrontiert. Den Beschäftigten eröffneten sich dadurch Alternativen und sie konnten den Betrieb verlassen, wenn sie unzufrieden waren. Und das taten sie auch, insbesondere wenn die Tätigkeiten zu anspruchslos waren und ihnen keine Lernchancen boten. Firmen, die aus Kostengründen das Kodieren und Testen von Software nach Indien verlagert hatten, fanden sich mit hoher Personalfluktuation konfrontiert. Diese ist aber gerade für das in Projekten organisierte Geschäft höchst problematisch, weil die Personalsuche und das Einschulen zu erheblichen Terminverschiebungen führen. Die Unternehmen reagierten darauf vielfach mit der Aufwertung der Niederlassungen oder Partnerfirmen in der Form, dass mehr Stufen des Software-Entwicklungsprozesses, also etwa auch das Design des Systems, nach Indien verlegt wurden. Der zweite Grund für die Aufwertung war ein technischer: Die strikte Arbeitsteilung zwischen dem Design und der Spezifikation der Programme einerseits und der Programmierung andererseits erwies sich als nachteilig. Deshalb bezogen Firmen bzw. Projektleiter an europäischen Standorten die ausführend Tätigen in Indien zunehmend in die frühen Stufen des Entwicklungsprozesses, insbesondere die Spezifikation, mit ein (Hirschfeld 2004). Entsprechend findet sich heute in den transnationalen Kooperationen eine große Bandbreite von „verlängerten Werkbänken", die auf einfache Zuarbeit beschränkt sind, bis zu integrierten, transnationalen Projektteams (Feuerstein/Mayer-Ahuja 2009).

Die indische Software-Branche ist jedoch ebenfalls damit konfrontiert, dass ein Teil der Karawane weiterzieht. So hatte zum Beispiel ein schwedisches IT-Unternehmen im Jahr 2005 entschieden, Teile der Software-Entwicklung, insbesondere Test und Dokumentation, an zwei voneinander unabhängige Firmen in Bangalore auszulagern. Insgesamt sollten 200 Beschäftigte in Indien für das schwedische Unternehmen arbeiten, während in Schweden der Personalstand um 100 Personen reduziert wurde. Es wurden aber auch ganze Projekte vergeben, wodurch anspruchsvolle Teile, wie die Systemarchitektur, in Indien entwickelt wurden. Ziel war eine langfristige und qualitativ hochwertige Geschäftsbeziehung. Doch schon 2006 wurde das schwedische Unternehmen mit einer US-amerikanischen Firma fusioniert. Darauf kam es ausgehend von den USA zur Entscheidung, die Kooperation mit den indischen Firmen zu beenden und auf den Philippinen eine eigene Niederlassung zu gründen. Motive für diese Standortwahl waren die größere kulturelle Nähe und der Lohnunterschied von 1:5 zwischen Schweden bzw. den USA und den Philippinen, während dieser zu Indien bei 1:3 lag (Holtgrewe/Meil 2008).

Die in vielen Fallbeispielen dokumentierte Aufwertung von Standorten in Indien und die Übertragung höher bewerteter Arbeiten, bedeutet keine durchgängige Verbesserung der Arbeitsbedingungen, auch wenn, wie dargestellt, die hohe Fluktuation aufgrund unerwünschter Arbeitssituationen häufig ein Grund für die Aufwertung gewesen war. Während den meist jungen indischen ProgrammiererInnen die Lernchancen in der Arbeit und die Aufstiegsmöglichkeiten sehr wichtig waren, konnte ihnen das Management die teils extrem langen Arbeitszeiten, die hohe Flexibilität und die häufige Nachtarbeit leicht abverlangen. Die Flexibilitätsanforderungen kommen unter anderem dadurch zustande, dass die Projektleiter in Europa, verleitet durch die niedrigen Kosten und die Abhängigkeit der indischen (oder auch der mittelosteuropäischen) Betriebe, es mit der Planung nicht so genau nahmen und häufig Änderungen verlangten. Was die ungenauen Vorgaben betrifft, behelfen sich die Betroffenen am unteren Ende der Wertschöpfungskette bisweilen damit, dass sie selbst Dokumente anfertigen, in denen der Auftrag genau spezifiziert ist, und sich diese Dokumente von ihren AuftraggeberInnen in (West)Europa unterschreiben lassen (Hirschfeld 2004:41; Flecker/Schönauer 2007). Auch in zeitlicher Hinsicht führt die mangelnde Einbeziehung der Perspektive der geografisch weit entfernten Arbeitskräfte zu überzogenen Flexibilitätsanforderungen, wenn der Arbeitsanfall unregelmäßig ist oder mangelnde Planung durch lange Arbeitszeiten gegen Projektende wettgemacht werden muss. In einigen Fällen wurde deshalb aus indischen Betrieben berichtet, dass die Deutschen – entgegen den in Europa verbreiteten nationalen Stereotypen – dort inzwischen als chaotisch und unstrukturiert gelten (Flecker/Kirschenhofer 2002).

Insgesamt zeigt die Branche eine große Vielfalt an Beziehungsmustern in den Netzwerken und Wertschöpfungsketten. Neben Kooperationsformen mit ausgeglichenen Machtverhältnissen sind auch *captive value chains* zu finden, in denen die untergeordneten Firmen vom Kernunternehmen vollkommen abhängig sind (Holtgrewe/Meil 2008). Die Dynamik scheint in den letzten Jahren weiter zugenommen zu haben. Dazu trägt auch bei, dass große Unternehmen ihre Kernbereiche immer stärker der internationalen Konkurrenz aussetzen, etwa indem sie Projekte konzernweit ausschreiben und so kostengünstigen Standorten mit hohem Qualifikationsniveau zusätzliche Chancen einräumen.

Schlussfolgerungen

Die Wechselwirkungen zwischen der Umstrukturierung von Wertschöpfungsketten und Produktionsnetzwerken einerseits und den Arbeits- und Beschäftigungsbedingungen andererseits sind komplex und folgen weniger denn je einem einfachen und generellen Muster. Dennoch lassen sich einige allgemeine Trends benennen. In der Bekleidungs-

industrie sind die Entwicklungen nach wie vor durch die extremen Unterschiede in den
Arbeits- und Beschäftigungsbedingungen zwischen (West)Europa einerseits und Osteuropa, den Mittelmeerländern sowie Asien andererseits geprägt. Auch wenn sich NGOs
und Gewerkschaften um faire Arbeitsbedingungen bemühen, herrschen in vielen Ländern nicht existenzsichernde Löhne und gesundheitsgefährdende Arbeit vor. Die Auslagerung repetitiver Produktionsarbeit hat den Anteil hoch belastender Arbeit in den europäischen Kernunternehmen reduziert, doch die Dynamik der Wertschöpfungsketten
wirkt sich auch dort nicht nur positiv auf die Beschäftigten aus. So können die Flexibilitätsanforderungen nicht durchgängig externalisiert und auf andere Betriebe entlang
der Wertschöpfungskette abgeschoben werden. Vielmehr sehen sich hochqualifizierte
Beschäftigte in den Markenfirmen, vor allem aber in den Betrieben mit einer zentralen Vermittlungsposition in der Kette, mit hohen Anforderungen an Flexibilität und mit
großer Ungewissheit konfrontiert. Die Gründe dafür liegen in der Beschleunigung der
Geschäftsprozesse durch neue Marktstrategien und in der gestiegenen Konkurrenz auch
in hoch bewerteten Funktionen und Tätigkeiten. Die Aufwertung von Standorten und
Betrieben bringt für die Beschäftigten damit zwar anspruchsvollere Tätigkeiten und teilweise höheres Einkommen, aber nur eine Verschiebung anstelle einer Verminderung der
Arbeitsbelastungen. Am unteren Ende der Wertschöpfungsketten sammeln sich nachteilige Arbeitsbedingungen, die durch Kosten- und Zeitdruck, Gesundheitsgefährdung sowie Abhängigkeiten in den zwischenbetrieblichen Beziehungen geprägt sind.

Die Softwarebranche gehört zu jenen Teilen des Dienstleistungssektors, in denen
viele Arbeiten nicht mehr streng an einen Ort gebunden sind. Die Standardisierung und
Modularisierung der Entwicklungsprozesse, die weitgehende Digitalisierung aller Informationen und die weltweite Standardisierung der Technik und der Ausbildungen haben
zu dieser relativen Ortsunabhängigkeit der Arbeit geführt. Die Branche unterscheidet sich
im Hinblick auf die Arbeitsmärkte, die Lohnhöhen und die Arbeitsbedingungen sehr stark
von der Bekleidungsindustrie. Auch konnten deutliche Aufwertungen von Standorten in
Mittelosteuropa und Asien, insbesondere in Indien, innerhalb weniger Jahre beobachtet
werden. Aber wie in der Bekleidungsindustrie wird die Lage der Beschäftigten in den
Kernunternehmen und zentral positionierten Dienstleistern zunehmend unsicher. Auch
lässt sich die Aufwertung von Standorten nicht leicht in eine Verbesserung der Arbeits-
und Beschäftigungsbedingungen ummünzen. Während auf der Dimension der Qualifikationsanforderungen und des Handlungsspielraums in der Arbeit Zugewinne zu verbuchen sind, kennzeichnen Zugeständnisse und Verschlechterungen die Dimensionen Arbeitszeit und Flexibilitätsanforderungen. Aus einer subjektiven Perspektive kann das –
etwa in der indischen Softwarebranche – dennoch eine positive Bilanz ergeben, wenn
nämlich die meist jungen Beschäftigten den Lern- und Entwicklungschancen eine besonders hohe, aber den Arbeitszeiten eine besonders niedrige Priorität geben. So kann
eine Aufwertung von Standorten innerhalb von Wertschöpfungsketten und Produktionsnetzwerken auch als Verbesserung der Arbeits- und Beschäftigungsbedingungen interpretiert werden – ganz abgesehen allerdings von der Frage, ob die gleichen Personen in
den Genuss der „aufgewerteten" Arbeitsplätze kommen oder der Aufstieg des Betriebs
entlang der Wertschöpfungskette mit einem Austausch der Belegschaft einhergeht.

Im Kontext der dynamischen Veränderungen von Wertschöpfungsketten und Produktionsnetzwerken stellen sich Arbeits- und Beschäftigungsbedingungen damit als „bewegliche Ziele" dar. Die mit der Aufwertung des Betriebs erhofften günstigeren Arbeitsbedingungen sind nicht mehr dieselben, wenn das Ziel schließlich erreicht ist. Etwaige Verbesserungen im Zuge eines solchen Upgrading fallen den Arbeitenden auch nicht in den Schoß – sie sind vielmehr von staatlicher Politik, institutionellen Rahmenbedingungen und insbesondere erfolgreichem gewerkschaftlichem Kampf abhängig. Wie am Beispiel der Bekleidungsindustrie und der Softwarebranche gezeigt wurde, können Betriebe ihre Position innerhalb von Konzernen, Wertschöpfungsketten und Firmennetzwerken häufig gerade dadurch verbessern, dass sie andere Betriebe bei den Arbeits- und Beschäftigungsbedingungen unterbieten. Und es ist wohl allen Beteiligten bewusst, dass die so erreichte Position dennoch nicht gesichert ist, sondern schon morgen von anderen beansprucht werden kann.

Anmerkung

Für diesen Beitrag wurden Ergebnisse des Projekts „Work Organisation and Restructuring in the Knowledge Society" (WORKS) verwendet, das von der EU-Kommission im 6. Rahmenprogramm finanziert wurde (CIT3-CT-2005-006193). Der Autor dankt den HerausgeberInnen dieses Bandes für die hilfreichen Anregungen.

Literatur

Boes, Andreas/Kämpf, Tobias (2006): Internationalisierung und Informatisierung. In: Baukrowitz, Andrea u.a., Hg.: Informatisierung der Arbeit – Gesellschaft im Umbruch. Berlin: edition sigma: 320-334

D'Cruz, Premilla/Noronha, Ernesto (2009): Experiencing depersonalised bullying; a study of Indian call centre agents. In: Work Organisation, Labour and Globalisation 3/1 (im Erscheinen)

De Bruyn, Tom/Ramioul, Monique (2007): What women want – restructuring of design in a high niche company in the clothing industry. Organisational case study on design in the clothing industry – Belgium. Internal Working Paper, WORKS-Project

Dicken, Peter (2005): Tangled Webs: Transnational Production Networks and Regional Integration. Discussion paper SPACES 2005–04. Marburg

Dunkel, Wolfgang/Schönauer, Annika (2007): Reorganising the front line: customer service in the public sector. In: Flecker, Jörg/Holtgrewe, Ursula/Schönauer, Annika/Dunkel, Wolfgang/Meil, Pamela, Hg.: Restructuring across value chains and changes in work and employment. Case study evidence from the clothing, food, IT and public sector. Leuven: HIVA: 103-130

Faust, Michael/Voskamp, Ulrich/Wittke, Volker (2004): Globalisation and the future of national systems: exploring patterns of industrial reorganisation and relocation in an enlarged Europe. In: Faust, Michael/Voskamp, Ulrich/Wittke, Volker, Hg.: European Industrial Restructuring in a Global Economy: Fragmentation and Relocation of Value Chains. Göttingen: SOFI: 19-81

Feuchte, Beate (2009): Billig nähen als Chance? Arbeits- und Lebensbedingungen in der Bekleidungsindustrie von Bangladesch. In: Ahlers, Elke/Kraemer, Hagen/Ziegler, Astrid, Hg.: Beschäftigte in der Globalisierungsfalle? Baden-Baden: Nomos: 55-72

Feuerstein, Patrick/Mayer-Ahuja, Nicole (2009): Programmieren zwischen Deutschland und Indien. Zur Qualität von Arbeitsverhältnissen in transnationalen IT-Unternehmen. In: Ahlers, Elke/Kraemer, Hagen/Ziegler, Astrid, Hg.: Beschäftigte in der Globalisierungsfalle? Baden-Baden: Nomos: 119-136

Flecker, Jörg (2004): Verlagerung von Arbeit auf der Basis von Informations- und Kommunika-
    tionstechnologien. Wien: BMWA

Flecker, Jörg/Kirschenhofer, Sabine (2002): Jobs on the move: European Case Studies in reloca-
    ting eWork. IES Report 386. Brighton: Institute for Employment Studies

Flecker, Jörg/Holtgrewe, Ursula/Schönauer, Annika/Dunkel, Wolfgang/Meil, Pamela, Hg. (2008):
    Restructuring across value chains and changes in work and employment. Case study evidence
    from the clothing, food, IT and public sector. Leuven: HIVA

Flecker, Jörg/Holtgrewe, Ursula (2008): Changing fashions of work organisation: the clothing in-
    dustry. In: Flecker, Jörg/Holtgrewe, Ursula/Schönauer, Annika/Dunkel, Wolfgang/Meil, Pa-
    mela, Hg.: Restructuring across value chains and changes in work and employment. Case
    study evidence from the clothing, food, IT and public sector. Leuven: HIVA: 13-30

Fröbel, Folker/Heinrichs, Jürgen/Kreye, Otto (1977): Die neue internationale Arbeitsteilung.
    Hamburg: Rowohlt

Gereffi, Gary/Humphrey, John/Sturgeon, Timothy (2005): The Governance of Global Value Chains.
    In: Review of International Political Economy 12/1: 78-104

Gereffi, Gary/Korzeniewicz, Miguel, Hg. (1994): Commodity Chains and Global Capitalism.
    Westport: Greenwood Press

Gereffi, Gary (2006): The new offshoring of jobs and global development, ILO Social Policy
    Lectures. Geneva: ILO

Henderson, John/Dicken, Peter/Hess, Martin/Coe, Neil/Yeung, Henri (2002): Global production
    networks and the analysis of economic development. In: Review of International Political
    Economy 9/3: 436-464

Holtgrewe, Ursula/Meil, Pamela (2008): Not „one best way" of offshoring: software development.
    In: Flecker, Jörg/Holtgrewe, Ursula/Schönauer, Annika/Dunkel, Wolfgang/Meil, Pamela, Hg.:
    Restructuring across value chains and changes in work and employment – Case study evi-
    dence from the clothing, food, IT and public sector. Leuven: HIVA: 45-62

Hirschfeld, Karin (2004): Moving East: Relocations of eWork from Europe to Asia. In: Huws,
    Ursula/Flecker, Jörg, Hg.: Asian EMERGENCE: The World's Back Office? IES Report 409.
    Brighton: Institute for Employment Studies

Huws, Ursula, Hg. (2003): When Work Takes Flight. Research results from the EMERGENCE
    project. IES Report 397. Brighton: Institute for Employment Studies

Huws, Ursula/ Flecker, Jörg, Hg. (2004): Asian EMERGENCE: The World's Back Office? IES
    Report 409. Brighton: Institute for Employment Studies

Huws, Ursula/Dahlmann Simone/Flecker, Jörg/Holtgrewe, Ursula/Schönauer, Annika/Ramioul,
    Monique/Geurts, Karen (2009): Value chain restructuring in Europe in a global economy.
    Leuven: HIVA

Makó, Csaba/Illéssy, Miklós/Csizmadia, Peter (2007): Domainsoft Hungary Ltd. Organisational
    case study on software development in the IT-industry – Hungary. Internal Working Paper,
    WORKS-Project

OECD (2004): Digital Delivery of Business Services, Working Party on the Information Econo-
    my. Paris

NASSCOM (2009): Strategic Review 2009. In: http://www.nasscom.in/Nasscom/templates/Nor-
    malPage. aspx?id=56966

Nathan, Dev/Kalpana, V. (2007): Issues in the analysis of global value chains and their impact
    on employment and incomes in India. Discussion Paper. Geneva: International Institute for
    Labour Studies

Plank, Leonhard/Staritz, Cornelia (2009a): Introduction: Global commodity chains and produc-
    tion networks – understanding uneven development in the global economy. In: Journal für
    Entwicklungspolitik 25/2: 4-19

Plank, Leonhard/Staritz, Cornelia (2009b): Global production networks, uneven development and workers: experiences from the Romanian apparel sector. In: Journal für Entwicklungspolitik 25/2: 62-87

Smith, Adrian (2003): Power Relations, Industrial Clusters, and Regional Transformations: Pan-European Integration and Outward Processing in the Slovak Clothing Industry. In: Economic Geography 79/1: 17-40

Smith, Adrian/Rainnie, Al/Dunford, Mick/Hardy, Jane/Hudson, Ray/Sadler, David (2002): Networks of value, commodities and regions: Reworking divisions of labour in macro-regional economies. In: Progress in Human Geography 26/1: 41-63

UNCTAD (2004): World Investment Report 2004 – The Shift towards Services. New York/Geneva: United Nations

Woll, Tobias/Vasconcelos da Silva, Ana/Moníz, Antonio (2007): WW-DK Têxteis. Organisational case study on design in the clothing industry – Portugal. Internal Working Paper, WORKS-Project

Bernhard Ungericht

Die Regulation transnationaler Wertschöpfungsketten als interessenpolitisch umkämpftes Terrain

Das Auseinanderklaffen zwischen der Globalisierung von Weltproblemen einerseits und dem Problemlösungspotenzial herkömmlicher Verfahren und Instrumente der national-staatlichen Macht- und Interessenpolitik andererseits wird üblicherweise als Global-Governance-Problem bezeichnet. Besonders deutlich wird dieses Auseinanderklaffen zwischen Problem und Instrumentarien zur Problembewältigung in der Frage der Regulation komplexer, globaler Wertschöpfungsketten: Welchen Regeln müssen transnationale Unternehmensaktivitäten gehorchen? Welche Instrumentarien und Institutionen sind angemessen, um in internationalen Wertschöpfungsketten Zwangsarbeit oder ausbeuterische Formen der Kinderarbeit zu verhindern, das Recht auf die Bildung von Gewerkschaften und das Recht auf gesunde und sichere Arbeitsplätze durchzusetzen?

In diesem Beitrag sollen drei Aspekte transnationaler Wertschöpfungsketten und ihrer Regulation diskutiert werden: Erstens soll deutlich gemacht werden, dass die Debatte um die Regulation transnationaler Unternehmensaktivitäten nicht neu ist, sondern eine Reaktion auf ein gesellschaftlich wahrgenommenes Verantwortungsvakuum. Zweitens werden Ansätze und Initiativen zur Regulation transnationaler Wertschöpfungsketten vorgestellt. Drittens wird – am Beispiel des *Corporate Social Responsibility*-Diskurses auf der Ebene der europäischen Institutionen – gezeigt, auf welche Weise gesellschaftliche Akteure ihre Interessen einbringen, um Konzepte und Instrumente der Verantwortungszuschreibung (und -abwehr) zu beeinflussen. Dazu wurden im Frühling 2008 Interviews mit hochrangigen VertreterInnen der europäischen Institutionen und der wichtigsten Lobbyingorganisationen geführt.

Das zugrunde liegende Problem: Verantwortungsvakuum und Regulierungslücke

Die Fähigkeit wirtschaftlicher Akteure, sich ihrer gesellschaftlichen Verantwortung zu entziehen, ist kein neues Phänomen. Polanyi (1944/1990) und Thompson (1968) analysierten die gesellschaftlichen „Entbettungsprozesse" der Ökonomie im England des 18. Jahrhunderts. Während diese erste *Great Transformation* und die damit einhergehende Auslöschung der bis zu diesem Zeitpunkt dominanten „moral economy" den Ausgangspunkt des kapitalistischen Systems markieren, kann das gegenwärtig wahrgenommene transnationale Verantwortungsvakuum als Resultat einer an ihrem Höhepunkt angekommenen globalen kapitalistischen Integration interpretiert werden. Die Schaffung von neuen, unregulierten Märkten, insbesondere die Kommodifizierung von Land und Arbeit, führte im 18. Jahrhundert zur Übertragung von Marktrisiken auf die untersten Schichten der Gesellschaft. Diesen Prozess bezeichnet Polanyi als gesellschaftliche „Entbettung" der Ökonomie. Unmittelbare Folge der Auflösung traditioneller Fürsorgepflichten (z. B. der Verantwortung der Gemeinde für die einzelnen Mitglieder oder die des Gutsherren für die Pächter) und der Inkraftsetzung eines abstrakten ökonomischen Prinzips („Rendite") war ein gesellschaftliches Verantwortungsvakuum: Die Frage, wer wofür verantwortlich ist, konnte nicht mehr selbstverständlich aus tradierten Moralvorstellungen abgeleitet werden. Diese Herausbildung eines gesellschaftlichen Verantwortungsvakuums wurde noch durch zwei weitere historische Entwicklungen befördert und verschärft: (1) Die räumliche Ausdehnung ökonomischer Aktivitäten über einen primär lokalen Kontext hinaus: Mit der Privatisierung von Gemeindeland im England des 17. und 18. Jahrhunderts („enclosure") und der zunehmenden räumlichen Expansion des Handels waren die Grundbesitzer und Händler ihrem gesellschaftlichen Umfeld gegenüber immer weniger in der moralischen Pflicht. Das Risiko fallender Marktpreise konnte damit leicht auf die Pächter übertragen werden. Und es fanden (2) im 17. Jahrhundert juristische Revolutionen statt – insbesondere die Schaffung der Form der (Kolonialhandels-)Kapitalgesellschaft, deren Kernmerkmal die „beschränkte Haftung" der Eigner ist –, die im 19. Jahrhundert verallgemeinert wurden.

Gesellschaftliche Entbettungsprozesse und das Problem des Verantwortungsvakuums sind bis heute charakteristische Merkmale der Weltwirtschaft. Das Verantwortungsvakuum wird heute durch zwei Aspekte begünstigt: Erstens durch die Ausweitung der Regulationslücke – Regeln für die internationalen Aktivitäten von Unternehmen fehlen nahezu vollständig, gleichzeitig verlieren nationale und lokale Regeln an Bedeutung. Zweitens begünstigte die ökonomische Globalisierung die erfolgreiche Abwehr von Verantwortungszuschreibung und die Abgabe von (rechtlicher) Verantwortung an formal selbstständige Dritte (Zulieferunternehmen, Tochterunternehmen etc.). In der gegenwärtigen Praxis wird Verantwortlichkeit sowohl durch die Konstruktion komplexer internationaler Wertschöpfungsketten (vor allem im Bereich der Beschaffung und Produktion) relativiert und abgewehrt wie auch durch den Hinweis auf die Sachzwänge des internationalen (Standort)Wettbewerbs (Altvater/Mahnkopf 1997; Dicken 2002).

Transnationale Unternehmen (TNCs) bzw. ihre Anteilseigner sind die wahren Gewinner der gegenwärtigen Form der Globalisierung. Dies zeigt sich u. a. an ihrer quantitativen Entwicklung:

Gab es 1993 laut World Investment Report der Vereinten Nationen 36.600 TNCs mit 174.900 Niederlassungen, so belief sich deren Zahl 2006 bereits auf 79.000 bzw. 790.000 Niederlassungen (UNCTAD 1998, 2006).

Dass TNCs zu den Gewinnern der globalen Restrukturierungsprozesse der letzten 30 Jahre geworden sind, hängt direkt mit ihrer Struktur und ihren Fähigkeiten zusam-

men. Nach Dicken (2002) sind es drei Fähigkeiten, welche TNCs charakterisieren: (1)
Ihre Fähigkeit zur Koordination und Kontrolle grenzüberschreitender Wertschöpfungsaktivitäten (z.B. über internationale Produktionsnetzwerke, internationale Beschaffungsketten und Absatzstrukturen). (2) Ihre Fähigkeit, Vorteil aus geografischen Unterschieden hinsichtlich der Verteilung von Produktionsfaktoren (natürliche Ressourcen, Kapital, Arbeit) und unterschiedlichen Rechtssystemen zu ziehen. (3) Ihre geografische Flexibilität, d.h. ihre Fähigkeit, Ressourcen und Tätigkeiten auf einer globalen Ebene nach
eigenem Gutdünken zu verschieben.

Die quantitative Entwicklung von TNCs mag zwar beeindruckend sein, verzerrt
aber etwas die realen Verhältnisse, denn die Macht konzentriert sich in den Händen relativ weniger Konzerne. Laut *World Investment Report* der Vereinten Nationen (UNC-
TAD 2006:30f) vereinigen die 100 größten TNCs (ohne Finanzsektor) 11 % des Aus-
landsvermögens, 16 % des Umsatzes und 12 % der Beschäftigten aller TNCs auf sich.
Die 500 größten Konzerne beherrschen 70 % des weltweiten Handels, der Intra-firm-
Handel (also der – schwer zu kontrollierende – Handel zwischen Mutter und Tochter)
macht dabei rund ein Drittel aus (UNCTAD 1999:2, 9).

Die besondere Machtposition von TNCs ergibt sich jedoch nicht nur durch Eigentum und die direkte Verfügungsgewalt über Tochtergesellschaften, sondern zunehmend
aus ihrer Fähigkeit, transnationale Netzwerke formal unabhängiger Unternehmen – die
UNCTAD spricht hier von „manufacturers without factories" – zu kontrollieren (Dicken 2002).

Angesichts dieser historisch gewachsenen Macht und Bedeutung von TNCs und ihren
internationalen Wertschöpfungsaktivitäten ist es erstaunlich, dass diese relativ wenig Aufmerksamkeit bei der Entwicklung des internationalen (Menschen-)Rechts erhielten.

Ansätze der Regulation transnationaler Unternehmensaktivitäten

Die gegenwärtigen internationalen Institutionen verfügen über keine Mechanismen und
Instrumentarien, um den gesellschaftlichen und menschenrechtlichen Implikationen internationaler Unternehmenstätigkeit gerecht werden zu können. Multilaterale und bilaterale Investitions- und Handelsabkommen haben keinerlei Bezug zum internationalen Menschenrecht, und die Herkunftsländer von TNCs sind bislang nicht verpflichtet,
deren Missachtung von Menschenrechten zu sanktionieren. Damit legt derzeit kein internationales Recht direkte menschenrechtliche Verpflichtungen für TNCs fest (ICHRP
2002; Bottomley/Kinley 2002). Im Folgenden werden die aktuell wichtigsten Ansätze
auf der Ebene internationaler Institutionen (UN, ILO, OECD) bzw. auf der Ebene der
freiwilligen Selbstregulierung (Business Codes of Conduct, Multi-Stakeholder-Initia-
tiven) skizziert.

Die Vereinten Nationen – a never ending Story?
UN-Normen für Transnationale Unternehmen – ein erster Versuch
Im Jahr 1972 rief die UN-Konferenz für Handel und Entwicklung dazu auf, Verhaltensregeln für TNCs zu erarbeiten. Diese erste Initiative war vor allem auf eine zunehmend
kritische Öffentlichkeit und den Druck von Entwicklungsländern und OPEC-Ländern

zurückzuführen. 1974 wurde das „Zentrum für Transnationale Unternehmen" der Vereinten Nationen gegründet und 1976 erklärte der UN-Wirtschafts- und Sozialrat die Entwicklung von Standards zu seiner Priorität. Ein erster Versuch, solche Standards festzuschreiben, war der „UN-Verhaltenskodex für Transnationale Unternehmen" (1982 – 1992). Der Kodex scheiterte – fast fertiggestellt – am Widerstand der Industrieländer, weil diese Nachteile für ihre TNCs befürchteten. Das für die Ausarbeitung des Entwurfes zuständige Zentrum für Transnationale Unternehmen wurde 1992 aufgelöst.

Der UN-Global Compact – eine freiwillige Alternative?
Der Global Compact (GC) wurde im Jahr 2000 von Kofi Annan offiziell ins Leben gerufen. Unternehmen werden darin aufgefordert, Menschenrechte, Umweltstandards und Arbeitsnormen zu fördern, wobei Austausch, Dialog und Diskussion im Vordergrund stehen. Die Mitgliedschaft ist freiwillig, die zehn – sehr allgemein formulierten – Prinzipien umfassen die Einhaltung der Menschenrechte, der ILO-Kernarbeitsnormen und den Schutz der natürlichen Umwelt sowie den Kampf gegen die Korruption. Der GC hat aber keinerlei bindende Wirkung. Die GC-Mitgliedsunternehmen verpflichten sich nur, die Grundprinzipien des GC fördern zu wollen, und einmal jährlich ein (nicht überprüftes) Beispiel ihrer vorbildhaften Unternehmenstätigkeit auf der Internetseite des GC zu veröffentlichen. Derzeit sind ca. 3.000 Unternehmen Mitglied im GC. Eine Reform im Jahr 2004 (Nowrot 2005; UN 2005) führte dazu, dass Unternehmen, die längere Zeit keinen Bericht abgeben, aus dem GC ausgeschlossen werden können. Am freiwilligen Charakter wurde jedoch nichts verändert. Zudem wurde ein (nicht-öffentlicher) Beschwerdemechanismus eingeführt, der allerdings von zivilgesellschaftlichen Organisationen nicht genützt wird, um zu verhindern, dass der GC damit indirekt legitimiert wird. Aus der Perspektive der KritikerInnen dient der GC mehr der Imagepflege, ohne zu wirklichen Verbesserungen in transnationalen Wertschöpfungsketten zu führen. Nicht zufällig waren unter den Gründungsmitgliedern so heftig kritisierte Unternehmen wie: Shell, Nike, Rio Tinto, BP Amoco etc. Eine Überprüfung oder kontinuierliches Monitoring der Firmenaktivitäten durch UN-Organisationen ist ausdrücklich nicht vorgesehen. Wichtige Themen bleiben ausgespart, wie z. B. die Verantwortung für das Verhalten der Lieferanten/Zulieferer, Steuerflucht und politische Einflussnahme (Kerkow/Martens/Schmitt 2003; Oldenziel 2005). Es ist wenig verwunderlich, dass der GC von TNCs und ihren Lobbyingorganisationen als schwächste aller denkbaren Alternativen begrüßt wird. In einer Publikation der Internationalen Handelskammer (ICC), welche selbst Mitglied im GC ist, wird der nicht-bindende Charakter des GC verteidigt: „The Global Compact is a joint commitment to shared values, not a qualification to be met. It must not become a vehicle for governments to burden business with prescriptive rules." (ICC 2000b)

Die UN-Norms on the Responsibilities of Transnational Corporations – ein zweites Scheitern
Im Jahr 2000 beginnt eine aus 26 MenschenrechtsexpertInnen zusammengesetzte Gruppe im Auftrag der UN Subcomission for the Protection and Promotion of Human Rights ihre Arbeit an den „UN-Norms on the Responsibilities of Transnational Corporations and Other Business Enterprises with Regard to Human Rights". Ziel dieser Initiative war es, die Schwächen von freiwilligen Instrumenten bzw. des GC aktiv anzugehen. Aus-

gangspunkt dieses Versuchs war die Feststellung, dass TNCs eine Verpflichtung haben, Menschenrechtsstandards entlang der gesamten Wertschöpfungskette einzuhalten. Außerdem wird ein Implementierungs- und Monitoringmechanismus ebenso vorgeschlagen wie Reparationszahlungen für Betroffene. TNCs wird explizit eine menschenrechtliche Verantwortung auferlegt.

In 23 Abschnitten wurden erstmals Standards für die menschenrechtlichen Verpflichtungen von TNCs formuliert. Diese Verpflichtungen waren weit definiert und umfassten auch grundlegende ArbeitnehmerInnenrechte, die Anerkennung lokaler und nationaler Gesetze, Respekt für das Recht auf Gesundheit und ein aus einer gesellschaftlichen (und nicht rein interessens-partikularistisch interpretierten) Perspektive verstandenes Schutzrecht für geistiges Eigentum, soziale und kulturelle Rechte sowie KonsumentInnenschutz. Darüber hinaus wurde im Entwurf den Staaten die Pflicht auferlegt, Rahmenbedingungen zu schaffen, die die Einhaltung menschenrechtlicher Normen durch TNCs sicherstellen. Der Entwurf der Arbeitsgruppe wurde im August 2003 von der Sub-Commission on the Promotion and Protection of Human Rights angenommen (Sub-commission resolution 2003/16, Responsibilities of transnational corporations and other business enterprises with regard to human rights, U.N. Doc. E/CN.4/Sub.2/2003/L.11 at 52).

Die UN-Normen entsprachen dem Trend, die menschenrechtliche Verantwortung auch auf private Akteure (Personen, bewaffnete Gruppen, internationale Organisationen und private Unternehmen) auszudehnen. Erstmals werden menschenrechtliche Pflichten von Unternehmen explizit festgehalten und Instrumente zur Implementierung und Überwachung vorgeschlagen.

Obwohl offiziell eingeladen an der Erarbeitung der Normen mitzuwirken, versuchten die Interessensverbände der TNCs (v.a. der US-Council for International Business USCIB, die Internationale Arbeitgebervereinigung IEO und die Internationale Handelskammer ICC), den Prozess durch intensive Lobbyarbeit zu torpedieren (Chandler 2004). Die ICC argumentierte, dass der GC ausreichend ist bzw. dass nur Staaten, keinesfalls aber private Personen oder Unternehmen für die Verletzung von Menschenrechten verantwortlich gemacht werden können. Zudem wäre der Begriff der Menschenrechte nicht klar definiert. Die ICC forderte die UN-Menschenrechtskommission auf, sich vom Entwurf der Subkommission zu distanzieren, u. a. weil dadurch die „Rechte privater Unternehmer verletzt" würden. Die Lobbyingaktivitäten waren erfolgreich: Anlässlich der 61. Sitzung der Menschenrechtskommission im April 2005 wurde eine Resolution verabschiedet, die zur Auflösung der UN-Subcommisson on Human Rights führte und feststellte, dass die Normen – aufgrund ihrer „polarisierenden Wirkung" – offiziell nicht mehr erwähnt werden sollen.

International Labour Organization (ILO)

Die internationale Arbeitsorganisation entwickelte mehrere Instrumente, welche auch die Verantwortung von TNCs behandeln. Der Ansatz der ILO ist insofern klassisch, als hier davon ausgegangen wird, dass primär die Staaten verpflichtet werden sollen und nicht die Unternehmen. Die ILO-Instrumente gehen davon aus, dass die Staaten über ihre Rechtsprechung TNCs zu einem akzeptablen Verhalten bewegen müssen. Von großer Bedeutung sind dabei die ILO-Konventionen: Die ILO erarbeitete ca. 180 Konventionen im Status internationaler Verträge, die von den ILO-Mitgliedsstaaten unterzeichnet werden. Als solches sind sie eigentlich „hard law", d.h. Kläger könnten gegen Regierungen, die die Konventionen brechen, vorgehen. De facto zielen die Konventionen aber eher auf Unterstützung als auf Bestrafung ab. Die „ILO-Deklaration über grundlegende Prinzipien und Rechte bei der Arbeit" (1998) definiert acht fundamentale ArbeitnehmerInnenrechte, sogenannte Kernarbeitsnormen zum Schutz der Menschenrechte in der Arbeitswelt. Die acht Kernnormen lassen sich vier Themen zuordnen: (1) dem Verbot der Zwangsarbeit (Konvention Nr. 29 von 1930 und Nr. 105 von 1957), (2) der Vereinigungsfreiheit und dem Recht auf Kollektivverhandlungen (Nr. 87 von 1948 und 95 von 1949), (3) der Beseitigung geschlechtsspezifischer Lohndiskriminierung und dem Verbot der Diskriminierung in Beschäftigung und Beruf (Nr. 100 von 1951 und 111 von 1958) und (4) dem Verbot von Kinderarbeit (Nr. 138 von 1973 und 182 von 1999). Alle ILO-Mitgliedsstaaten (175) sind aufgrund ihrer Mitgliedschaft dazu verpflichtet, diese Konventionen zu respektieren und zu fördern, selbst dann, wenn sie sie nicht ratifiziert haben (!). Damit haben sie eine Sonderstellung im Vergleich zu anderen Konventionen. Die Kernarbeitsnormen sind in der Frage der Regulation transnationaler Wertschöpfungsketten zum wichtigen, international akzeptierten Referenzpunkt geworden. Die „ILO Tripartite Declaration of Principles Concerning Multinational Enterprises and Social Policy" (1977, 2000) enthält Empfehlungen für TNCs im Bereich der Beschäftigung (Chancengleichheit, Faire Behandlung, Sicherheit der Beschäftigung, Weiterbildung), im Bereich der Arbeitsbedingungen (Löhne, Sicherheit und Gesundheit am Arbeitsplatz) und der industriellen Beziehungen. Die im Jahr 2000 überarbeitete Deklaration umfasst nun alle ILO-Kernarbeitsnormen. Bei der Deklaration handelt es sich allerdings um freiwillige Prinzipien und Empfehlungen, die von TNCs aufgegriffen werden sollen. Implementierungs-Mechanismen, Monitoring und unabhängige Überprüfung werden nicht angesprochen. Der Impact der Deklaration ist damit gering. Sie wird von ArbeitnehmerInnenorganisationen oder zivilgesellschaftlichen Organisationen nicht als geeignetes Instrument betrachtet und genützt, um TNCs direkt zu einem gesellschaftlich verantwortlichen Verhalten zu bewegen.

Das zentrale Problem der Instrumente auf der Ebene der ILO ist ihre geringe Durchsetzungskraft. Verglichen mit der WTO ist die ILO ein völkerrechtlicher Papiertiger. Der „tripartide-approach" (Regierungen, Arbeitgeber-, ArbeitnehmerInnenorganisationen) führt zu breiten, in der Umsetzung jedoch eher zahnlosen Instrumenten. Aufgrund der geringen Sanktionsmöglichkeiten halten viele Staaten und Unternehmen die Kernarbeitsnormen nicht ein. Die ILO-Instrumente haben damit v. a. moralisch-symbolische Bedeutung.

Organization for Economic Co-operation and Development (OECD)

Das vielleicht am häufigsten erwähnte „Instrument" der Regulation transnationaler Wertschöpfungsaktivitäten sind die „OECD-Guidelines for Multinational Enterprises", welche 1976 verabschiedet und im Jahr 2000 überarbeitet wurden. Die Guidelines erwähnen allerdings menschenrechtliche Verpflichtungen von TNCs nur in einem einzigen Paragrafen. Zudem sind die Richtlinien nur Empfehlungen für das „gute Verhalten" von TNCs, ihnen kommt damit keine Rechtswirksamkeit zu. Verpflichtet werden auch nicht die TNCs selbst, sondern die OECD-Mitgliedsländer. Darüber hinaus sind die Guidelines Teil einer umfassenderen OECD Deklaration hinsichtlich internationaler Investitionen, welche eindeutig stärker den Investorenschutz hervorhebt. Die Schieflage zeigt sich v. a. darin, dass die Regierungen zum Investorenschutz verpflichtet werden, während den TNCs die Einhaltung von Mindeststandards nur empfohlen wird.

Eine Revision im Jahr 2000 – mit Konsultation von Gewerkschaften und NGOs – brachte einige Verbesserungen: So wurden alle ILO-Kernarbeitsnormen aufgenommen und das Problem der Zulieferunternehmen wurde explizit angesprochen.

Aufgrund des Widerstands der Unternehmensvertreter blieb es bei der Revision der Guidelines im Jahr 2000 allerdings beim freiwilligen Status der OECD-Leitlinie. So halten die beiden deutschen Arbeitgeberverbände (Bundesverband der deutschen Industrie – BDI und Bundesvereinigung der deutschen Arbeitgeberverbände – BDA) fest: „Die Leitsätze sind seit ihrer Entstehung rechtlich unverbindlich. Bei ihrer Überarbeitung wurde dieser Grundsatz von Gewerkschaften und NGOs stark in Frage gestellt. Sie forderten verbindliche Vorgaben für multinationale Unternehmen, die z. T. mit aufwendigen Umsetzungs- und Überprüfungsverfahren verbunden gewesen wären. BDI und BDA hingegen setzten sich […] erfolgreich für eine uneingeschränkte Beibehaltung der rechtlichen Unverbindlichkeit ein." (Arbeitgeber Magazin 2001:13). Dies bedeutet: Ein Unternehmen kann sich dafür entscheiden, sie nicht einzuhalten, ohne Sanktionen befürchten zu müssen. Zudem ist die Bereitschaft der Regierungen relativ gering, die Richtlinien in nationales Gesetz umzuwandeln bzw. die Einhaltung der OECD-Guidelines zu fördern, indem die Vergabe von Exportkrediten und -garantien bzw. Investitionskrediten an die Einhaltung der Richtlinien gebunden wird.

Zivilgesellschaftliche Organisationen (vgl. OECD-Watch 2005) kommen deshalb zum Schluss, dass die Richtlinien – aufgrund ihres freiwilligen Charakters – keinerlei strukturverändernde Wirkung haben.

Selbstregulative Ansätze – Business Codes of Conduct

Die Versuche, einen verbindlichen Rahmen für das Verhalten von TNCs zu schaffen, scheiterten bislang am Widerstand von Interessensgruppen der Wirtschaft. Öffentlicher Druck und die wachsende Kritik von zivilgesellschaftlichen Organisationen am Verhalten von TNCs führten jedoch dazu, dass ab den 80er Jahren immer mehr Unternehmen und Branchenverbände Verhaltenskodices für Unternehmen entwickelten. Derartige Kodizes sind freiwillige Verhaltensrichtlinien, und zumeist sind sie sehr vage und ohne direkten Bezug zu spezifischen Paragrafen internationaler Standards wie jenen der ILO oder der Allgemeinen Erklärung der Menschenrechte. Es sind hier also die Unternehmen selbst, die ihre Verantwortlichkeit und die Angemessenheit der von ihnen gewählten Normen definieren (vgl. ICC 2000a).

Company Codes haben damit schwerwiegende Legitimitäts- und Effizienzdefizite aufzuweisen (Scherrer/Greven 2001:79; Amnesty International 2004:5; UNRISD/Jenkins 2001): Zumeist sind sie nur in Form von Empfehlungen an die Lieferanten formuliert, und enthalten kaum Bestimmungen hinsichtlich Durchsetzung und Kontrolle, bzw. der Stakeholder-Beteiligung und der unabhängigen Überprüfung. Innerhalb der Zivilgesellschaft hat sich mittlerweile auch bei den gemäßigten Organisationen wie Amnesty die Position durchgesetzt, dass Company Codes nicht halten, was sie versprechen und bestenfalls für einige wenige Branchen und Markenfirmen von Interesse sind.

Multistakeholder-Initiativen

Um Regulationslücken zu schließen, bzw. um auf die unüberblickbare Vielfalt von firmeneigenen Verhaltenskodizes zu reagieren, haben zivilgesellschaftliche Organisationen in den 90er Jahren begonnen, selbst Standards verantwortungsbewussten unternehmerischen Handelns zu entwickeln. Im Gegensatz zu den unternehmenseigenen Codes sind hier meist strengere Standards, Monitoring, Berichterstattungspflichten und teilweise Beschwerdemechanismen vorgesehen. Vielversprechend sind derartige Kodizes vor allem dann, wenn sie von Unternehmen, Gewerkschaften und NGOs gemeinsam entwickelt werden (z. B. der Verhaltenskodex der Ethical Trading Initiative, vgl. dazu ausführlich Ungericht 2005). Multistakeholder-Initiativen haben aber auch spezifische Schwächen: Da es mittlerweile eine unübersichtliche Vielfalt an Initiativen gibt, haben Unternehmen die Möglichkeit, die jeweils passenden/schwächsten zu wählen. Zudem stellen das Ausmaß und die Komplexität transnationaler Unternehmensaktivitäten oft eine nicht bewältigbare Aufgabe für die an Multistakeholder-Initiativen beteiligten NGOs dar (z.B. die Überwachung von komplexen und mehrere Tausend Zulieferer umfassenden internationalen Beschaffungsketten). Ähnlich wie im Falle der Business Codes werden auch hier relativ wenige Branchen (v. a. solche, die Imageverluste vermeiden wollen, beispielsweise Kinderspielzeug, Bekleidung etc.) davon erfasst und auch innerhalb dieser Branchen ist es eher eine Minderheit von (Marken-)Unternehmen, die sich freiwillig an die Verhaltenskodizes hält.

Da derartige Initiativen in einer Wettbewerbsökonomie permanent vom Scheitern bedroht sind, brauchen sie mittelfristig rechtliche Rahmenbedingungen, die Wohlverhalten nicht bestrafen, sondern belohnen. Solche Rahmenbedingungen fehlen aber bislang.

Trends und Strategien:
Der europäische CSR-Diskurs als politische Arena der Verantwortungszuschreibung und Verantwortungsabwehr

In Europa ist die Frage der Regulation transnationaler Unternehmensaktivität über die Debatte um die gesellschaftliche Verantwortung von Unternehmen (*Corporate Social Responsibility,* CSR) wieder stärker in das öffentliche Interesse gerückt. Am Beispiel des europäischen CSR-Diskurses zeigt sich, dass die Frage der Regulation transnationaler Unternehmensaktivitäten innerhalb einer politischen Arena verhandelt wird, in welcher unterschiedliche gesellschaftspolitische Akteure um die Definitionshoheit und die Durchsetzung ihrer strategischen Interessen kämpfen. Deutlich wird der politische Charakter dieser „Arena" im bemerkenswerten Positionswandel der EU-Kommission zwischen 2001 und 2007 und in den oft widersprüchlichen Tendenzen auf der Ebene europäischer Institutionen und nationalstaatlicher Initiativen.

Der Positionswandel der EU-Kommission

Im Juli 2001 veröffentlichte die Europäische Kommission das Grünbuch „Europäische Rahmenbedingungen für die soziale Verantwortung der Unternehmen" (Europäische Kommission 2001). Damit wurde erstmals in Europa die Diskussion um die (internationale) gesellschaftliche Verantwortung von Unternehmen auf eine breite und offizielle Ebene gehoben. Parallel dazu gab es bereits seit Längerem Initiativen des Europäischen Parlamentes, z. B. um europäische Sozial-Labels zu entwickeln, bzw. die Wahrnehmung sozialer Verantwortung durch europäische Unternehmen im internationalen Geschäft zu sichern. Ziel dieser ersten Kommunikation der Europäischen Kommission zum Thema CSR war die „Schaffung gesamteuropäischer Rahmenbedingungen" zur Erhöhung der Standards, zur Förderung der sozialen Verantwortung der Unternehmen auf europäischer und internationaler Ebene sowie zur Steigerung der Wirksamkeit, Zuverlässigkeit und Transparenz von betrieblichen CSR-Maßnahmen (Europäische Kommission 2001:4-27).

Obwohl CSR im Grünbuch der Europäischen Kommission als freiwilliger Ansatz beschrieben wird, sind hier deutliche Aussagen hinsichtlich zentraler Aspekte einer verantwortungsbewussten Reorganisation transnationaler Wertschöpfungsketten benannt: So sollen bereits bestehende und akzeptierte internationale Normen, wie z. B. jene der ILO, zur Grundlage unternehmerischen Verhaltens gemacht werden, bzw. „sollte [die] Einhaltung gründlicher überwacht werden." (Europäische Kommission 2001:7)

Der Politik wird eine bedeutende Rolle zugesprochen „wenn es darum geht, die Unternehmen zu einer verstärkten sozialen Verantwortung zu ermutigen und einen Rahmen zu schaffen, der dafür sorgt, dass die Unternehmen umweltpolitische und soziale Überlegungen in ihre Wirtschaftsaktivitäten integrieren" (Europäische Kommission 2001:6). Ausschließlich freiwillige und unternehmensspezifische Instrumente mit geringer Transparenz werden skeptisch beurteilt.

Klare Aussagen finden sich auch hinsichtlich der Frage der Transparenz und der Überwachung von CSR-Aktivitäten: Um Glaubwürdigkeit zu gewährleisten, komme „man an einer laufenden Überprüfung nicht vorbei. Diese Überprüfung sollte nach klar formulierten Normen und Regeln erfolgen" (Europäische Kommission 2001:17). Darüber hinaus sollten Stakeholder „wie Behörden, Gewerkschaften und NGOs, in die Überwachung einbezogen werden" (Europäische Kommission 2001:17).

Es ist wenig verwunderlich, dass diese ersten Schritte und die Befürchtung der Arbeitgeberverbände, dass sich daraus tatsächlich rechtliche Verpflichtungen ergeben könnten, zu einer intensivierten öffentlichen Debatte und zur Gründung von Lobbyingorganisationen durch die Arbeitgeber (z. B. CSR Austria, CSR Germany, CSR Europe) führten. Damit sollte sowohl auf die öffentliche Meinung wie auch auf die politischen EntscheidungsträgerInnen hinsichtlich der weiteren Entwicklung des Themas CSR Einfluss genommen werden. Als Reaktion darauf begannen auch ArbeitnehmerInnenorganisationen und zivilgesellschaftliche Organisationen aktiv zu werden.

Auf das Grünbuch folgen in den Jahren 2002 und 2006 zwei Folgepapiere der Kommission. Im Juli 2002 veröffentlicht die Europäische Kommission ihre „Mitteilung der Kommission betreffend die soziale Verantwortung der Unternehmen: ein Unternehmensbeitrag zur nachhaltigen Entwicklung" (Europäische Kommission 2002), im März 2006 die „Mitteilung der Kommission an das Europäische Parlament, den Rat und den europäischen Wirtschafts- und Sozialausschuss – Umsetzung der Partnerschaft für Wachstum und Beschäftigung: Europa soll auf dem Gebiet der sozialen Verantwortung der Unternehmen führend werden" (Europäische Kommission 2006). In diesen Papieren rückt die Kommission von vielen Positionen und Zielen, wie sie noch im Grünbuch formuliert wurden, ab, und es wird das Prinzip der Freiwilligkeit hervorgehoben.

Am deutlichsten wird der argumentative Wandel in der veränderten Zielsetzung der CSR-Politik und an der Rolle, welche den Unternehmen und der Politik nun zugeschrieben wird: „Nur wettbewerbsfähige und rentable Unternehmen können langfristig zur nachhaltigen Entwicklung beitragen. [...] Eine [...] wichtige Aufgabe ist es, die Unternehmen darin zu unterstützen, ihre Wettbewerbsfähigkeit zu steigern [...]" und „ein unternehmensfreundliches Umfeld zu schaffen", da „international wettbewerbsfähige Unternehmen eher in der Lage [sind], in neue effizientere und sauberere Technologien zu investieren." (Europäische Kommission 2002:22)

Während im Grünbuch CSR noch über gesellschaftliche Problemfelder wie Ökologie, Menschenrechte und ArbeitnehmerInnenschutz in internationalen Wertschöpfungsketten definiert war, wird nun die „Wachstums- und Beschäftigungsstrategie" in den Mittelpunkt gerückt. „Nachhaltigkeit" wird zum „Nachhaltigen Wachstum": Ziel ist ein „ [...] nachhaltiges Wachstum und mehr und bessere Arbeitsplätze [...] angesichts des globalen Wettbewerbs" (Europäische Kommission 2006:2). Damit wird die Position der Arbeitgeberorganisationen unterstützt, welche rechtlich verpflichtende Mindeststandards mit Hinweis auf den internationalen Wettbewerb ablehnen. Die neuen Aufgabenbereiche der Politik werden v. a. im Bereich des Dialogs und weniger in der Setzung von Rahmenordnungen gesehen.

CSR wird nun als Beitrag zu einem „nachhaltigen Wachstum" und zur Steigerung von „Europas Innovationspotenzial und Wettbewerbsfähigkeit" (Europäische Kommission 2006:4) betrachtet bzw. wird als Anspruch des Unternehmenssektors gegenüber der Politik formuliert. Wenig verwunderlich verändert sich mit dieser Kehrtwende von der Sicherstellung gesellschaftlicher Verantwortung (z. B. im Bereich der Menschenrechte) im Jahr 2001 hin zu primär wettbewerbsorientierten Zielen im Jahr 2006 auch die Position hinsichtlich Regulation bzw. hinsichtlich der Verbindlichkeit von Standards und gleicht sich der Position der Arbeitgeberverbände an: „Da es bei CSR im Wesentlichen um ein freiwilliges Tätigwerden der Unternehmen geht, könnte sich ein Konzept, das zusätzliche Verpflichtungen und administrative Anforderungen an die Unternehmen beinhaltet, als kontraproduktiv erweisen" (Europäische Kommission 2006:3). Der Konjunktiv wird in den beiden Nachfolgedokumenten des Grünbuchs noch deutlicher verwendet: z. B. „sollten" europäische Unternehmen „international vereinbarte Normen und Standards" achten, „wo immer sie ihre Geschäfte tätigen" (Europäische Kommission 2006:6). Die Kommission „appelliert" an die Unternehmen, „öffentlich für nachhaltige Entwicklung, wirtschaftliches Wachstum und die Schaffung von Arbeitsplätzen einzutreten", bzw. an ihren Willen zur „Selbstbeschränkung" (Europäische Kommission 2006:2).

Der CSR-Diskurs als politische Arena ungleicher Akteure

Dieser bemerkenswerte Wandel lässt sich nur mit einer Betrachtung des CSR-Diskurses als politische Arena und der Kräfteverhältnisse der beteiligten Akteursgruppen erklären: Die Hauptakteure in dieser Arena sind neben der EU-Kommission und dem EU-Parlament die Unternehmensorganisationen „Business Europe" und „CSR-Europe", sowie der Europäische Gewerkschaftsbund und das NGO-Netzwerk „European Coalition for Corporate Justice" (ECCJ).

„Business Europe" (bzw. bis 2007 „UNICE") ist die größte Industrie- und Arbeitgeberorganisation auf europäischer Ebene. Laut eigenen Angaben vertritt sie über 20

Millionen Unternehmen durch ihre 39 Unternehmensverbände in 33 Ländern und ist ein anerkannter Sozialpartner im europäischen sozialen Dialog, der im EU-Vertrag verankert ist. In den Reaktionen von UNICE auf das Grünbuch der Kommission des Jahres 2001 wird betont, dass jegliche Art von gesetzlichem Rahmen und Standardisierung von CSR-Aktivitäten abgelehnt wird. Am 4. Juni 2002 senden Georges Jacob, Präsident von UNICE, Gerhard Cromme, Vorsitzender des European Roundtable of Industrialists und Etienne Davignon, Präsident von CSR-Europe gemeinsam einen Brief an den damaligen Kommissionspräsidenten Romano Prodi. Darin wird die Position von Business Europe nochmals dargelegt und explizit davor gewarnt, dass ein europäisches CSR-Modell, basierend auf „europäischen Werten", mit standardisierter Herangehensweise, spezifischen Zertifikationsprozeduren oder spezifischen Anforderungen im Bereich CSR-Berichterstattung die europäische Wettbewerbsfähigkeit unterminieren würde (CSR Europe/ERT/UNICE 2002).

Nachdem die Kommission in ihrer „Mitteilung" 2002 die Einrichtung eines „EU-Multi-Stakeholder-Forums zu CSR" ankündigte, forderten die Vertreter der Wirtschaft eine führende Rolle im europäischen CSR-Dialog ein. Das „EU-Multi-Stakeholder-Forum zu CSR" umfasste 40 europäische Organisationen (Arbeitgeber- und ArbeitnehmerInnenverbände sowie Berufsverbände, Unternehmensnetzwerke und zivilgesellschaftliche Organisationen), welche gemeinsam bis Mitte 2004 Leitsätze entwickeln sollten, um die Wirksamkeit und Glaubwürdigkeit von CSR zu fördern. Am 16. Oktober 2002 werden in einer UNICE-Pressemitteilung die Bedingungen für eine Teilnahme am Multi-Stakeholder-Forum formuliert: das Prinzip der Freiwilligkeit und eine Absage an Standardisierungsbemühungen.

Während das ursprüngliche Motiv der EU-Kommission für die Einrichtung eines European Multi-Stakeholder-Forum on CSR (EMS) neben dem Austausch unterschiedlicher Positionen die Identifikation von „areas where additional action is needed at European level" (EU-Kommission, zitiert nach DeSchutter 2008:214) war, gelang es den Unternehmensorganisationen, diesen letzten Aspekt aus dem offiziellen Mandat des EMS zu streichen. UNICE/Business Europe erkannte, dass das Mandat des Multi-Stakeholder-Forums entscheidend für den Prozess und das Ergebnis sein wird und machte deutlich, dass das Forum kein Recht haben dürfe, „Richtlinien oder richtlinienähnliche Prinzipien zu verhandeln oder zu definieren" (UNICE Generalsekretär Philippe de Buck anlässlich der Gründung des EMS). Um die Partizipation der Unternehmen zu gewährleisten, folgte die im Jahr 2004 neu eingesetzte Kommission den Vorgaben von UNICE ebenso wie dem Wunsch, dass 50 % der Sitze im Forum und in den Round-Tables an RepräsentantInnen der Unternehmensverbände vergeben werden müssen (UNICE 2002; De-Schutter 2008). Dies war die Grundlage für die von Gewerkschaften und NGOs beklagte Blockadehaltung der Unternehmensseite in den folgenden zwei Jahren.

Der neben UNICE/Business Europe wichtigste Akteur auf Seiten der Unternehmen ist CSR Europe. CSR Europe ist ein Zusammenschluss bzw. eine Lobbyingorganisation europäischer TNCs. Präsident der Organisation ist Etienne Davignon. Davignon war selbst von 1977 bis 1984 Vizepräsident der Europäischen Wirtschaftsgemeinschaft und ist im Vorstand von ca. einem Dutzend TNCs. Nicht zuletzt aufgrund der hervorragenden Kontakte Davignons war und ist CSR-Europe einer der Hauptakteure auf europäischer Ebene und organisatorisch und personell eng mit der Kommission verflochten. In den

Publikationen und öffentlichen Statements von CSR Europe werden die Themen Nachhaltigkeit und Wettbewerb rhetorisch verknüpft, und das Konzept einer auf Freiwilligkeit basierenden „nachhaltigen Wettbewerbsfähigkeit" (CSR Europe 2005) propagiert. Ökonomisches Wachstum und Profite werden als zentrale und unabdingbare Elemente unternehmerischer Verantwortung konstruiert.

Im Jahre 2005 wurde die European Coalition for Corporate Justice (ECCJ) als Antwort auf die als unbefriedigend wahrgenommene CSR-Arbeit der Europäischen Kommission und die Erfolge der Lobbyingaktivitäten der Wirtschaftsverbände ins Leben gerufen (ECCJ 2006a:2). Die Initiative repräsentiert 16 europäische Organisationen (z. B. Friends of the Earth, Corporate Europe Observatory) und nationale Plattformen, an welche über 250 NGOs und Gewerkschaften angeschlossen sind. Die ECCJ betrachtet die Position der Kommission im Jahr 2006 als Verneinung der internationalen CSR-Debatte der letzten zehn Jahre und betont v. a. die Notwendigkeit der Regulation als Ergänzung und Unterstützung freiwilliger Initiativen. Die unternehmensgetriebene „European Alliance on CSR", welche ohne Involvierung anderer Stakeholder und mit massiver Unterstützung der Kommission errichtet wurde, wird als „major greenwash operation" bezeichnet und als Gefahr für seriöse CSR-Initiativen, da grundlegende Aspekte wie der Umfang von Standards und Verpflichtungen, die Involvierung von Stakeholdern, Transparenzkriterien, Monitoring und Verifizierungsinstrumente nicht angesprochen werden.

Als Antwort auf diese Entwicklungen fordert die ECCJ (2006b:4-9) insbesondere die folgenden Punkte:

- Verankerung einer Sorgfaltspflicht für Unternehmen und ihr Management auch hinsichtlich sozialer, ökologischer und menschenrechtlicher Standards.
- Schutz der Betroffenen außerhalb der Europäischen Union durch das europäische Gesetz, Kompensationsmechanismen, Zugang zu Gerichten, extraterritoriale Rechtsanwendung im Falle von Verstößen gegen Umwelt- oder Menschenrechte durch Europäische Unternehmen und deren Subunternehmen.
- Sicherung der Transparenz durch verbindliche Berichterstattung seitens aller europäischen Unternehmen hinsichtlich der Auswirkung auf Menschenrechte, Gesellschaft und Umwelt (z. B. Berichterstattung über soziale und ökologische Auswirkungen, Veröffentlichung der in Anspruch genommenen öffentlichen Unterstützung, Veröffentlichung der Lobbyingaktivitäten, Berichte über Konsultationsprozesse mit Stakeholdern, Produktinformationen, Informationen über die Beschaffungskette und ihr Monitoring).
- Schaffung unabhängiger Monitoring- und Überprüfungsmechanismen.
- Einbindung der Menschenrechte sowie von Sozial- und Umweltklauseln in Investitionsabkommen, um sicherzustellen, dass die Regierungen von Entwicklungsländern das Recht erhalten, Investitionen, die dem Ziel nachhaltiger Entwicklung nicht entsprechen oder fundamentale Rechte nicht garantieren, zu regulieren und zu kontrollieren.
- Berücksichtigung von ökologischen und sozialen Aspekten in öffentlichen Ausschreibungen. Bindung von Subventionen an die Einhaltung von CSR-Standards.

Ähnliche Forderungen werden auch vom Europäischen Gewerkschaftsbund vorgebracht (ETUC 2006).

Der prägende Einfluss der Arbeitgeberorganisationen und der Erfolg ihrer Lobbyingaktivitäten wird nicht nur an Inhalt und Diktion der Kommissionspapiere 2002 und 2006
deutlich, sondern auch in einem Schreiben der Arbeitgeberorganisation Business Euro-
pe/UNICE: In diesem Schreiben vom 13. März 2006 (UNICE 2006) werden die Mitglieder informiert, dass es über die informellen Kontakte gelungen ist, eine starke Verknüpfung zwischen „CSR and the jobs and growth strategy" herzustellen. Als weiterer
Erfolg wird hervorgehoben, dass es gelungen ist, „that the communication will establish
the Commission's new approach to the issue of CSR, which recognises that companies
are primary actors in CSR and therefore launches the alliance on CSR." Auch hinsichtlich der wenigen noch vorhandenen kritischeren Passagen wird beruhigt: „A few pas-
sages must be interpreted as verbal concessions to other stakeholders, which will how-
ever have no real impact."

Selbst die Financial Times vom 13. März 2006 kommt zum eindeutigen Schluss,
dass die Europäische Kommission mit der Gründung der Unternehmensinitiative European Alliance for CSR die Argumente und Positionen von Gewerkschaften und NGOs
weitgehend ignoriert (Williamson/Minder/Proissl 2006). Die NGOs kritisierten, dass
NGOs und Gewerkschaften zu keinem der inoffiziellen Treffen zwischen Spidla und
Verheugen auf Seiten der Kommission und der Arbeitgeberorganisation CSR Europe
eingeladen wurden bzw. die Kommissare ausschließlich mit den Arbeitgeberorganisationen verhandelten. Eine direkte Konsequenz dieser Positionierung der Europäischen
Kommission war, dass die NGO-Plattform aus dem EU-Multi-Stakeholder-Forum aus-
gestiegen ist.

Ende 2006 reagierte das Europäische Parlament auf die Mitteilung der Kommission und die Kritik zivilgesellschaftlicher Organisationen (Europäisches Parlament 2006).
Eine breite Mehrheit im Europäischen Parlament unterstützte den vom Labour-Abge-
ordneten Richard Howitt vorbereiteten CSR-Bericht, mit welchem auf das Strategiepa-
pier der Kommission reagiert werden sollte. Das Parlament kritisierte den Ansatz der
Europäischen Kommission als zu schwach und unterstrich die Bedeutung internationaler Standards und unabhängiger Überprüfung, sowie die Rechenschaftspflicht der Unternehmen. Das Europäische Parlament betont v. a. die internationale Dimension von CSR,
insbesondere in Form einer Verantwortung für weltweite Zulieferketten. Darüber hinaus
empfiehlt das Parlament, die „Pflichten der Führungskräfte von Unternehmen mit mehr
als 1.000 Beschäftigten auszuweiten und ihnen aufzuerlegen, alle schädlichen ökologischen und sozialen Auswirkungen der Tätigkeiten ihres Unternehmens zu minimieren"
(Europäisches Parlament 2006:11). Das Europäische Parlament fordert darüber hinaus
eine *triple-bottom-line*-Berichterstattung der Unternehmen, welche Auskunft gibt über
die ökonomische, aber auch die soziale und ökologische Performance der Unternehmen und die Einhaltung der Menschenrechte, und schlägt die Erarbeitung eines „Kri-
terienkataloges" vor, „der von den Unternehmen zu beachten ist, wenn sie sich als sozial verantwortlich bezeichnen wollen" (Europäisches Parlament 2006:8). Zudem wird
die Einrichtung eines Mechanismus gefordert, „in dessen Rahmen Opfer, einschließlich Drittstaatsangehörige, bei den nationalen Gerichten der Mitgliedstaaten gegen europäische Unternehmen klagen können" (Europäisches Parlament 2006:12). Die schär-
feren Passagen des Howitt-Berichts wurden nicht zuletzt deswegen noch entfernt, weil
sich die Vereinigung der europäischen Klein- und Mittelbetriebe (UEAPME) eine Wo-

che vor der Abstimmung im Parlament bei einem „Frühstückstreffen" mit VertreterInnen der Europäischen Volkspartei getroffen hatte und vor den Konsequenzen warnte. So wurde u. a. der Vorschlag einer „Haftung" der Unternehmen für Subcontracting und Outsourcing entschärft.

Der politische Charakter des europäischen CSR-Diskurses zeigt sich aber auch an einer – auf den ersten Blick widersprüchlichen – Entwicklung: Während sich die Position der EU-Kommission stark an die Position der Unternehmensverbände angleicht und das Prinzip der Freiwilligkeit sowie die Ablehnung eines stärker regulativen Zugangs betont, produziert der administrative Apparat regulative Instrumente in einigen, für die Regulation transnationaler Wertschöpfungsketten zentralen Bereichen: dem öffentlichen Beschaffungswesens, der Berichterstattung und dem Schutz der Öffentlichkeit vor irreführender Werbung (DeSchutter 2008). So entschied der europäische Gerichtshof zwischen 1988 und 2003 in mehreren Fällen, dass Umwelt- und Sozialklauseln in öffentlichen Verträgen rechtmäßig sind. Auf Basis dieser Entscheidung verabschiedete die Kommission am 31. März 2004 die „Directive 2004/18/EC on the coordination of procedures for the award of public works contracts, public supply contracts and public service contracts". In ihr wird festgehalten, dass öffentliche Auftraggeber Sozialklauseln und Umweltklauseln anwenden dürfen und dass darüber hinaus Unternehmen von öffentlichen Ausschreibungen ausgeschlossen werden können, wenn sie sich der Bestechung, der Geldwäsche, oder der Nicht-Einhaltung von Gleichbehandlungs- und Umweltbestimmungen schuldig gemacht haben. Diese Direktive wurde von einigen Ländern bereits in das nationale Gesetz aufgenommen (in Österreich 2006). Angesichts der Tatsache, dass das öffentliche Beschaffungswesen für 14 bis 16 % des europäischen Bruttosozialprodukts verantwortlich ist, ist diese Richtlinie ein potenziell außerordentlich mächtiges strukturpolitisches Instrument.

Eine andere Entwicklung zeichnet sich im Bereich der Berichterstattung ab. Eine verpflichtende Umwelt- und Sozialberichterstattung für Großunternehmen wird vom Europäischen Parlament unterstützt. Frankreich war im Jahr 2001 das erste europäische Land, welches umfangreiche Triple-bottom-line-Berichterstattungspflichten (ökonomische, ökologische und soziale Aspekte betrieblichen Handelns) für börsenotierte Unternehmen einführte. So ist im Gesetz Nr. 2001-240, Art. 116 geregelt, dass Unternehmen u. a. die folgenden Informationen zur sozialen Verantwortung vorlegen müssen: die Bedeutung von Subcontracting für das Unternehmen; der Impact der Aktivitäten auf die lokale Entwicklung und lokale Bevölkerung; Interaktionen mit Stakeholdern; die Einhaltung von ILO-Kernarbeitsnormen in ausländischen Tochtergesellschaften (Europäische Kommission 2001, 2004:33). In den Niederlanden und in Schweden wurden nationale Richtlinien für CSR-Berichterstattung ausgearbeitet und staatsnahe Unternehmen müssen besonderen Berichterstattungspflichten genügen. Großbritannien führte den Companies Act 2006 ein, welcher Unternehmen schrittweise zur umfassenden Berichterstattung über die sozialen und ökologischen Auswirkungen ihrer Tätigkeiten verpflichtet. Unter anderem werden die Geschäftsführer verpflichtet, die Interessen der ArbeitnehmerInnen, KundInnen und LieferantInnen und die Auswirkungen auf die Gemeinden und Umwelt zu berücksichtigen (German-British Chamber of Commerce 2006), Risiken für Öffentlichkeit und Umwelt zu minimieren, die Folgen ihrer Entschei-

dungen für ArbeitnehmerInnen transparent zu machen und die gesamte LieferantInnen-
kette zu berücksichtigen.

Darüber hinaus hält eine Direktive des Europäischen Rates und des Parlaments vom
15. Mai 2005 explizit fest, dass irreführende oder falsche Informationen in firmeneigenen Verhaltenskodizes den Tatbestand der irreführenden Werbung erfüllen und sanktio-
niert werden sollen. Noch wichtiger ist die in dieser Direktive angesprochene Möglichkeit, dass Unternehmen verpflichtet werden können, den Nachweis der Richtigkeit ihrer Behauptungen zu erbringen (DeSchutter 2008).

Schlussfolgerungen

Bislang scheiterten alle Versuche, einen verbindlichen internationalen Rahmen für das
Verhalten von TNCs zu schaffen. Im Gegensatz zu früheren Sichtweisen geht die aktu-
elle Interpretation jedoch mittlerweile davon aus, dass Unternehmen Subjekte des Völ-
kerrechts sind. Das heißt, dass nicht nur Staaten, sondern auch Unternehmen eine aktive
Verpflichtung zur Wahrung und Förderung der Menschenrechte haben. Die gegenwärtige
Debatte kreist vor allem um definitorische und operative Fragen und um die Frage adä-
quater Rahmenbedingungen (Ruggie 2008): Worin liegt die Verantwortung und welche
Rechtsnormen und Institutionen sollen sie entwickeln, um das Verhalten ihrer eigenen
TNCs zu regeln? Wie kann die Haftung von Unternehmen sichergestellt werden? Welche internationalen Institutionen und Mechanismen sind notwendig, um sowohl Staaten
als auch TNCs zur Wahrung der Menschenrechte zu bewegen? Welche neuen Rechtsnormen sind für das Investitionsregime oder für besonders problematische Situationen,
wie z. B. die Geschäftstätigkeit in Konfliktzonen, angemessen? Wie kann eine juristische Verantwortung von Staaten für das (vom Staat nicht unterbundene) Fehlverhalten
privater Unternehmen durchgesetzt werden?

Im Hinblick auf TNCs wird die Frage diskutiert, wie angesichts komplexer internationaler Wertschöpfungsketten die „sphere of influence" bestimmt werden kann, innerhalb welcher TNCs die Verantwortung für die Einhaltung von Mindeststandards zugeschrieben werden kann. Noch anspruchsvoller sind operative Fragen, beispielsweise welche Maßnahmen Unternehmen setzen müssen, um die Einhaltung von Mindest-
Standards in ihrem Einflussbereich zu garantieren.

Darüber hinaus wären institutionelle Reformen notwendig: Das UN Research Institute for Social Development (UNRISD 2005) schlägt die Gründung von Monitoring-
organisationen vor, welche das Verhalten von TNCs überwachen. Ein ähnlicher Vorschlag wurde bereits vom EU-Parlament zur Diskussion gestellt (Europäisches Parlament 1999). Ebenso wäre die Schaffung von starken Beschwerdemechanismen vorstell-
bar: Die bestehenden Beschwerdemechanismen bei OECD, Weltbank, ILO oder NAFTA
sind zu schwach bzw. haben nur kosmetische Funktion. Um Betroffenen ein effektives
Beschwerdeverfahren zu garantieren, ist ein Internationaler Gerichtshof für die Verge-
hen von TNCs denkbar, aber auch der Ausbau des extraterritorialen Rechts, um TNCs in
ihren Heimatländern zur Verantwortung ziehen zu können. Im angelsächsischen Raum
gibt es einige Beispiele dafür, dass Betroffene aus Gastländern TNCs in deren Heimatländern klagen können (z. B. der 1789 erlassene Alien Tort Claims Act in den USA).

Bei menschenrechtlichen Verstößen können Geschädigte vor amerikanischen Gerichtshöfen ihre Ansprüche gegenüber amerikanischen TNCs geltend machen. Im britischen Recht ist eine besondere Fürsorgepflicht von Unternehmen für die Beschäftigten von Zulieferunternehmen vorgesehen, wenn diese von britischen Unternehmen kontrolliert werden. Derartige Rechtsinstrumente gelten derzeit aber nur für schwere Menschenrechtsverletzungen (in Europa z. B. für Menschenhandel und die sexuelle Ausbeutung von Kindern). Stiglitz (2006) schlägt zudem internationale Rechtshilfe vor: Urteile ausländischer Gerichte könnten durch Gerichte in den Industrieländern vollstreckt werden. Z. B. hinterlassen transnationale Bergbauunternehmen oft gravierende Umweltschäden. Um dafür nicht zu haften, lassen sie die mit dem Abbau beauftragte Tochtergesellschaft in Konkurs gehen.

Es kann festgehalten werden, dass die gegenwärtigen Instrumente, die die Aktivitäten von TNCs regulieren sollen, ineffektiv sind, weil sie auf freiwilliger Basis beruhen und keine Sanktionsmöglichkeiten vorsehen. Generell ist eine deutliche Schieflage zu beobachten: Während Investoren- und Besitzrechte international geschützt sind (über internationale Rechtshilfeabkommen bzw. Schiedsgerichte in internationalen Handelsstreitigkeiten), sind die Instrumente, welche ökologische, soziale und menschenrechtliche Aspekte internationaler Unternehmenstätigkeit betreffen, rechtlich nicht bindend. Diese Schieflage ist Spiegelbild der ungleichen Verhandlungsmacht der Akteure in den politischen Arenen, in denen unterschiedliche Interessenlagen aufeinandertreffen.

Gegenwärtig ist jedoch angesichts der globalen Regulationslücke und der Konsequenzen dieses Verantwortungsvakuums viel Bewegung in die Diskussion um eine stärkere Regulation von TNCs gekommen. Ob effektive institutionelle Arrangements und Instrumente entwickelt und auch umgesetzt werden, wird davon abhängen, ob es gelingt, eine breite Koalition sozialer Kräfte zu mobilisieren, die am Ziel einer gesellschaftlich verantwortlichen Rückbettung von Unternehmen mit transnationalen Wertschöpfungsketten orientiert ist.

Literatur

Altvater, Elmar/Mahnkopf, Birgit (1997): Grenzen der Globalisierung. Ökonomie, Ökologie und Politik in der Weltgesellschaft. Münster: Westfälisches Dampfboot

Amnesty International (2004): The UN Human Rights Norms for Business: Towards Legal Accountability. London: Amnesty International Publications

Arbeitgeber Magazin (2001): „Multi" unter kritischer Beobachtung. In: Arbeitgeber Magazin 3 (53)

Bottomley, Stephen/Kinley, David (2002): Commercial Law and Human Rights. Burlington: Aldershot

Chandler, Geoffrey (2004): Response to the joint views of the International Chamber of Commerce (ICC) and the International Organisation of Employers (IOE) on the United Nations Human Rights Norms for Companies, http://www.reports-and-materials.org/Chandler-response-to-IOE-ICC-April04.htm, 1.6.2007

CSR-Europe/ERT (European Roundtable of Industrialists)/UNICE (Union of Industrial and Employers' Confederations of Europe) (2002): UNICE, ERT and CSR Europe send open letter on corporate social responsibility to President Prodi. http://tinyurl.com/csreurope-et-al-2002-pdf, 14.4.2009

CSR-Europe (2005): Roadmap. A European Roadmap for Businesses. Towards a Sustainable and
     Competitive Enterprise. Brusells: CSR-Europe
DeSchutter, Olivier (2008): Corporate Social Responsibility – European Style. In: European Law
     Journal 14 (2): 203-236
Dicken, Peter (2002): Global Shift. Reshaping the Global Economic Map in the 21st Century.
     London: Guilford Press
EJJC (2006a): Working for a sustainable world in which corporations' drive for profit is balanced
     by the interests of society at large and respect for the environment and human social rights.
     http://www.corporatejustice.org/BROCHURE_ECCJ.pdf, 4.3.2007
EJJC (2006b): Corporate social responsibility at EU level. Proposals and recommendations to the
     European Commission and the European Parliament. http://www.europarl.europa.eu/meet-
     docs/2004_2009/documents/dv/eccadvocacybriefing112006_/eccadvocacybriefing112006_
     en.pdf, 20.9.2007
ETUC (2006): Corporate Social Responsibility and European Trade Unions: danger of a rift. http://
     www.etuc.org/a/2190, 20.9.2007
Europäische Kommission (2001): Grünbuch, Europäische Rahmenbedingungen für die soziale
     Verantwortung der Unternehmen, Generaldirektion Beschäftigung und Soziales (KOM(2001)
     366). Luxembourg: Europäische Kommission
Europäische Kommission (2002): Mitteilung der Kommission betreffend die soziale Verantwor-
     tung der Unternehmen: ein Unternehmensbeitrag zur nachhaltigen Entwicklung (KOM(2002)
     347). Luxembourg: Europäische Kommission
Europäische Kommission (2004): ABC of the main instruments of corporate social responsibili-
     ty. Luxembourg: Europäische Kommission
Europäische Kommission (2006): Mitteilung der Kommission an das Europäische Parlament, den
     Rat und den europäischen Wirtschafts- und Sozialausschuss – Umsetzung der Partnerschaft
     für Wachstum und Beschäftigung: Europa soll auf dem Gebiet der sozialen Verantwortung der
     Unternehmen führend werden (KOM(2006)136). Luxembourg: Europäische Kommission
Europäisches Parlament (1999): A Code of Conduct for European Enterprises Operating in Devel-
     oping Countries. Entschließung 15.1.1999. Luxembourg: Europäisches Parlament
Europäisches Parlament (2006): Entwurf einer Entschließung des Europäischen Parlaments zur
     sozialen Verantwortung von Unternehmen: eine neue Partnerschaft. Plenarsitzungsdokument
     2006/2133 (INI), 20.12.2006. Luxembourg: Europäisches Parlament
German-British Chamber of Commerce (2006): Neuerungen im englischen Gesellschaftsrecht: The
     Companies Act 2006 http://www.ahk-london.co.uk/articles/legal/Companies%20Act%202006.
     pdf, 20.9.2007
ICC (International Chamber of Commerce/World Business Organization) (2000a): Policy State-
     ment: Responsible Business Conduct – an ICC approach, Group on Business and Socie-
     ty, http://www.iccwbo.org/home/statements_rules/statements/2000/responsible_business,
     1.7.2005
ICC (International Chamber of Commerce/World Business Organization) (2000b): Business-UN
     compact could be at take-off point. http://www.iccwbo.org/home/news_archives/2000/busi-
     ness_compact.asp, 1.7.2005
ICHRP (International Council on Human Rights Policy) (2002): Beyond Voluntarism: Human
     Rights and the Developing International Legal Obligations of Companies. http://www.ichrp.
     org/excerpts/41.pdf, 17.6.2005
Kerkow, Uwe/Martens, Jens/Schmitt, Tobias (2003): Die Grenzen der Freiwilligkeit. Handlungs-
     möglichkeiten und Erfahrungen von NGOs und Gewerkschaften bei der Anwendung freiwil-
     liger Selbstverpflichtungen der Wirtschaft. Bonn: Weed
Nowrot, Karsten (2005): The New Governance Structure of the Global Compact. Transforming a
     „Learning Network" into a Federalized and Parliamentarized Transnational Regulatory Re-

gime. In: Tietje, Christian/Kraft, Gerhard/Sethe, Rolf, Hg.: Beiträge zum transnationalen Wirtschaftsrecht, Heft 47. Martin-Luther-Universität Halle-Wittenberg

OECD-Watch (2005): Five Years on. A review of the OECD Guidelines and National Contact Points

Oldenziel, Joris (2005): The Added Value of the UN Norms. A comparative analysis of the UN Norms for Business with existing international Instruments. Amsterdam: SOMO

Polanyi, Karl (1944/1990): The Great Transformation. Politische and ökonomische Ursprünge von Gesellschaften und Wirtschaftssystemen. Wien: Europaverlag

Ruggie, John (2008): Statement by Prof. John Ruggie, Special Representative of the Secretary-General on Human Rights and Transnational Corporations and Other Business Enterprises, 63rd Session of the General Assembly, Third Committee Agenda Item 64 (b): „Promotion and protection of human rights: Human rights questions, including alternative approaches for improving the effective enjoyment of human rights and fundamental freedoms". New York, 27.10.2008. http://www.hks.harvard.edu/news-events/news/testimonies/john-ruggie-testimony-oct, 15.9.2009

Scherrer, Christoph/Greven, Thomas (2001): Global Rules for Trade. Codes of Conduct, Social Labeling and Workers' Rights Clauses. Münster: Westfälisches Dampfboot

Stiglitz, Joseph (2006): Die Chancen der Globalisierung. München: Siedler

Thompson, Edward (1968): The Making of the English Working Class. Middlesex: Penguin

UN (2005): The Global Compact's Next Phase. http://www.unglobalcompact.org/docs/about_the_gc/2.3/gc_gov_framew.pdf, 23.11.2007

UNCTAD (1998): World Investment Report 1998. Trends and Determinants. New York: UNCTAD

UNCTAD (1999): World Investment Report 1999. FDI and the Challenge of Development. New York: UNCTAD

UNCTAD (2006): World Investment Report 2006. FDI from Developing and Transition Economies. New York: UNCTAD

Ungericht, Bernhard (2005): Zwischen Konflikt und Kooperation. München: Hampp

UNICE (2002): Communication From the Commission Concerning Corporate Social Responsibility: A Business Contribution to Sustainable Development. UNICE Comments.

UNICE (2006): Interne Kommunikation vom 13.3.2006

UNRISD (United Nations Research Institute for Social Development)/Jenkins, Rhys (2001): Corporate Codes of Conduct – Self-Regulation in a Global Economy. Genf: UNRISD

UNRISD (United Nations Conference on Trade and Development)/Utting, Peter (2005): Rethinking Business Regulation. From Self-Regulation to Social Control. Genf: UNRISD

Williamson, Hugh/Minder, Raphael/Proissl, Wolfgang (2006): Brussels to side with business on CSR In: Financial Times, 13.3.2006

Andrea Komlosy

Weltmarkttextilien
Globale Güterketten im historischen Wandel

Zu Jahresbeginn 2009 geriet die Waldviertler Industriestadt Schrems an der österreichisch-tschechischen Grenze in die Schlagzeilen. Nach der Schließung des renommierten Strumpfwarenerzeugers Ergee sowie Kündigungen bei anderen Industriebetrieben verzeichnete die Stadt 17 % Arbeitslose. Darüber hinaus wurden Menschen, die ihren Job verloren hatten, in Stiftungen „geparkt" und der Gemeinde kamen die Kommunalabgaben abhanden. Die Tageszeitung „Die Presse" (26.4.2009) assoziierte die triste Lage von Schrems mit der Arbeitersiedlung Marienthal, die nach der Schließung der Textilfabrik 1930 zum Paradebeispiel der modernen Sozialforschung geworden war (Jahoda u.a. 1982). Im vorliegenden Fall dient Ergee der Illustration des Strukturwandels in der globalen Textilproduktion. Als der deutsche Ergee-Konzern 1960 die Schremser Tochter und in der Folge drei weitere Zweigbetriebe in Waldviertler Gemeinden gründete, befand sich die Waldviertler Textilregion auf dem Weg zum globalen Produktionsstandort. Zur Zeit der expandierenden Nachkriegskonjunktur erfüllte die Niedriglohnregion die Funktion einer verlängerten Werkbank. Nach dem Konkurs des Ergee-Konzerns 1994 gelang es, den Schremser Standort mit damals 600 Beschäftigten als eigenständiges österreichisches Unternehmen fortzuführen. Als Erfolgsrezept galt die Auslagerung an eine tschechische Strickwarenfirma, die mit 1.300 Beschäftigten die arbeitsintensiven Tätigkeiten übernahm. Den WaldviertlerInnen versprach man den „Ausbau des Hightech Bereichs" und „neue anspruchsvolle Arbeitsplätze mit hoher Qualifikation" (NÖN Nr. 45/1993). Zur Finanzierung der Expansion wurden Investoren ins Boot geholt und Ergee Schrems 2001 schließlich in die ebenfalls im Strumpfbereich tätige deutsche Vatter-Gruppe eingegliedert. Die Produktion wurde sukzessive nach Tschechien sowie an Standorte tunesischer Kooperationspartner verlagert. Die Konkurse der Vatter-Strumpffabriken im bayerischen Schongau (Juni 2008) und in Schrems (Dezember 2008) konnten nicht verhindert werden (NÖN Nr. 51/2008).

Kurz darauf warb die deutsche Strumpffirma Kettenbach mit Sitz in Frickenhausen bei Stuttgart in einer niederösterreichischen Regionalzeitung um Fachkräfte aus dem Waldviertel. Ihr Unternehmenskonzept zeigt, dass Kettenbach einem neuen Typ von Textilunternehmen angehört. Das Angebot der Firma Kettenbach, die selbst nur 70 MitarbeiterInnen beschäftigt, besteht in der Entwicklung von Designs, der Herstellung von Prototypen und der Abwicklung der Produktion mithilfe weltweiter Partner. Als Drehscheibe dient eine Tochterfirma in Shanghai. Die Kunden reichen von Exklusiv-Label-Firmen bis zu Supermärkten. „Wir sind nicht einfach nur Textilhändler", betont Robert Kettenbach im Interview mit der NÖN (Nr. 8/2009), „wir denken und handeln wie ein Produzent".

Diese Beispiele demonstrieren verschiedene Möglichkeiten, standortübergreifende Produktions- oder Güterketten zu organisieren. Im Fall des Waldviertels in den 1960er Jahren und Tschechiens in den 1990er Jahren ging die Entscheidung zur Verlagerung bestimmter Fertigungsschritte an Standorte, die über niedrigere Lohnkosten sowie ein motiviertes Arbeitskräftepotenzial verfügten, von der Zentrale eines produzierenden Konzerns aus. Anders liegt die Sache im Fall des neuen Unternehmenstypus. Das Unternehmen agiert hier als Organisator und Auftraggeber, der Produzenten, Markeninhaber, Vertriebs- und Einzelhandelsketten weltweit koordiniert. Es kontrolliert ein Unternehmensnetzwerk. Dabei tritt das Unternehmen nicht mehr selbst als Produzent in Erscheinung, sondern agiert als Intermediär zwischen seinen produzierenden Zulieferern und seinen Auftraggebern, den Markeninhabern und Handelshäusern. Diese „Käufer" üben in der globalen Güterkette die größte Macht aus – nicht zu verwechseln mit den KonsumentInnen. Ergee kann somit als Prototyp für eine produzenteninitiierte, Kettenbach für eine käuferdominierte Güterkette gelten (Gereffi 1994; Gereffi/Memedovic 2003). Die Verlagerung der Produktion nach Ostasien ist keineswegs mit der Übersiedlung der Entscheidungskompetenz an einen neuen Produktionsstandort verbunden.

Standorte in den alten Industrieländern haben im neuen System der globalen Produktionsnetzwerke ihre Rolle als Textilproduzenten an *Newly Industrializing Countries* (NICs) in Ländern der „Dritten Welt" sowie in Ost- und Südeuropa abgegeben. Es verblieben Forschung und Entwicklung, Design, Logistik, Marketing und oft auch die kapitalintensive Textilproduktion. In weiterer Folge sind aber auch Design und Logistik ausgelagert worden und zwar direkt an Zulieferer oder an Intermediäre wie Kettenbach. Einige bekannte Marken und Labels haben Produktion und Sourcing, also die Suche nach Produzenten, ganz an Intermediäre ausgelagert. Andere Handelsketten und Markeninhaber sehen Sourcing hingegen als ihre Kernkompetenz an und errichten zu diesem Zweck eigene Sourcing Offices, allen voran in Hongkong. Es wäre freilich unangemessen, die Organisation globaler Güterketten ausschließlich als Angelegenheit westlicher Auftraggeber zu begreifen. Dies trifft für die bekannten und weniger bekannten westlichen Labels zu. In Asien, Afrika und Lateinamerika, in Russland, aber auch im Niedriglohnpreissegment westlicher Märkte dominieren Produkte, die nicht von westlichen Auftraggebern oder ihren Intermediären bestellt wurden – ob diese nun als Imitation westlicher Marken, markenlos oder in Form eigener Labels angeboten werden. Auch für diese Stücke sind globale Standortkombinationen bestimmend: Stoffe aus China oder Indien bilden die Grundlage für die Mode, die in Sweat Shops in türkischen, syrischen oder bulgarischen Dörfern genäht und zum Beispiel über Großhandelszentren in Istanbul oder Aleppo an osteuropäische und zentralasiatische Händler vertrieben wird. Hier sind unter Umständen auch die Fälscher stationiert, die markenlosen Textilien westliche Labels verpassen.

Billigprodukte, die aus nicht-westlichen Netzwerken stammen, stellen für die „westlichen" Markenprodukte im In- und Ausland eine enorme Konkurrenz dar.

Lässt sich also mit Fug und Recht von einer neuen Ära der Globalisierung textiler Produktion sprechen? Der vorliegende Beitrag vertritt die These, dass der Weltmarkt für Textilien seit dem 17. Jahrhundert in Form von multilokalen Produktionsketten organisiert ist. Diese Form der Produktion unterscheidet sich von der handwerklichen Exportgewerbeproduktion, die an einem Standort konzentriert war und ihre Produkte über den Handel in den – weltweiten – Austausch brachte. Handel mit Finalprodukten blieb vor allem im Luxusbereich ein bestimmendes Tauschverhältnis. Die integrierte Finalproduktion wurde seit dem 18. Jahrhundert jedoch zunehmend durch Formen der Unternehmensorganisation abgelöst, die auf der Aufteilung der Arbeit auf mehrere Standorte beruhte. Dies erlaubte es, unterschiedliche Arbeitsmärkte, Rechtsverhältnisse und Formen der politischen Regulierung (Unternehmensgründung, Arbeitsrecht, Steuerpolitik, Qualitätssicherung) miteinander so zu kombinieren, dass sie für den Organisator der Produktionskette möglichst profitabel waren. Die räumliche Reichweite und die institutionelle Trägerschaft stellten lediglich Variationen dieses Prinzips dar. Produktionsketten wurden zwischen Stadt und Umland, über größere regionale Distanzen oder im globalen Maßstab installiert. Träger waren entweder Händler, die als sogenannte Verleger die Beteiligten aktivierten und die Kommunikation zwischen den selbstständigen Produzenten an den verschiedenen Standorten besorgten, oder Produzenten, die – ausgehend von einem bestimmten Fertigungsschritt – vor- und nachgelagerte Schritte in Form von Produkten und Dienstleistungen zukauften; sie konnten dabei mit selbstständigen ProduzentInnen kooperieren, die bestimmte Arbeitsaufträge übernahmen, oder die Produktionskette in eigener Regie in Form eines vertikal integrierten Unternehmens mit mehreren Standorten organisieren. Für all diese Varianten bietet die Geschichte mannigfaltige Anschauungsbeispiele (Komlosy 2008). Der vorliegende Beitrag zeigt charakteristische Etappen in der Entwicklung textiler Produktionsketten und fragt nach den Ursachen für den Wandel der spezifischen zeitlichen und räumlichen Konstellationen. In einem zweiten Schritt wird die Positionierung einer Region in der Güterkette aus entwicklungspolitischer Perspektive aufgerollt. Seit dem 18. Jahrhundert gab es Bemühungen, zugeschriebene Muster der Arbeitsteilung zugunsten einer ganzheitlichen Kontrolle über den Produktionsprozess oder zugunsten eines Aufstiegs auf der Stufenleiter der Wertschöpfungskette zu verbessern. Regionale Fallbeispiele dokumentieren Erfolge und Scheitern. Auch wenn sich die Terminologie änderte, Schlüsselbegriffe aus der heutigen Debatte, wie Importsubstitution, regionale Wirtschaftskreisläufe oder Upgrading, begleiteten die Installierung von globalen Produktionsketten von Anbeginn an.

Globale Produktionsketten stellen ein zentrales Element für das Verständnis von Kapitalakkumulation, der Triebkraft der kapitalistischen Produktionsweise dar. Sie zeigen auf, dass Kapitalismus keineswegs als süd- oder westeuropäische Besonderheit entstand, die sich später über die ganze Welt ausbreitete, sondern von Anbeginn an ein globales Verhältnis begründete, das auf ungleicher und ungleichzeitiger Arbeitsteilung und daraus resultierend auf ungleicher regionaler Entwicklung beruhte. Ein Schlüsselelement bildet dabei die Kombination von unterschiedlichen Arbeitsverhältnissen, die über ihre Eingliederung in überregionale Güterketten Werttransfer von abhängigen in die Güterkette dominierende Regionen ermöglichen. Damit unterscheidet sich der Gewinn, der aus

Kapitalakkumulation auf der Basis von Standortkombinationen resultiert, ganz wesentlich von Handelsspannen, die durch Preisdifferenziale beim Tausch zwischen segmentierten Märkten ermöglicht werden. In den Begriffen von Karl Marx ausgedrückt bedeutet dies: Wertsteigerung im kapitalistischen Sinn ist nicht aus der Zirkulation, dem einfachen Austauschvorgang Geld – Ware – Geld – Ware erklärbar, sondern muss aus dem Produktionsprozess des Kapitals selbst entspringen (Marx 1953:222). Soweit folgen wir Marx. Wir verlassen ihn dort, wo er als einzige Form, „in der überhaupt Wert über das Äquivalent hinaus" geschaffen werden kann, den „Mehrwert" gelten lässt: „Wenn der Arbeiter nur einen halben Arbeitstag braucht, um einen ganzen zu leben, so braucht er, um seine Existenz als Arbeiter zu fristen, nur einen halben Tag zu arbeiten. Die zweite Hälfte des Arbeitstages ist Zwangsarbeit; surplus-Arbeit. Was auf Seite des Kapitals als Mehrwert erscheint, erscheint exakt auf Seiten des Arbeiters als Mehrarbeit über sein Bedürfnis als Arbeiter hinaus." (Marx 1953:230f) Marx entwickelt sein Modell vom Mehrwert im Angesicht der ersten klassischen Krise des Kapitalismus 1857 und arbeitet es in den „Grundrissen" (1857/58) und im „Kapital" (1867) zu einem Schlüsselbegriff aus, der seither aus keiner sozialwissenschaftlichen Analyse wegzudenken ist. Sein Manko: Er beschränkt Ungleichheit und Ausbeutung im Kapitalismus auf das Verhältnis von Lohnarbeit und Kapital. Dabei übersehen Marx und die traditionellen MarxistInnen die vielfältigen anderen Formen, in denen Arbeitskraft zur Ware und dabei vom Kapital angeeignet wird. Diese Arbeitsverhältnisse betreffen nicht nur den zum Idealtyp stilisierten freien Lohnarbeiter, sondern alle möglichen Variationen und Kombinationen von Selbstständigkeit und Unselbständigkeit, Zwangs- und Kontraktverhältnissen, Arbeit im informellen Sektor bis hin zur unbezahlt geleisteten Arbeit im Haushalt und in der Subsistenz. Diese Arbeitsverhältnisse unterliegen dem Zugriff des Kapitals dann, wenn sie – innerhalb eines Haushaltes, in letzter Konsequenz aber auch innerhalb einer Person selbst – miteinander verbunden werden und – vermittelt über die Beschäftigung eines Haushaltsmitglieds als Lohnarbeiter – vom Kapital angeeignet werden. Dieser Mechanismus ist im Rahmen der Weltsystemanalyse (Wallerstein 2004), der Subsistenzperspektive (Bennholdt-Thomsen u.a. 1983) und der globalen Arbeitsgeschichte (Van der Linden 2008) – mit mehr oder weniger positiver Bezugnahme auf den Marxismus – seit den 1970er Jahren vielfältig dokumentiert worden. Die – einander inspirierenden aber nicht völlig kompatiblen – Konzepte der globalen Warenketten (Review 2000), der globalen Wertschöpfungsketten (Gereffi/Korzeniewicz 1994; Gereffi 1999) und der industriellen Netzwerke (Portes u.a. 1989) können diese Prozesse in Hinblick auf die Anordnung unterschiedlicher Arbeitsverhältnisse im Raum wesentlich konkretisieren und um eine entwicklungspolitische Dimension bereichern, denn das Mischungsverhältnis der unterschiedlichen Arbeitsformen ist ein Indikator für die Stellung einer Region in der internationalen Arbeitsteilung; seine Veränderung ein Indikator für Verschiebungen in der globalen Hegemonie.

Organisationsformen der Textilindustrie

Das Manufaktur- und Verlagswesen, das seit dem 17./18. Jahrhundert die textile Massenproduktion für überregionale Märkte prägte, kann als eine frühe Form der Globalisierung angesehen werden (Komlosy 2008:82). Es wies in indischen wie in europäischen Textilzentren Ähnlichkeiten auf. Ein Händler oder ein größerer Produzent (Verleger) kaufte in großem Stil Rohmaterial ein, ließ dieses von selbstständigen Produzenten im näheren, bald auch im weiteren Umkreis verarbeiten und anschließend bei weiteren Spezialisten oder in einer zentralen Einrichtung endfertigen. Die Auftragnehmer gaben die Aufträge ihrerseits an Subunternehmen weiter. Da in den Städten Zünfte oder zunftähnliche Produzentenvereinigungen gegen die Vergabe von Aufträgen an nicht-zünftische Produzenten auftraten, erstreckte sich das Verlagssystem, das in Indien als *Dadni*-System, in der chinesischen Seidenindustrie als *Zangfang*-System bekannt ist, zunehmend aufs Land. Das Beispiel St. Gallen zeigt, dass ein Verlagssystem aber auch von einer städtischen Zunft ausgehen konnte; in der Regel jedoch standen Zünfte der Konkurrenz des Verlagssystems negativ gegenüber; unilokale Meister und multilokale Verleger bekämpften einander und wetteiferten um Einflussnahme auf die gesetzlichen Rahmenbedingungen für textile Produktion. Das indische *Thread & Money*-System zeigt, wie ein kleinräumiges Verlagssystem, wenn es unter die Kontrolle eines Global Players, in diesem Fall der britischen East India Company (EIC) kam, den Druck auf die Weber bis zur Schuldknechtschaft steigerte (Chaudhuri 1990).

Der Erfolg des Verlagssystems beruhte auf der Kosteneinsparung und Risikoüberwälzung, die sich aus der Aufteilung der einzelnen Arbeitsschritte an ArbeiterInnen mit unterschiedlichen Spezialisierungen und Einkommen ergab. Es machte sich unterschiedliche Reproduktionskosten zwischen Stadt und Land, zwischen zentral gelegenen und schwer erreichbaren Regionen zunutze und beruhte auf Verbesserungen der Technik und des organisatorischen Ablaufs, auf Schulungs- und Disziplinierungsmaßnahmen für die Arbeitskräfte. Der Großteil der Arbeit wurde auf Spinnrädern und Handwebstühlen in den Häusern der Auftragnehmer verrichtet, während die Mechanisierung der Produktion auf wenige Schritte wie das Glätten oder Walken von Wollstoffen beschränkt blieb. Gegen die eurozentrische Gepflogenheit, das Verlagswesen als „protoindustrielle" Produktionsweise, also als Vorstufe zur Industrialisierung anzusehen (Kriedte u.a. 1977), wurde in den letzten Jahren der Begriff der „industriösen" Produktion geprägt (De Vries 2008). „Industriös" steht für die zahlreichen Produktions- und Produktivitätssteigerungen, die in textilen Exportgewerberegionen weltweit durch organisatorische Innovation, Leistungssteigerung und effiziente Anordnung des Produktionsablaufs erzielt wurden. Der Begriff würdigt jene Verbesserungen, die den Arbeitseinsatz intensivierten und den Output steigerten, ohne Kraftmaschinen einzusetzen.

Als entscheidende Zäsur gilt die Einführung des Fabrikssystems. Binnen 20 Jahren, 1780–1800, wurden in Großbritannien, dem Musterland der sogenannten Industriellen Revolution, kraftbetriebene Maschinen für das Spinnen, Weben und den Textildruck entwickelt. Dies erforderte die Zentralisierung der textilen Produktion in Fabriken. Da sie als Erstes in der Baumwollspinnerei praktiziert wurde, wird diese als *leading sector* der Industriellen Revolution bezeichnet. In der Weberei ließ die Umsetzung im Produktionsbetrieb noch einige Jahrzehnte auf sich warten (Bohnsack 1981). In West- und Zentraleuropa übernahm man rasch das Fabrikssystem nach britischem Vorbild. Im Abstand von 20 bis 40 Jahren wurde zunächst die Spinnerei (1800–1820) und in der Folge die Weberei (1850–1870) mechanisiert, Arbeit in der Fabrik wurde zum vorherrschenden Arbeitsverhältnis. Mit dem industriellen Großbetrieb, der sämtliche Stufen der Verarbeitung unter einem Dach zusammenfasste, stand das Fabrikssystem im Gegensatz zur dezentralen Form der Unternehmensorganisation im Verlagswesen. Die große Industrie und die industrielle Lohnarbeit prägten fortan das Idealbild der wirtschaftlichen Entwicklung. Tatsächlich blieb die Fabrik in dieser Form eine Ausnahme; und sie fügte sich ihrerseits in überregionale Produktionsketten ein.

Asiatische Textilregionen durchliefen im 19. Jahrhundert keine Entwicklung des Fabrikssystems. Europäisches Fabriksgarn, das ab 1820 heimische Handgespinnste ersetzte, floss als Vorleistung in die Handweberei ein. Während die Handspinnerei rückläufig war, arrangierten sich die HandweberInnen mit der neuen Produktionskette, die westeuropäische Fabriksspinnerei mit asiatischer Handweberei verband (Roy 2010). Als ab 1850/70 auch auf dem Gewebesektor europäische Konkurrenz auf asiatischen Märkten auftauchte, bedeutete dies weder eine Übernahme der neuen Technologie noch den Niedergang der Handweberei (siehe unten).

Auch in peripheren ländlichen Regionen in Europa selbst blieb die „industriöse" Produktionsweise bestimmend. Solange in der ersten Hälfte des 19. Jahrhunderts Garn in Fabriken hergestellt wurde, während Weben im Handbetrieb erfolgte, verlief die Produktionskette von der Spinnfabrik über die Handweberei zur weiteren Verarbeitung (Drucken, Ausrüsten), die wieder in der Fabrik erfolgte. Als Organisatoren der Güterkette traten in der Regel „Fabrikanten" auf, die genau genommen im organisatorischen Bereich tätig, also eigentlich Verleger waren. Im österreichischen Kontext können wir uns das folgendermaßen vorstellen: Der Webwarenfabrikant hatte seinen Hauptsitz in einem der Wiener Textilviertel, z. B. in der Webgasse, wo sich auch die Großhandelsniederlage und das Büro befanden. Garn wurde aus dem oder direkt von einer Spinnerei im niederösterreichischen Industrieviertel bezogen und die Webaufträge wurden über Mittelsmänner (Faktoren) an HeimweberInnen im Waldviertel oder in den böhmischen Ländern vergeben. Lediglich die Seidenweberei war in Wien lokalisiert. Weitere Verarbeitungsschritte wurden an die entsprechenden Spezialbetriebe verteilt. Nach dem gleichen Muster wurde in Brünn/Brno, in Reichenberg/Liberec oder in Troppau/Opava verfahren. Der Fabrikant agierte somit als Vermittler entlang einer Produktionskette, die durch die Mechanisierungslücke in der Weberei bestimmt war (Komlosy 2010).

In der zweiten Hälfte des 19. Jahrhunderts wurde auch das Weben in Fabriken zentralisiert. Damit war die Vergabe von Aufträgen an HandweberInnen in darauf spezialisierten ländlichen Regionen obsolet geworden. Als Töchter oder Filialen von Fabrikanten aus den Zentralräumen entstanden in vielen ehemaligen Heimweberregionen mechanische Webereien. Diese Regionen fungierten auch als Fabriksstandorte im Sinne verlängerter Werkbänke. Darüber hinaus erforderte die Ausdifferenzierung der textilen Produktpalette neue Formen der Handarbeit, die aus technischen oder aus betriebswirtschaftlichen Gründen an HeimarbeiterInnen ausgelagert wurde. Bei der Stoffherstellung handelte es sich um Spezialgewebe und Sondergrößen, um das Anbringen von Borten, Fransen, Stickereien, die von den Webwarenfabrikanten an umliegende WeberInnen und HeimarbeiterInnen vergeben wurden. Im Bereich der Bekleidung, die am Ende des 19. Jahrhunderts vor allem in den städtischen Zentren zum Massenartikel wurde, ging es um Zuschneiden, Nähen und alle möglichen modischen Applikationen, die im Auftrag von Produzenten oder Handelshäusern in einem urbanen Verlagssystem mit Meistern, ZwischenmeisterInnen und StücklohnarbeiterInnen hergestellt wurden, für das im eng-

lischsprachigen Raum der Begriff des „sweat shop" aufkam. Im ländlichen Raum war
die Anfertigung von Kleidungsstücken bis weit ins 20. Jahrhundert eine Angelegenheit
häuslicher oder gewerblicher SchneiderInnen. Mit der Wirkwaren-, der Börtel-, der Sti-
ckerei-, der Zwirnknopf- und der Spitzenerzeugung erlebten Ende des 19. Jahrhunderts
neue Formen der Textilproduktion Aufwind, die ihrerseits fabriksmäßige, handwerkliche
und heimindustrielle Fertigungsschritte aufwiesen (Komlosy 2010). Die Produktionsketten hatten durch die regionale Ausbreitung des Fabrikssystems in den Industriestaaten
eine räumliche Kontraktion erlebt, da sich die HeimarbeiterInnen in einem kleinen Umkreis um Fabrikanten und Verleger befanden. Das Handwerk und die Heimarbeit banden
jedoch weiterhin einen viel größeren Teil von Arbeitenden in den textilen Produktionsprozess ein als das Leitmodell, die Fabrik. Ungeregelte und unterbezahlte Arbeitsverhältnisse konnten so vorherrschen und trotzdem als Ausnahme, als Relikt aus früheren
Zeiten angesehen werden, folglich wurden sie auch nicht in die neuen Konzepte sozial-
politischer Absicherung eingebunden, die das Fabrikssystem in den entwickelten Industrieländern hervorbrachte. Die soziale Vorsorge trugen Haushalte und Familien.

Eine am europäischen Vorbild orientierte Einführung des Fabrikssystems in ehemals
agrarisch oder handwerklich-industriös orientierten europäischen und außereuropäischen
Regionen erfolgte erst nach dem Ersten, in anderen Fällen nach dem Zweiten Weltkrieg
und stand im Zusammenhang mit den Bemühungen der im Gefolge der Entkolonialisie-
rung neu entstandenen Nationalstaaten in Ost- und Südosteuropa sowie in der „Dritten
Welt", eine eigenständige Fabriksindustrie aufzubauen. In der Praxis beschränkte sich der
Erfolg auf jene Branchen, in denen die Technologien ausgereift und daher billig verfügbar waren und mangelndes Kapital durch arbeitsintensive Fertigung kompensiert werden
konnte. Textil und in zunehmendem Maße auch Bekleidung wurden zu den Flaggschif-
fen nachholender Industrialisierung, nicht zuletzt deshalb, weil die weltwirtschaftliche
Dynamik in der Zwischenzeit von anderen Leitsektoren bestimmt wurde und die reichen
Staaten zunehmend das industriepolitische Interesse an einer nationalen Textilindustrie
verloren. Es setzte somit eine Phase ein, in der das bisher in den westlichen Staaten vorherrschende fabriksindustrielle Modell übernommen wurde. In den realsozialistischen
osteuropäischen Ländern begünstigte die staatliche Wirtschaftsplanung die nachholende
Industrialisierung. Die räumlich aufgesplittete Standortkette trat gegenüber einer möglichst alle Fertigungsstufen integrierenden zentralisierten Fabriksproduktion in den Hintergrund. Bei allen Schwierigkeiten mit der nachholenden Industrialisierung verschoben
sich die Schwerpunkte der textilen Massenproduktion im Laufe des 20. Jahrhunderts in
die NICs. Manche davon konnten an frühere textile Kompetenz anknüpfen, die durch
die europäische Fabriksindustrie zerstört bzw. von den Weltmärkten verdrängt worden
war, andere waren bis dato vor allem Agrar- und Rohstoffproduzenten und erhofften sich
durch den Aufbau einer Textilindustrie eine nationalökonomische Entwicklungsperspek-
tive mit dem Ziel der Binnenmarktentwicklung auf der Basis einheimischer industrieller
Kapazitäten. Das Paradigma der nachholenden nationalökonomischen Entwicklung, das
den so unterschiedlichen Modellen gleichermaßen zugrunde lag, stieß mit der Weltwirtschaftskrise der 1970er Jahre allerdings an seine Grenzen.

Die Antwort der westlichen Textilunternehmen lautete Re-Globalisierung in Form
verlängerter Werkbänke. Im Vergleich zu anderen, innovationsintensiveren Branchen
erwies sich die industrielle Massenproduktion in den alten Industrieländern als nicht

mehr profitabel. Die Folge war die Entstehung einer neuen Internationalen Arbeitsteilung, in der die entwickelten Länder auf Dienstleistungen, Technologieentwicklung und wissensbasierte Produktion setzten, während die industrielle Massenproduktion, allen voran Textil und Bekleidung, Elektronik, Stahl und Autoassembling, in NICs verlagert wurde (Fröbel u.a. 1977).

Die Chancen der verlängerten Werkbänke auf erfolgreiche nachholende Industrialisierung waren durch die weltwirtschaftlichen Rahmenbedingungen massiv eingeschränkt. Die unter dem Druck von General Agreement on Tariffs and Trade (GATT) und WTO zwischen 1974 und 2005 wirksamen internationalen Textilabkommen (1974–1995 Multifaserabkommen, 1995–2004 Welttextilabkommen) bewirkten, dass die nichtwestlichen Unternehmen auf die Rolle der passiven Lohnveredelung beschränkt wurden. Diese Zusatzverträge zum GATT gewährleisteten, dass die verstärkte Einbeziehung peripherer Produktionsstandorte in die Textil- und Bekleidungsproduktion den Interessen der alten Industrieländer und der multinationalen Konzerne nicht entgegenlief. Sie beschränkten den Marktzugang von Billiglohnimporten durch ein kompliziertes System von Quoten; ein Mechanismus der Zolleskalation legte fest, dass Einfuhrzölle mit dem Verarbeitungsgrad zunahmen und begünstigte Zulieferer auf niedrigen Stufen der Wertschöpfungskette. Das System der Ursprungsregeln setzte dieses System der Zolldiskriminierung dann außer Kraft, wenn es sich bei den Einfuhren um Re-Importe von Ausgangsmaterialien handelte, die von einem inländischen Unternehmen lediglich zum Zweck der passiven Lohnveredelung an einen ausländischen Standort ausgelagert worden waren (Ferenschild/Wick 2004:10-15). Die in den Ursprungsregeln für Textilien nach einem komplizierten Schlüssel festgelegten Verarbeitungsschritte durften nicht mehr als zwei Etappen der Verarbeitungskette ausmachen und behinderten somit die NICs, höhere Positionen in der Wertschöpfungskette zu erreichen. Die den Entwicklungsländern eingeräumten Quoten und Zollbegünstigungen eröffneten Wachstumsmöglichkeiten für Zulieferbetriebe und Komponentenfertigung, standen jedoch im Gegensatz zu nationalen Entwicklungsstrategien, die auf Höherqualifizierung bis zum Finalbereich und auf positive Anstoßeffekte des Textil- und Bekleidungssektors auf andere Branchen und Sektoren abzielten. Sie begünstigten Produktionsketten, die von westlichen Konzernen kontrolliert wurden, gegenüber selbstständigen Anbietern aus Entwicklungsländern (Komlosy 2008:96).

In einer ersten Phase wurde die Neuordnung der Standorte im Weltmaßstab maßgeblich von den multinationalen Produzenten getragen, die standardisierte und arbeitsintensive Industrien zunehmend an Billiglohnstandorte auslagerten, während Unternehmensleitung, Logistik, Forschung & Entwicklung in den alten Zentren verblieben. In einer zweiten Phase ging das Kommando über die Güterkette von den produzierenden Konzernen auf Handelshäuser und Markeninhaber über. Dies brachte Verleger neuen Typs hervor; sie stehen, wie Kettenbach aus Frickenhausen (siehe Einleitung), hohlen Konzernen vor, die über keine eigenen Produktionsstätten verfügen. Vielmehr organisieren sie die Beteiligung der zentralen Akteure an der Produktionskette, die ihrerseits ein schwer überschaubares Heer von Mittelsmännern und Hinterfrauen befehligen.

In dieser Phase gewann industriell hergestellte Bekleidung, die seit den 1960er Jahren den Siegeszug zu einem globalen Massenkonsumartikel antrat, neben der Textilindustrie eigenständige Bedeutung. Während Garnherstellung und textile Flächenbildung

(Weben, Wirken) ein enormes Rationalisierungspotenzial boten, das diese Sparten bei entsprechender Spezialisierung auch in den alten Industrieländern fortbestehen ließ, blieb die Herstellung von Kleidungsstücken auch unter industriellen Bedingungen ein extrem arbeitsintensives Feld. Hier konzentrierte sich das Gros der Produktionsverlagerungen. Während Spinnereien und Webereien auch in Entwicklungsländern zentralisierte Fabriksbetriebe mit einer immer geringer werdenden Zahl von ArbeiterInnen darstellen, benötigen das Zuschneiden, das Nähen und Endfertigen von Kleidungsstücken viele „fleißige Hände". Das Zuschneiden erfolgt zentral, die Näh- und Ausfertigungsarbeiten werden an kleinere Zulieferer ausgelagert. Diese setzen ihrerseits Heimarbeiterinnen ein. Während mit der Industrialisierung im Textilbereich geregelte Lohnarbeitsverhältnisse eine Ausweitung erlebt hatten, eröffnete die Bekleidungsindustrie ein neues Feld von ungeregelten, ungesicherten, informellen Arbeitsverhältnissen. Die Produktionskette ist nicht von technologischen Erfordernissen, sondern von der Möglichkeit des Zugriffs auf Arbeitskräfte bestimmt, die bereit sind, *just in time*, unregelmäßig, zu Niedriglöhnen und ohne soziale Rechte zu arbeiten. Dies verstärkt die Konkurrenz zwischen urbanen und ländlichen Standorten, Männern und Frauen sowie alteingesessenen und neu zugewanderten Arbeitskräften.

Die Herstellung von Bekleidung wurde so immer mehr zur Domäne von Billiglohnländern. Neben den internationalen Rahmenabkommen schlossen die großen Wirtschaftsmächte bzw. Regionalblöcke wie die USA oder die EG/EU bilaterale Abkommen, die Billiglohnanbietern in ihrem regionalen Einzugsbereich über die Quoten hinausgehenden Zugang zu ihren Märkten einräumten – sofern sie sich an die Rolle der passiven Lohnveredelung hielten. Die USA betrieben ab 1992 ein solches „production sharing" (807/9802 Programm) mit Mexiko, Zentralamerika und der Karibik. Die Europäische Union schloss sogenannte *Outward Processing Trade* (OPT)-Abkommen mit osteuropäischen und nordafrikanischen Staaten (Gereffi/Memedovic 2003:10). Bereits in den 1970er Jahren wurden Lohnveredelungsaufträge an osteuropäische Staatsbetriebe vergeben. Seit dem Systemwechsel 1989/91, mit dem die vertikal integrierten Staatsbetriebe, die die gesamte Produktionskette kontrollierten, zerschlagen und privatisiert wurden, bedeutete dies, dass Kapazitäten im Spinn- und Webbereich stillgelegt wurden, während der Bekleidungsbereich anwuchs. Die westlichen Auftraggeber können sich aus der breiten Palette vorhandener Qualifikationen jene Bereiche aussuchen, die in die globalisierten Produktionsketten eingebaut werden (Barendt/Musiolek 2005; Plank/Staritz 2009). Das Auslaufen des Welttextilabkommens und die Liberalisierung des Welttextilhandels sowie der EU-Beitritt der osteuropäischen Staaten stellt eine neue Situation dar: da die Herstellung von Bekleidung in weltweiten Produktionsnetzwerken betrieben wird, ist ein Schutz für produzierende Bekleidungsbetriebe in den alten Industrieländern obsolet geworden. Das in den Abkommen festgelegte Quotensystem hat sich längst als Fessel im globalen Sourcing erwiesen. Die Liberalisierung verschärft allerdings die Konkurrenz zwischen den weltweiten Anbietern. Die großen Käufer/Auftraggeber, sprich die internationalen Bekleidungsketten, erleben in den letzten Jahren einen rasanten Konzentrationsprozess. Die Liberalisierung räumt außereuropäischen Regionen eine zentrale Rolle als globale Produktionsstandorte ein, die einigen wenigen das Upgrading zu Drehscheiben globaler Produktionsnetzwerke erlaubt. Die verschärfte Konkurrenz treibt aber auch die Differenzierung im Kampf um die guten Plätze in der

Wertschöpfungskette voran; um „vorne" zu sein, müssen Konkurrenten verdrängt und andere als noch billigere Zulieferer erschlossen werden.

Entwicklungspolitische Strategien zwischen Eigenständigkeit und Upgrading

Die Übernahme der unterschiedlichen Aufgaben im Rahmen einer überregionalen Produktionskette spiegelt die Ausstattung der Beteiligten mit Ressourcen, Kompetenz und Macht zur Durchsetzung von Vorteilen wider. Einmal installiert, unterliegt die Form der Arbeitsteilung permanenten Auseinandersetzungen. Diese finden auf der Ebene der Unternehmen und auf der Ebene staatlicher Instanzen um ein möglichst großes Ausmaß an Kompetenz in Hinblick auf Wertschöpfung und Beschäftigung statt. Sie spielen sich sowohl innerhalb als auch zwischen den Regionen ab, die an der ungleichen überregionalen Arbeitsteilung beteiligt sind. Somit stellt sich die Frage, wer von welchem Ort aus Produktionsketten aufbauen und diese dort kontrollieren kann und wo der größte Gewinn anfällt. Aus der Perspektive der abhängig in den Prozess eingebundenen Standorte bzw. Regionen stellt sich auch die Frage, welche Konstellation – der Druck ökonomischer Konkurrenz, politische Einflussnahme und/oder militärische Intervention – sie möglicherweise auch gegen ihren Willen zur Teilnahme an der Arbeitsteilung gebracht hat. Während für die dominierenden Partner die Aufrechterhaltung bzw. der Ausbau der führenden Rolle entscheidend ist, steht für auf niedrigem Niveau Beteiligte die Verbesserung ihrer Position zur Debatte. Ganz prinzipiell betrachtet stehen zwei Strategien zur Auswahl: erstens die Verteidigung der Vielfalt und Integration von Produktionsabläufen, in weiterer Konsequenz auch Branchen, innerhalb des Unternehmens bzw. innerhalb der Region gegenüber einer zunehmenden Aufsplitterung der Fertigungsschritte entlang einer überregionalen Produktionskette; zweitens das Bemühen, innerhalb einer solchen Produktionskette eine möglichst wertschöpfungsintensive Position einzunehmen, von der aus – im optimalen Fall – der Gesamtprozess kontrolliert und das Mehrprodukt abgeschöpft werden kann. In der Praxis kristallisierten sich die wirtschafts- und entwicklungspolitischen Strategien in konkreten Konfliktkonstellationen und vor dem Hintergrund divergierender regionaler und außerregionaler Interessen heraus. Im Folgenden wird die Politik der Güterkette anhand von fünf Beispielen aus vier Jahrhunderten veranschaulicht.

Handwerkliche Regulation versus Liberalisierung des Verlagswesens
In den europäischen Industriestaaten des 18. Jahrhunderts war die Modernisierung der Textilherstellung von der Auseinandersetzung zwischen Handwerk und Verlagswesen bestimmt. Modernisierungstheoretische Darstellungen verweisen das Handwerk gerne in den Bereich des Statischen, nicht Entwicklungsfähigen. Dabei werden die innovativen Aspekte handwerklicher Problemlösung und Qualitätssicherung unterschlagen. Vor allem aber wird der Interessenkonflikt, der der Auseinandersetzung zugrunde lag, die schließlich das Manufaktur- und Verlagswesen für sich entschied, ausgeblendet. Die Errichtung eines Werkamtes der Schwechater Baumwollmanufaktur in Waidhofen/Thaya im Jahr 1753 zum Beispiel spiegelt den Konflikt zwischen den lokalen Interessen der handwerklichen Weber und den überregionalen Interessen der Manufaktur ganz deut-

lich wider (Hokr 2007:118-22). Die Schwechater Baumwollmanufaktur kontrollierte im 18. Jahrhundert den größten, bis zu 30.000 Personen umfassenden Textilverlag im nördlichen Niederösterreich und im angrenzenden Böhmen und Mähren; sie benötigte dafür eine Niederlage in der Region. Die Manufaktur war durch ein „allerhöchstes Privilegium" zur Baumwollerzeugung auf der Basis einer überregionalen Produktionskette ermächtigt. Der Staat setzte auf den modernen expandierenden Großbetrieb, der von zünftischen Auflagen befreit wurde, um durch höhere Steuereinnahmen Verwaltung, Kriege und Infrastruktur zu finanzieren. Die örtlichen Weber, die im Stadtrat vertreten waren, sahen sich durch die Manufaktur in ihren angestammten Rechten beeinträchtigt, weil das Baumwollmonopol der Schwechater sie vom Rohstoff Baumwolle abschnitt, der unbegrenzte Spinnverlag eine Konkurrenz um die spinnenden Hände in der Umgebung darstellte und sie außerdem die Konkurrenz der Manufakturprodukte auf den lokalen Märkten zu fürchten hatten. Gegen die Privilegierung der Produktionskette gegenüber der handwerklichen Finalproduktion waren sie machtlos. Da jedoch der Kaufvertrag für das Werkamt vom Stadtrat genehmigt werden musste, konnten sie die Zustimmung mit der Auflage verknüpfen, dass die Aktivitäten der Manufaktur explizit auf die Verlagsspinnerei und -weberei eingeschränkt sein sollten. Die Endfertigung der Rohware und die Vermarktung in Waidhofen hingegen wurden ausgeschlossen. Allerdings war an den Aufbau eines integrierten Unternehmensstandorts in Waidhofen seitens der Kompagnie ohnehin nicht gedacht worden – das Werkamt diente lediglich der Verteilung der Spinn- und Webarbeiten im Waldviertel, Endfertigung und Vertrieb sollten in der Manufakturzentrale in Schwechat erfolgen. In seiner Wirkungslosigkeit nahm der Kompromiss eine Regelung vorweg, die 1754 zur gesetzlichen Regelung des Marktzugangs für Handwerk und die als Produktionskette organisierten Manufaktur- und Verlagsunternehmen führte. Demzufolge war dem handwerklich und in Zünften organisierten, sogenannten „Polizeygewerbe" der Lokalmarkt vorbehalten, während die Exportmärkte den von zünftischen Regulierungen befreiten „Kommerzialgewerben" offen standen. Das Handwerk unterlag in seinen Bemühungen, die ungezügelte Expansion der Manufakturen zu unterbinden. Es verfügte aber – bis zur Reform der Gewerbeordnung 1859 – über genügend Rückhalt in Stadträten sowie in der Staatsverwaltung, um den Bereich der am Standort integrierten Gewerbeproduktion zumindest im lokalen Einzugsbereich zu verteidigen. Unter ganz anderen Bedingungen konnten auch die indischen Handweber, nachdem sie an der Wende vom 18. zum 19. Jahrhundert durch die – von Protektionismus und staatlicher Markteroberungspolitik flankierte – Fabriksware der westeuropäischen Konkurrenz von den Weltmärkten verdrängt wurden, ihre Autonomie als ganzheitliche Produzenten auf den Binnenmärkten verteidigen. Zwar bezogen sie als Vorleistung in zunehmendem Maß britisches Garn; durch die Kontrolle über das Endprodukt behielten sie sich jedoch eine strategische Stellung in der globalen Produktionskette vor.

Strategien gegen den Ausschluss aus dem fabriksindustriellen Kapitalismus I:
Nachholende Industrialisierung in Kontinentaleuropa

Die Überlegenheit industriell gefertigter Garne setzte die mit HandspinnerInnen arbeitenden Manufakturen einem Preisdruck aus, der das Verlagssystem alten Typs rasch zusammenbrechen ließ. Allein in Niederösterreich verloren zwischen 1790 und 1810 mehr als 100.000 HandspinnerInnen ihre Beschäftigung (Komlosy 1988:35). Man hätte die Krise durch den Import britischen Maschinengarns überwinden und die etablierten Strukturen des Textilverlags dazu nutzen können, die Handweberei zu forcieren, die zu diesem Zeitpunkt auch in Großbritannien noch nicht die Fabriksreife erlangt hatte. Einzelne Fabrikanten hatten gegen eine solche Vorgangsweise gar nichts einzuwenden. Die staatliche Wirtschaftspolitik hingegen nahm eine andere Weichenstellung vor: Sie belegte Importgarn mit hohen Zöllen und bemühte sich mit allen nur erdenklichen Mitteln, wie Fabriksspionage, Anwerbung von ausländischen Technikern sowie Forschungs- und Entwicklungsförderung, die Zentralisierung und Mechanisierung der Spinnerei nach britischem Vorbild zu bewerkstelligen. Großbritannien wurde zum zentralen Bezugspunkt (Komlosy 2004:116-119). Die Ausschaltung der englischen Konkurrenz während der von Napoleon betriebenen Kontinentalsperre wirkte in diesem Zusammenhang durchaus industriefördernd. Schlussendlich hatten die europäischen Textilproduzenten, die allesamt auf nachholende Einführung des Fabrikssystems setzten, zu dieser Strategie keine Alternative. Die Ausbreitung der technischen Innovation vom Spinnen auf andere Bereiche der Textilproduktion und die Angst, vom Vorreiter der Industrialisierung in eine Nischen- und Zulieferrolle abgedrängt zu werden, ließen Politik und Wirtschaft die Fabriksindustrie forcieren. Vor dem Hintergrund des protektionistischen Schutzes der Binnenmärkte, den die meisten europäischen Staaten, aber auch die USA in der ersten Hälfte des 19. Jahrhunderts betrieben, bedeutete dies eine Regionalisierung der textilen Produktionsketten im Rahmen nationaler Volkswirtschaften. Abgesehen vom Import der Rohstoffe, vor allem Baumwolle, Wolle und Seide, wurde der textile Produktionsprozess in Form einer komplexen überregionalen Arbeitsteilung organisiert. Zentralität und Entwicklungsstand der Regionen waren dafür ausschlaggebend, ob sie als Fabriksstandorte für das Spinnen, Weben und Wirken, als Handwebereireviere oder über Aufträge aus der Heimarbeit in die Produktionsketten der Textilindustrie eingebunden waren. Ausschlaggebend für die Rangordnung war allerdings nicht das Raummuster der Industrie, sondern die Anordnung der organisatorischen Kontrolle. Diese lag nicht in den produzierenden Gemeinden, sondern an den Firmensitzen und in den Unternehmenszentralen, die sich aufgrund der vielfältigen Agglomerationsvorteile in den Haupt- und Residenzstädten konzentrierten. Inner- und zwischenstaatliche Arbeitsteilung zwischen Industrie- und Agrarregionen gewährleistete, dass den Fabrikanten Absatzmärkte in ländlichen Regionen ohne eigene Industrie zur Verfügung standen.

Kontrolle der Produktionskette auf der Basis industriöser Kompetenz: Handweberei für asiatische Binnenmärkte

Asiatische Textilregionen beantworteten die Herausforderung des britischen Maschinengarns auf andere Weise. Viele Unternehmen hielten den Einfuhrverboten, die asiatische Qualitätstextilien seit Beginn des 18. Jahrhunderts von europäischen und anderen Exportmärkten verbannten, sowie der – durch Militär, Steuerpolitik oder koloniale Verwalter abgesicherten – Verdrängung asiatischer Textilien von den Binnenmärkten nicht stand. Andere akzeptierten schließlich den Produktivitätsvorsprung des Fabriksgarns, dem selbst die niedrigen Löhne der Handspinnerinnen nicht gewachsen waren, und bauten das Garn in eine Produktionskette ein, die industrielle (westeuropäische) mit industriöser (asiatischer) Kompetenz verband. Erste Anfänge der Mechanisierung setzten Ende des 19. Jahrhunderts ein und waren auf Nordindien und Japan beschränkt.

Wie drastisch waren also die Auswirkungen, die der Vormarsch der westeuropä-ischen Textilien auf die asiatischen Textilgewerbe hatte? Führte der britische Druck dazu, dass die asiatischen Weber massenweise zugrunde gingen und – wie es der bri-tische Generalgouverneur Lord Bentick um 1830 sprichwörtlich zum Ausdruck brach-te und damit das Bild der Zerstörung maßgeblich prägte – „ihre Knochen in der Ebene Bengalens bleichten" (Rothermund 2001:106)? Oder ergaben sich – nicht zuletzt durch die Bezugsmöglichkeit billigen britischen Maschinengarns – Marktchancen für Hand-gewebe, in denen die Weber ihre Industriösität weiter ausspielen konnten? Die Litera-tur schwankt zwischen diesen Extremen und kann ein breites Spektrum von regionalen Varianten anführen, wie die neuen Herausforderungen verarbeitet wurden (vgl. die Re-gionalstudien in: Heerma van Voss/Hiemstra/van Nederveen Meerkerk 2010). Die Ver-drängung vom Markt und die Deindustrialisierung, die für Bengalen, aber auch für os-manische Textilregionen belegt sind, kann nicht verallgemeinert werden. Die örtlichen Produzenten zeigten sich in vielen Fällen als überaus anpassungsfähig und setzten der Alternative des Weichens oder Nachahmens eigenständige Überlebensstrategien entge-gen. Obwohl Importware zunahm, wurden indische und osmanische Binnenmärkte im 19. Jahrhundert vorwiegend von einheimischen Produzenten beliefert. Auf den Weltex-portmärkten, wo asiatische Hersteller bis zum Beginn des 19. Jahrhunderts mithilfe euro-päischer Handelsgesellschaften dominierten, mussten sie ihre führende Rolle allerdings an britische und andere europäische Anbieter abgeben (Komlosy 2008:92).

Eine neue Anordnung erlebte die Produktionskette, nachdem in der „Bombay Pre-sidency" in den heutigen Gliedstaaten Maharashtra und Gujarat seit den 1860er Jahren Spinnfabriken nach englischem Vorbild errichtet wurden (Roy 2010). Dies führte nun teilweise zu einer Regionalisierung der Arbeitsteilung zwischen Garnherstellern und Handwebern in Indien. Bei dieser Anordnung verlagerte sich die Kontrollkompetenz in die Hände der indischen Fabrikanten. Die Weber wurden zu verlängerten Werkbänken der Fabrik. In dem Maße, in dem in Britisch-Indien auch mechanische Webereien ent-standen, wurden die Handweber nicht nur durch die Organisation, sondern auch durch den Preis unter Druck gesetzt. Viele reagierten darauf, indem sie selbst kleine Werkstät-ten mit Kraftstühlen – *power looms* – einrichteten und auf diese Weise versuchten, ihre Autonomie über den Produktionsprozess nicht aus der Hand zu geben. Diese Produk-tionsweise blieb in der indischen Weberei bis in die zweite Hälfte des 20. Jahrhunderts bestimmend. Ein großer Teil des indischen Maschinengarns wurde aber nicht in Indien verarbeitet, sondern – sobald militärische Vorstöße der europäischen Großmächte und ungleiche Verträge den chinesischen Markt für Opium, Indigo, aber eben auch für Roh-baumwolle und Baumwollgarn geöffnet hatten – über britische Handelsgesellschaften nach China gebracht, wo es im Rahmen der bäuerlichen Hausindustrie verarbeitet wur-de. Hier verband es sich mit der Industriösität der chinesischen WeberInnen. Aus dem Erlös der Garnexporte wurde Tee aufgekauft und nach Großbritannien exportiert. Dort stärkte er die englischen FabriksarbeiterInnen, die Garne und Stoffe für den Export er-zeugten. Die Hoheit über den Handel zwischen Großbritannien, Britisch-Indien und Chi-na hatten Handelsgesellschaften inne. Nachdem die Ostindienkompagnie ihre zentrale Rolle bei der Einfuhr und dem Re-Export bedruckter indischer Baumwollstoffe verlo-ren hatte, eröffnete der Handel mit Baumwoll(garn), Tee und Indigo neue Geschäfts-felder (Komlosy 2004:124).

Strategien gegen den Ausschluss aus dem fabriksindustriellen Kapitalismus II: Ägyptens importsubstituierender Industrialisierungsversuch unter Mehmed Ali

Wie Ost-, Süd- und Westasien wies Ägypten eine uralte textilindustrielle Tradition in der Erzeugung von Baumwoll-, Leinen- und Seidenstoffen auf. Das Ende der napoleonischen Besetzung öffnete es, wie die gesamte dem Osmanischen Reich zugehörige Levante, dem Import britischer Garne und Stoffe (Inalcık 1987). Inspiriert nicht zuletzt durch die Modernisierungsvorstellungen, die in Ägypten in der Zeit der französischen Herrschaft auftauchten, schlug der Gouverneur der osmanischen Provinz, Mehmed Ali, im Gegensatz zu der im Osmanischen Reich vorherrschenden Wirtschaftspolitik, eine Strategie der eigenständigen Entwicklung ein. Einerseits förderte er die Kommerzialisierung der Landwirtschaft und propagierte Baumwolle als Markt- und Exportartikel, da ägyptische Baumwolle aufgrund ihrer langen Fasern besonders begehrt war, gleichzeitig wurden fabriksmäßige Spinnereikapazitäten sowie Organisationsstrukturen für die Weberei aufgebaut. Mehmed Ali betrieb damit eine importsubstituierende Industrialisierung mit allem, was an Kommodifizierung, Zurückdrängung der Subsistenzwirtschaft, Ausbeutung der LohnarbeiterInnen und Instrumentalisierung von HandweberInnen, HeimarbeiterInnen und Zulieferern dazugehörte. Alles lief darauf hinaus, dass sich Ägypten aus den von den Textilfabrikanten in Lancashire kontrollierten Produktionsketten herauslöste und binnenmarktorientierte, auf der Anordnung der Fertigungsschritte im eigenen Land beruhende Produktionsketten aufbaute (Owen 1969). Das Experiment scheiterte an inneren Widerständen, an der die eigenen Kräfte überschätzenden Eroberung Syriens und letztlich 1840 an der militärischen Niederlage gegen die europäischen Großmächte (außer Frankreich), die das Osmanische Reich gegen die zu eigenständig gewordenen Gehversuche eines Gouverneurs unterstützten. Der anglo-osmanische Handelsvertrag (1838), mit dem die osmanische Regierung im Gegenzug britischen Waren ungehinderten Zugang zu osmanischen Märkten zusicherte, beendete auch die wirtschaftlichen Bemühungen, Ägypten zum Industrieland zu machen. Die Förderung der Baumwollkulturen kam nun den Textilfabriken in den europäischen Industriestaaten zugute, die ägyptische Baumwolle wurde vielfach der amerikanischen vorgezogen, vor allem als die US-Südstaaten durch den Bürgerkrieg in Lieferengpässe gerieten. Die Errichtung des Suezkanals unter französisch-britischer Kontrolle (1869), die britische Besetzung der Kanalzone und die Errichtung eines Protektorats (1882) rundeten das Scheitern des Experiments ab.

Vietnam: Sisyphos auf der Sprossenleiter der globalen Güterkette

Die Volksrepublik Vietnam stellt einen besonderen Fall dar (Do 2007). Einerseits war die gewerbliche Tradition durch Jahrzehnte des Kolonialismus, des Bürgerkriegs und der ausländischen Militärinterventionen 1975 am Boden zerstört. Andererseits unterschied sich Vietnam durch die Zugehörigkeit zur Wirtschaftsgemeinschaft der sozialistischen Länder, dem Rat für gegenseitige Wirtschaftshilfe (RGW), von anderen Projekten nachholender Entwicklung in Ländern der „Dritten Welt". Auch das Embargo durch die westliche Staatenwelt aufgrund der vietnamesischen Intervention im benachbarten Kambodscha (1979–1994) bewirkte, dass Vietnam von der globalen Umstrukturierung durch Produktionsverlagerungen in NICs nicht betroffen war. Vietnam übernahm allerdings für europäische RGW-Länder Verarbeitungsaufträge, insbesondere in der Textil-

und Bekleidungsindustrie. Der Systemwechsel in Osteuropa und der Zusammenbruch des RGW im Jahr 1991 entzogen dieser, auf Barter-Handel beruhenden Arbeitsteilung die Grundlage. Auf sich selbst zurückgeworfen und bis heute unter der Herrschaft einer kommunistischen Partei, vollzog die Regierung mit Privatisierung, Außenhandelsliberalisierung und Anreizen für ausländische Investoren eine Wirtschaftsreform (*Doi Moi*), die das Land für die Beteiligung an der globalen Textil- und Bekleidungsindustrie öffnete. Man erhoffte sich durch die Ersetzung des Planungsmechanismus durch eine *Open Door*-Politik die Modernisierung der Industrie. Das Exportwachstum von Bekleidung und Textilien, die im Mittelpunkt der Reform standen, wird, obwohl sie den Sektor mit der niedrigsten Wertschöpfung darstellen, seither als Erfolg angesehen, Die Exporte stiegen von 28 Millionen (1985), 1,8 Milliarden (2000) auf 5,8 Mrd. US-$ (2006). Die Beschäftigung hielt mit dem Exportwachstum nicht mit, sie erhöhte sich von 1991 bis 1999 nur von 430.000 auf 530.000 Personen. Garn- und Stofferzeugung verzeichneten – bei steigender Produktivität – einen Beschäftigtenrückgang von 30 %, die Zunahme konzentrierte sich ausschließlich auf den arbeitsintensiven Bekleidungssektor. Vietnam war für die Auftraggeber aus den USA, Westeuropa und Japan lediglich für *Cut Make Trim* (CMT)-Aufgaben beim Zuschneiden und Nähen interessant, Stoffe wurden als Vorprodukt eingeführt. Die Auftragsvergabe erfolgt nicht direkt durch westliche Markeninhaber und Handelsketten; vielmehr sind Mittelsmänner (Broker), deren wichtigste Drehscheibe Hongkong ist, im Einsatz, die verschiedene Produzenten aus der Region Ostasien beauftragen. Diese erledigen zum Beispiel die höherwertigen Aufgaben der Garn- und Stoffproduktion im eigenen Unternehmen und ziehen ihrerseits vietnamesische Unternehmen für Subaufträge heran, wenn der Preis passt. Im Auftrag der Regierung erstellte Studien errechneten, dass vietnamesischen Firmen auf diese Art und Weise nur 20 % der Exporterlöse verbleiben. Um dies zu steigern, hat die Regierung 1998 und 2001 zwei Masterpläne zur Entwicklung der Textil- und Bekleidungsindustrie vorgelegt (Do 2007), die drei ambitionierte Ziele des Upgrading verfolgen: Erstens soll der CMT-Anteil zugunsten sogenannter *Free On Board* (FOB)-Aufträge bis zum Jahr 2010 auf 75 % des Auftragsvolumens steigen; gemeint ist mit diesem Kürzel der Übergang von der reinen Lohnveredelung zu einer Auftragsform, in der die Unternehmen Vorprodukte selbstständig herstellen oder zukaufen können und die Verarbeitungsschritte so bis zur Verschiffung im Abgangshafen (= Free on Board) kontrollieren. Zweitens werden mit staatlicher sowie mithilfe ausländischer Investoren der Ausbau und die Modernisierung der Spinn- und Webkapazitäten angestrebt, damit Vietnam auch an diesem Bereich partizipieren kann. Das Auslandskapital, das rund 25 % der vietnamesischen Textil- und Bekleidungsindustrie hält, kommt vor allem aus Südkorea, Malaysien und Taiwan. Als Zukunftsvision besteht drittens die Hoffnung, die Broker in der Kommunikation mit den globalen Käufern (Auftraggebern) durch den Aufbau selbstständiger Kontakte abzulösen. Die Regierung vertraut auf das Stufenmodell, das mit dem Aufstieg entlang der globalen Wertschöpfungskette argumentiert (Gereffi 1994; Gereffi/Memedovic 2003) und hofft, dass Vietnam wie andere ost- und südostasiatische Staaten, zunächst Südkorea und Taiwan, schließlich China, Indonesien oder Thailand, nach einer Übergangsphase am untersten Ende der Kette, von der reinen Lohnveredelung im arbeitsintensiven Segment zu höherwertigen, kapital-, qualifikations- und ertragsintensiveren Aufgaben im Bereich der Textilindustrie aufsteigen wird. Durch die Fokussierung auf die nationale Entwicklungsperspektive wird in diesem Modell freilich übersehen, dass der Aufstieg in der globalen Wertschöpfungskette nur dann gelingen kann, wenn andere Standorte erschlossen werden können, die das unterste Segment übernehmen. Genau auf diesem untersten Segment fand Vietnam Eingang in die globale Güterkette. Eine Untersuchung der Rolle vietnamesischer Textilunternehmen macht deutlich, dass staatliche Unternehmen, die – trotz eines rückläufigen Anteils – 2000 immer noch über die Hälfte der Textil- und ein Drittel der Bekleidungsproduktion bestritten, die hochwertigsten und ertragreichsten Aufträge ausführen (Nadvi u. a. 2004). Dies liegt daran, dass Staatsbetriebe größere, komplexere Unternehmen mit einer breiteren Palette von Fertigungsbereichen von der Erzeugung von Garnen und Stoffen über das Ausrüsten bis zur Konfektionierung darstellen und auf diese Weise besser geeignet sind, mehrere Glieder der Güterkette zu übernehmen. Solche Unternehmen schränken die globalen Käufer in ihren Kombinationsmöglichkeiten erheblich ein, und sie werden weniger als Zulieferer herangezogen. Die meist kleineren, privaten Bekleidungsunternehmen hingegen, die im Zuge der Reform in großer Zahl aus dem Boden geschossen sind, beschränken sich auf reine CMT-Aufgaben. Sie werden von den Auftraggebern bevorzugt. Aus einer vietnamesischen Perspektive könnten die Kombinate ein Anknüpfungspunkt sein, die CMT-Spezialisierung im Bekleidungssektor aufzubrechen und die Textil- und Bekleidungserzeugung in der gesamten Wertschöpfungskette zu verankern.

Zyklen der Globalisierung

Der historische Rückblick zeigt, dass das Auslagern von textilen Produktionsschritten an Standorte mit niedrigeren Produktionskosten unter Ausnützung von Lohn-, Preis- und Rechtsdifferenzen eine lange Geschichte hat – es erweist sich als Konstante im kapitalistischen Weltsystem. Eingeführt wurde die mehrere Standorte umfassende, überregionale Güterkette in Form des Verlagssystems im 17. Jahrhundert in praktisch sämtlichen Exportgewerberegionen der Welt zunächst im regionalen Maßstab. Sie umfasste im engeren Sinn Wollaufbereitung, Spinnvorbereitung, Spinnen, Weben, Färben bzw. Bemalen und Bedrucken von Stoffen sowie die erforderliche Ausrüstung. Im weiteren Sinn muss auch die Rohstoffgewinnung in die Güterkette einbezogen werden, was überall dort, wo der Rohstoff nicht lokal verfügbar war, überregionale Beziehungen erforderte. Aber auch das Verlagssystem im Bereich der Verarbeitung nahm in vielen Fällen überregionalen Charakter an, am ausgeprägtesten im Fall der britischen oder der niederländischen Ostindiengesellschaften, deren Verlagsorganisation indische Produzenten erfasste und die über ihre Verbindungen dafür sorgten, dass die Produkte weltweit abgesetzt wurden.

Das Verlagssystem beim Spinnen und Weben wurde im Zuge der Industriellen Revolution in den Zentrumsstaaten im 19. Jahrhundert sowohl räumlich als auch im Arbeitsprozess an den Rand gedrängt. Spinnen, Weben und Wirken wurden damals in mechanischen Fabriken konzentriert – zunächst in bestimmten Fertigungsbereichen und bald in allen Gliedern der Kette. Demgegenüber wurde Bekleidung erst in der zweiten Hälfte des 19. Jahrhunderts zu einer Ware, die in – nunmehr vor allem urbanen – verlagsmäßigen Zusammenhängen hergestellt wurde. In den Peripherien der Weltwirtschaft

machte das Verlagssystem erst im 20. Jahrhundert der Zentralisierung und Zusammen-
fassung der Produktion in Fabriken Platz. Die Einführung des Fabrikssystems und der
Fabriksarbeit galt in Hinkunft als Ziel und Ausdruck erfolgreicher nachholender Entwicklung und signalisierte insbesondere in den postkolonialen Staaten den Aufbau ei-
genständiger industrieller Kapazitäten. Die damit verbundene Herausbildung von Ar-
beiterInnen-Organisationen, der Kampf um und die Hoffnung auf arbeitsrechtliche und
sozialpolitische Regulierung der Arbeitsverhältnisse wurden gegenüber den ungeregelten Arbeitsverhältnissen des Verlagssystems als sozialer und politischer Fortschritt begriffen. Was als unaufhaltsame Entwicklungstendenz angesehen wurde, war allerdings
niemals allumfassend. Die Standards in den Peripherien hinkten jenen in den Zentren
hinterher, was von den Beschäftigten Lohnverzicht, Flexibilität und zusätzliche Er-
werbsformen verlangte. In Krisen wurde die geregelte Beschäftigung in der Fabrik auch
in den Zentren zurückgefahren. Kriege bedeuteten die Forcierung bestimmter Textili-
en oder die Zurückdrängung zugunsten anderer kriegswichtigerer Produkte. Nach den
Weltkriegen stieg die Nachfrage im Textil- und Bekleidungsbereich wiederum stark an,
sodass die Branche in Zentrums- und Peripheriestaaten gleichermaßen hohe Wachstumsraten aufwies; gleichzeitig nahmen der gewerkschaftliche Organisationsgrad und
die soziale Absicherung der FabriksarbeiterInnen zu. Niemand rechnete mit einer Wiederkehr des Verlagssystems.

Die Neuauflage räumlich dislozierter Formen im Textil- und Bekleidungsbereich
wurde mit der Weltwirtschaftskrise der 1970er Jahre eingeleitet. Standardisierte und
arbeitsintensive Fertigungsschritte wurden von multinationalen Konzernen in Billiglohnländer in Europa und in der „Dritten Welt" ausgelagert, Stammsitze, Forschung,
Organisation und Logistik hingegen verblieben in den alten Industrieländern, wo neue
Leitsektoren entwickelt wurden. Die Weltmarktfabriken, die für multinationale Konzerne
arbeiteten, etablierten den Textil- und Bekleidungsbereich als ein von den Konzernen
kontrolliertes Produktionsnetzwerk. Die Konzernzentralen gaben vor allem die arbeitsintensiven sowie die standardisierten Teile der Produktion an Tochterfirmen oder Fabrikanten weiter, die ihrerseits Subunternehmer einsetzten. Gleichzeitig entstanden durch
die Verlagerung in Entwicklungsländern industrielle Kompetenzen, die neue Konkurrenten auf dem Weltmarkt hervorbrachten. Aber weder der maschinenintensive Textilsektor noch der arbeitsintensive Bekleidungssektor wiesen zu diesem Zeitpunkt ein Potenzial für Basisinnovationen auf. Der Wettbewerb wurde und wird vielmehr über eine
kostengetriebene Standortkonkurrenz ausgetragen. Der Schwerpunkt lag fortan in der
Konfektion, bezog aber auch die fabriksmäßige Herstellung der Stoffe in die Organisation der Güterkette ein.

Den wachsenden Möglichkeiten für die produzierenden Unternehmen steht allerdings die Aushöhlung der Konzernstrukturen durch käuferdominierte Auftraggeber gegenüber. Große Produktionsbetriebe gingen in Konkurs oder wurden stillgelegt. Andere
transformierten sich aus eigenem Antrieb in solch hohle Konzerne, die die eigentlichen
Fertigungsschritte an Zulieferer auslagerten und selbst in der Rolle der Organisations-
und Logistikdrehscheibe verblieben. Durch die beschleunigten Rhythmen der Mode, die
die Nachfrage anheizen sollen, aber auch durch die technologischen Möglichkeiten, das
Bestell- und Lieferwesen den Nachfrageschwankungen anzupassen, entstehen neue Anforderungen an die Unternehmensorganisation, die Handelsketten und Markeninhaber

besser zur Steuerung der Produktionskette qualifizieren als den produzierenden Konzern (Gereffi/Memedovic 2003:6).

Der Preiskampf und die Verbilligung der Transport- und Kommunikationskosten leiteten immer neue Formen des Unterbietens und des Ausweichens an neue, noch kostengünstigere Standorte ein. Sie brachten aber auch das Ende des entlang der Produktionskette integrierten Konzerns mit stabilen Beschäftigungsverhältnissen und gesicherten Arbeitsrechten und Sozialleistungen für die Belegschaft. An seine Stelle traten Produktionsnetzwerke, die verschiedene Arbeits- und Rechtsverhältnisse kombinieren und auf diese Weise soziale Rechte, Tarifverträge, Steuern und Umweltauflagen in einzelnen Staaten unterlaufen können. Diese Entwicklung eröffnete ein *race to the bottom*, das auch vor den geregelten und gesicherten Arbeitsplätzen der alten Industrieländer nicht haltmacht. In jüngster Zeit werden im Bereich hochwertiger wie kurzlebiger Modeartikel bestimmte Verarbeitungsschritte wieder in die Metropolen zurückverlagert, wo vor allem mit ArbeitsmigrantInnen operierende Sweat-Shop-Distrikte entstehen, wie zum Beispiel das Sentier-Viertel in Paris.

Im langfristigen historischen Verlauf gesehen, war das Fabrikssystem eine Produktionsweise, die auf der Ausbeutung proletarisierter ArbeiterInnen beruhte. Diese Ausbeutung, in Kombination mit der Möglichkeit von Produktivitäts- und Produktionssteigerungen durch den Einsatz von Kraftmaschinen, ermöglichte den Fabrikunternehmern, Konkurrenten, die unter industriösen Verhältnissen produzierten, wenn nicht von den Lokal-, so doch von den Weltexportmärkten zu verdrängen. Ihre Marktmacht war umso größer, je mehr die Handelsexpansion von militärischer Stärke begleitet war. In der Anfangszeit des Fabrikswesens gab es keinerlei gesetzliche Schranken, die dieser Ausbeutung Grenzen setzten. Erst die Einsicht, dass der rasche Verschleiß die Reproduktions- und Ausbildungskosten in die Höhe trieb, führte – auch unter dem Druck von Arbeitskämpfen, die ebenfalls die Kosten erhöhten – zur Bereitschaft der Unternehmer, Arbeitsbedingungen zu verbessern und soziale Rechte zuzugestehen. Es folgten staatliche Arbeits- und Sozialgesetze. So wurde die Fabrik zu jenem Ort, an dem soziale Rechte eingefordert und durchgesetzt wurden, gleichzeitig entstand die Vorstellung vom Fabriksarbeiter als Avantgarde der Arbeiterklasse und als revolutionäres Subjekt. Dass die Fabrik gesamthaft und vor allem weltweit gesehen im 19. Jahrhundert nur ein Ort von vielen war, an dem industrielle Produktion und Ausbeutung stattfanden, geriet dabei aus dem Blick. Wurde Arbeit außerhalb der Fabrik trotzdem wahrgenommen, dann als zu überwindendes, vor-industrielles Produktionsverhältnis, dessen Emanzipation erst im Zuge der fabriksmäßigen Umgestaltung einsetzen würde.

Sämtliche Vorstellungen nachholender Entwicklung, die im Zuge nationaler und antikolonialer Befreiungsbewegungen erhoben wurden, orientierten sich am Fabrikssystem. Dieses stand für Technik und Wachstum im Dienste der Entwicklung und als Ort, von dem aus soziale und politische Rechte für ArbeiterInnen eingefordert, durchgesetzt und durch staatliche Gesetzgebung kontrolliert werden konnten. Deshalb konzentrierten Arbeiterparteien, Gewerkschaften und die 1919 gegründete Internationale Arbeitsorganisation (ILO) die Bemühungen auf die Verallgemeinerung der arbeitsrechtlichen Standards und die Integration möglichst aller Arbeitenden in geregelte Lohnarbeitsverhältnisse. Die Strategie schien im Zuge der nachholenden Industrialisierung in immer größeren Teilen der Welt aufzugehen, auch wenn sich die soziale Schere bei Einkommen und Sozialleistungen nicht schloss. Die Defizite wurden der Unvollständigkeit der Modernisierung angelastet. Da kleingewerbliche, hausindustrielle oder informelle Arbeitsverhältnisse gegenüber der Lohnarbeit in der Fabrik kaum Vorteile für die Beschäftigten aufwiesen, schien die Hoffnung auf den Fabrikssektor berechtigt.

Während ArbeiterInnen-Bewegungen im Zuge der Proliferation der industriellen Massenproduktion von der Anhebung von Mindeststandards und der Angleichung von sozialen Rechten träumten, hatte im Gefolge der Weltwirtschaftskrise der 1970er Jahre eine Wende stattgefunden. Im Textil- und Bekleidungssektor bedeutete die als Antwort auf die Krise eingeschlagene Kostensenkungsstrategie die Abkehr vom vertikal integrierten Produktionsbetrieb, der eine Abfolge von Arbeitsschritten an einem Standort vornahm. Damit einher ging die Kampferklärung der internationalen Handels- und Finanzorganisationen an nationale – und noch mehr an unter den Entwicklungsländern koordinierte – Entwicklungsstrategien. Unter dem Sachzwang der Kostensenkung wurden Wettbewerbsregeln durchgesetzt, die heute weltweit und auch innerhalb der Staaten die Freiheit des Kapital-, Waren- und Dienstleistungsverkehrs und damit die Dislozierung, Verlagerung und Informalisierung ermöglichen und Regulierungen auf nationaler Ebene ausschließen. Unter dem Eindruck der gesellschaftlichen Diffamierung der national- und übernational-staatlichen Regulierung setzt sich die Liberalisierung als oberstes Gebot der Wettbewerbsfreiheit durch. Konzerne, die die Umstrukturierung zum globalen Netzwerk nicht aus eigenem Antrieb vornehmen, geraten unter den Druck von Unternehmen, die – quasi als neue Verleger – als Markeninhaber, Handelsketten oder Großhändler die Kommunikation zwischen Nachfrage, Design, Stoffherstellung, Konfektion und Distribution flexibler organisieren können als der behäbige Industriekonzern.

Wir sind ZeugInnen einer Wiederkehr dislozierter Produktionsverhältnisse unter Bedingungen bisher nicht da gewesener Transport- und Kommunikationsbeschleunigung. Auch die Lohn-, Preis- und Rechtsdifferenzen sowie die Restriktion nationalstaatlicher Steuerung machen die netzwerkartige Organisation der Produktion attraktiv für die jeweils dominante Produktions- bzw. Vertriebsstruktur. Aus der Perspektive sozialer Rechte der Arbeitenden, dem Anspruch von Einkommensgerechtigkeit und der ökologischen Belastung durch die Vervielfachung der Transportwege ist diese Entwicklung abzulehnen. Auch wenn derzeit keine Wende in Sicht ist, gibt die Geschichte Anlass zur Hoffnung. Sie zeigt, dass Phasen der Deregulierung und Informalisierung immer wieder der Zunahme an gesellschaftlich orientierter Gestaltung, sozialer und politischer Partizipation wichen. Dabei ist festzustellen, dass soziale Rechte und Teilhabe der ArbeiterInnen am Ertrag dann am größten waren, wenn das Territorium der politischen Gestaltung und der Verflechtungsraum der Wirtschaftsbeziehungen möglichst deckungsgleich waren, wenn also der Staat bzw. die demokratischen Institutionen Einfluss auf das ökonomische Geschehen nehmen konnten. Dies gilt auch für den Einzugsbereich des Arbeitsmarktes (Becker/Komlosy 2004:48).

Unter den Bedingungen des heutigen Verflechtungszustandes könnte das bedeuten, Regeln für den globalen Wettbewerb nicht im Interesse der durchsetzungsfähigsten Kapitaleigner an den Kommandostellen und lukrativsten Knoten der Kette, sondern im Interesse und in Hinblick auf sämtliche an der Produktion beteiligten ArbeiterInnen durchzusetzen. Die Fragmentierung der Lohn-, Steuer- und Sozialsysteme in den betroffenen Staaten steht dem entgegen. Sogenannte *Global Unions*, im vorliegenden Fall die International Textile, Garment and Leather Workers Federation, begannen in den letzten Jahren zaghafte, Länder- und Spartengrenzen überschreitende Kampagnen, um sämtliche Beteiligten entlang der textilen Produktionskette in ihren Forderungen zusammenzuspannen – und sich nicht länger gegeneinander ausspielen zu lassen (http://www.itglwf.org/). Gesellschaftliche Einflussnahme könnte aber auch darauf hinauslaufen, wirtschafts- und entwicklungspolitische Konzepte zu entwickeln, die den globalen Netzwerken aus ökologischen und sozialen Erwägungen regional integrierte Produktionsformen entgegenstellen. Ansätze für die Reaktivierung regionaler Rohstoffe und Produktionskreisläufe gibt es in zahlreichen Textilregionen der Welt. Die Einsicht in die Globalität der Verhältnisse könnte einen Rückbau der Globalisierung erforderlich werden lassen. In jedem Fall müssten, um nicht in die gleiche Falle wie die alte ArbeiterInnenbewegung zu tappen, sämtliche am Zustandekommen des Produkts beteiligten Arbeitskräfte, egal in welchen Unternehmensformen und Arbeitsverhältnissen sie beschäftigt sind, in die Überlegungen für eine sozial und ökologisch verträgliche Produktion von Textilien und Bekleidung einbezogen werden.

Literatur

Barendt, Regina/Musiolek, Bettina (2005): Workers' Voices. The Situation of Women in the Eastern European and Turkish Garment Industries. Meißen

Becker, Joachim/Komlosy, Andrea, Hg. (2004): Grenzen weltweit. Zonen, Linien, Mauern im historischen Vergleich. Wien

Bennholdt-Thomsen, Veronika/Werlhof von, Claudia/Mies, Maria (1983): Frauen, die letzte Kolonie. Reinbek bei Hamburg

Bohnsack, Almut (1981): Spinnen und Weben. Entwicklung von Technik und Arbeit im Textilgewerbe. Reinbek bei Hamburg

Chaudhuri, Kriti N. (1990): Asia before Europe. Economy and Civilisation of the Indian Ocean from the Rise of Islam to 1750. Cambridge

De Vries, Jan (2008): The Industrious Revolution. Consumer Behaviour and the Household Economy. Cambridge, Mass.

Do, Thanh Hai (2007): Vietnam's Textile and Garment Industry and Global Textile and Garment Value Chain in the Transition Period. Unveröffentlichte Seminararbeit im MA Globalgeschichte, Univ. Wien

Ferenschild, Sabine/Wick, Ingeborg (2004): Globales Spiel um Kopf und Kragen. Das Ende des Welttextilabkommens verschärft soziale Spaltungen. Siegburg-Neuwied

Fröbel, Volker/Heinrichs, Jürgen/Kreye, Otto (1977): Die neue internationale Arbeitsteilung. Reinbek bei Hamburg

Gereffi, Gary (1994): The organization of buyer driven commodity chains: how US retailers shape overseas production networks. In: Gereffi, G./Korzebiewicz, M., Hg.: Commodity chains and global capitalism. New York

Gereffi, Gary/Memedovic, Olga (2003): The Global Apparal Value Chain: What Prospects for Upgrading by Developing Countries? UNIDO Wien

Heerma van Voss, Lex/Hiemstra, Els/van Nederveen Meerkerk, Elise, Hg. (2010): The Ashgate Companion to the History of Textile Workers, 1650–2000. Surrey, GB

Hokr, Leopoldine (2007): Groß-Siegharts, Schwechat und Waidhofen/Thaya. Das Netzwerk der frühen niederösterreichischen Baumwollindustrie (= Grazer Beiträge zur europäischen Ethnologie Bd. 11). Frankfurt am Main

Inalcık, Halil (1987): When and How British Cotton Goods Invaded the Levant Markets. In: The
    Ottoman Empire and the World Economy, Hg.: Huri, Islamoglu-Inan. Cambridge, U.K.:
    Cambridge University Press: 374-383
Jahoda, Marie/Lazersfeld Paul/Zeisel, Hans (1982): Die Arbeitslosen von Marienthal. Frankfurt
    am Main
Komlosy, Andrea (2003): Chinesische Seide, indische Kalikos, Maschinengarn aus Manchester.
    „Industrielle Revolution" aus globalhistorischer Perspektive. In: Grandner, Margarete/Kom-
    losy, Andrea (Hg.): Vom Weltgeist beseelt. Globalgeschichte 1700–1815. Wien: 103-134
Komlosy, Andrea (2008): Textile Produktionsketten. Arbeitsverhältnisse und Standortkombina-
    tionen in der globalen Textilerzeugung 1700–2000. In: Zeitschrift für Weltgeschichte 9 (1):
    77-102
Komlosy, Andrea (2010): Austria and Czechoslovakia. the Habsburg Monarchy and its Sucessor
    States. In: Heerma van Voss, Lex/Hiemstra, Els/van Nederveen Meerkerk, Elise, Hg.: The
    Ashgate Companion to the History of Textile Workers, 1650–2000. Surrey, GB, 43-74
Kriedte, Peter/Medick, Hans/Schlumbohm, Jürgen (1977): Industrialisierung vor der Industria-
    lisierung. Gewerbliche Warenproduktion auf dem Land in der Formationsperiode des Kapi-
    talismus. Göttingen
Marx, Karl (1953): Grundrisse der Kritik der politischen Ökonomie (verfasst 1857/58). Berlin/
    DDR
Marx, Karl (1977): Das Kapital Bd. 1 (verfasst 1867), Marx Engels Werke Bd. 23. Berlin/DDR.
Nadvi K., Thoburn J./Bui, T.T./Nguyen, T.T.H./Nguyen, T.H./Dao, H.L./Armas, E.B.D. (2004):
    Vietnam in the Global Garment and Textile Value Chain: Impacts on Firms and Workers. In:
    Journal of International Development 16/1: 111-122
Owen, Roger (1969): Cotton and the Egyptian Economy, 1820–1914: A Study in Trade and De-
    velopment. Oxford
Plank, Leonhard/Staritz, Cornelia (2009): Global production networks, uneven development and
    workers: experiences from the Romanian apparel sector. In: Journal für Entwicklungspoli-
    tik 25/2 (2009): 62-87
Portes, Alejandro/Castells, Manuel/Benton, Lauren A. (1989): The Informal Economy. Studies in
    Advanced and Less Developed Countries. Baltimore, Md.
Quataert, Donald (2010): The Ottoman Empire, 2659–1922. In: Heerma van Voss, Lex/Hiemstra,
    Els/van Nederveen Meerkerk, Elise, Hg.: The Ashgate Companion to the History of Textile
    Workers, 1650–2000. Surrey, GB, 477-496
Review Fernand Braudel Center (2000): Commodity Chains in the World Economy. Bd XXI–
    II/ 1
Rothermund, Dietmar (2001): Indiens Beitrag zur industriellen Revolution Europas. In: Periplus
    11. Jahrbuch für außereuropäische Geschichte. Münster: 102-9
Roy, Tirthankar (2010): The long globalization and textile producers in India. In: Heerma van
    Voss, Lex/Hiemstra, Els/van Nederveen Meerkerk, Elise, Hg.: The Ashgate Companion to
    the History of Textile Workers, 1650–2000. Surrey, GB: 253-274
Van der Linden, Marcel (2008): Workers of the World. Essays toward a Global Labor History.
    Leiden/Boston
Wallerstein, Immanuel (2004): Das moderne Weltsystem, Bd. 1 – Die Anfänge der kapitalistischen
    Landwirtschaft und die europäische Weltökonomie im 16. Jahrhundert. Wien (engl. 1974)

Schema: Produktionsschritte bei der Erzeugung von Textilien und Bekleidung

Material	Arbeitsvorgang
Rohmaterial	Rohstofffernte und -aufbereitung Synthetische Erzeugung
Garn	Spinnen Färben Bei Seide: Abwickeln der Rohseide vom Kokon
Stoff • Gewebe • Strick- und Wirkware • Filzstoff • Spitze	Weben (Fläche durch Fadenbindung) Wirken (Fläche durch Maschenbildung) Filzen (Flächenbildung durch Wasser, Druck und Wärme) Spitzenerzeugung
Stoff mit spezifischen Eigenschaften	Stoffveredelung Ausrüstung
Fertige Textilien und Kleidungsstücke • Möbel- und Dekorstoffe • Technische Textilien • Kleidungsstücke (Unter- und Oberbekleidung)	Stoffverarbeitung • Entwurf • Zuschneiden • Formen • Nähen der Einzelteile • Assembling (Zusammennähen) • Ausfertigung • Anbringen diverser Applikationen und Effekte

Karin Fischer

Die globalisierte Lachsindustrie
Vom Süden Chiles ins Kühlregal des Supermarktes

Fisch ist ein fixer Bestandteil der viel beworbenen modernen, schlanken und gesunden Küche. Dass die gestiegene Nachfrage befriedigt werden kann und ständig Nachschub in den Kühlregalen der Supermärkte landet, ermöglicht die industrielle Fischzucht. Heute erzeugt die Aquakulturindustrie fast die Hälfte der Fische und Meerestiere, die weltweit für den menschlichen Verzehr bestimmt sind. Lachsprodukte stammen gar zu 98 % aus Zuchtfarmen.

Die industrielle Fischproduktion findet überwiegend in den Ländern des Südens statt: Süßwasserkrebse werden aus China, Pangasiusfilets aus Vietnam, Garnelen aus Ekuador und Shrimps aus Bangladesch eingeführt. Für die Lachszucht braucht es hingegen besondere natürliche Bedingungen. Neben Kanada, Schottland, Norwegen und Irland hat es Chile als einziges Land der Semiperipherie geschafft, in die exklusive Produzentengemeinschaft aufzusteigen. Die Forcierung der weltmarktorientierten Lachszucht gilt als gelungenes Beispiel, die Exportstruktur des Landes, die maßgeblich auf Kupfer beruht, zu diversifizieren. In der einschlägigen Literatur wird die Lachsindustrie als Beispiel für einen – in Lateinamerika selten anzutreffenden – erfolgreichen regionalen Cluster gewürdigt, mit dem positive Arbeitsplatzeffekte, Lerneffekte einheimischer Unternehmen und Technologietransfer erzielt werden (Petrobelli/Rabellotti 2006). Die letzten Jahre zeigen aber auch die Krisenanfälligkeit dieser Exportindustrie. Infolge eines Virus ist das Exportvolumen im Jahr 2009 um mehr als ein Drittel des Vorjahres eingebrochen. Laut New York Times hat Wal-Mart den Verkauf von Lachs aus Chile ausgesetzt, der US-Lebensmittelhändler Safeway hat Einfuhren aus den chilenischen Zuchtanlagen seines Lieferanten Marine Harvest gedrosselt. Der transnationale Konzern reagiert flexibel auf solche Krisen: Er hat begonnen, die Lieferverträge mit Lachs aus seinen Produktionsstätten in Norwegen zu erfüllen. In Chile entließ das Unternehmen über Tausend ArbeiterInnen und schloss einen Verarbeitungsbetrieb.

In meinem Beitrag betrachte ich die Lachsindustrie mit Elementen der Forschung über globale Produktionsnetzwerke und Güterketten (Henderson u.a. 2002; Humphrey/Schmitz 2002). Nach einführenden Informationen über den globalisierten Industriezweig der Fischproduktion wende ich mich dem Ausgangsort der Lachskette, einem Küstenabschnitt im Süden Chiles, zu. Anders als in den vom Clusteransatz geprägten Untersuchungen rücke ich in meinem Beitrag die Machtverhältnisse zwischen den beteiligten

Akteuren sowie das größere institutionelle und politische Umfeld in den Vordergrund. Auf dieser Grundlage lassen sich am Ende Einschätzungen über die regionalen und nationalen Entwicklungseffekte treffen.

Die globale Fischkette: Produktion, Handel, Konsum

Der globale Handel mit Fischereiprodukten zählt zu den am schnellsten wachsenden internationalen Warenmärkten. Rund 40 % der weltweiten Fischproduktion sind in Welthandelsströme einbezogen (verglichen mit 10 % der globalen Fleischproduktion). Das Welthandelsvolumen übersteigt jenes von Tee, Kaffee und Kakao zusammen um mehr als das Doppelte. Über die Hälfte der Fischexporte stammt aus Entwicklungsländern und zwei Fünftel dieses Anteils aus Ländern mit niedrigem Einkommen, deren Bevölkerung unter Nahrungsmittelknappheit leidet. Die größten Abnehmer sind die USA, Japan und die Europäische Union, die zusammen für 80 % der Importe verantwortlich zeichnen. Bis Mitte der 1970er Jahre war das noch anders. Seit damals haben sich die Handelsströme umgekehrt: Die Zentren der Weltwirtschaft sind von Nettoexporteuren zu Nettoimporteuren von Fisch geworden.

Der Anteil des in den Ländern des Nordens verzehrten Fisches hat sich seit 1973 dennoch erheblich verringert. Dieser relative Rückgang ist nicht auf den gesteigerten Konsum in Entwicklungsländern zurückzuführen, sondern auf den Verbrauch in China, der von 11 % (1973) auf 36 % (1997) angewachsen ist. Dass China zu einem wichtigen Importeur von Fisch geworden ist, ist nicht nur eine Konsequenz des lokalen Konsums, sondern vor allem Ergebnis von Outsourcing: Fisch wird aus Europa, Süd- und Nordamerika eingeführt, weiter verarbeitet und als Konserve, Fertigmenü oder Räucherlachs wieder exportiert. Lässt man China beiseite, blieb der Anteil des Konsums in den Entwicklungsländern in derselben Zeitspanne unverändert. In Lateinamerika, im subsaharischen Afrika sowie in Osteuropa und der früheren Sowjetunion ging der Pro-Kopf-Konsum von Fisch ab 1985 zum Teil sogar drastisch zurück (Delgado u.a. 2003; FAO 2008).

Auch die Fischproduktion hat sich gravierend geändert. Fischfang hatte seine Boomperiode in den 1950er und 1960er Jahren mit einer durchschnittlichen jährlichen Wachstumsrate von sechs Prozent. Seither hat sich das Wachstum stark verlangsamt und stagniert seit den 1990er Jahren. Die Aquakultur, die kontrollierte Aufzucht von im Wasser lebenden Organismen, weist hingegen in derselben Periode ein stetiges und ab Mitte der 1980er Jahre ein steiles Wachstum auf. In den Entwicklungs- und Schwellenländern wuchs die Fischproduktion aus der Aquakulturindustrie zwischen 1985 und 1997 um jährlich 13 %, in den Industrieländern lediglich um rund 3 %. Die höchsten Wachstumsraten verzeichnen Lateinamerika, China, das subsaharische Afrika und Südasien. Genutzt werden dort die natürlichen Voraussetzungen, die billigen Arbeitskräfte und die schwache Regulierung (Delgado u.a. 2003; FAO 2006).

Analog zur „Grünen Revolution", bei der in den 1960er Jahren von internationalen Entwicklungsorganisationen die Einführung von moderner Technik, Monokulturen und Hybriden im landwirtschaftlichen Sektor empfohlen wurde, ist heute von der „Blauen Revolution" die Rede. Unter diesem Titel empfehlen die Weltbank und die UN-Welternährungsorganisation FAO die Umorientierung von extensiven zu intensiven Produktionsmethoden von Fisch. Neben der Erhöhung von Exporteinnahmen soll auf diese Weise auch die Ernährungssituation, vor allem die Versorgung mit Eiweiß, verbessert werden. Aquakultur erhält deshalb von der Weltbank und den regionalen Entwicklungsbanken erhebliche finanzielle Unterstützung (World Bank 2007). Die Zahlen über den Fischkonsum legen allerdings nahe, dass es sich hierbei um eine auf die Verbrauchermärkte des Nordens gerichtete Exportindustrie handelt, die wenig zur Ernährungssicherheit und -verbesserung der lokalen Bevölkerung beiträgt.

Der Wandel vom Fischfang zur Aquakultur bringt Probleme einer intensiven Nahrungsmittelproduktion mit sich, wie sie etwa aus den Legebatterien für Hühner bekannt sind: ökologische Probleme, die ungelöste Entsorgung von Abfall und Rückständen, Chemie- und Medikamenteneinsatz, hoher Flächenverbrauch und intensive Fütterung. Die Fütterung ist insbesondere in der Lachszucht ein Problem. Lachse sind Raubfische, sie werden mit Fischmehl aus Fettfischen (wie Sardinen und Anchovis) und Pellets aus Wildfisch gemästet. Die Fischzucht, gefördert aufgrund des Rückgangs der Fischbestände, trägt mithin selbst zum Leerfischen der Meere bei. Die Forschung richtet sich darauf, die erforderliche Futtermenge zu reduzieren. In Chile kamen beispielsweise auf ein Kilo Lachs Anfang der 1980er Jahre 1,8 Kilo Futter; heute sind es 1,35 Kilo, in norwegischen Fischfarmen liegt die erforderliche Futtermenge bei 1,2 Kilo (SalmonChile 2006a). Es gibt Versuche, Ölsamen und Tierknochen der Fischnahrung beizusetzen. Allerdings steigt mit letzteren die Seuchengefahr. Derzeit wird mit Sojanahrung experimentiert, die sich aber bislang negativ auf den Geschmack auswirkt. Zudem sind Lachse auf Fischöl in der Nahrung angewiesen – aber vielleicht gelingt es der Forschung in der Zukunft, aus Raubfischen Vegetarier zu machen.

Kennzeichen und Struktur der Zuchtlachskette

Die Lachskette (siehe S. 101) beginnt mit der Laichgewinnung, künstlichen Befruchtung und der Entwicklung der Eier in Brutgefäßen. Problematische Aspekte in dieser Phase: Die laichbereiten Lachse werden chemisch betäubt und die Behältnisse müssen laufend desinfiziert werden. Ungünstige Haltungsbedingungen – zu dichter Besatz, keine ausreichende Wasserströmung, unzureichende Hygiene – tragen zur Dezimierung der Setzlinge bei, zum Beispiel durch bakterielle Krankheiten. Die ausgereiften Lachssetzlinge werden in Süßwasserbecken oder, wie im Falle Chiles, in Seen und Flüssen aufgezogen. Nach der ersten Aufzuchtphase von durchschnittlich zwölf Monaten werden die Junglachse in Tanks zu den Zuchtfarmen transportiert und wachsen dort in Netzkäfigen im Meerwasser weiter. Die zweite Wachstumsperiode ist durch den Einsatz von Spezialfutter und Medikamenten gegenüber früheren Zuchtmethoden kürzer geworden. Sie beträgt für Pazifiklachs rund neun Monate, für atlantischen Lachs zwischen 15 und 18 Monaten. Laichen, Aufzucht und Mästung gehören zum technologieintensivsten Abschnitt der Kette. Das Wachstum soll gleichmäßig ablaufen und wird elektronisch überwacht. Die Fütterung erfolgt voll- oder halbautomatisch.

Haben die Lachse die erwünschte Größe, werden sie „geerntet", das heißt aus den Netzkäfigen im Meer gefischt und an Land verbracht. In Norwegen geschieht dies flächendeckend mit arbeitskräftesparenden Spezialbooten. Die Lachse werden in sogenannte

Struktur und Inputs der Lachskette

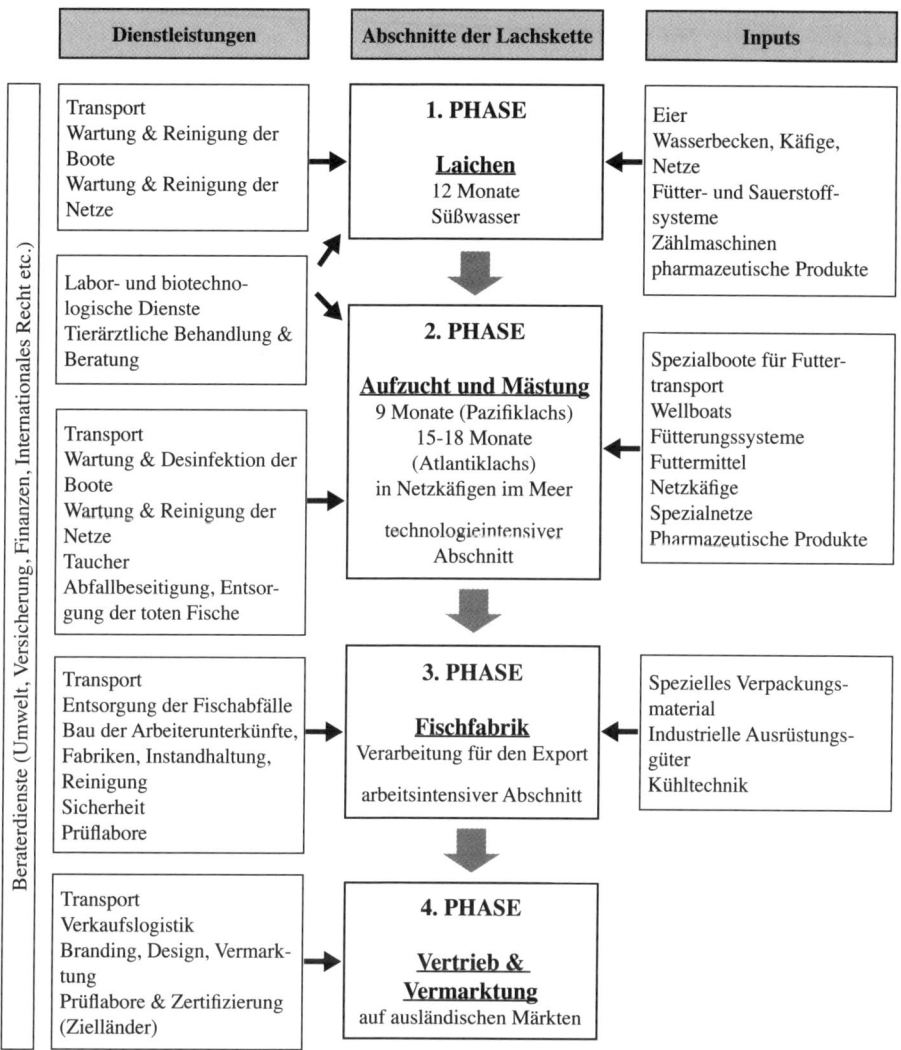

wellboats gepumpt und lebend an Land transportiert. Lebendfang vermindert den Stress und verhindert Laktoseausstoß, verkürzt die Verarbeitungszeit und erhöht die Qualität. Zudem wird der Fisch bei diesem Verfahren nicht mehr auf See ausgenommen, und (medikamentenverseuchte) Fischrückstände können besser entsorgt werden. Andererseits steigt in den Booten die Gefahr der Kontaminierung. In Chile wird etwa ein Fünftel des Fangs mit Wellboats bewerkstelligt. Problematische Aspekte in der zweiten Produktionsphase sind zuallererst der Medikamenteneinsatz und die Ablagerung der Futter- und

Kotreste am Meeresboden. Die bis zu 20 Meter unter Wasser liegenden Netze und Anlagen müssen repariert und desinfiziert werden. In den Berichten chilenischer NGOs ist
nachzulesen, dass bei der chemischen Reinigung, dem sogenannten Antifouling, Taucher durch Lungenembolien ums Leben kommen. Darüber hinaus wird in Chile die mangelnde Prüfung und Kontrolle der Zuchtfarmen und die illegale Reinigung der Netze in
Flüssen beanstandet (Pinto/Kremerman 2005:22f; http://www.terram.cl/).

In der Fischfabrik, der dritten Phase, wird der Fisch gemäß den Standards und den
Vorlieben auf den japanischen, europäischen und US-amerikanischen Märkten aufberei-
tet und verpackt. Dabei handelt es sich um einen arbeitsintensiven Abschnitt, der kaum
zu automatisieren ist. Einzig die Etikettierung am Ende erfolgt maschinell. Nach der
Verarbeitung und Verpackung folgt die letzte Phase in der Produktionskette, der Vertrieb und die Vermarktung.

Betrachtet man die Kostenstruktur eines frischen Lachsfilets aus Chile, absorbiert
die erste Phase, die Zucht der Setzlinge, knapp über 3 % der Produktionskosten. Die
zweite Etappe, die Aufzucht und Mästung der jungen Lachse in den Zuchtfarmen, ist
der teuerste Abschnitt. Er schlägt mit 50 bis 55 % der Gesamtkosten zu Buche. Der mit
Abstand kostenintensivste Input in diesem Abschnitt – und in der Kette insgesamt – ist
Fischfutter. Sein Anteil beträgt 30 % und liegt damit erheblich über in der in der Kette
wirksamen Arbeitskosten. Auf die Verarbeitung in den Fischfabriken entfallen knapp
20 % der Produktionskosten. Lokaler und internationaler Transport, Verkauf, Administration und Finanzierung machen den Rest von etwa 20 bis 25 % der Kosten aus (Agraria Consultores 2004; Fernández/Briones 2005). Leider liegen nur Zahlen über die Pro-
duktionsphasen in Chile und die dort getätigten Inputs vor. Design, Marketing, Vertrieb,
Unternehmensberatung und andere gehobene produktionsbezogene Dienstleistungen,
die innerhalb von transnationalen Konzernstrukturen oder von spezialisierten Zulieferern erbracht werden, sind aufgrund des schwierigen Zugangs zu Daten wenig beforscht.
Dabei wären es gerade diese Informationen, mit denen gezeigt werden kann, wie der
Profit entlang der Güterkette verteilt ist.

Die Produktionskosten in Chile und in Norwegen sind, vielleicht überraschend,
in etwa dieselben. Sie liegen geringfügig über bzw. unter drei US-Dollar für ein Kilogramm Atlantiklachs. Technologieintensive und pharmazeutische Inputs sind in Chile
teurer. Durch die vergleichsweise größere Distanz zu den Verbrauchermärkten schlagen höhere Transportkosten zu Buche. Günstiger ist in Chile der Faktor Arbeit. Der In-
dexwert der Arbeitskosten beträgt nach Berechnungen des Economist Intelligence Unit
(Basis USA = 100) in Chile 41, in Kanada 105 und in Norwegen 132 (Boston Consulting Group 2007, Zahlen für das Jahr 2005).

Aufstieg und Niedergang der globalen Lachsindustrie in Chile

Chile ist heute hinter Norwegen weltweit der zweitgrößte Lachsproduzent und die Nummer eins bei Zuchtforellen. Die Lachsproduktion in Chile ist in der Dekade 1990 bis
2000, während sich die Weltproduktion verdoppelt hat, um das Zehnfache angestiegen.
In der nationalen Exportstatistik – mengenmäßig gehen 75 %, wertmäßig 95 % der
Lachsproduktion in den Export – hat die Aquakultur an relativer Bedeutung gewonnen.

Ihr Wertanteil an den nationalen Exporten stieg von 1,5 % (1990) auf 4,9 % (1997) und 6,8 % (2003) und lag im Jahr 2007 bei 4,9 %. Hinsichtlich der durchschnittlichen jährlichen Steigerungsraten liegt der Sektor in der derselben Periode hinter Wein an zweiter Stelle (Agosin/Larraín/Grau 2009:46, Tab. 5).

Während in den 1980er Jahren Fischmehl und unverarbeiteter Pazifiklachs exportiert wurden, gibt es heute eine differenzierte Produktpalette, mit der die unterschiedlichen Konsumwünsche befriedigt werden. Wiewohl der Großteil der Exporte, rund 70 %, in die USA und nach Japan gehen, hat eine Diversifizierung bei den Abnehmern stattgefunden. Es werden mittlerweile rund 60 Länder beliefert, darunter Märkte in der EU (mit Deutschland als führendem Importeur, gefolgt von Frankreich), in Südostasien und Russland. Am lateinamerikanischen Kontinent gehen Lachsexporte nach Brasilien, wo die Supermarktkette Carrefour als Importeur im großen Maßstab auftritt, und in geringerem Maße nach Mexiko (Direcon 2008).

Hinter diesen Zahlen verbergen sich Schattenseiten des chilenischen Exportschlagers. Dazu gehören Abnahmerückgänge in den Zielländern, die kaum kompensiert werden können, und Preiseinbrüche infolge von Überproduktion. Gegenwärtig befindet sich die Industrie infolge der zur Jahresmitte 2007 in großem Ausmaß diagnostizierten infektiösen Lachsanämie in der Krise. Das ISA-Virus, das mit dichtem Fischbestand in den Zuchtfarmen in Zusammenhang gebracht wird, ist für Menschen ungefährlich, vermindert aber die Größe und damit den Geschmack und die Qualität des Fisches. Das Exportvolumen ist von 445 Millionen Tonnen im Jahr 2008 im Folgejahr um mehr als ein Drittel auf etwa 270 Millionen Tonnen Zuchtlachse und -forellen eingebrochen. Nach Expertenmeinung soll es im Jahr 2010 lediglich 45.000 bis 70.000 Tonnen ausmachen (SalmonChile 2009; IntraFish, 16.7. und 3.12.2009).

Anders als in Norwegen sind die Zuchtfarmen in Chile räumlich hoch konzentriert. Der überwiegende Teil befindet sich an einem Küstenabschnitt im Süden des Landes und rund um den Archipel Chiloé. Dort ist die Meerestemperatur optimal und wärmer als in Norwegen, was die Fische schneller wachsen lässt. Weiter nördlich behindert der kalte Humboldtstrom die Lachszucht. Auf der Flucht vor dem ISA-Virus kommt es derzeit zu einer Expansion in die südlich angrenzende Región de Magallanes y Antártica, die aber infrastrukturell schwer zu erschließen ist. Auf 100 km^2 operieren in Chile an die tausend konzessionierte Zuchtfarmen (Sernapesca 2009a). Sie produzieren fast so viel Output wie die auf tausend Kilometer Küste verstreuten Farmen in Norwegen.

Zu viele Fische und Produktionsstätten auf engem Raum bringen erhebliche Probleme mit sich. Die Seen und Flüsse, in denen die Setzlinge gezüchtet werden, werden durch Chemikalien und Pestizide belastet. Aus defekten Netzkäfigen im Meer soll rund eine Million Zuchtlachse pro Jahr entkommen, NGOs sprechen gar von zwei Millionen. Die Ausreißer bringen das ökologische Gleichgewicht in den Küstenabschnitten durcheinander, übertragen Krankheiten, und ihre Gefräßigkeit dezimiert die im Meer heimischen Fischarten. Infektionen bekämpfen die Unternehmen mit Antibiotika. Über deren Einsatz liegen seit kurzem offizielle Zahlen vor. Die Nichtregierungsorganisation Oceana Chile nutzte ein neues Gesetz, das den BürgerInnen das Recht auf den Zugang zu öffentlich relevanten Informationen zusichert und stellte eine entsprechende Anfrage an den Wirtschaftsminister. In seiner Beantwortung vom 14. Juli 2009 ist nachzulesen, dass 385.635 Kilogramm Antibiotika im Spitzenjahr 2007 eingesetzt wurden, im Jahr darauf waren es 325.616 Kilogramm. Ein Drittel davon sind Quinolone, ein Typ von Antibiotika, dessen Verwendung in Tierfutter unter anderen in den USA verboten ist. Zum Vergleich: In Norwegen kamen im Jahr 2007 lediglich 600 Kilogramm zum Einsatz (IntraFish, 31.7.2009). Transnationale Konzerne (TNC) machen sich die lediglich hinreichenden Regulierungen und die schwache behördliche Kontrollkapazität zunutze und tun Dinge in Chile, die in den Ländern ihres Stammsitzes verpönt sind. Der Sustainability Report von Marine Harvest weist aus, dass im Jahr 2008 in den chilenischen Zuchtfarmen 560 Gramm Antibiotika pro Tonne Lachs eingesetzt wurden, in Norwegen waren es 0,07 Gramm. Dass in Chile eine so hohe Menge an Antibiotika verwendet wird, begründet der Konzern damit, dass dort weniger Medikamente zur effektiven Bekämpfung von Krankheiten verfügbar sind (Marine Harvest 2008:16).

Die Arbeitsproduktivität hinkt in Chile den anderen Lachs exportierenden Ländern hinterher und ist, trotz Ausdehnung der Produktion, seit einem Jahrzehnt sogar rückläufig. Der Ertrag für jeden Setzling, der ins Meer verbracht wurde, fiel zwischen 2000 und 2007 von vier auf weniger als drei Kilogramm produzierten Lachs (ASVID 2008). Diese alarmierende Entwicklung liegt in der hohen Sterblichkeitsrate der Fische, der zeitlichen Ausdehnung der Mästung und dem erhöhten Futtermitteleinsatz begründet. Dazu kommt ein Mangel an Effizienz durch unzureichende Technologie, vor allem in den Aufzuchtphasen, und an qualifizierten Arbeitskräften. Die Entwicklung des Humankapitals habe nicht mit der Entwicklung der Industrie mithalten können, vor allem die Qualität des strategischen Managements der Unternehmen und die mangelnde Kooperation innerhalb des Clusters werden kritisiert. Zur Abhilfe hat der Sektorverband mit der Universidad Chile ein Leadership-Programm entworfen, das allerdings, wird selbstkritisch angemerkt, wichtige Akteure nicht erreicht (Vignolo/Held/Zanlungo 2007; http://phd. cl/dhds/). Es spricht also viel dafür, dass aus dem Lachs-Cluster eine „ganz normale Industrie" wurde, in der individuelle Firmenstrategien dominieren. Betrachten wir ihre Entwicklung im Detail (siehe S. 113).

Entwicklungsetappen der Lachsindustrie in Chile:
Von nationalen Pionieren zu globalen Produktionsnetzwerken

Lachs ist in Chile nicht heimisch. Die ersten Zuchtexperimente datieren in die 1960er Jahre, verliefen aber wenig erfolgreich. Unter der Pinochet-Diktatur wurden in den 1970er Jahren abermals Anreize gesetzt. Eine besondere Rolle beim Aufbau der Fischindustrie spielte die im Jahr 1976 von der Militärregierung und dem US-Konzern IT&T gegründete Fundación Chile. Die Agentur war und ist dazu da, neue Exportsektoren zu entwickeln und deren Wettbewerbsfähigkeit zu stärken (www.fundacionchile.cl/). In der Aufbauphase erkundeten die gut ausgebildeten Techniker und Manager die Machbarkeit industrieller Fischzucht und begannen, Lachs in Netzkäfigen zu züchten.

So richtig in Fahrt kam die industrielle Fischzucht ab Mitte der 1980er Jahre, als das Regime nach der überstandenen Schuldenkrise das Entwicklungsmodell modifizierte. Die Strategie bestand darin, die Weltmarktintegration strikt entlang der komparativen Vorteile des Landes zu forcieren und mit Binnenmarktstimuli zu verbinden. In anderen Worten: Einheimisches und internationales Industrie- und Finanzkapital auf der einen Seite und exportorientierte Interessen im Bereich der natürlichen Ressourcen auf der anderen Seite wurden strategisch aneinander gekoppelt. Die Wachstumspole des Exportmodells bildeten fortan die sogenannten „nicht-traditionellen", aber auf den natürlichen Ressourcen des Landes basierenden Sektoren: der Forstsektor mit nachgelagerten Industrien (Zellulose, Papier), die Obst- und Gemüseexportwirtschaft, Weinbau – und eben die Fischzucht. Das weltmarktorientierte Entwicklungsmodell wurde gestützt von unternehmerfreundlichen Klassenbeziehungen: einem weitgehend deregulierten Arbeitsmarkt und einer restriktiven Lohnpolitik, privatisierten sozialen Dienstleistungen sowie Einschränkungen für gewerkschaftliche Organisierung (Fischer 2007).

Die Fischzucht galt als attraktives „high-risk, high-return business" und zog die einheimischen Familientrusts an. Auch ehemalige Mitarbeiter der Agenturen und Regierungsstellen, die sich mit der Förderung des Sektors beschäftigt hatten, reagierten positiv auf die Stimuli des neoliberalen Entwicklungsstaates und wechselten auf die Seite der Privatwirtschaft. Neben Subventionen, Steuerbegünstigungen und speziellen Kreditlinien standen den Unternehmen die Export- und Entwicklungsagenturen mit technischer und logistischer Beratung, Organisation von Technologietransfer, Marktstudien etc. zur Seite.

Die chilenischen Unternehmen spezialisierten sich in der Aufbau- und Pionierphase meist auf eine Etappe der Wertschöpfungskette – etwa auf die Entwicklung von Aufzuchttechniken, Mästung oder Verarbeitung – und besorgten die für den jeweiligen Produktionsabschnitt notwendigen Inputs durch Direktimport. Die Exporte im Fischereisektor bestanden aus Fischmehl und wenig verarbeitetem Pazifiklachs, der nach Japan verschifft wurde. Um das internationale Terrain zu erobern, gründeten die chilenischen Unternehmen im Jahr 1986 den Verband der Lachs- und Forellenproduzenten. SalmonChile hat sich für Zulieferbetriebe geöffnet, es dominieren aber unverändert die Interessen der großen Produzenten.

Ausländisches Kapital bildete in den 1980er Jahren noch die Ausnahme. Nishiro Japan startete 1979 mit der kommerziellen Lachs- und Forellenzucht, andere transnational operierende Unternehmen konstatierten Seuchengefahr und Defizite im Transportsystem und blieben zurückhaltend. Ab 1990, dem Jahr des formellen Übergangs zur Demokratie, stieg der Auslandsanteil im Fischereisektor. Dies lag nicht nur daran, dass ausländisches Kapital auch unter den demokratischen Regierungen günstige Investitionsmöglichkeiten vorfand. Angesichts der wenigen möglichen Produktionsstätten und der zurückhaltenden Lizenzvergabe Norwegens bildete Chile einen attraktiven Standort für das ertragreiche Geschäft mit dem Lachs. Dennoch dominierten bis Mitte der 1990er Jahre lokale Kapitalisten den Sektor: Sie hatten zu diesem Zeitpunkt bereits den zweiten Platz bei den weltweiten Lachsexporten erobert.

Eine akzentuierte Transnationalisierung setzte ab 1997 im Zusammenhang mit der Asienkrise ein. Neben dem Nachfrageeinbruch und massiven Preisrückgängen in Japan und in den USA machten den kleineren Produzenten auch die Dumping-Verfahren seitens der USA und der EU zu schaffen. Unter diesen instabilen Bedingungen wurden die chilenischen Zuchtfarmen, die *salmoneras*, zu einem guten Geschäft für die expandierenden transnationalen Nahrungs- und Futtermittelkonzerne. Seither sind TNC vor Ort tätig, die die lokalen Produktionsschritte in globale Netzwerke integrieren.

Die Transnationalisierung ging einher mit einer Konzentration. Durch Übernahmen und Fusionen – auch unter chilenischen Produzenten – sowie der Schließung kleinerer Unternehmen reduzierte sich die Anzahl der Salmoneras um die Jahrtausendwende von über 200 auf 79. Heute sind rund 50 Unternehmen registriert. Nur noch etwa ein Drittel der Firmen ist nicht in Konzernstrukturen integriert. Im Jahr 2000 verbuchten die zehn größten Firmen des Sektors über die Hälfte der Exporte auf sich, fünf Jahre später war deren Anteil auf fast 75 % gestiegen (Maggi Campos 2004:8; UNCTAD 2006; Vignolo/Held/Zanlungo 2007).

Als Käufer traten zum einen die norwegischen Global Player Fjord Seafood und Stolt Sea Farm in Erscheinung, die an ihrem Heimatstandort mit Kapazitätsbeschränkungen konfrontiert waren. Zum anderen beschritten die großen Futtermittelkonzerne den Weg einer Vorwärtsintegration. Sie nutzten die Krisenperiode, in der chilenische Firmen die ihnen gewährten Kredite für Futtermittel, den teuersten Input, nicht bedienen konnten (Phyrne/Mansilla 2003:116f). Nutreco beispielsweise, der weltgrößte Futtermittelkonzern mit Stammsitz in den Niederlanden, akquirierte nach einem chilenischen Futtermittelhersteller die Fischfarmen des schottischen TNC Marine Harvest und schließlich Mares Australes, eine der damals größten Fischfarmen im Besitz von chilenischem Privatkapital. Der Konzern verfügt damit über eine vertikal fast vollständig integrierte Produktionskette in Chile und vereinigte im Jahr 2000 fast 10 % des Exportwertes des Sektors auf sich. Der Konzentrationsprozess setzte sich auf internationaler Ebene fort. Mittlerweile sind der von Nutreco erworbene Konzern Marine Harvest, Fjord Seafood, Stolt Sea Farm und weitere Firmen unter dem Dach des norwegischen TNC Pan Fish vereinigt. Nach Schätzungen kontrolliert der unter dem Firmennamen Marine Harvest Group operierende weltweit größte Lachsproduzent ein Fünftel bis ein Drittel der globalen Produktion. Ein weiteres Beispiel für eine Vorwärtsintegration ist die norwegische Cermaq Gruppe. Mit der Akquisition des in Chile operierenden Futtermittelkonzerns Ewos, der zuvor chilenische Konkurrenten übernommen hatte, kontrolliert sie rund 40 % des weltweiten Futtermittelmarktes für Fische. Cermaq stieg dann selbst in die Fischproduktion ein und erwarb eine große Zuchtfarm, die bis dahin von lokalem Kapital kontrolliert worden war. Auf der anderen schlossen sich drei chilenische Fischzüchter zusammen und bildeten ein Joint Venture mit dem transnationalen Futtermittelhersteller Ecofeed. Hier ist ein Fall von Rückwärtsintegration anzutreffen: Fischproduzenten dehnen ihr Geschäft auf das Angebot von Produktionsfaktoren für die Lachsindustrie aus (Montero 2004:51ff; Jahresberichte der genannten Firmen; Berichte in Fachzeitschriften).

Heute befinden sich unter den führenden Unternehmen Marine Harvest Chile und Mainstream (Cermaq) sowie drei chilenische Firmen. Aquachile, Camanchaca und Multiexport sind Familientrusts, die frühzeitig im Sektor investiert haben bzw. aus der Nahrungsmittelindustrie kommen. Bei allen handelt es um vertikal integrierte Unternehmen. Die Liste der Top Ten komplettieren weitere chilenische sowie ein japanisches und ein spanisches Unternehmen. Die großen einheimischen Unternehmen haben ihre Firmenhauptsitze im *Central Business District* von Santiago eingerichtet, die transnationalen Player koordinieren Zucht, Verarbeitung und Vertrieb von der regionalen Hauptstadt aus.

Zulieferbeziehungen: Herkunft der Inputs und Dienstleistungen
Mit der vertikalen Integration der großen Unternehmen stiegen Subcontracting und Outsourcing: Die Firmen vereinigen unter ihrem Dach sämtliche Produktionsschritte, lagern aber einzelne Tätigkeiten an Dienstleister im formellen oder informellen Sektor aus. Neben der saisonabhängigen und flexiblen Beschäftigung von Arbeitern, Tauchern

und Fahrern haben sich seit den 1990er Jahren lokale Klein- und Mittelbetriebe (KMU) als Zulieferfirmen etabliert und einen Professionalisierungsprozess durchlaufen. Parallel zu diesen gibt es in ausgewählten Bereichen spezialisierte internationale Unternehmen und Beraterdienste vor Ort.

Das Cluster-Förderprogramm der staatlichen Entwicklungsagentur Corfo zählt in der Lachsexportindustrie 800 bis 1.200 Zulieferfirmen. Taucher, die die Käfige und Netze instandhalten und reinigen, die Lachse ernten und die toten Fische entsorgen, waren früher im Kernunternehmen angestellt, sind heute aber großteils externe Dienstleister. Die Ernte mit Wellboats ist hingegen in das Unternehmen integriert. Die Transportlogistik wird so gut wie vollständig an spezialisierte Unternehmen ausgelagert. Denn Unterbrechungen in der Kette können nicht nur zu Lieferverzögerungen und erhöhten Kosten führen, sondern das Endprodukt zerstören.

Technologie- und kapitalintensivere Inputs – etwa zur Kontrolle der Wasserqualität, der automatisierten Fütterung, Kühltechnik oder Tankwägen – stammen von den Herstellern spezieller Ausrüstungsgüter. Zum Großteil werden diese Inputs eingeführt oder importierte Teile vor Ort montiert bzw. für lokale Zwecke adaptiert. Das gilt auch für die Netzkäfige und die Spezialnetze, die mit Inputs aus Brasilien, Norwegen oder Italien in Chile gefertigt werden. Das Futter wird vor Ort hergestellt, und zwar entweder von den produzierenden Unternehmen selbst oder von Fischmehlherstellern, die die Abfälle in der Fabrik entsorgen und weiter verarbeiten.

An der Wertschöpfungskette beteiligt sind auch Pharma-, Biotechnologie- und Chemiekonzerne als Hersteller von Medikamenten und Futtermitteladditiven. Vom Chemiekonzern BASF stammt etwa neben Vitaminen und Aminosäuren das Carotinoid Astaxanthin, das den Zuchtlachsen die charakteristische rosa Farbe verleiht. Gehobene produktionsbezogene Dienstleistungen umfassen gen- und labortechnische, veterinärärztliche und andere spezialisierte Dienste im Bereich Qualitätssicherung und -kontrolle, Internationales Recht, Umwelt etc. Auch in diesen Bereichen haben sich chilenische Firmen etabliert bzw. ehemalige Spitzenmanager selbstständig gemacht. In den Bereichen Pharma, Verpackung, Transportlogistik und Abfallwirtschaft werden wenige spezialisierte Anbieter gezählt. Die meisten unabhängigen Zulieferer gibt es in den Bereichen Wartung und lokaler Transport (Bañados de la Jara 2006; Infante Varas 2008; http://www.clustersalmon.cl/).

Chilenische Zulieferbetriebe decken etwa 50 bis 70 % der nachgefragten Inputs ab. Sie dominieren bei den arbeitsintensiven, räumliche Nähe erfordernden Dienstleistungen und im vorderen Teil der Kette (Eiproduktion, Zucht der Setzlinge). Im Jahr 1995 wurden 40 % der Fischeier in Chile produziert, heute versorgen sich die Produzenten zu 75 bis 80 % mit lokalen Eiern (Sernapesca 2009b). Einen Beitrag dazu leisteten auch die nationalen Regulierungsbehörden, die im Jahr 2000 den Import von Lachseiern strikten Auflagen unterwarfen, um die Gefahr von Infektionen zu mindern. Spezialisierte KMU konnten teilweise bei technologieintensiveren Inputs und der Herstellung spezieller Endprodukte reüssieren (zwei chilenische Anbieter stellen etwa Wellboats her). Zu drei Vierteln handelt es sich dabei um ältere Betriebe, die bereits als Zulieferer für die Agroindustrie und den Forstsektor fungierten. Auch „neues" chilenisches Kapital findet einträgliche Nischen. Dazu gehören der Bau von Anlagen, Arbeiterunterkünften oder die Installierung und Reinigung der Netzkäfige (Iizuka 2004:13ff; Montero 2004:51ff; Vignolo/Held/Zanlungo 2007). Die Präsenz transnationaler Unternehmen wird von den lokalen KMU mehrheitlich begrüßt, das zeigen die Interviews von Torres Fuchslocher (2007:101). Mit den großen Firmen steige die Nachfrage und man könne die Inputs auf wenige Kunden konzentrieren. Dies führe zu stabilen Beziehungen mit den Abnehmern, auch in finanzieller Hinsicht, obwohl sich die Zahlungsfristen verlängerten.

Governance-Strukturen im Wandel: Der Aufstieg der Supermarktketten

Mit Governance sind die Beziehungen zwischen den beteiligten Akteuren und die institutionellen Mechanismen und Arrangements gemeint, mittels derer die Aktivitäten in einer Warenkette oder in einem Produktionsnetzwerk koordiniert und gesteuert werden. Auch Handelsregime, staatliche Regulierung, private Standards und Normen oder die nationale Industriepolitik prägen die Governance-Struktur. Bleiben wir zunächst bei den Beziehungen zwischen den beteiligten Marktakteuren.

In der Aufbauphase der Aquakulturindustrie bestand ein kooperatives Netzwerk, in dem die – chilenischen – Produzenten, mit tatkräftiger Unterstützung der Institutionen des neoliberalen Entwicklungsstaates, ein Angebot für hohe Einkommensschichten in ausgewählten Ländern des Nordens bereitstellten. Mit der Einbindung in transnationale Produktionsnetzwerke kam es zur Ausdifferenzierung im Sektor: Es entstanden integrierte Unternehmen, die eigene Entwicklungspfade verfolgen. Parallel dazu bestehen kleine Salmoneras weiter, spezialisierte Zulieferer begannen sich zu etablieren. Die mit der Transnationalisierung einhergehende Konzentration des Sektors ließ eine quasi-hierarchische Governance-Struktur entstehen, in der die großen Produzenten und ehemaligen Futtermittelerzeuger dominieren (Humphrey/Schmitz 2002).

Die großen Unternehmen sind dennoch nicht die einzigen Marktakteure, die die Regeln, nach denen die Produkte hergestellt werden, definieren. In Nahrungsmittelketten sind es oftmals die Käuferunternehmen: Die Supermarktketten zwängen die Hersteller in straffe Produkt- und Produktionsvorgaben. Von ihnen kommen genaue Angaben über das gewünschte Endprodukt, von der Art der Aufbereitung über die Farbe bis hin zum Etikett und zur Verpackung. Sie organisieren und koordinieren die Zulieferbeziehungen und kreieren eigene Marken. Ihnen steht auch meist das Recht zu, das Endprodukt zurückzuweisen (Gibbon 2001; Aufhauser/Reiner in diesem Band). Das gilt auch für die globale Lachsindustrie. Der Aufstieg der Tiefkühlkost und variantenreicher Endprodukte erhöhte die Macht der Supermarktketten als zentrale Einkäufer und Anbieter dieser Produkte. Mit den Produkten der „modernen, schlanken und gesunden Küche" – geruchsarme und grätenfreie Filets, garnierte Fertig- und Halbfertigprodukte, kalorienarme Spezialgerichte etc. – stiegen auch Akteure aus anderen Nahrungsmittelketten, wie etwa Unilever, Tyson oder Conagra, in das Geschäft mit dem Fisch ein. Guillotreau/Le Grel/Simioni (2005) sehen die Produzenten und Primärverarbeiter gar auf die Rolle eines Subunternehmers des Lebensmitteleinzelhandels beschränkt, denn die Supermarktketten sind es, die den Preis für das Endprodukt festlegen. Ihre Fallstudie zeigt, dass die Produzenten nicht in der Lage sind, eine Änderung bei den Kosten an die Käuferunternehmen weiterzugeben. Der Einzelhandel hingegen reagiert unmittelbar auf Änderungen in den Lachsexportpreisen. Ein zweites Merkmal der Governance-Struktur, das mit der Diversifizierung des Angebots zusammenhängt, ist ein Anstieg des Subcontracting. Eine Untersuchung eines repräsentativen Samples norwegischer Lachsproduzenten zeigt, dass sich der durchschnittliche Anteil an zugekauften Dienstleistungen am Umsatz bei Firmen, die hohe Verkaufszahlen mit verarbeitetem Lachs erzielen, zwischen 1995 und 2000 nahezu verdoppelt hat (Guillotreau/Le Grel/Simioni 2005:593).

Konkurrenz erwächst den Supermarktketten in Gestalt der Fischgroßhändler und -importeure, die Großverbraucher und Restaurantketten beliefern. Dies gilt insbesondere für den japanischen Markt. Fischeinzelhandelsketten, Fast-Food-Ketten oder Catering-Unternehmen verfügen über gesonderte Vertriebsnetze, die eigene Koordinations- und Governance-Formen aufweisen (Wilkinson 2006). In den Marktbeziehungen zu den USA dominieren direkte Geschäftsbeziehungen zwischen produzierenden Unternehmen und den Supermärkten. Gleiches gilt für den europäischen Markt. In Deutschland und Österreich wird Lachs aus Chile von Penny und Aldi/Hofer vertrieben (Stiftung Warentest 2005). In Frankreich werden mittlerweile rund 70 % des importierten Fisches von Supermärkten vermarktet, der Anteil traditioneller Fisch- und Delikatessengroßhändler ist rückläufig (Phyrne/Mansilla 2003; Guillotreau/Le Grel/Simioni 2005:583).

Dennoch entspricht die Lachskette nicht der idealtypischen Koordinationsform einer käufergesteuerten Güterkette (Gereffi 1994; für eine Weiterentwicklung siehe Sturgeon 2002). Denn die Vorwärtsintegration der Futtermittelproduzenten und die steigende Konzentration von transnationalem und chilenischem Kapital zeigen, dass die Lachszucht in Chile zu einer Angelegenheit des *big business* und *big money* geworden ist. Es braucht *economies of scale* und Investitionen, um in der weltmarktorientierten Aquakulturindustrie in Chile Fuß fassen und konkurrenzfähig bleiben zu können. Mit dieser Argumentation hat jüngst der französische Lachsimporteur Direct Ocean seinen 50 %igen Anteil an einem chilenischen Verarbeitungsbetrieb an eine koreanische Firma verkauft. Direct Ocean lässt fortan den importierten Fisch in Fabriken in China, Norwegen und bald auch in Polen verarbeiten (Intrafish, 17.4.2009).

Produktnormen und Verhaltenskodizes: Standard-Setting als Machtinstrument

Die industrielle Fischzucht in Chile unterliegt vielerlei Formen von Regulierung. Die Regierungen Chiles verfolgen eine Politik des Freihandels und setzen auf eine offensive Weltmarktintegration. Mit rund 50 Freihandelsabkommen ist es das Land mit den weltweit zahlreichsten Verträgen dieser Art. Auf einer zweiten Ebene ist der Sektor von nationaler Regulierung erfasst. Für die Aquakulturnutzung werden Konzessionen vergeben, es gibt ein Küstenmanagement und gesetzliche Vorschriften etwa im Bereich des Arbeits- und Naturschutzes. Eine dritte Form der Regulierung sind Produktnormen und Verhaltenskodizes. Diese wurden in Nahrungsmittelketten zu einem wichtigen, manche meinen sogar zum vorherrschenden Governance-Instrument (Henson 2007; siehe auch Fold in diesem Band). Dabei geht es nicht nur um die Sicherheit und die Qualität des Endprodukts, sondern um die Rückverfolgbarkeit des gesamten Herstellungsprozesses entlang der Wertschöpfungskette: „The food law of the European Union implements the principle of quality management and process-oriented controls throughout the food chain – from the fishing vessel or aquaculture farm to the consumer's table. Spot checks on the end product alone would not provide the same level of safety, quality and transparency to the consumer." (Europäische Kommission 2007:1)

In der Aufbauphase gab die chilenische Regierung den Unternehmen viel Freiraum, Konzessionen wurden im ungetrübten Exportenthusiasmus bereitwillig vergeben. Der

Übergang zur Demokratie brachte eine Nachdenkpause hinsichtlich der Genehmigung neuer Zuchtfarmen und eine verpflichtende Umweltverträglichkeitsprüfung. Im Jahr 2004 wurde ein Maßnahmenbündel im Rahmen einer neuen nationalen Aquakulturpolitik verabschiedet. Aber alle Vorgaben beruhen auf Freiwilligkeit, um es, wie es hieß, den Firmen zu erleichtern, den Auflagen im Umwelt- und Arbeitsbereich nachzukommen. Dass die Aquakulturpolitik dem Ziel des Exportwachstums verpflichtet ist, wird auch dadurch deutlich, dass die beiden zuständigen staatlichen Stellen, das Unterstaatssekretariat für Fischereiangelegenheiten und die nationale Fischereibehörde, beide im Wirtschaftsministerium angesiedelt sind.

Neben den Gesetzgebern sind es die Lebensmittelketten und die Produzenten, die die Entwicklung international anwendbarer Normen und Prüfzeichen befördern. Die Käuferunternehmen verpflichten damit die Akteure entlang der Warenkette zur Lieferung standardisierter Ware in gleichbleibender Qualität. Die Kosten, die daraus erwachsen, wandern in der Regel zu den Produzenten, Zulieferbetrieben und Transporteuren. Der Einzelhandel präsentiert sich gerne als treibende Kraft von Qualitätsstandards (Wal-Mart: „Food safety is a top priority for us"). Für die Fischzucht und ihre Produkte können sie diese Rolle nicht so ohne Weiteres beanspruchen: Die Supermarktketten verweigerten vorerst die Vorgaben der EU, bei der Produktkennzeichnung zwischen Wild- und Zuchtlachs zu unterscheiden. Diese Kennzeichnungspflicht wurde erlassen, nachdem Untersuchungen in Großbritannien Zuchtlachs als das am stärksten kontaminierte Lebensmittel in britischen Supermärkten ausgewiesen hatten und in den USA gesundheitliche Risiken in Zusammenhang mit hohen Anteilen an Dioxinen und polychlorierten Biphenylen festgestellt wurden (Neue Zürcher Zeitung, 7.11.2008). Das Interesse der Lebensmitteleinzelhändler lag in diesem Fall in der Beibehaltung gängiger Produktionsmethoden. Gütesiegel und Bio-Zertifikate werden in der Regel von den Produzenten(organisationen), NGOs und manchmal auch von Regierungen entwickelt, um eine Erzeugerfirma oder ein Produkt in der Wahrnehmung der KonsumentInnen hervorzuheben.

Standards werden in Bezug auf Produkte und Produzenten aus Entwicklungsländern kontroversiell diskutiert. Die einen erblicken in den Anforderungen eine hohe Eintrittsbarriere: Kleinen Anbietern und Produzenten wird auf lokaler Ebene abverlangt, einer Vielzahl an global wirksamen Normen und Regulierungen gerecht zu werden. Für andere AutorInnen senken sie die Transaktionskosten und bilden einen Katalysator für Upgrading (siehe Stephan/Stamm in diesem Band). Wie immer man die sich eröffnenden Marktchancen von Fall zu Fall bewertet, Produktdifferenzierung ist ein Kampffeld innerhalb von Warenketten: Mit der Schaffung von Standards werden Machtbeziehungen etabliert oder verändert (Henson/Humphrey 2008).

In Chile erkannte der Sektor frühzeitig die Bedeutung von Standards als Schlüsselressource für die internationale Wettbewerbsfähigkeit. Der Industrieverband entwarf mit Unterstützung der Fundación Chile Mitte der 1980er Jahre ein Gütesiegel, das Richtlinien für die Verarbeitung enthielt. Nach der Gründung von SalmonChile war es eine der wichtigsten Aufgaben des Sektorverbands, ein lokales Zertifizierungssystem auf den Weg zu bringen. Ein solches sollte dem chilenischen Lachs gegenüber seinen bekannteren Konkurrenten aus Norwegen oder Kanada Reputation und seinen Produzenten einen besseren Status verleihen. Heute ist es Intesal, der im Jahr 1994 gegründete wissenschaftliche Arm des Verbands, der bei der Entwicklung lokaler und der Adaptierung globaler Standards federführend wirkt. Im Falle der chilenischen Lachsindustrie haben die Berufs- und Interessenorganisationen kräftig daran mitgewirkt, dass ihre Mitglieder den Anforderungen der Käuferunternehmen entsprechen. Parallel dazu hat das Unterstaatssekretariat für Fischereiangelegenheiten begonnen, internationale private Standards im Bereich Gesundheit und Produktqualität für die nationale Ebene zu adaptieren (Iizuka 2004; Alvial 2005).

Dass Initiativen in diesem Bereich in erster Linie deshalb gefördert werden, um die internationale Wettbewerbsfähigkeit der Industrie langfristig sicherzustellen, zeigt die Vereinbarung für saubere Produktion (Acuerdo de Producción Limpia). Sie wurde im Jahr 2002 zwischen Verband sowie lokalen und nationalen Regierungsstellen ausgearbeitet. Laut Intesal wurden während der Gültigkeit der Vereinbarung von 2002 bis 2004 rund 90 Millionen US-Dollar in Maßnahmen zur Optimierung des Materialeinsatzes – etwa in neue Netze, Fütterungssysteme und Recyclingprogramme – investiert. Die Förderprogramme dienten erklärterweise dazu, Synergien und Skaleneffekte zu schaffen sowie die Effizienz und die Wettbewerbsfähigkeit der in Chile operierenden Unternehmen zu steigern (http://www.produccionlimpia.cl/).

Ein zweites Beispiel für die proaktive Strategie des Sektorverbandes, den internationalen Marktanforderungen zu begegnen, ist die Entwicklung von SIGES. Der im Jahr 2003 eingeführte Standard beruht auf mehreren internationalen Standards und deckt sämtliche Produktionsschritte ab. Mittlerweile wurde er auch auf den Zulieferbereich ausgedehnt, allerdings hat noch kein Zulieferbetrieb den Prüfprozess erfolgreich durchlaufen. SIGES ist nicht nur das am weitesten verbreitete private Prüfzeichen in Chile (sechs Firmen haben die Anforderungen erfüllt), sondern avancierte auch zum Standard der chilenischen, kanadischen und US-amerikanischen Fischzuchtunternehmen, die sich unter dem Namen Salmon of the Americas (SOTA) zusammengeschlossen haben. SIGES soll als Benchmarking-Instrument wirken, das die Firmen anhält, die Produktionsmethoden zu optimieren und ihre Ressourcenallokation effizienter zu gestalten. Wal-Mart, Aldi, Rewe, Carrefour, die Metrogruppe und andere Ketten haben SIGES zur Grundlage ihrer Beschaffungspolitik gemacht (Iizuka 2009:18f; Seafood Business Magazine, 15.6.2007; http://www.siges-salmonchile.cl/).

Im internationalen Vergleich sind die in Chile operierenden Firmen bei der Übernahme der Standards dennoch zögerlich. Gegenwärtig gibt es nur zwei Unternehmen, ein chilenisches und Salmones Mainstream (Cermaq), die für alle Produktionsabschnitte Zertifikate erhalten haben. Camanchaga hat es als einziges Unternehmen geschafft, ein Biozertifikat vom deutschen Naturlandverband für eine Produktlinie zu erhalten. Bei Marine Harvest hingegen entspricht nur die Aufzucht sowie zwei von vier weiterverarbeitenden Betrieben den Vorgaben von SIGES. Im Gegensatz zu seinen Produktionsstätten in Europa und den USA hat der Konzern in Chile keine weiteren internationalen Standards implementiert (Marine Harvest 2008:13; Jahresberichte der genannten Firmen).

Upgrading und die Frage nach dem Mehrwert
Nach den Kategorien von Humphrey/Schmitz (2002) kann der chilenischen Lachsindustrie bzw. den großen Firmen des Sektors ein erfolgreiches Produkt-Upgrading in den verarbeitenden Teilen der Kette konstatiert werden: Statt Fischmehl, rohem Fisch und gefrorenem Coho werden heute verarbeitete Produkte mit einem höheren Wertschöp-

fungsanteil exportiert. Das bringt größere Gewinnspannen: Der Preis für Filets ist aufgrund der Verarbeitungskosten höher als für unverarbeiteten Fisch. Auch ein Prozess-Upgrading hat stattgefunden: Durch den Einsatz neuer Technologie ist die Lachsproduktion heute im Vergleich zur Pionierphase effizienter (Maggi Campos 2004:12ff; Montero 2004:68; Vignolo/Held/Zanlungo 2007).

Nicht nur die transnationalen Konzerne haben neue Funktionen entlang der Produktionskette übernommen, auch bei den chilenischen Top-Unternehmen ist ein funktionales Upgrading festzustellen. Interessant im Sinne der Profitsteigerung und der Kontrolle über das Endprodukt sind vor allem die Abschnitte am Ende der Kette, die Bereiche Marketing und Vertrieb. Die Zeit der Exportgemeinschaften unter chilenischen Produzenten und das Bemühen um gemeinsame Vertriebsstrukturen sind allerdings vorbei. Eine Koordination zwischen privaten und staatlichen Akteuren, wie sie bei Produkt- und Prozess-Upgrading durch staatliche Förderprogramme, internationale Partner etc. stattfindet, ist in diesem Bereich nicht gegeben. Es gibt bei der Exportagentur ProChile oder der Sektororganisation keine Bemühungen, chilenischen Lachs als Eigenmarke auf internationalen Märkten zu vertreiben. Neue Produktlinien für eine bessere Vermarktung zu entwickeln, neue Vertriebskanäle aufzutun und Marketingkampagnen zu lancieren – das liegt bei den individuellen Firmen bzw. spezialisierten Dienstleistern. Die chilenischen Firmen sind hier unterschiedlich erfolgreich. Multiexport und Camanchaga vertreiben eigene Marken (*Branding*) und bewerben diese mit aufwendigen Kampagnen am US-amerikanischen Markt. Der große Rest der Produktion landet als Eigenmarken der Supermärkte in den Regalen von Wal-Mart oder Aldi, bei Delikatessenhändlern oder in US-amerikanischen Räuchereien zur Weiterverarbeitung.

Schließlich kann den chilenischen Produzenten ein in Lateinamerika seltener Fall von intersektoralem Upgrading attestiert werden, und zwar in die Biotechnologie und Genetik. AquaChile betreibt mit InnovaChile, dem Technologiearm der staatlichen Entwicklungsagentur, und der Universidad de Chile ein biotechnologisches Forschungslabor. InnovaChile ist in großem Rahmen in die Genomforschung eingestiegen, und zwar im Rahmen eines internationalen Kooperationsprojekts. Ziel von Genome BC ist die Zuchtselektion für im Handel wichtige Eigenschaften. Beteiligt sind kanadische und norwegische Forschungseinrichtungen, die von der öffentlichen Hand und Unternehmen, darunter Marine Harvest und Cermaq, dotiert werden.

Die Herstellung von speziellen Endprodukten für verschiedene Konsumbedürfnisse kann als Produkt-Upgrading, aber auch als funktionales Upgrading gefasst werden, weil die Produzenten des Rohmaterials Fisch diesen auch weiterverarbeiten. Die Statistik zeigt, dass der Anteil verarbeiteter Produkte an den Exporten gesteigert wurde: Frische und gefrorene Filets, Räucherlachs, eingesalzener Trockenfisch, Konserven und nicht näher beschriebene andere Produkte sind von knapp 16 % (1994) auf 53 % im Jahr 2007 gestiegen (SalmonChile 2009). Der Anteil der Produkte mit höherer Wertschöpfung ist seit dem Jahr 2003 gemessen an den Erträgen stabil. Allerdings stellt sich die Frage, was als Wertschöpfung ausgewiesen wird. Ermittelt wird diese, indem der laufende Exportwert mit den Futterkosten, dem kostenintensivsten Input, gegengerechnet wird. Die auf Basis der Produktionsmengen und dem Konversionskoeffizienten – derzeit 1,3 Kilogramm Futter für ein Kilogramm Lachs – errechnete Wertschöpfung stieg ohne Zweifel seit den 1990er Jahren kräftig an, weil die Lachsexporte insgesamt mas-

Entwicklung der globalen Lachsindustrie in Chile

	1978–1985	1986–1997	1998–2008
Entwicklungs-etappen	Aufbauphase mit privaten und öffentlichen Ressourcen	Pionierphase, Partnerschaften unter den Produzenten und mit dem Sektorverband	Einbindung in globale Wertschöpfungsketten, individuelle Firmenstrategien
Ziel	Überleben der Fische	Steigerung des Output	Höhere Produktivität
Produkte und Abnehmer	Fischmehl; frischer Pazifiklachs für gehobene Einkommensschichten	Gefrorener Pazifiklachs nach Japan	v.a. Atlantiklachs, frische und gefrorene Filets, USA und Japan plus Marktdiversifizierung
Unternehmens-typus	Lokales Kapital, Klein- und Mittelbetriebe	Lokales Kapital, Eintritt TNCs (Nahrungs- und Futtermittelkonzerne)	Merger & Aquisitions, vertikal integrierte TNCs, lokale Player mit strategischen Allianzen
Zulieferer	Wenige – Firmen sind spezialisiert und importieren nicht verfügbare Inputs (Eier, Ausrüstungsgüter, Technologie)	Markteintritt von *intermediate input suppliers*; Professionalisierung der Zulieferer	Spezialisierte lokale KMU, spezialisierte internationale Firmen, produktionsbezogene Dienstleistleistungen (Unternehmensberatung, Rechtsdienste, Kontrolllabors, etc.)
Vermarktung und Vertrieb	Direktverkauf der Produzenten an Zwischenhändler	Händler, Exportgemeinschaft chilenischer Produzenten	Supermarktketten, strategische Allianzen und Partnerschaften mit Einzelhändlern
Rolle des Staates	Kredite, Beratung, Technologietransfer	Regulatorische Rahmenbedingungen; exportorientierte Makropolitik	Regulierung und Kontrolle (Umwelt, Gesundheit); exportorientierte Makropolitik
Standards		lokale Qualitätsstandards	lokale und internationale Standards, Rückverfolgbarkeit

siv gestiegen sind und der Futterverbrauch reduziert werden konnte. Um andere wertsteigernde – und in Entwicklungsperspektiven entscheidende – Faktoren sieht es hingegen schlecht aus: Die Produktivität und die Qualität des Humankapitals sind rückläufig. Nationale Entwicklungsimpulse sind schwach und die regionalen Effekte hinterfragbar, wie noch gezeigt werden wird. Wertschöpfung beruht hier einerseits auf einer Mengensteigerung bei gleichzeitiger Reduktion des Futtermitteleinsatzes und andererseits auf der Differenzierung der Produkte, die dann teurer an die Käuferunternehmen bzw. KonsumentInnen abgegeben werden können. Die Art der Exportprodukte macht deutlich, dass es sich um *manufacturing added processes* (Bas/Amoros/Kunc 2008) handelt – die ausgewiesene Wertschöpfung ist im Wesentlichen eine Weiterverarbeitung von Primärgütern mit gering qualifizierten Arbeitskräften.

Das untere Ende der Warenkette:
Arbeit, Arbeitsbedingungen und regionale Entwicklungseffekte

Laut einer Untersuchung der Exportagentur ProChile und der Universidad Chile, bei der Unternehmen des Sektors befragt wurden, waren im Jahr 2005 in der Fischindustrie 28.368 Personen direkt und 7.631 indirekt – als externe Dienstleister und Zuliefrer – beschäftigt. Die Fischindustrie gehört mit 17 ArbeiterInnen bzw. Angestellten pro erreichter Million US-Dollar an Exporterlösen zu den relativ arbeitsintensivsten Exportzweigen. Zum Vergleich die Zahlen aus den anderen nicht-traditionellen Sektoren: im Weinbau sind es 14,8, im Kupferbergbau 3,8 und in der Zelluloseindustrie gar nur 1,4 Arbeitsplätze (Agosin/Larraín/Grau 2009). Etwa die Hälfte der direkt Beschäftigten arbeitet in den Fabriken in der Region, wo der Fisch am Fließband verarbeitet und für den Export verpackt wird. Zwischen 80 und 100 % der durchschnittlich 250 bis 300 Arbeitsplätze in einer Fabrik sind Frauen. Zwei Drittel sind unqualifizierte und niedrig qualifizierte Arbeitskräfte. In den Zuchtfarmen haben sich im Laufe der 1990er Jahre die Arbeitsplätze halbiert, da die Fütterung mittlerweile weitgehend automatisiert erfolgt. Dort überwiegt männliche Arbeit, Frauen haben einen Anteil von 30 %. Die Arbeit findet in entlegenen Orten am oder im Meer statt, unter rauen klimatischen Bedingungen und mit prekärer Infrastruktur (Universidad de Chile 2005; ProChile 2006; Dirección del Trabajo 2007; Agosin/Larraín/Grau 2009).

In der Fischindustrie überwiegen formalisierte Arbeitsverhältnisse, allerdings gibt es verglichen mit anderen Industriezweigen ein höheres Maß an saisonabhängigen Zeitverträgen. Laut Pinto (2007) wird in der Fischindustrie im Jahresdurchschnitt wöchentlich 50 bis 60 Stunden gearbeitet, wobei sich die Fluktuation jenem des landwirtschaftlichen Sektors annähert. SalmonChile (2006b) spricht mit Bezug auf Unternehmensbefragungen von einer saisonabhängigen Variation von 12,2 %. In der Hochsaison in den Monaten November bis März wird mehr als die Hälfte des Pazifiklachses verschifft. Dann steigt die Arbeitszeit bis zu zwölf Stunden täglich und zusätzliche temporäre ArbeiterInnen, zumeist Junge und Frauen aus der lokalen Bevölkerung, werden beschäftigt. In den Fischfabriken variieren die Arbeitsbedingungen und die Bezahlung von Firma zu Firma erheblich. Es ist bei einigen Firmen Praxis, ein Grundgehalt zu bezahlen, das unter dem gesetzlichen Mindestlohn liegt, und dieses mit variablen Lohnbestandteilen zu kombinieren. Erst mit dem Erreichen bestimmter Produktionsziele und entsprechender Bonuszahlungen wird das Niveau des Mindestlohnes erreicht (Pinto/Kremerman 2005).

Die Befragungen von Barrett/Caniggia/Read (2002) haben ergeben, dass die lokale Bevölkerung der Lachsindustrie mehrheitlich positiv gegenübersteht. Einzig die traditionellen Fischer klagten über die Absperrungen der Lachsfirmen und dass diese informell und ohne gesetzliche Deckung den konzessionierten Bereich ausdehnten. Positiv reagierten die Frauen auf die Lachsexportindustrie: Die Ehemänner und Söhne würden vor Ort arbeiten und nicht mehr zur Migration gezwungen. Die Arbeit in einer Salmonera bringe überdies ein regelmäßiges Einkommen. Beklagt wurden lediglich die Schäden auf den Landstraßen, die die Fischtransporter anrichten. Die befragten Fischer und Frauen äußerten sich gleichermaßen besorgt über die Kontaminierung des Wassers und die Schädigung von Algen und Meerestieren. Das bedrohe die Existenz der Fischer und verschärfe die Ernährungssituation.

Die Fischindustrie hat Beschäftigung in einer strukturschwachen Region geschaffen, deren ökonomische Basis – die Produktion von Milch, Fleisch und traditionellen landwirtschaftlichen Gütern – in einer Rentabilitätskrise steckte. Die Lohnarbeit ist in der X. Region in der Dekade der 1990er Jahre um 23 % gestiegen, die Frauenerwerbsarbeit um 66 %. Die durchschnittlichen Löhne in der Fischindustrie liegen um 14 % über dem regionalen Mittel der im nationalen Vergleich einkommensschwachen Region. Zu den nachteiligen Effekten gehört die immer stärkere Abhängigkeit der regionalen Wirtschaft von der Lachsexportindustrie. Der Anteil der Fischerei und Aquakultur am regionalen BIP der X. und XI. Region stieg von 6,7 % im Jahr 1985 (vor allem Fischerei) auf 20,5 % im Jahr 1997 (diesmal und fortan beruhend auf der Aquakultur) und hält derzeit bei 30 % (INE verschiedene Jahre; Mideplan 2006; SalmonChile 2007). Was die ausgewählten Stichdaten nicht zeigen: Das regionale BIP liegt in Boomzeiten über dem nationalen Durchschnitt, fällt aber in Zeiten des Preisverfalls oder einbrechender Exporte in der Lachsindustrie aufgrund der einseitigen Abhängigkeit umso stärker darunter. Die Beschäftigung ist infolge des ISA-Virus massiv eingebrochen. Laut SalmonChile wurden im Jahr 2009 die Hälfte der direkt Beschäftigten, rund 15.000 Personen, gekündigt. Aufgrund der Erfahrungen mit vorangegangenen Krisen schätzt man, dass etwa 2.000 externe Zulieferer und temporäre ArbeiterInnen betroffen sind (El Mercurio, 17.2.2010). Die Gemeinden der Fischindustrie liegen hinsichtlich der sozialen Infrastruktur signifikant unter dem nationalen sowie dem regionalen Durchschnitt: Die Menschen in den *comunas salmoneras* haben einen verminderten Zugang zu Trinkwasser, Elektrizität und Gesundheitseinrichtungen. Diese Unterversorgung kann nicht mit dem Nettozuzug erklärt werden, sie ist dem fehlenden Ausgleich zwischen den Regionen geschuldet. Eine kommunale Besteuerung der Unternehmen, deren Erträge den Gemeinden zugute kommen, gibt es nicht.

Schlussbetrachtung

Das Entwicklungsmodell Chiles beruht auf Exporten, deren Beschaffenheit und Einbindung in globale Warenketten strukturelle Probleme bergen. Erstens schwanken die Preise für die führenden Exportgüter enorm. Das gilt in erster Linie für Kupfer, das Exportgut Nummer eins. Aber auch der Preis für ein Kilogramm frische Atlantiklachsfilets kann von neun US-Dollar im Sinkflug bei vier Dollar landen, und die hohen Kosten für Spezialfutter bringen die Produzenten immer wieder in gehörige Schwierigkeiten. Zweitens beruhen die Exporte des Landes zu 80 bis 90 % auf der extensiven Ausbeutung natürlicher Ressourcen. Nicht erst das ISA-Virus zeigt, dass der Output einer lebendigen Ressource nicht grenzenlos gesteigert werden kann.

Die derzeitige Krise hat der Forderung nach einer stärkeren Regulierung und Kontrolle des Sektors Nachdruck verliehen. Selbst der Präsident von AquaChile gestand ein, dass die Selbstregulierung nicht ausreichend war. Es brauche gesetzmäßige Vorgaben und starke Kontrollbehörden, um der Industrie zu einem sicheren und nachhaltigen Wachstum zu verhelfen (Interview in El Diario Financiero, 7.8.2009). Im August 2009 legte eine Arbeitsgruppe einen Entwurf für eine Gesetzesreform vor, die eine härtere Linie in Bezug auf Gesundheits- und Umweltauflagen sowie im Bereich des Arbeitsschutzes vorsieht. Das Gesetz sollte es ermöglichen, Firmen die Konzession zu entziehen, wenn sie die Auflagen nicht erfüllen. Überhaupt sollten Konzessionen fortan nur mehr für maximal 25 Jahre vergeben werden. Die Abgeordneten erteilten dem neuen Fischerei- und Aquakulturgesetz allerdings eine Abfuhr. Insbesondere die Bestimmung, dass Firmen erst dann die Lachse ernten dürften, wenn sie die Sozialversicherungsbeiträge für die ArbeiterInnen entrichtet hatten, rief Widerstand quer durch die Parteien hervor. Die Beratung über das Gesetz wurde auf die Zeit nach den Wahlen ins Jahr 2010 verschoben – und wird unter dem neu gewählten Präsidenten Piñera und seinem Kabinett aus Unternehmern und organisierten Neoliberalen kaum Chance auf Umsetzung haben.

Literatur

Agosin, Manuel R./Larraín, Christian/Grau, Nicolás (2009): Industrial Policy in Chile. Departamento de Economía, Universidad de Chile

Agraria Consultores (2004): Fortalecimiento del cluster del salmón en la zona sur austral de Chile (mimeo, CORFO, Región de los Lagos)

Alvial, Adolfo (2005): Voluntary initiatives in the salmon industry in Chile: role and prospects. Santiago: Intesal

ASVID (2008): Salmonicultura: la cuatrilogía situación sanitaria, manejo medioambiental, nutrición y genética como base de la competitividad. Informe para el Consejo Nacional de Innovación para la Competitividad. Santiago: Asesorías e Inversiones

Bañados de la Jara, Felipe (2006): El Cluster del Salmón: I+D, el Programa Tecnológico y su vinculación a proveedores. Santiago: SalmonChile

Barrett, Gene/Caniggia, Mauricio I./Read, Lorna (2002): „There are More Vets than Doctors in Chiloe". Social and Community Impact of the Globalization of Aquaculture in Chile. In: World Development 30/11: 1951-1965

Bas, Tomas Gabriel/Amoros, Ernesto/Kunc, Martin (2008): Innovation, Entrepreneurship and Clusters in Latin America Natural Resource: Implication and Future Challenges. In: Journal of Technology Managemnt & Innovation 3/4: 52-65

Delgado, Christopher L./Wada, Nikolas/Rosegrant, Mark W./Meijer, Siet/Ahmed, Mahfuzuddin (2003): Outlook for Fish to 2020. Meeting Global Demand. Washington/Penang: International Food Policy Research Institute/WorldFish Center

Dirección del Trabajo (2007): ENCLA 2006. Resultados de la Quinta Encuesta Laboral. Santiago: División de Estudios

Direcon (2008): Informe de comercio exterior de Chile, verschiedene Jahre. Santiago: Dirección de Relaciones Exteriores. http://www.direcon.cl/, 25.7.2009

Europäische Kommission (2007): EU import conditions for seafood and other fishery products. Directorate-General Health and Consumer Protection, updated 19-10-2007. http://ec.europa.eu/food/international/trade/im_cond_fish_en.pdf, 20.10.2009

Fischer, Karin (2007): Chile: Vom neoliberalen Pionier zum Vorzeigemodell für Wachstum mit sozialem Ausgleich? In: Lateinamerika Analysen 17/2: 157-175

FAO (2006): State of World Aquaculture 2006. Fisheries Technical Paper No. 500. FAO, Fishery Resources Division/FAO Fisheries Department. http://www.fao.org/docrep/009/a0874e/a0874e00.htm, 25.7.2009

FAO (2008): FAO Yearbook. Fishery and Aquaculture Statistics. Rome: FAO Fisheries and Aquaculture Information and Statistics Service

Fernández, Jorge/Briones, Luis (2005): Estudio de la Cadena Productiva del Salmón, a través de un Análisis Estratégico de Costos. In: Capic Review 3, http://www.capic.cl/capic/portada/vol3/Art %201%20Fernandez%20Briones.pdf, 3.9.2009

Gereffi, Gary (1994): The Organization of Buyer-Driven Global Commodity Chains: How U.S. Retailers Shape Overseas Production Networks. In: Gereffi, Gary/Korzeniewicz, Miguel, Hg.: Commodity Chains and Global Capitalism. Westport/London: Praeger: 95-122

Gibbon, Peter (2001): Agrocommodity Chains. An Introduction. In: IDS Bulletin 32/3: 60-68

Guillotreau, Patrice/Le Grel, Laurent/Simioni, Michel (2005): Price-Cost-Margins and Structural Change: Sub-Contracting within the Salmon Marketing Chain. In: Review of Development Economics 9/4: 581-597

Henderson, Jeffrey/Dicken, Peter/Hess, Martin/Coe, Coe/Wai-Chung Yeung, Henry (2002): Global production networks and the analysis of economic development. In: Review of International Political Economy 9/3: 436-464

Henson, Spencer J. (2007): The Role of Public and Private Standards in Regulating International Food Markets. In: Journal of International Agricultural Trade and Development 4/1, 52-66

Henson, Spencer/Humphrey, John (2008): Understanding the Complexities of Private Standards in Global Agri-Food Chains. Institute of Development Studies, University of Sussex. http://www.ids.ac.uk/index.cfm?objectid=7AE181C1-F99E-834D-33B7CF2AEE885CB3, 3.9.2009

Humphrey, John/Schmitz, Hubert (2002): How Does Insertion in Global Value Chains Affect Upgrading in Industrial Clusters? In: Regional Studies 36/9: 1017-1027

Iizuka, Michiko (2004): Organizational capability and export performance: the salmon industry in Chile. Paper to be presented at the DRUID Winter Conference, 22-24 January 2004

Iizuka, Michiko (2009): Standards as a platform for innovation and learning in the global economy: a case study of Chilean salmon farming industry. UNU-Merit Working Paper Series Nr. 2009-004. http://www.merit.unu.edu/publications/wppdf/2009/wp2009-004.pdf, 10.2.2009

INE/Instituto Nacional de Estadístico (verschiedene Jahre): Estadísticas Territoriales (Informe Económico Regional, Informe de Actividad Regional). http://www.ine.cl/canales/chile_estadistico/territorio/, 20.10.2009

Infante Varas, Rodrigo (2008): El Cluster del Salmón: Un aporte a la competitividad. Santiago: SalmonChile

Maggi Campos, Claudio (2004): The Salmon Farming and Processing Cluster in Southern Chile. Working Paper 16. MIUR/COFIN/CINECA

Marine Harvest (2008): Sustainability Report 2008. http://www.marineharvest.com, 20.10.2009

Mideplan (2006): Pobreza, Distribución del Ingreso e Impacto Distributivo del Gasto Social. Serie CASEN 2003. Santiago: División Social del Ministerio de Planificación y Cooperacion

Montero, Cecilia (2004): Formación y desarrollo de un cluster globalizado: el caso de la industria del salmón en Chile (=Serie desarrollo productivo Nr. 145). Santiago: CEPAL

Phyrne, John/Mansilla, Jorge (2003): Forging Linkages in the Commodity Chain: The Case of the Chilean Salmon Farming Industry, 1987–2001. In: Sociologia Ruralis 43/2: 108-127

Pietrobelli, Carlo/Rabellotti, Roberta, Hg. (2006): Upgrading to Compete: Global Value Chains, Clusters, and SMEs in Latin America. Harvard University Press/Inter-American Development Bank

Pinto, Francisco/Kremerman, Marco (2005): Cultivando Pobreza: Condiciones laborales en la salmonicultura. Santiago: Terram Publicaciones

Pinto, Francisco (2007): Conflictos Laborales en la Industria Salmonera Chilena. Santiago: Fundación Terram

ProChile (2006): Cuantificación del Impacto de las Exportaciones en el Empleo. Estudio de Productos Específicos. http://www.direcon.cl/, 25.7.2009

SalmonChile (2006a): Fish Feeding in the Chilean Salmon Farming: Conversion Rates. Santiago: SalmonChile

SalmonChile (2006b): Impacto ambiental y socioeconómico de la salmonicultura. Santiago: Sal-
    monChile
SalmonChile (2007): La Contribución de la Salmonicultura a la Economía Chilena. Santiago: De-
    partamento de Estudios SalmonChile
SalmonChile (2009): Estadísticas en Linea. http://estadisticas.intesal.cl/, 10.10.2009
Sernapesca (2009a): Concesiones de acuicultura. http://www.subpesca.cl/carto_acuic3.htm,
    20.11.2009
Sernapesca (2009b): Anuario Estadístico (verschiedene Jahre). http://www.sernapesca.cl,
    20.11.2009
Stiftung Warentest (2005): Bestnote für Zuchtlachs. In: test 1/2005: 18-25
Sturgeon, Timothy (2002): Modular Production Networks: A New American Model of Industrial
    Organization. In: Industrial and Corporate Change 11/3: 451-496
The Boston Consulting Group (2007): Estudios de Competitividad en Clusters de la Economía
    Chilena. Taller de visión de largo plazo, Consejo de Innovación, 10 de Abril de 2007
Torres Fuchslocher, Carlos (2007): Desarrollo de proveedores en la salmonicultura chilena. In:
    Journal for Technology Management & Innovation 2/1: 92-107
UNCTAD (2006): A Case Study of the Salmon Industry in Chile. New York/Geneva: United Na-
    tions
Universidad de Chile (2005): Estudio de condiciones laborales en la industria del salmón 2005.
    Cifras comentadas. Documento de Trabajo. Santiago: Universidad de Chile, Departamento
    de Ingeniería Industrial
Vignolo, Carlos/Held, Gastón/Zanlungo, Juan Pablo (2007): Strategic Management of Clusters:
    The Case of the Chilean Salmon Industry. Documentos de trabajo Serie Gestión, Escuela de
    Administración Pontificia Universidad Católica de Chile (EAPUC), Santiago de Chile
Wilkinson, John (2006): Fish: A Global Value Chain Driven onto the Rocks. In: Sociologia Ru-
    ralis 46/2: 139-153
World Bank (2007): Changing the Face of the Waters: The Promise and Challenge of Sustainable
    Aquaculture. Washington D.C.: The World Bank

Konsultierte Fachmagazine

Aquanoticias (Zeitschrift der Lachsindustrie in Chile)
Temas del Salmón (Bulletin der Sektororganisation SalmonChile)
Fish Farmer Magazine (britisches Fachmagazin für Aquakultur)
IntraFish (elektronischer Nachrichtendienst der IntraFish Media Gruppe, Norwegen)
Seafood Business Magazine (US-amerikanisches Fachmagazin)

Niels Fold

Angebotssicherheit in kleinbäuerlich dominierten Wertschöpfungsketten
Private Regulierung der westafrikanischen Kakaoproduktion

Die Rolle regulativer Mechanismen für Governance-Dynamiken ist ein theoretischer Streitpunkt im *Global Value Chain* (GVC)-Ansatz. Der ursprünglichen Formulierung von Gereffi (1994) zufolge, weist eine *Global Commodity Chain* (GCC) drei analytische Dimensionen auf: Eine Input-Output-Struktur, die Produkt- und Dienstleistungsflüsse zwischen den wertschaffenden ökonomischen Aktivitäten darstellt; eine territoriale Dimension, die die räumliche Konzentration und Streuung von Produktions- und Vertriebsnetzwerken abbildet sowie eine Governance-Struktur, die die Ströme und die Verteilung der Ressourcen innerhalb der Kette bestimmt und die entscheidend für die Koordination und die Dynamiken von GCC ist. Externe Regulierung ging als vierte Dimension in den GCC-Ansatz ein. Dabei handelt es sich um ein „institutional framework that identifies how local, national, and international conditions and policies shape the globalization process at each stage in the chain" (Gereffi 1995:113).

Dieser institutionelle Rahmen wurde seither jedoch weder von Gereffi noch von anderen VertreterInnen des GVC-Ansatzes weiterentwickelt oder als gleichermaßen wichtige analytische Dimension eingebunden. Öffentliche Regulierung und der breitere institutionelle Rahmen gingen als eine ausdrückliche vierte Dimension in der Entwicklung der analytischen Herangehensweise weitgehend verloren. Verschiedene multilaterale und nationale Regulierungsinstitutionen werden lediglich in einigen empirischen Studien berücksichtigt, wie etwa in Gerreffis eigener Untersuchung der Bekleidungskette(n), die in Entwicklungsländern ihren Ursprung haben und am US-Markt enden (Gereffi 1994; Bair/Gereffi 2001).

Vielleicht ist die implizite Begründung hierfür, dass es nur Sinn macht, den institutionellen Rahmen auf konkreter Ebene als bestimmenden Faktor für die GVC-Governance zu berücksichtigen. Abhängig von der Beschaffenheit des Produkts, das die Wertschöpfungskette begründet, werden unterschiedliche Regulierungsinstitutionen relevant. Es ist eine empirische Frage, wie diese auf die Dynamiken der GVC-Governance Einfluss nehmen. Eine GVC, die ihren Ausgang in der Landwirtschaft (des Südens) nimmt und auf den Tischen von KonsumentInnen (des Nordens) endet, wird über die üblichen

Agrarhandelspolitiken auf nationaler Ebene (Zölle, Subventionen etc.) hinaus, höchstwahrscheinlich durch öffentliche und private, das heißt vom Einzelhandel gesteuerte, Lebensmittelsicherheitsbestimmungen beeinflusst. Demgegenüber haben solche Regulierungsmechanismen weit weniger Einfluss auf eine GVC, in der das Endprodukt ein gefertigtes Konsumgut ist. Ein ikonisches, wenngleich eher einzigartiges Beispiel, stellt der Bekleidungswelthandel dar, der bis in das Jahr 2005 durch die komplexe Quotenregelung im Rahmen des Multifaserabkommens eingeschränkt wurde. Dieses System beeinflusste Standortmuster der globalen Bekleidungsproduktion und zwischenstaatliche Produkt-, Kapital- und Informationsflüsse. Üblichere Beispiele für Regulationsmechanismen auf nationaler Ebene stellen verschiedene Produktnormen dar, die im Wesentlichen als technische Handelsbarrieren fungieren können; Verhaltenskodizes für den Handel können unbeabsichtigt die gleiche Folge haben.

Die letzten Beispiele illustrieren die unklare Unterscheidung zwischen externer und interner Regulierung der GVC-Dynamiken. Technische Normen werden meist von öffentlichen Organen in Konsultation mit Handelsverbänden oder führenden Unternehmen entwickelt und überwacht, während Verhaltenskodizes durch unterschiedliche AkteurInnen aus Unternehmen, Nichtregierungsorganisationen (NGOs), Gewerkschaften und/oder politischen Organen erstellt werden. Ob diese Formen der institutionellen Regulierung nun als „internalisierte externe" oder „externalisierte interne" Regulierung konzeptualisiert werden sollen, ist schwer zu entscheiden. Es genügt festzustellen, dass externe Regulierungsinstitutionen eine potenziell wichtige Rolle in der GVC-Governance einnehmen.

Dieser Beitrag widmet sich der Struktur von und den Governance-Dynamiken in der globalen Kakao-Schokoladen-Wertschöpfungskette und untersucht die Verschiebung der Regulierungsmechanismen in den bedeutendsten Produktionsländern. Die globale Kakao-Schokoladen-Wertschöpfungskette weist eine ausgeprägte Süd-Nord-Ausrichtung auf und basiert vornehmlich und in steigendem Maße auf kleinbäuerlicher Produktion in Westafrika. Der Beitrag setzt sich mit neuen Formen der privaten Regulierung auseinander, die allmählich die vormals staatlichen *Marketing Boards*, die zum institutionellen Erbe der britischen und französischen Kolonialherrschaft zählen, ersetzen. Eine entscheidende Frage ist, ob diese neuen Formen privater Regulierungsmechanismen eine Verbesserung der Lebensgrundlage kleinbäuerlicher Haushalte in Aussicht stellen können.

Der Beitrag beginnt mit einem kurzen Überblick über die Grundlagen im Kakaoanbau, der Struktur der Kakao-Schokoladen-Kette und den Strukturen des Welthandels mit Kakaobohnen und weiterverarbeiteten Produkten. Der darauf folgende Abschnitt behandelt einige der Ursachen dieser Handelsmuster unter Rückgriff auf ein Modell der weltweiten Expansion, Stagnation und Erosion von sogenannten Kakaogrenzzonen. Das Modell weist bestimmte Erklärungslücken auf, vor allem aufgrund der fehlenden Einbindung von Governance-Dynamiken in die Kakao-Schokoladen-Wertschöpfungskette. Diese werden im daran anschließenden Abschnitt erläutert, in dem zwei dringliche Probleme der Angebotsseite, nämlich die verminderte Bohnenqualität und der potenziell mittelfristige Angebotsengpass im Vergleich zur geschätzten Nachfrage, diskutiert werden. Diese Probleme brachten die HauptakteurInnen der globalen Kakao-Schokoladen-Industrie dazu, sich in vorgelagerten Stufen der Kette (*upstream*) einzubringen, um eine durchgängige und existenzfähige Kakaoproduktion in den weltweit wichtigsten Lieferländern zu sichern – ein Trend, der durch das steigende KonsumentInnen-Bewusstsein um die Arbeitsbedingungen in der afrikanischen kleinbäuerlichen Produktion verstärkt wurde. Der vorletzte Abschnitt beleuchtet, wie dieser Druck und diese Besorgnis in neue Formen der privaten Regulierung mündeten, die – auf kontinentaler Ebene – Landesgrenzen und zuvor staatlich kontrollierte regulative Domänen überwinden. Der Beitrag schließt mit einer kurzen Betrachtung der Auswirkungen dieser neuen Formen der Regulierung auf die Lebensgrundlagen westafrikanischer Kakao-Kleinbäuerinnen und -bauern.

Struktur und Raummuster der globalen Kakao-Schokoladen-Wertschöpfungskette

Kakao ist ein Paradebeispiel für ein Gut, das in den tropischen Ländern des globalen Südens produziert und in Form unterschiedlicher Schokoladenprodukte so gut wie ausschließlich im Norden, das heißt in den industrialisierten Ländern Europas und Nordamerikas konsumiert wird. Idealerweise wächst Kakao unter Bedingungen hohen und über das Jahr gleichmäßig verteilten Niederschlags (1.500–2.500 Millimeter pro Jahr), hoher Luftfeuchtigkeit und monatlicher Durchschnittstemperaturen von 18 bis 32 Grad Celsius. Aufgrund dieser agrarökologischen Anforderungen ist die kommerzielle Produktion auf Gebiete zwischen dem zwanzigsten nördlichen und südlichen Breitengrad begrenzt. Der Großteil des angebauten Kakaos, gewonnen vom Forastero-Kakaobaum, wird als Konsumkakao bezeichnet; etwa 5 % der Weltproduktion sind Edelkakao, der von anderen Baumarten stammt und als Rohstoff für dunkle Schokolade hoher Qualität verwendet wird. Kakaobohnen sind in den Früchten enthalten, die direkt am Stamm und an den Hauptzweigen des Kakaobaums wachsen. Diese Früchte reifen über einige Monate. Nach der Ernte werden sie geöffnet, und die 30 bis 45 ovalen Kakaobohnen werden aus dem Fruchtfleisch gelöst und der Nacherntebehandlung zugeführt, die üblicherweise von den Bäuerinnen und Bauern durchgefuehrt wird. Zuerst werden die Bohnen gehäuft (beziehungsweise auf Plantagen in hölzerne Bottiche gefüllt) und für etwa fünf Tage mit Bananenblättern abgedeckt. Dieser Fermentationsprozess dient der Ablösung von der Fruchtpulpe und der Aromaentwicklung. Danach werden die Bohnen zum Trocknen in einer dünnen Schicht ausgebreitet; üblicherweise in der Sonne, wenn es das Wetter erlaubt. Im Fall häufigen Regens werden unterschiedliche Trocknungsmethoden in Innenräumen angewendet. Die Trocknung ist notwendig, um Schimmel zu vermeiden und eine optimale Lagerfähigkeit der Bohnen sicherzustellen (Fowler 1999). Der Großteil des Kakaos (etwa 90 %) wird weltweit von Kleinbäuerinnen und -bauern produziert – wenngleich es sich um sehr unterschiedliche Flächenausmaße des bewirtschafteten Bodens handelt –, während sich die Plantagenproduktion seit dem Niedergang des malaiischen Kakaoanbaus im Wesentlichen auf Lateinamerika beschränkt.

Die Schokoladenproduktion unterteilt sich in zwei unterschiedliche Prozesse: Die Weiterverarbeitung der Kakaobohnen und die Schokoladenherstellung (siehe Abbildung). Nach der Reinigung und Röstung der Kakaobohnen werden diese zu Kakaomasse gemahlen, die Grundsubstanz der Kette. Bei der Pressung der Kakaomasse fallen mit Kakaobutter und Presskuchen zwei unterschiedliche Zwischenprodukte an. Letzterer wird durch Mahlen zu Kakaopulver, das für die Herstellung von Trinkschokolade oder als Geschmacksstoff der Nahrungsmittelindustrie (Kekse, Eiscreme, Torten etc.) benötigt wird. Schokolade wird durch die Vermengung von Kakaomasse, Zucker (und eventuell Milch sowie anderer Zutaten) und durch die Beimengung zusätzlicher Kakaobutter während des *Conchierens* hergestellt. Die flüssige Schokolade kann für die Erzeugung von Tafelschokoladen, Pralinen oder als Überzug anderer Süßwaren verwendet werden.

Abbildung: Die Kakao-Schokoladen-Wertschöpfungskette

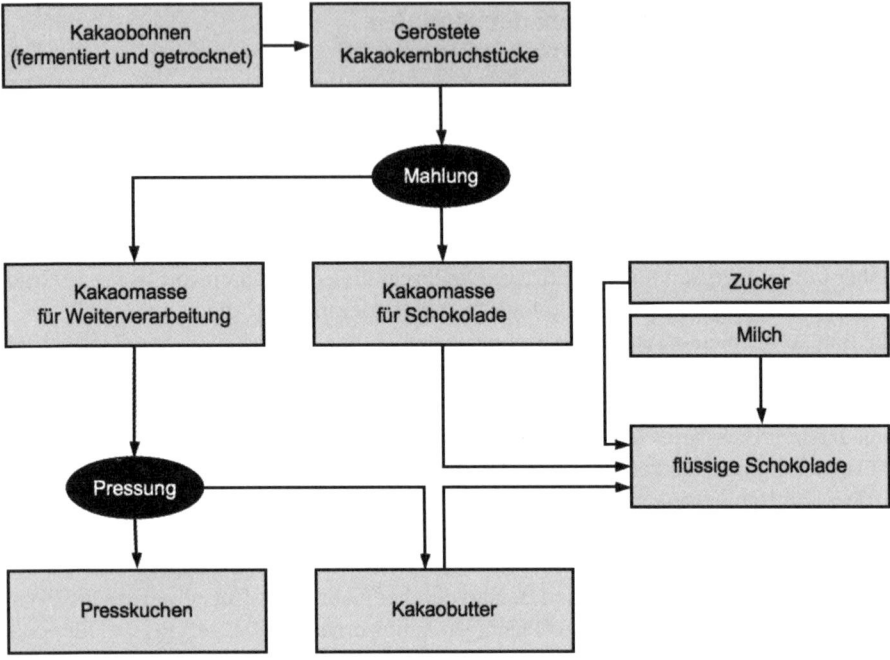

Die Produktion und Verarbeitung von Kakao sind durch einen hohen Grad der Konzentration, was die Anzahl der involvierten Länder betrifft, gekennzeichnet. Die binäre Süd-Nord-Struktur von Produktion und Konsum impliziert, dass große ProduzentInnen auch große ExporteurInnen von Kakao sind. Dieser Sachverhalt wird in den Zahlen des internationalen Kakaohandels etwas verschleiert, da diese die beträchtlichen Reexporte innerhalb der nicht kakaoproduzierenden Länder, insbesondere der EU, inkludieren. Eine weitere Verzerrung des Bildes ergibt sich durch den Anstieg des Handels weiterverarbeiteter Produkte, der üblicherweise in den aggregierten Handelszahlen inkludiert ist.

Die Hauptimporteurinnen von Kakao sind die EU und die USA; Japan und (seit Kurzem) Russland sind wichtige, wenngleich weniger dominante Akteure auf globaler

Ebene. Die Elfenbeinküste beherrscht den Export mit etwa 40 % des weltweiten Exportwerts, gefolgt von Ghana und Indonesien. Diese drei Länder vereinigen etwa 75 % des Weltexports auf sich. Werden Nigeria, Kamerun, Brasilien, Ekuador und Malaysia hinzugerechnet, beträgt der kumulierte Anteil beinahe 95 %. In den Jahren 2007–2008 machte afrikanischer Kakao 72 % der gesamten Weltproduktion aus, Lateinamerika steuerte 12 % und Ozeanien etwa 16 % bei (ICCO 2009).

Während des letzten Jahrzehnts war eine Anzahl bemerkenswerter struktureller Veränderungen im Kakaowelthandelsmuster zu beobachten (Handelsdaten basieren auf der UN Comtrade-Datenbank). Die Stagnation von Produktion und Exporten der Elfenbeinküste aufgrund ziviler Unruhen führte zur Reduktion der überwältigenden Dominanz auf dem Weltmarkt. Gleichzeitig stiegen Ghanas Produktion und Exporte, obwohl die jährlichen Exportraten schwankten. Exporte aus Kamerun nahmen ebenso beständig zu, während Nigeria nach vielen Jahren unsteter Exporte vor Kurzem wieder auf spürbarem Niveau in den Weltmarkt eintrat. Nicht verarbeitete Kakaobohnen sind nach wie vor die Hauptquelle für die Exporterlöse afrikanischer Länder, obwohl in der Elfenbeinküste beachtliche Verarbeitungskapazitäten geschaffen wurden. Weiterverarbeitete Produkte machen etwa ein Drittel des Exportwerts der Elfenbeinküste aus – im Vergleich zu einem Viertel zur Jahrtausendwende. Seitens der wichtigsten Konsumgütermärkte haben sich die Importe der USA von der Elfenbeinküste seit der Jahrtausendwende mehr als verdoppelt, während Lieferungen aus anderen afrikanischen Ländern während des gesamten Jahrzehnts abnahmen und nun mehr oder weniger bedeutungslos sind. Die EU ist nach wie vor der Hauptmarkt für afrikanische Kakaobohnen. Speziell Importe aus Ghana nahmen zu und holen nun Importe aus der Elfenbeinküste ein.

Eine weitere Veränderung im Welthandel mit Kakaobohnen und weiterverarbeiteten Produkten stellt das vollständige Verschwinden brasilianischer und malaiischer Bohnenexporte dar. Beide Länder waren in den frühen 1990er Jahren bedeutende Akteure am Bohnenweltmarkt, aber die Exporte gingen gegen Ende des Jahrhunderts stark zurück. Die Exporte weiterverarbeiteter Produkte stiegen jedoch seit der Jahrtausendwende an, am schnellsten jene Malaysias, das seine Stellung auf dem Weltmarkt mehr als zurückeroberte und heute eine dominante Position auf dem Weltmarkt der weiterverarbeiteten Produkte einnimmt. Der malaiische Aufschwung basiert auf massiven Bohnenimporten aus Indonesien; Exporte gehen vorrangig in die USA und nach Japan. Nicht verarbeitete Bohnen sind nach wie vor die Hauptquelle der indonesischen Kakaoexporterlöse, aber der rasche Anstieg der Verarbeitungskapazitäten änderte die strukturelle Zusammensetzung und diversifizierte die Exporte, sodass im Jahr 2008 etwa 30 % der Gesamterlöse durch weiterverarbeitete Produkte erzielt werden konnten. Indonesische Exporte zielen vorrangig auf den US-Markt.

Folglich lässt sich eine ziemlich eindeutige Tendenz in Richtung Konzentration der Produktion und Regionalisierung des Kakaoangebots in den Hauptmärkten feststellen. Südostasien bleibt mit dem US-Markt verbunden, während afrikanische Exporte auf die EU zielen, obwohl die US-Importe von der Elfenbeinküste im letzten Jahrzehnt beträchtlich anstiegen. Seit der Mitte der 1990er Jahre nimmt die Bedeutung der Kakaoexporte Westafrikas zu, während jene Lateinamerikas stagnieren, obwohl die Kakaobohnenexporte Ekuadors den Rückgang der letzten Jahre kompensierten.

Globales Kakaoangebot und Grenzzonenverschiebungen

Die Entwicklung und die sich verändernden Muster des globalen Kakaoangebots wurden von Ruf (1995) in ein Modell gefasst, das die Expansion, Stagnation und innere
Erosion von „Kakaogrenzzonen" (cocoa frontiers), also Zonen, in denen sich die räumliche Ausdehnung des Kakaoanbaus am stärksten manifestiert, was sich in raschen Verschiebungen der Bodennutzung widerspiegelt, zu erklären versucht. Das Modell richtet besonderes Augenmerk auf die Umfeldbedingungen in den Kakaogrenzzonen als er-
klärende Faktoren für Verschiebungen in der globalen Kakaobeschaffung und versucht
die Verlagerungen zwischen Kakaoproduktionszentren auf Anbau-, regionaler, nationaler und globaler Ebene zu erklären. Ansatzpunkt des Modells ist, dass das globale
Kakaoangebot nicht durch Preise bestimmt wird. Ausschlaggebend ist das Vorhandensein kaum besiedelter, unberührter Waldgebiete, die relativ leicht zu roden sind und in
kleinbäuerliche Betriebe oder Plantagen für den Kakaoanbau überführt werden können.
Den Kakao auf solchem Waldboden anzubauen, eröffnet in der Anfangsphase der Kakao-
kultivierung die Möglichkeit, die entscheidende „Waldrente" zu sichern. Das Konzept
der Waldrente konzeptualisiert die wichtigen Vorteile, die für die Produzierenden – im
Speziellen Kleinbäuerinnen und -bauern – entstehen, wenn sie Boden bebauen, für den
die mit Unkrautkontrolle, Fruchtbarkeit und Feuchtigkeit des Bodens, Schädlings- und
Krankheitsbekämpfung sowie trockenen Winden verbundenen Kosten im Verhältnis zu
jenen ausgelaugter oder degradierter Kakaofelder sehr gering sind. Produzierende in
unbesiedelten Waldgebieten können zu weit geringeren Kosten als diejenigen in ausgelaugten oder degradierten Gebieten anbauen. Dieser Umstand diktiert Verlagerungen zwischen den wichtigsten Angebotszentren. Die Ausbeutung der Waldrente ermöglicht es,
in neuen Gebieten die Produktion in Zeiten sinkender Preise aufrechtzuerhalten und zu
steigern, während die Produktion in den mit hohen Kosten verbundenen (ausgelaugten
oder degradierten) Gebieten allmählich stagniert oder abnimmt. Langfristig, so das Argument Rufs, erklärt dieser Kreislauf die Zu- und Abflüsse der Produktion von einer
Region in eine andere.
    Das Konzept der Waldrente erklärt eine Anzahl bedeutsamer Vorgänge. Erstens er-
möglicht es Einblicke in die allgemeine Beschaffenheit der potenziell brisanten Gegensätze zwischen unterschiedlichen ethnischen Gruppen. Wie die vergleichende Arbeit Rufs
und seiner KollegInnen aufzeigte, können Waldrenten nur ausgebeutet und Grenzzonen
nur dann vergrößert werden, wenn Arbeitskräfteüberschuss besteht oder Arbeitskräfte aus
einer anderen Region oder einem anderen Land zur Migration mobilisiert werden können. So waren alle wichtigen Kakaoaufschwünge des letzten Jahrzehnts das Ergebnis
von Migrationswellen, bei denen manchmal unterschiedliche ethnische Gruppen aufein-
anderfolgten. Zunächst arbeiten MigrantInnen für die lokale Bevölkerung auf Basis eines Ernteanteils oder als LohnarbeiterInnen. Häufig erwerben sie mit Hilfe unterschiedlicher Kreditmechanismen später eigenes Land oder sie erlangen durch den Tausch von
Geld gegen Bodenrechte schon in der Anfangsphase Anteil an unberührten Waldgebieten. Nachdem sich jedoch der Boden auslaugt, die Haushalte lokaler Landbesitzender
altern und die Vorliebe für städtisches Leben und Arbeiten die Verfügbarkeit von Fami-
lienarbeit untergräbt, entstehen kaum zu vermeidende Spannungen entlang ethnischer
Linien, die manchmal auch von Generationenkonflikten durchsetzt sind. Fallweise kön-

nen solche Entwicklungen zu einer Unterbrechung des Kakaoangebots führen, vor allem dann, wenn sie in einer wichtigen Kakaoanbauregion auftreten. Diese Spannungen werden in Sulawesi beobachtet (Li 2001), der Hauptregion der indonesischen Kakaoproduktion, wo unternehmerische MigrantInnen sich den Boden der lokalen Bergbäuerinnen und -bauern aneigneten. Diese Art von Konflikt kurz vor der Erntesaison 2002/03 scheint auch wesentlich für das Aufflammen des Bürgerkrieges der Elfenbeinküste gewesen zu sein. Zwischen lokalen Bevölkerungsgruppen und MigrantInnen der Sahelzone (Burkina Faso, Mali) bestehen tief verwurzelte Gegensätze. In der ersten Phase der Migration wurden sie durch die Politik der ersten Regierung nach dem Erlangen der Unabhängigkeit gestützt, die dem Slogan „the land belongs to those who cultivate it" folgte (Chauveau 1995:109). Während der 1990er Jahre nahm die Rivalität um knappe Bodenressourcen zu und führte zu Versuchen, die frühere Bodenordnung erneut zu verhandeln, und manchmal sogar zu gewaltsamen Zusammenstößen zwischen den unterschiedlichen ethnischen Gruppen der Landbevölkerung. In den späten 1990er Jahren intensivierte sich der Konflikt, als das Gesetz über das Bodenrecht reformiert wurde, um das Gewohnheitsrecht einzubinden. Der Konflikt wurde zunehmend in den komplexen politisch-militärischen Kampf zwischen den sich neu ausrichtenden politischen Parteien miteinbezogen; ein Kampf mit potenziell zerstörerischen Folgen für die wirtschaftliche und politische Stabilität des Landes (Crook 2003; Woods 2004).

Im vergangenen Jahrzehnt zeigten sich die verheerenden Auswirkungen von Schädlingen und Krankheiten in alternden Kakaoanbauregionen mit ausgeprägten monokulturellen Praktiken sehr deutlich. Das praktische Verschwinden der brasilianischen Kakaobohnen aus den Weltexportflüssen ist ein hervorstechendes Beispiel. Seit den späten 1980er Jahren merzte der Hexenbesenbefall beinahe drei Viertel der Produktion Bahias aus, Brasiliens wichtigster Kakaoanbauregion, in der etwa 85 % der Gesamtjahresernte produziert worden waren. Viele der Kakaobetriebe Bahias sind kommerziell betriebene, plantagenartige Farmen, die von hohem Kapital- und Arbeitsinput abhängig sind. Der Zusammenbruch des Kakaosektors führte zu weitverbreiteter Armut unter etwa 90.000 Farmbeschäftigten, die ihre Arbeit verloren hatten, und katapultierte die Regionalwirtschaft in eine schwere Rezession (Bright 2001). In den späten 1990er Jahren wurden umfangreiche Wiederbepflanzungsprogramme mit hexenbesenresistenten Sorten initiiert aber es bleibt fraglich, ob sich der erneuerte brasilianische Kakaosektor aufgrund des relativ hohen Lohnniveaus als wirtschaftlich existenzfähig erweisen wird.

Die relativ hohen Lohnkosten in einigen Schwellenländern (Brasilien, Malaysia) erwiesen sich in Zeiten anhaltend niedriger und stagnierender Weltmarktpreise als eines der schwerwiegendsten Probleme für das kommerzielle Überleben von Großplantagen. Der Lohndruck war eine der Hauptursachen für das Verschwinden malaiischer Kakaobohnen vom Weltmarkt. Kakao wurde vor allem in Sabah angebaut, einem der zwei nördlichen malaiischen Bundesstaaten Borneos, und der Großteil des Kakaoanbaus erfolgte auf privatwirtschaftlich organisierten Plantagen (Jarrige 1995). Ebenso rasch wie die Privatwirtschaft auf die beispiellos hohen Preise der späten 1970er und frühen 1980er Jahre reagierte, so umfassend waren auch die Reaktionen auf das niedrige Preisniveau und die schlechten Aussichten ein Jahrzehnt später. In den frühen 1990er Jahren, in denen die Lohnkosten aufgrund vermehrter Arbeitsmöglichkeiten in der industriellen Produktion und dem Dienstleistungssektor stiegen, fällten die meisten Unternehmen die

Kakaobäume und pflanzten Ölpalmen (Lee/Musa 1990). Neben der Einsparung durch niedrigere Lohnkosten versprach Palmöl höhere Profite, und während der 1990er Jahre wurden die Ölpalmenanbauflächen in Sabah und Sarawak, dem anderen malaiischen Bundesstaat Borneos, rasch vergrößert (Leigh 2001; Sutton 2001).

Aus obigen Ausführungen lässt sich ein eindeutiger Wettbewerbsvorteil für kleinbäuerlich organisierten Anbau im globalen Kakaoangebot erkennen, insbesondere für afrikanische Kleinbäuerinnen und -bauern, trotz der sie möglicherweise spaltenden sozialen und ethnischen Konflikte. Kommerzielle Plantagen beendeten den Kakaoanbau wegen des niedrigen Preisniveaus während der 1990er Jahre. Die Entfaltungsmöglichkeiten von Plantagen sind durch relativ hohe Lohnkosten, hohe mit Schädlings- und Krankheitsbefall verbundene Risiken (die sich innerhalb von Monokulturen rasch ausbreiten) und bescheidene Skaleneffekte eingeschränkt. Darüber hinaus ist fraglich, ob ein signifikanter Preisanstieg, wie der derzeitige, einen ausreichenden Anreiz für die kapitalistische Landwirtschaft darstellen kann, um in die Kakaoproduktion zurückzukehren – mittel- und langfristige Aussichten müssten dafür solide und erfolgversprechend sein.

Governance in der globalen Kakao-Schokoladen-Wertschöpfungskette

Rufs Modell (1995) verabsäumt es jedoch, die politische Ökonomie der Verflechtungen industrieller Verarbeitungsbetriebe zu berücksichtigen. Deshalb ist es erforderlich, das Verständnis von globalen Kakaoangebotsstrukturen zu erweitern, indem die Funktion und die Machtpositionen der HauptakteurInnen der globalen Kakao-Schokoladen-Wertschöpfungskette eingebunden werden und berücksichtigt wird, wie die Ketten-Governance seit der Mitte der 1990er Jahre die Dynamiken der Kakaogrenzzonen bestimmt hat. Internationale Handelsunternehmen sind nicht länger bedeutende Akteure in der Governance der globalen Kakao-Schokoladen-Wertschöpfungskette. Aufgrund steigender Skaleneffekte und der Konzentration der verarbeitenden Industrie (siehe unten) beziehen große kakaoverarbeitende Unternehmen die Kakaobohnen nun über Tochterunternehmen in den Anbauländern, und Lagerdienste werden sowohl in den produzierenden als auch den konsumierenden Ländern durch spezialisierte Lagerhäuser angeboten. Die vormals bedeutende Rolle internationaler Handelshäuser löste sich dadurch mehr oder weniger auf.

Im vergangenen Jahrzehnt fanden ausgeprägte Konzentrations- und Zentralisierungsprozesse statt, die einer Handvoll internationaler kakaoverarbeitender Unternehmen und SchokoladenherstellerInnen dominante Positionen verschafften (Fold 2002). Einige der SchokoladenherstellerInnen sind riesige Konzerne der globalen Nahrungsmittelindustrie, die sich auf die Markenpolitik und das Marketing unterschiedlicher Konsumgüter, darunter Schokolade, spezialisieren (Nestlé, Kraft), während sich andere auf Schokoladenprodukte konzentrieren (Mars, Hershey, Cadbury, Ferrero). Letztere verfügen auch über innerbetriebliche Kakaoverarbeitungskapazitäten, um die Fähigkeit aufrechtzuerhalten, eigene Schokoladenzwischenprodukte herstellen zu können. Die Tätigkeiten werden jedoch zunehmend auf das Design von Konsumgütern und das Marketing globaler Marken konzentriert. Der Konsumgütermarkt ist gekennzeichnet durch das Altern eines erheblichen Anteils „traditioneller" SchokoladenesserInnen, der Fragmentierung traditioneller Haushalte (die nun ein breites Spektrum an Präferenzen repräsentieren) und neue, sich aus der ethnischen, kulturellen und gesellschaftlichen Diversität ergebenden Nachfragetypen. Industriequellen zufolge wird die anhaltende Diversifizierung des KonsumentInnengeschmacks den Bedarf an Innovationen sowohl von Produkten als auch von Leistungen steigern. Andererseits eröffnet ein diversifizierter Konsumgütermarkt neue Möglichkeiten der Produktdifferenzierung in Form von Geschmacksrichtungen, Portionsgrößen, Verpackung, Werbung und der Entwicklung von „gesunden" Produkten.

Eine ähnliche Konzentration und Aufspaltung von Unternehmensformen zeigt sich unter den internationalen kakaoverarbeitenden Unternehmen, von denen sich manche (Barry Callebaut, Blommer) auf Kakaobasisprodukte (Pastenvariationen, Pulver, Butter wie auch allgemeine und spezifische Schokoladenprodukte) spezialisieren, während andere vielseitige Agrarnahrungsmittelunternehmen sind (ADM, Cargill), in denen die Kakaoverarbeitung lediglich eine Geschäftssparte neben anderen agrarverarbeitenden Aktivitäten darstellt. Diese Unternehmen sind in der Lage, technische, organisatorische und betriebswirtschaftliche Kompetenzen von einer Geschäftssparte in eine andere zu übertragen und zu adaptieren. In der globalen Kette erfolgten wichtige Veränderungen in der Logistik durch die Einführung des Bulkwarentransports auf gecharterten Schiffen und die „flache" Lagerung der Bohnen in den Lagerhäusern der importierenden Länder. Diese Praktiken sind wesentlich kosteneffizienter als frühere Lagersysteme und der Linienschifftransport von Bohnen in Jutesäcken. Im Allgemeinen sind hohe Skaleneffekte einer der Hauptgründe für die Unternehmenskonzentration in Verbindung mit rasch ansteigenden Kosten für Prozessentwicklung und erforderliche Präventivmaßnahmen, um die Hygiene- und Umweltnormen nationaler Regulierungen zu erfüllen.

Die zentralen AkteurInnen der globalen Kakao-Schokoladen-Wertschöpfungskette sind nicht vertikal integriert. SchokoladenherstellerInnen gliederten sogar zunehmend die Produktion der Kakaozwischenprodukte aus, während kakaoverarbeitende Unternehmen die Schokoladenherstellungsabteilungen der von ihnen im Lauf der Jahre erworbenen Betriebe abstießen. Ein relativ neues Phänomen ist jedoch der Trend zur „Rückwärtsintegration" der dominanten kakaoverarbeitenden Unternehmen in Exporttätigkeiten, häufig in Form direkter Kontrolle über lokale Exportunternehmen, falls sich diese nicht sogar im Mehrheitsbesitz der kakaoverarbeitenden Unternehmen befinden. Bislang ist noch keines der kakaoverarbeitenden Unternehmen in den lokalen Handel eingestiegen, das heißt in den direkten Ankauf der Bohnen von den ProduzentInnen. Diesen besorgen hierarchisch organisierte lokale HändlerInnen, von denen einige auf einer mehr oder weniger täglichen Basis von den kakaoverarbeitenden Unternehmen finanziert werden. Einige spezialisierte Lagerhäuser der europäischen „Kakao-Drehscheibe" Amsterdam errichteten Betriebe in Westafrika, von denen aus sie internationale kakaoverarbeitende Unternehmen betreuen; entweder ihre eigenen lokalen Verarbeitungsbetriebe (Elfenbeinküste und Ghana) oder die Werke in Europa und den USA. Diese Tätigkeit wurde in den afrikanischen kakaoproduzierenden Ländern früher von den Marketing Boards (und den staatlich lizenzierten Unternehmen) ausgeführt, aber in Folge der in den späten 1980er Jahren einsetzenden Liberalisierungspolitiken wurden die meisten dieser halbstaatlichen Institutionen demontiert – mit der bemerkenswerten Ausnahme Ghanas, in dem den Weltbank-Konditionalitäten Widerstand entgegengebracht wurde, teilweise unterstützt durch einige der HauptakteurInnen des verarbeitenden Sektors (Fold 2002, 2004). Der Trend unter den HauptabnehmerInnen von Kakao in Richtung der Integration in oder einer strengeren Kontrolle über vorgelagerte Wirtschaftsstufen, sollte in Zusammenhang mit der Liberalisierung des westafrikanischen Kakaosektors betrachtet werden; vorangetrieben wird er durch die zunehmende Besorgnis über die Bohnenqualität und das Angebotsvolumen, die unter kakaoverarbeitenden Unternehmen und SchokoladenherstellerInnen besteht. Diesen Problemkreisen sind die verbleibenden Abschnitte des Beitrags gewidmet.

Einkaufsysteme und Kakaobohnenqualität afrikanischer Produktionsländer

Beginnend in den späten 1980er Jahren wurden in den meisten afrikanischen Ländern Strukturanpassungsprogramme (SAP) implementiert; so auch in den vier wichtigsten kakaoproduzierenden Ländern. SAP sind wirtschaftspolitische Pakete, die hochverschuldete Länder mit dem IWF und der Weltbank aushandeln müssen, um weiterhin finanzielle Unterstützung von multi- und bilateralen Organisationen zu erhalten. Sie sind üblicherweise an Konditionen gebunden, wie etwa die Liberalisierung des Außenhandels, die Kürzung der Staatsausgaben (Aufhebung von Subventionen, Beschäftigungsabbau, Privatisierung staatlicher Unternehmen und öffentlicher Leistungen), eine strenge Geldpolitik und verschiedene institutionelle Reformen (beispielsweise *good governance*).

Lokaler Kakaoankauf, Handel und Export wurden vor der Implementierung der SAP in Westafrika von Marketing Boards beziehungsweise in vormals französisch kolonisierten Gebieten den *caisses de stabilisation* reguliert. Die regulative Macht dieser Institutionen unterschied sich von Land zu Land je nach Regierungspolitiken und ehemaligen kolonialen Praktiken. Unabhängig davon, ob kommerzielle Aktivitäten von öffentlichen oder nichtöffentlichen lizenzierten Unternehmen abgewickelt wurden, gaben die Anbauenden die Kontrolle über den Kakao ab, nachdem sie ihn in ihren Dörfern zum Festpreis verkauft hatten. Obwohl unterschiedliche Bohnenklassierungspraktiken bestanden, wurden die Ankäufe meist nach dem Prinzip der „Akzeptanz oder Zurückweisung" (*accept-or-reject*) getätigt, sodass es für Anbauende keinen Anreiz gab mehr zu tun, als nötig war, damit ihnen ihre Bohnen abgekauft wurden. Im Wesentlichen stellte das übersaisonale und landesweite Festpreissystem für Produzierende die Ausgangsbasis eines Systems dar, das auf vorbestimmten Margen für alle Teilnehmenden aufgebaut war und das seinen Abschluss in den staatlich kontrollierten Exportunternehmen fand, die je nach der Schwankung der Weltmarktpreise Zufallsgewinne – oder dramatische Verluste – einfuhren.

Die Implementierung der SAP während der späten 1980er Jahre führte zu Veränderungen der nationalen Marketing-Board-Systeme, die in einigen Fällen zur vollständigen Demontage der *Boards* führte, während andere reformiert wurden, wobei zentrale Elemente der ehemaligen Systeme erhalten blieben (im Detail Fold/Ponte 2008; Gilbert 2009). Seit der Implementierung der SAP in afrikanischen kakaoproduzierenden Ländern gewann die Frage nach der Kakaobohnenqualität zunehmend an Aktualität. Kakaobohnen afrikanischer Länder erzielten üblicherweise gegenüber jenen Brasiliens und Südostasiens (Malaysia und Indonesien) einen bedeutend höheren Preis. Der Unterschied wurde durch die im Allgemeinen sorgfältigere Nacherntebehandlung der Bohnen erreicht, das heißt afrikanische Anbauende berücksichtigen ausreichend Zeit für die Fermentation und Trocknung der Bohnen unter angemessenen Bedingungen. Im Gegensatz dazu ist aufgrund der höheren Lohnkosten der Arbeitsinput nach der Ernte auf Plantagen oder mittelgroßen Farmen in Lateinamerika und Südostasien weitaus geringer; für die Fermentation der Bohnen wird zu wenig Zeit anberaumt und die Trocknung wird statt unter der Sonne mit Hilfe unterschiedlicher Maschinen oder über offenem Feuer durchgeführt.

Mit der Liberalisierung der afrikanischen Marketing Boards lösten sich die bestehenden Institutionen der Qualitätskontrolle auf und PrivathändlerInnen begannen ihre Kapitalumschlagshäufigkeit zu erhöhen, um Profite zu maximieren. Folglich waren lokale HändlerInnen zunehmend gewillt, Bohnen dubioser Qualität aufzukaufen, solange diese als absatzfähig eingeschätzt wurden. Daher fingen die Anbauenden damit an, unzureichend fermentierte und getrocknete Bohnen an gewillte KäuferInnen zu veräußern und immer mehr Bohnen mussten vor ihrer Verschiffung in den Häfen getrocknet werden (Varangis/Schreiber 2001). Folglich nahm der Premiumpreis afrikanischer Bohnen ab und Ursprungsunterschiede wurden verringert – es lässt sich ein Trend zu einer „globalen Bohne" minderer Qualität feststellen. Ghana ist eine Ausnahme: Ghanaische Kakaobohnen werden am Weltmarkt aufgrund der Reputation ihrer hohen Qualität nach wie vor zu einem Premiumpreis gehandelt.

Der allgemeine Qualitätsverfall der Kakaobohnen stellt für einige TeilnehmerInnen der globalen Wertschöpfungskette ein Problem dar, während ihm andere gleichgültig oder allenfalls leicht beunruhigt gegenüberstehen und argumentieren, dass in einem liberalisierten Umfeld MarktteilnehmerInnen über das Verhältnis von Qualität und Preis bestimmen und dass Mindestqualitätsnormen eingehalten werden. Die ungleiche Besorgnis hinsichtlich der Qualität und die verschiedenartige Beschaffenheit der KundInnenansprüche sind mit den verschiedenen AkteurInnen der globalen Kakao-Schokoladen-Wertschöpfungskette verbunden und mit den unterschiedlichen technologischen Kapazitäten für die Herstellung von Zwischenprodukten. Die spezialisierten internationalen kakaoverarbeitenden Unternehmen können mit Bohnen minderer Qualität umgehen, da ihre Werke sehr anpassungsfähig sind und ihnen eine hochentwickelte Ausrüstung zur Verfügung steht. Im Gegensatz dazu investierten SchokoladenherstellerInnen (vor allem europäische), die nach wie vor einen Teil ihrer Zwischenprodukte erzeugen, nicht erheblich in neue Ausrüstung, sondern führen ihre Geschäfte in verhältnismäßig überholten Werken. Über das Angebot der unabhängigen kakaoverarbeitenden Unternehmen hinaus, beschaffen sie sich selber Bohnen oder kaufen sie von internationalen Handelsgesellschaften. Die niedrigere Bohnenqualität stellt offenkundig ein erhebliches Problem für den reibungslosen Ablauf in ihren kakaoverarbeitenden Betrieben dar.

Im breiteren regulativen Kontext ist das Schicksal des ghanaischen Systems von besonderem Interesse, da es einen wichtigen Gegenpol zum Standardmodell des freien Marktes – gespickt mit privaten Formen der Regulierung (siehe unten) – verkörpert. Im Jahr 1992 wurde in Ghana im Rahmen der SAP ein Programm der Liberalisierung und Privatisierung für die Kakaokette implementiert. Bis dahin wurden die Beratungs-

und Ausbildungsdienste für Anbauende sowie Ankauf, Behandlung, Transport, Boh-nenklassierung, Verarbeitung, Marketing und Verschiffung von Kakaobohnen durch un-terschiedliche Zweigunternehmen des staatlich kontrollierten *Cocoa Marketing Board* (COCOBOD) abgewickelt. Im Zuge des Umstrukturierungsprozesses wurde jedes dieser Zweigunternehmen entweder in eine andere staatliche Regulierungsbehörde eingeglie-dert (beispielsweise die Beratungs- und Ausbildungsdienste in das Landwirtschaftsmi-nisterium) oder nach der Auflösung monopolistischer oder monopsonistischer Positio-nen in der Kette privatisiert, aber das Marketing Board wurde nicht zerschlagen, son-dern ist auch noch heute für die übergreifende Regulierung des ghanaischen Kakaosek-tors verantwortlich.

Ghanaischer Kakao ist von hoher Qualität, genießt einen guten Ruf und erzielt ei-nen Premiumpreis auf dem Weltmarkt (etwa £ 60 mehr pro Tonne im Vergleich zu den Bohnen der Elfenbeinküste) aufgrund seines hohen Fettgehalts und seines guten Ge-schmacks. Internationale KundInnen sind gewillt, die Bohnen acht bis vierzehn Monate vor der Ernte anzukaufen und das Marketing Board verkauft einen Großteil der erwar-teten Ernte zu bekannten Preisen. Dies ist vor allem auf die bestehenden gut etablier-ten Fermentations- und Trocknungspraktiken unter den Anbauenden sowie die insti-tutionalisierten Qualitätskontrollen der *Quality Control Division*, einem Zweigunter-nehmen von COCOBOD, zurückzuführen. Die hohe Reputation und der Premiumpreis des ghanaischen Kakaos sind die Hauptgründe dafür, dass COCOBOD ein landeswei-tes und übersaisonales Festpreiskaufsystem betreiben kann: COCOBOD ist der einzi-ge Exporteur und organisiert Terminverkäufe an KundInnen, auf deren Basis Kredite von einem internationalen Bankenkonsortium bezogen werden. Der Festpreis wird auf der Grundlage der erwarteten Weltmarktpreise berechnet. Das heißt, Qualitätskontrol-le und Exporte werden nach wie vor durch COCOBOD kontrolliert und aufgrund des Festpreissystems können Margen auf Mengenbasis unter allen lizenzierten Betreiben-den des Sektors verteilt werden (Ankaufsfirmen, das heißt die *Licensed Buyer Compa-nies* [LBC], die *Quality Control Division*, Transportunternehmen, Lageragenturen etc.). Diese erhöhen Profite vor allem durch Effizienzsteigerungen, das heißt durch die Erhö-hung der Geschwindigkeit und Menge ihres Kakaoumschlags zwischen ProduzentIn-nen und COCOBOD (Fold 2004).

Obwohl alle HauptakteurInnen prinzipiell die Aufrechterhaltung des Qualitätskon-trollsystems unterstützen, wird in Richtung eines flexibleren und weniger starren Systems gedrängt. Dies wird vor allem durch die LBC artikuliert, die Umlaufzeit und Handels-volumen durch die Verringerung der Anzahl der Qualitätskontrollen entlang der Kette sowie die Aufstockung der lizenzierten Qualitätskontrollunternehmen verbessern möch-ten. Der Druck wird durch das Nachfrageverhalten dominanter transnationaler kakaover-arbeitender Unternehmen verstärkt, die zunehmend nicht geschmacksspezifische Quali-tätsparameter setzen. Demgegenüber sind einige Unternehmen der Schokoladenindustrie sehr stark von den spezifischen Qualitätsparametern ghanaischer Bohnen abhängig und diese befinden sich in einer Position, die ihnen ermöglicht, die aktuelle Kettenstruktur und deren Dynamiken im Land aufrechtzuerhalten. Ihre Bereitwilligkeit, einen Premi-umpreis zu zahlen, mag die LBC dazu anregen, ein etwas verändertes, aber nach wie vor kohärentes und effizientes Qualitätskontrollsystem beizubehalten.

Globale private Regulierung des Kakaoangebots:
Die Kapazitätsfrage

Obwohl der Grad der Besorgnis um Qualität und Normen unterschiedlich ist, hat die verarbeitende Industrie ein gemeinsames Interesse an der Sicherstellung eines ansteigenden und kontinuierlichen Kakaobohnenstroms aus den produzierenden Ländern. Große KontraktfertigerInnen kakaobasierter Zutaten und MarkenproduzentInnen von Schokoladenprodukten gewannen in der Organisation der Kakaoproduktion in globalem Ausmaß an Bedeutung. Ein über die Qualitätsfrage hinausgehender zentraler Grund für die Beteiligung der globalen Riesen an vorgelagerten Produktionsstufen (*upstream*) ist mit den vermuteten mittelfristigen Angebotsbarrieren verbunden. In dieser Hinsicht ist der Aufschwung der Kakaopreise seit dem Jahr 2006 bezeichnend, die im Herbst des Jahres 2009 den Höchstpreis der letzten 24 Jahre nach vier aufeinanderfolgenden Jahren erzielten, in denen die Nachfrage aufgrund von Schädlingen, Baumtod, zivilen Unruhen und schlechten Wetterbedingungen in den Hauptproduktionsländern das Angebot überstieg. Ferner ist die Erschließung neuer und alternativer Anbauflächen schwierig (außer in einigen wenigen Ländern wie etwa Vietnam und Papua-Neuguinea) und das bisherige Vertrauen auf Grenzzonenerweiterungen muss um bewusste Anstrengungen der Rückeroberung degradierter Kakaogebiete ergänzt werden, um ein (reales oder potenzielles) Überangebot zu schaffen, und um dadurch die aktuelle käuferInnengesteuerte Governance-Struktur zu erhalten.

Die grundlegenden strukturellen Veränderungen und Angebotsbarrieren in der globalen Kakao-Schokoladen-Kette müssen vergegenwärtigt werden, um das Wesen der neuen Formen privater Regulierung zu erfassen, die von den HauptakteurInnen der globalen Kakao-Schokoladen-Wertschöpfungskette entworfen und vorgenommen werden. Die neuen Initiativen sind mehr als bloße Imagekampagnen, wenngleich sie von einer vor Entwicklungs-Schlagwörtern strotzenden Rhetorik begleitet sind. Die Aufrechterhaltung der kleinbäuerlichen Beteiligung ist absolut unerlässlich für die Sicherstellung eines stabilen und reichlichen Kakaoangebots für die globale Industrie. Daher kooperieren nun alle der wichtigsten Unternehmen und Verbände, um „das auszufüllen, was ausgehöhlt wurde", das heißt, die kleinbäuerliche Kakaoproduktion in ausgelaugten oder degradierten Kakaoanbaugebieten wiederzubeleben, vor allem in Westafrika aber auch in Indonesien. Die Organisationsstruktur ist in der gegenwärtigen frühen und innovativen Phase nach wie vor etwas undurchsichtig.

Die private Regulierung der globalen Kakao-Schokoladen-Wertschöpfungskette muss unter dem Gesichtspunkt der anhaltenden Erosion zweier Formen der öffentlichen Regulierung betrachtet werden. Erstens wurden unterschiedliche Typen öffentlicher Regulierung, meist in Form der Marketing Boards, im Zuge der SAP demontiert (siehe oben). Ungeachtet der mangelnden Effizienz vieler Abteilungen gingen deren frühere Aufgaben und Funktionen verloren, wie Beratungs- und Ausbildungsdienste, Inputbeschaffung, Schädlings- und Krankheitsbekämpfung, Qualitätskontrolle etc., da nur wenige private Unternehmen staatliche Institutionen ersetzten. Zweitens schwindet auch die Bedeutung globaler öffentlicher Regulierungsinstanzen. Im Jahr 2001 wurde das sechste Internationale Kakaoübereinkommen von einer Anzahl kakaoexportierender und -importierender Länder verabschiedet. So wie frühere internationale Vereinbarungen appelliert die neue Übereinkunft vor allem an den guten Willen der Mitgliedsländer und anderer Beteiligter, während die grundsätzlich wichtigen Regulierungsmechanismen (beispielsweise Exportquoten, Ausgleichslager) vollständig abgeschafft wurden (UNCTAD 2001). Zugegebenermaßen bestanden gute Gründe dafür, dass diese Mechanismen nicht mehr Bestandteil der Vereinbarung waren, da sich in der Praxis durch TrittbrettfahrerInnen, schlechte Finanzgebarung und unverblümte Ablehnung unter Mitgliedsländern ihre Nutzlosigkeit herausgestellt hatte (Gilbert 1996). Nichtsdestotrotz spricht der aktuelle Inhalt des internationalen Übereinkommens ohne jegliche Form öffentlicher Regulierung auf globaler Ebene für sich.

Ein entscheidender Wendepunkt in der Entwicklung privater Regulierung scheint der im Jahr 2001 durch Medienberichte verursachte Aufruhr über den Einsatz von Kinderarbeit unter international anerkannte Normen missachtenden Bedingungen im westafrikanischen Kakaosektor gewesen zu sein. In den USA erhöhte sich der Druck von PolitikerInnen und KonsumentInnenorganisationen äußerten ihre Besorgnis gegenüber SchokoladenerzeugerInnen. Als Antwort darauf begannen die wichtigsten transnationalen Kakaoverarbeitungs- und Schokoladenproduktionsunternehmen gemeinsame Handlungsoptionen zu erwägen. Erstes Ergebnis war die offizielle Einrichtung eines internationalen Protokolls im September 2001. Das sogenannte Harkin-Engel-Protokoll verpflichtete die globale Industrie, das heißt europäische und nordamerikanische Industrieverbände und wichtige Einzelunternehmen, darauf, bis Juli 2005 sicherzustellen, „that cocoa beans and their derivative products have been grown and/or processed without any of the worst forms of child labor" (CMA 2001:3). Zusätzlich unterzeichneten VertreterInnen der Industrie zusammen mit einigen internationalen NGOs und Gewerkschaften eine gemeinsame Erklärung, die einen Zeitrahmen und eine Reihe an Meilensteinen umriss. Diese enthielten die Durchführung einer unabhängigen Studie über Arbeitsbedingungen in den wichtigsten westafrikanischen Kakaoproduktionsländern und die Einrichtung der *International Cocoa Initiative* (ICI) im Jahr 2002 mit dem Ziel, durch die Einführung eines Zertifizierungssystems bis Juli 2005 verantwortungsvollen Kakaoanbau voranzutreiben und ausbeuterische Arbeitspraktiken zu eliminieren.

Seit ihrer Gründung nahm die Anzahl der Mitglieder erheblich zu und die ICI wurde zu einer der wichtigsten Organisationsstrukturen in der Koordination und dem Monitoring der Projekte sowie für Unterstützungsprogramme, die durch die Unterzeichnenden des internationalen Protokolls initiiert wurden. Im Jahr 2004 wurde ein Pilotprojekt gestartet, das in 24 Gemeinschaften Ghanas und der Elfenbeinküste, den beiden Ländern, die zusammen etwa zwei Drittel der Gesamtkakaoexporte stellen, verantwortungsvolle Kakaoarbeitspraktiken fördern soll. Das Programm gruppierte Aktivitäten in zwei Kategorien. Fokus der Ersten waren verantwortungsvolle Arbeitspraktiken und Interventionsmöglichkeiten im Falle von Kinderarbeit. In die zweite Kategorie fielen Aktivitäten rund um die wesentlichen Probleme, wie etwa die Gesundheit und Vitalität lokaler Kakaoanbaugemeinschaften. Die Komponenten beinhalteten die Einrichtung und Ausbildung (Finanzwesen, Marketing) von Anbauenden-Gruppen, die Verbesserung von Anbaupraktiken, die Verbreitung von Schädlings- und Krankheitsbekämpfungsverfahren und die Bildung von Anbauenden über den Rundfunk. Diese Aktivitäten wurden in das bestehende *The Sustainable Tree Crops Program* (STCP) des *International Institute of Tropical Agriculture* (IITA) eingebettet, einer NGO mit Sitz im Vereinigten Königreich.

Damit wurde die Frage der Arbeitsnormen (der Kampf gegen ausbeuterische Kinder-
oder Zwangsarbeit) in die bereits bestehenden Bemühungen eingebunden, die afrikanischen kleinbäuerlichen (Baumernte-)Betriebe in eine post-liberalisierte, private Regu-
lierungsstruktur potenziell beispiellosen Ausmaßes einzugliedern.

Die Pilotphase endete im Jahr 2006. Der ICI zufolge ermöglichten die Resultate die
Formulierung eines Best-Practice-Ansatzes, der lokalen Bedingungen und Institutionen
angepasst werden kann. Um die Wirkung zu erhöhen, wurden die Aktivitäten auf 247
kakaoanbauende Gemeinschaften der beiden Länder ausgedehnt, wodurch geschätzte
615.000 Personen erreicht werden. Die ICI kooperiert mit lokalen NGOs, um die Kampagnen und Initiativen gegen Kinder- und Zwangsarbeit zu implementieren und ist über
partnerschaftliche Programme auf die Unterstützung von privaten Unternehmen und Organisationen, Regierungsbehörden und Forschungseinrichtungen angewiesen. Der enge
Zusammenhang von Arbeitsnormen und Produktivitätssteigerungen wurde beibehalten
und ist nach wie vor ein Hauptanliegen (ICI o.J.).

Im Verlauf der letzten Jahre scheint sich jedoch eine Arbeitsteilung entwickelt zu haben, da sich die meisten der Sozial- und Produktivitätssteigerungsprogramme in afrikanischen kakaoproduzierenden Gemeinschaften – die nach wie vor innerhalb des STCP-
Rahmens stehen – nun unter der Schirmherrschaft der *World Cocoa Foundation* (WCF)
befinden. Diese wurde in den späten 1990er Jahren gegründet und bestand ursprünglich
aus einer limitierten Anzahl großer Unternehmen, die in der US-amerikanischen Kakao-
Schokoladen-Industrie tätig waren. Die Zahl der WCF-Mitglieder stieg in letzter Zeit an
und umfasst nun auch einige große europäische Betriebe. Dementsprechend erhöhten
sich auch die Anzahl und der Umfang der Aktivitäten, insbesondere um Programme im
afrikanischen Kontext zu inkludieren (Details hierzu siehe WCF o.J.).

Die neueste Entwicklung im Bereich privater und privat-öffentlicher Organisationen
der Kakao-Schokoladenindustrie, ist ein institutionelles Rahmenwerk, das der Überprüfung der sogenannten Zertifizierungsberichte nationaler Regierungen kakaoproduzieren-
der Länder dient. Ziel dieser Berichte ist die Bewertung des Status und der Problemlagen landesweiter Arbeitspraktiken, um ein „sauberes" Kakaoangebot zu garantieren, das
heißt sicherzustellen, dass Kakao aus dem nationalen Territorium aus Gemeinschaften
bezogen wird, in denen die „schlimmsten Formen" der Kinder- und Zwangsarbeit nicht
bestehen. Mit diesem Unterfangen wurde Verité beauftragt, eine auf Arbeitsrecht spezialisierte NGO mit Sitz in den USA. Verité gründete eine neue Institution, das *International Cocoa Verification Board*, das RepräsentantInnen der nationalen Regierungen
Ghanas und der Elfenbeinküste, IndustrievertreterInnen sowie unterschiedliche zivilgesellschaftliche Organisationen versammelt. Dieses Gremium selektierte zwei private
Beratungsunternehmen, denen das Mandat übertragen wurde, den Datenerhebungspro-
zess und die Ergebnisse der Zertifizierungsberichte nationaler Regierungen auf deren
Richtigkeit zu überprüfen (Details in ICVB o.J.).

Diese institutionelle Kreativität seitens der Beteiligten der Kakao-Schokoladen-Industrie, vermutlich dirigiert von den dominanten Unternehmen der Wertschöpfungskette, ist eine bemerkenswerte Besonderheit und stellt ein hervorragendes Beispiel einer
neuen Form globaler, privater Regulierung dar. Ein Kernpunkt zukünftiger Forschung
zu globaler privater (und hybrider) Regulierung in der globalen Kakao-Schokoladen-
Wertschöpfungskette ist die Frage nach dem Wesen, der Rolle und der relativen Stär-

ke der involvierten NGOs. Diese variieren sehr stark zwischen den NGOs, unter denen sich neben den traditionellen humanitären und religiösen Organisationen zunehmend Sprösslinge von Handelsverbänden und Unternehmensnetzwerken befinden. Es bedarf größeren Wissens um die Zusammensetzungen, Strategien und Einflüsse teilnehmender NGOs aufgrund der Tatsache, dass sie entscheidend für die Etablierung der Beziehungen zwischen globalen IndustrieakteurInnen und Entwicklungsagenturen sein dürften. In der einen oder anderen Form wird jedoch letztendlich der Löwenanteil der oben erwähnten Programme auf Anbau- oder Gemeinschaftsebene von öffentlichen GeberInnenorganisationen finanziert.

Ein weiterer Kernpunkt ist die Frage, wie und warum sich HauptakteurInnen der globalen Kakao-Schokoladen-Wertschöfpungskette in dieser Form einer globalen, kettenweiten Struktur selbst organisieren. Schließlich blicken viele der Unternehmen der globalen Kakao-Schokoladen-Industrie auf eine lange Geschichte intensiven Wettkampfs um die globale Vorherrschaft zurück. So ist etwa anekdotenhaft belegt, dass ADM und Cargill – wann und wo immer auch möglich – geradezu halsabschneiderische Konkurrenzkämpfe austragen, und Brenner (1999) berichtete von unzähligen Konflikten zwischen Mars und Hershey. Eine Erklärung ist die Ernsthaftigkeit der Angebotssituation, wie sie oben skizziert wurde. Ein weiterer Grund – vielleicht auch eine notwendige Bedingung – ist, dass die globale Kakao-Schokoladen-Industrie im Verlauf der Jahre in andere „gemeinsame Schlachten" involviert war, beispielsweise um Ernährungsfragen, Kakaobuttersubstitute und kürzlich um die Kinderarbeitsproblematik. Frühere Erfahrungen des wechselseitigen Austauschs von Bedenken, die Koordination von Erklärungen und Positionen und das Lobbying in öffentlichen Institutionen für geteilte Interessen könnten eine Art gemeinsames „kooperatives Kapital" hervorgebracht haben, das in anderen GVC nicht zu finden ist. Ferner scheint es plausibel, die konsolidierte Struktur der globalen Kakao-Schokoladen-Wertschöpfungskette als von entscheidender Bedeutung für die Fähigkeit gemeinsamen Agierens zu betrachten.

Schlussfolgerungen

Das globale Kakaoangebot hängt zunehmend von der kleinbäuerlichen Produktion Westafrikas ab (vor allem der Elfenbeinküste und Ghana). Die plantagendominierten Produktionsländer (vor allem Brasilien und Malaysia) nehmen nach einer ausgedehnten Phase, in der niedrige Preise, Krankheitsbefall und Verschiebungen in der Bodennutzung die Kakaoanbaufläche reduzierten, bescheidenere Positionen am Weltmarkt ein. Die Abhängigkeit ist vor allem für die verarbeitende Industrie der EU spürbar, da die US-Industrie einen beträchtlichen Anteil ihrer Rohmaterialien aus Indonesien importiert. Seit den 1990er Jahren durchlief die verarbeitende Industrie einen merklichen Unternehmenskonzentrationsprozess, sowohl in der Kakaoverarbeitung als auch in der Schokoladenherstellung – die Industrie wird nun durch riesige Konzerne dominiert, von denen lediglich wenige vertikal integrierte Aktivitäten in der Kakaoverarbeitung und der Schokoladenherstellung aufweisen.

In derselben Zeitspanne wurden die nationalen Regulierungssysteme Westafrikas liberalisiert und staatliche Marketing Boards teilweise oder gänzlich zerschlagen mit der bemerkenswerten Ausnahme Ghanas. Auch wenn die neuen Systeme unterschiedliche Eigenschaften aufgrund nationaler Besonderheiten aufweisen, kann als gemeinsames Resultat der Verfall der westafrikanischen Kakaobohnenqualität festgestellt werden. Lokale HändlerInnen erhöhen ihre Profite, indem sie ihren Beschaffungskapitalumschlag beschleunigen und sind daher gewillt, Kakaobohnen zu kaufen (und in der Lage sie zu verkaufen), bevor diese den angemessenen Nacherntebehandlungen in den Anbaubetrieben unterzogen wurden. Dies kann teilweise auf die Zerschlagung der nationalen Qualitätskontrollsysteme zurückgeführt werden, die zuvor Teil der Marketing Boards waren – auch wenn diese Funktion nicht immer vorschriftsgemäß erfüllt wurde. Darüber hinaus können technologische Entwicklungen für kakaoverarbeitende Prozesse nun eine niedrigere Kakaobohnenqualität kompensieren. Obwohl die abnehmende Bohnenqualität die Besorgnis aller AkteurInnen der Industrie erweckte, zeigen sich daher die großen kakaoverarbeitenden Unternehmen, die sich auf eine flexible Herstellung von Zwischenprodukten mit Hilfe neuer technischer Ausstattung spezialisierten, am wenigsten beunruhigt.

Während die Frage nach der Qualität die großen Unternehmen der Industrie – zumindest teilweise – spaltete, ist die Möglichkeit einer mittelfristigen Angebotsknappheit ein wichtiges gemeinsames Besorgnis. Derzeit werden keine umfangreichen neuen Kakaogrenzzonen kolonisiert, und bestehende Kakaoanbaugebiete sind durch das Altern der Anbauenden, Pflanzenkrankheiten und zivile Unruhen gefährdet. Daher sah sich die globale Industrie vor die Aufgabe gestellt, konzertierte Bemühungen in die Konsolidierung und in die Produktionssteigerung in bestehenden Kakaoanbaugebieten zu richten. Die Umsetzung dieser Anstrengungen wurde durch das zunehmende Bewusstsein um widrige Arbeitsbedingungen – vor allem den schlimmsten Formen der Kinderarbeit – unter SchokoladenkonsumentInnen, NGOs und PolitikerInnen initiiert. Dieses Konglomerat aus ethischer und kommerzieller Beunruhigung führte zum allmählichen Entstehen einer Reihe neuer, privater Regulierungsmechanismen und einer institutionellen Entwicklung mit dem Potenzial zur globalen Implementierung. Inhaltlich befassen sich die Mechanismen über die Etablierung gemeindeorientierter Ausbildungs- und Sensibilisierungskampagnen, die von einem Netzwerk in den Zentren beheimateter und lokaler NGOs vermittelt und vorwiegend durch öffentliche GeberInnen sowie zu einem geringeren Ausmaß von einigen der großen globalen AkteurInnen der Industrie finanziert werden, sowohl mit Arbeitsbedingungen als auch mit Produktivitätsverbesserungen. Staatliche Institutionen befinden sich auf einem Nebengleis; degradiert zur regelmäßigen Überprüfung des Fortschritts von Arbeitsbedingungen und sozialen Verbesserungen der eingebundenen Gemeinschaften, wobei diese Ergebnisse wiederum durch NGOs des Nordens geprüft und zertifiziert werden.

Die entscheidende Frage ist, wie sich diese Verlagerung von der öffentlichen (staatlichen) zu einer privaten Regulierung auf kleinbäuerliche Betriebe, sowohl auf Gemeinschaftsebene, als auch auf der Ebene der Haushalte und Einzelpersonen auswirken wird. Bisher wurden die neuen Formen der Regulierung lediglich in den wenigen Gemeinschaften des Pilotprojekts ausgetestet, aber die zweite Phase, in der die Anzahl der Gemeinschaften und Haushalte erheblich erhöht wurde, begann vor Kurzem. Nachdem sich das neue Regulierungsgefüge noch in der Anfangsphase befindet, ist es zu früh, um endgültige Schlüsse zu ziehen, dennoch sollen in den verbleibenden Absätzen einige vorläufige

Überlegungen angeboten werden (siehe auch Fold 2008). Ob die neuen Formen privater Regulierung zur Verbesserung der Lebensgrundlagen von (klein)bäuerlichen Haushalten in den zertifizierten Räumen führen, bleibt eine offene Frage, die anhand konkreter Fälle überprüft werden muss. Der bessere Zugang zu Dienstleistungen muss aufgrund des unterschiedlichen Vermögens, mit der intensivierten Kommodifizierung umgehen zu können, der potenziellen sozialen Differenzierung gegenübergestellt werden. Die Proletarisierung wird gefördert, wenn der Boden wegen des Konzernbedürfnisses nach Sicherheit für die beträchtlichen Investitionen in eine große Anzahl von Kleinbäuerinnen und -bauern und/oder großen KontraktfertigerInnen kommodifiziert wird. Dies kann die Forderung nach der Erstellung von Grundstücksregistern und die Ausstellung von Landbesitzurkunden innerhalb der zertifizierten Räume erhöhen und gleichzeitig eine Reihe komplexer Widersprüche zwischen unterschiedlichen wirtschaftlichen, sozialen, politischen und kulturellen Interessen hervorbringen. Haushalte – und Gebiete – außerhalb der zertifizierten Räume werden auf wirksame Weise von der globalen Kakao-Schokoladen-Wertschöpfungskette ausgeschlossen und bleiben von den üblichen öffentlichen Leistungen abhängig, die in vielen Ländern durch die Umverteilung der Regierungsressourcen in den (Auslands-)Schuldendienst ausgehöhlt werden. Private Regulierung könnte möglicherweise in Richtung eines hochgradig ungleichen und privat gesteuerten Kapitalismus in den zertifizierten Räumen des ländlichen Afrika führen.

In Ghana stellen das derzeitige System landesweiter Preise und der Status des vormaligen Monopsons als einem *buyer of last resort* sicher, dass gleichberechtigter Marktzugang nicht lediglich ein theoretisches Konstrukt bleibt. Das System regulierter Preise bietet ein relativ stabiles und vorhersehbares Einkommen für Anbauende. Zudem wird der konstant sinkende Wechselkurs des Neuen Ghanaischen Cedi durch die beinahe schon institutionalisierte Tradition der jährlichen Preiserhöhung einigermaßen kompensiert. Obwohl in der afrikanischen Wirtschaftsgeschichte zahlreiche Beispiele für ineffiziente und korrupte Marketing Boards vorkommen, ist diese Art der Organisationskonstruktion an sich nicht falsch. Ähnliche Institutionen waren über die Jahre hinweg unglaublich effizient und vorteilhaft für Anbauende der industrialisierten Länder – es geht also um den Aufbau angemessener Verfahren für Managementpraktiken und um eine adäquate Überwachung ihrer Einhaltung. Demzufolge könnte die staatliche Regulierung von Ketten – wie am Beispiel der Regulierung der Kakaokette Ghanas illustriert wurde – eine bedeutsame Rolle in der Sicherstellung der Lebensgrundlagen (Marktzugang und stabile Preise) spielen, ohne dabei die kapitalistische Umformung der Landwirtschaft voranzutreiben. Und dies könnte bedürftigen Anbauenden dienlicher sein als die private Regulierung, die sich durch Exklusion und/oder Unterordnung innerhalb der paternalistischen Inklusion auszeichnet.

Übersetzt von Andrea Kremser

Literatur

Bair, Jennifer/Gereffi, Gary (2001): Local Clusters in Global Chains: The Causes and Consequences of Export Dynamism in Torreon's Blue jeans Industry. In: World Development
29/11: 1885-1903

Brenner, Joël Glenn (1999): The Emperors of Chocolate: Inside the Secret World of Hershey and
Mars. New York: Broadway Books

Bright, Chris (2001): Chocolate could bring the forest back. In: World Watch Magazine 11-12:
17-28

Chauveau, Jean-Pierre (1995): Land pressure, farm household life cycle and economic crisis in
a cocoa-farming village (Cote d'Ivoire). In: Ruf, François/Siswoputranto, P.S., Hg.: Cocoa
Cycles: The Economics of Cocoa Supply. Cambridge: Woodhead: 107-123

CMA – Chocolate Manufacturers Association (2001): Protocol for the Growing and Processing
of Cocoa Beans and Their Derivative Products in a Manner that Complies with ILO Conven-
tion 182 Concerning the Prohibition and Immediate Action for the Elimination of the Worst
Forms of Child Labor. http://www.cocoainitiative.org/images/stories/pdf/harkin%20engel%
20protocol.pdf, 15.12.2009

Crook, Richard C. (2001): Cocoa booms, the legalization of land relations and politics in Cote
d'Ivoire and Ghana: explaining farmers' responses. In: IDS Bulletin 32/1: 35-45

Fold, Niels (2002): Lead Firms and Competition in ‚Bi-polar' Commodity Chains: Grinders and
Branders in the Global Cocoa-chocolate Industry. In: Journal of Agrarian Change 2/2: 228-
247

Fold, Niels (2004): Spilling the Beans on a Tough Nut: Liberalization and Local Supply System
Changes in Ghana's Cocoa and Shea Chains. In: Hughes, Alex/Reimer, Suzanne, Hg.: Geographies of Commodity Chains. London: Routledge: 63-80

Fold, Niels (2008): Transnational Sourcing Practices in Ghana's Perennial Crop Sectors. In: Journal of Agrarian Change 8/1: 94-122

Fold, Niels/Ponte, Stefano (2008): Are (Market) Stimulants Injurious to Quality? Liberalization,
Quality Changes and the Reputation of African Coffee and Cocoa Exports. In: Fold, Niels/
Larsen, Marianne Nylandsted, Hg.: Globalization and Restructuring of African Commodity
Flows. Uppsala: Nordiska Afrikainstitutet: 129-155

Fowler, Mark S. (1999): Cocoa Beans: From Tree to Factory. In: Beckett, Stephen T., Hg.: Industrial Chocolate. Manufacture and Use. London: Blackwell: 8-35

Gereffi, Gary (1994): The Organization of Buyer-Driven Global Commodity Chains: How U.S.
Retailers Shape Overseas Production Networks. Gereffi, Gary/Korzeniewicz, Miguel, Hg.:
Commodity Chains and Global Capitalism. Westport/London: Praeger: 95-122

Gereffi, Gary (1995): Global production systems and third world development. In: Stallings, Barbara, Hg.: Global Change, Regional Response: the new international context of development.
Cambridge: Cambridge University Press: 100-142

Gilbert, Christopher L. (1996): International commodity agreements: an obituary notice. In: World
Development 24/1: 1-19

Gilbert, Christopher L. (2009): Cocoa Market Liberalization in Retrospect. In: Review of Business and Economics 54/3: 294-312

ICCO – International Cocoa Organization (2009): ICCO Quarterly Bulletin of Cocoa Statistics
35/4. http://www.icco.org/Attachment.aspx?Id=t0n66728, 15.12.2009

ICI – International Cocoa Initiative (o.J.): Our Programme. http://www.cocoainitiative.org/our-
programme.html, 15.12.2009

ICVB – International Cocoa Verification Board (o.J.): Frequently Asked Questions (FAQs). http://
www.cocoaverification.net/faq.php, 15.12.2009

Jarrige, François (1995): Ivorian and Malaysian cocoa supply: a comparative study of structures and performance. In: Ruf, François/Siswoputranto, P.S., Hg.: Cocoa Cycles: The Economics of Cocoa Supply. Cambridge: Woodhead: 249-279

Lee, M.T./Musa, M.J. (1999): Future prospects of cocoa production in Malaysia. In: The Manufacturing Confectioner 12: 90-95

Leigh, Michael (2001): The new realities for Sarawak. In: Barlow, Colin, Hg.: Modern Malaysia in the Global Economy. Cheltenham: Edward Elgar: 119-132

Li, Tania Murray (2001): Planting trees and losing ground: the cocoa boom and land transfers in Sulawesi. Paper for the Euroseas Conference, 6–8 September

Ruf, François (1995): From „Forest Rent" to „Tree Capital": Basic „laws" of Cocoa Supply. In: Ruf, François/Siswoputranto, P.S., Hg.: Cocoa Cycles: The Economics of Cocoa Supply. Cambridge: Woodhead: 1-53

Sutton, Keith (2001): Agribusiness on a grand scale – FELDA's Sahabat Complex in East Malaysia. In: Singapore Journal of Tropical Geography 22/1: 90-105

UN Comtrade – United Nations Commodity Trade Statistics Database (2009). http://comtrade. un.org/db/, 15.12.2009

UNCTAD – United Nations Conference on Trade and Development (2001): International Cocoa Agreement, 2001, TD/COCOA.9/7. http://www.unctad.org/en/docs//tdcocoa9d7&c1. en.pdf, 15.12.2009

Varangis, Panos/Schreiber, Götz (2001): Cocoa market reforms in West Africa. In: Akiyama, Takamasa/Baffes, John/Larson, Donald F./Varangis, Panos, Hg.: Commodity Market Reforms. Lessons of Two Decades. Washington: The World Bank: 35-82

WCF – World Cocoa Foundation (o.J): Africa. http://www.worldcocoafoundation.org/what-we-do/africa.html, 15.12.2009

Woods, Dwayne (2004): Predatory Elites, Rents and Cocoa: A Comparative Analysis of Ghana and Ivory Coast. In: Commonwealth & Comparative Politics 42/2: 224-241

Christiane Stephan – Andreas Stamm

Faire Wertschöpfungsketten
Sozialverträgliche Formen der Modernisierung in Sri Lankas Zimtsektor

Der globale Handel mit Waren und Dienstleistungen sichert vielen KleinproduzentInnen in Entwicklungsländern das Überleben. Er schafft Arbeitsplätze und Einkommen in kleinen und mittleren Unternehmen. Ein Großteil des internationalen Handels findet heute nicht mehr auf anonymen Märkten statt, sondern ist in globalen Wertschöpfungsketten organisiert, bei denen AkteurInnen der unterschiedlichen Stufen der Wertschöpfung in längerfristige Beziehungsgeflechte eingebunden sind. Für die schwächeren AkteurInnen in der Produktion für den Weltmarkt können sich hieraus Vorteile ergeben, die über die Einkommenssicherung hinausreichen. Wenn lokale Verarbeiter, Exporteure, internationale Handelsunternehmen und führende Markenfirmen interagieren, ergeben sich Möglichkeiten, sich neue Kenntnisse und Wissen anzueignen. Diese Lernprozesse ermöglichen es auch kleineren ProduzentInnen, ihre Position innerhalb der Wertschöpfungsketten zu verbessern und sich größere Anteile an der Wertschöpfung anzueignen. Ob und wie eine derartige Aufwertung (Upgrading) geschieht, hängt jedoch davon ab, wie die Beziehungen zwischen den AkteurInnen auf den unterschiedlichen Stufen gestaltet sind.

Die zunehmende Durchsetzung von international wirksamen Standards unterstützt zum einen den Übergang von kurzfristigen Markttransaktionen zu längerfristig integrierten Wertschöpfungsketten. Zum anderen stellt sie einen Weg dar, Wissen entlang der Ketten weiterzugeben. Im Lebens- und Genussmittelsektor handelt es sich vor allem um Regeln und Normen, die der Lebensmittelsicherheit und dem VerbraucherInnenschutz dienen. Gleichzeitig setzen sich weitergehende Standards durch, die auch die soziale Dimension der Produktion umfassen, allen voran die Standards im Fairen Handel.

Im folgenden Beitrag werden die Chancen und Risiken, die den lokalen ProduzentInnen aus der Einbindung in globale Wertschöpfungsketten erwachsen, am Beispiel der Zimtwirtschaft Sri Lankas untersucht. Anhand zweier unterschiedlicher Produktionssysteme wird analysiert, welche Auswirkungen diese auf die Wettbewerbsfähigkeit und die Breitenwirkung der Zimtproduktion haben. Besonderes Augenmerk gilt der Gestaltung der Wertschöpfungsketten im Fairen Handel, der sich zunehmend dynamisch entwickelt.

Globale Wertschöpfungsketten, Governance und Upgrading

Die Produktion und der globale Handel mit Waren finden heute zu einem Großteil über arbeitsteilig organisierte Wertschöpfungsketten – in der internationalen Literatur als Value Chains oder Commodity Chains bekannt – statt. Eine Wertschöpfungskette umfasst die miteinander verbundenen Stufen der Erzeugung, des Handels, der Verarbeitung und des Vertriebs bzw. Exports von Produkten (Richter 2005). Jede globale Wertschöpfungskette besitzt ihre eigene „Geographie" (Schamp 2008). Sie verbindet beispielsweise die Anbauregion in einem Entwicklungsland über mehrere Stufen in verschiedenen Ländern (Häfen, Zwischenlager, Weiterverarbeitungsbetriebe) mit dem Supermarkt im Zielland. Der Wertschöpfungskettenansatz stellt ein wichtiges Konzept dar, um die Prozesse der Produktion und Distribution für den Weltmarkt zu analysieren.

Für die entwicklungspolitische Wirkung einer weltmarktorientierten Produktion ist die Frage, wie die globalen Wertschöpfungsketten organisiert sind, von besonderer Bedeutung. Durch die Untersuchung von Governance-Strukturen können Aussagen darüber gemacht werden, wie Effizienz in einer globalen Wertschöpfungskette hergestellt wird, wie Marktzugang stattfindet, wie Fähigkeiten angeeignet werden und wie die Gewinne innerhalb der Wertschöpfungskette verteilt werden (Schmitz 2006).

Das Konzept der Governance geht dabei über die bloße Koordination des Warenaustausches hinaus und umfasst Aspekte der Verteilung von Macht und Einfluss entlang der Kette. In vielen Wertschöpfungsketten setzen wenige oder auch nur ein Unternehmen die wesentlichen Parameter, unter denen die anderen operieren.

Insbesondere die Beziehung zwischen den sogenannten Lead Firms und den lokalen ProduzentInnen wird in verschiedenen Studien thematisiert (vgl. Stamm u.a. 2006). In vielen für Entwicklungsländer relevanten Wertschöpfungsketten übernehmen internationale Käufer, oft Großunternehmen der Agroindustrie oder des Einzelhandels, die Rolle der Lead Firm. Schmitz (2006) nennt zwei wesentliche Gründe, warum internationale Käufer sich nicht auf den freien Markt verlassen, sondern dazu übergehen, Wertschöpfungsketten zu organisieren und längerfristige Beziehungen zu ProduzentInnen und VorlieferantInnen aufzubauen. Der erste Grund ist die genaue Spezifizierung eines Produktes: Je differenzierter und spezialisierter ein Produkt ist, beispielsweise durch Design und Branding, umso wichtiger sind genaue Anweisungen an die ProduzentInnen und LieferantInnen sowie eine genaue Kontrolle, ob diese eingehalten werden. Daraus folgt das zweite Motiv für den Aufbau klar definierter eindeutiger Governance-Strukturen: die wachsende Anfälligkeit der Produktions- und Handelsketten für Fehler, die an ihrem „oberen Ende" auftreten. Diese Fehleranfälligkeit entsteht, weil nicht-kostenbasierte Faktoren zunehmend über die Wettbewerbsfähigkeit auf den anspruchsvollen Märkten in den Industrieländern entscheiden. International gehandelte Agrargüter beispielsweise müssen in hoher und gleichbleibender Qualität geliefert werden. Strenge phytosanitäre Auflagen erhöhen das Risiko, dass Güter nicht in den Verkehr gebracht werden dürfen oder kostspielig rückgerufen werden müssen. Zunehmend wird verlangt, dass alle Produktionschargen bis zu den einzelnen KleinproduzentInnen oder die Parzelle eines Großbetriebs rückverfolgt werden können (*traceability*). Bei Industriegütern, im Bereich der modischen Bekleidung etwa, sind eine kurze *response time* – die Zeitspanne von der Vergabe des Auftrags bis zur Fertigstellung und Lieferung eines Produktes –

und die Lieferverlässlichkeit von besonderer Bedeutung. Über die Produktgruppen hinweg wächst die Bedeutung von Sicherheits-, Arbeits- und Umweltstandards. Um die Risiken, die sich aus diesen neuen Wettbewerbskomponenten ergeben, zu minimieren, sind möglichst genaue Vorgaben und eine strikte Kontrolle der Produktionsweise und des Warenflusses erforderlich.

Während in den früheren Arbeiten zu globalen Wertschöpfungsketten den Lead Firms die größte Bedeutung in der Governance-Struktur zugeschrieben wurde, zeigen spätere Untersuchungen, dass Macht und Koordination in einer Wertschöpfungskette nicht notwendigerweise von einem einzelnen, sondern von mehreren AkteurInnen ausgeübt werden (Humphrey/Schmitz 2002; Gibbon/Ponte 2005).

Nach Gereffi/Humphrey/Sturgeon (2005) können die Beziehungen in globalen Wertschöpfungsketten marktbasiert, modular, beziehungsbasiert (*relational*), gebunden bzw. hierarchisch (*captive*) oder hierarchisch strukturiert sein. Marktbasierte Ketten zeichnen sich dadurch aus, dass der Wechsel von einem zum anderen Interaktionspartner mit geringen Kosten verbunden ist, was allerdings nicht ausschließt, dass sich auch hier längerfristige Beziehungen entwickeln. Der Grad der Interaktion und die Abhängigkeiten zwischen verschiedenen AkteurInnen innerhalb der Wertschöpfungskette nehmen vom ersten bis zum fünften Typ kontinuierlich zu und finden ihren Höhepunkt in einem vertikal integrierten, komplexen Unternehmen mit hierarchischer Organisation.

Eine Wertschöpfungskette ist ein dynamisches System, das sich in seiner Organisationsform und bezüglich anderer Charakteristika im Zeitverlauf verändern kann. In der Regel sind Machtbeziehungen keine starren Gebilde, sondern unterliegen Veränderungen. Ein Wandel kann dadurch geschehen, dass schwächere AkteurInnen innerhalb der Kette ihre Position verbessern. Verschiedene Aufwertungsprozesse werden in der Literatur unter dem Begriff des „Upgrading" zusammengefasst. Angesprochen sind jene Prozesse, die ein Unternehmen in die Lage versetzen, wertschöpfungsintensivere Funktionen in der Kette zu übernehmen, sich weniger leicht substituierbar zu machen und sich somit einen höheren Anteil der erwirtschafteten Gewinne anzueignen (Stamm 2004).

Ein Unternehmen steht – nachdem es Teil einer globalen Wertschöpfungskette geworden ist – vor der Herausforderung, seine Position zu sichern bzw. seine Organisation und Arbeitsweise zu verbessern, um weiterhin konkurrenzfähig zu bleiben (Mather 2008). Vor allem im Agrarsektor ist eine kontinuierliche Anpassung und Verbesserung notwendig, da die Entwicklung neuer Richtlinien und Standards, welche eine bestimmte Arbeitsweise, hygienische Bedingungen und weitere Parameter vorschreiben, sehr rasch vor sich geht. Das Einhalten von Standards ist jedoch nicht die einzige Vorgabe, wodurch Aufwertungsprozesse ausgelöst werden. Sowohl interne Entscheidungen eines Unternehmens als auch äußere Zwänge und Vorgaben, zum Beispiel durch die Lead Firm, andere internationale Käufer oder nationale bzw. internationale Institutionen, können Upgrading-Prozesse auslösen. Im Einzelnen lassen sich vier unterschiedliche Formen des Upgrading unterscheiden (Humphrey/Schmitz 2000; Stamm 2004):

1. Prozess-Upgrading: Durch die Reorganisation des Produktionsprozesses oder durch die Einführung moderner, angepasster Technologien wird die Effizienz des Produktionsprozesses erhöht oder eine konstantere Produktqualität erzielt.
2. Produkt-Upgrading: Mit der Einführung neuer Technologien, eines neuen Designs und weiterer Produktkriterien werden höherwertige Güter erzeugt.

3. Funktionelles Upgrading: Es werden komplexere Schritte und höherwertige Akti-
    vitäten in der Wertschöpfungskette übernommen, wie Marketing oder Design, und
    einfache Funktionen ausgelagert.
4. Upgrading der Wertschöpfungskette: Werden erlangte Kompetenzen angewendet,
    kann bestimmten Kettensegmenten eine „Seitwärtsbewegung" in neue Segmente
    gelingen.

Den unterschiedlichen Upgrading-Formen liegt stets das Ziel zugrunde, auf der Leiter
der Wertschöpfung nach oben zu steigen und sich von solchen Aktivitäten wegzubewe-
gen, bei denen die Zutrittsbarrieren für MitbewerberInnen gering sind (Giuliani/Pietro-
belli/Rabellotti 2005). Kaplinsky und Readman (2001) betonen, dass es für kleine und
mittlere Unternehmen (KMU) eine Hierarchie bezüglich der verschiedenen Upgrading-
Formen gibt. Sie beschreiben die Abfolge der Upgrading-Prozesse auf einem bestimmten
Pfad, der mit Prozess-Upgrading beginnt, über Produkt-Upgrading zum funktionellen
Upgrading führt und zuletzt beim Upgrading der Wertschöpfungskette anlangt.

Allerdings muss diese Sequenz als ein idealtypisches Modell verstanden werden,
dem die Unternehmen in der Praxis nicht zwingend folgen müssen. Nicht jedes Unternehmen, das Prozess- und Produkt-Upgrading erfolgreich durchgeführt hat, wird im nächsten Schritt automatisch zu funktionalem Upgrading übergehen können oder wollen. Wie
noch gezeigt werden soll, ist die Durchführbarkeit von Upgrading maßgeblich von der
Governance in der Wertschöpfungskette abhängig. Allerdings gibt es auch eine Reihe
grundlegender Bedingungen, die erfüllt sein müssen, damit Unternehmen mit Aussicht
auf Erfolg ihre Position im Produktions- und Austauschprozess von Waren und Dienstleistungen verbessern können.

Bedingungen für Upgrading

Die Einbindung in globale Wertschöpfungsketten führt nicht automatisch zu den Lernprozessen, die für Upgrading notwendig sind. Zum einen müssen die betreffenden Unternehmen selbst aktiv daran arbeiten, ihr technisches Know-how und das Wissen über
die Zugänge zu den Märkten zu erweitern (Humphrey 2004). Gleichzeitig müssen auch
im Unternehmensumfeld auf nationaler und internationaler Ebene Bedingungen vorhanden sein bzw. sich entwickeln, die es wahrscheinlich machen, dass diese Bemühungen
erfolgreich sein können. Stamm (2004) unterscheidet fünf verschiedene Faktoren, die
Upgrading-Prozesse maßgeblich beeinflussen:
1. die grundlegenden Strukturen des Marktes
2. die Substituierbarkeit des jeweiligen Partners
3. das Kompetenzniveau des Unternehmensmanagements
4. die Einbindung eines Unternehmens in lokalisierte Cluster
5. die Leistungsfähigkeit des institutionellen Umfelds

Wertschöpfungsketten werden oft von einem oder wenigen Unternehmen kontrolliert, die
über die wesentlichen Parameter des wirtschaftlichen Handelns bestimmen (wer produziert, wo wird produziert, zu welchen Konditionen und innerhalb welcher Fristen). Die
Lead Firms gewinnen ihre dominierende Position vor allem dadurch, dass sie über besonderes Wissen verfügen, das ihnen einen Konkurrenzvorsprung verschafft. In der frühen

Literatur zu Wertschöpfungsketten wurde zwischen Ketten unterschieden, deren Lead Firms spezifisches Technologie-Know-how haben (*producer driven chains*) und denjenigen Ketten, die durch Unternehmen organisiert werden, die über spezifisches Wissen des Marktzugangs verfügen (*buyer driven chains*) (vgl. Humphrey/Schmitz 2001).

Auch wenn diese Zweiteilung dem heutigen Stand der Forschung nicht mehr entspricht, so bleibt richtig, dass spezifisches Know-how ein entscheidender Faktor ist, der die relative Machtposition einzelner Unternehmen innerhalb von Wertschöpfungsketten bestimmt. Die starken AkteurInnen in der Kette werden daher sehr selektiv vorgehen, wenn es um die Weitergabe von Wissen geht. Dies kann je nach Struktur des jeweiligen Marktes aber notwendig sein, etwa um auf Nachfrageänderungen angemessen reagieren zu können oder um durch höhere Produktqualität und -vielfalt Marktanteile auszubauen oder Gewinne zu steigern. In aller Regel werden die Lead Firms jedoch sehr darauf bedacht sein, dasjenige Wissen zu monopolisieren, das ihnen die Vormachtstellung in der Kette sichert.

Der zweite Faktor, der die Chancen und Möglichkeiten von Upgrading beeinflusst, ist die Substituierbarkeit der PartnerInnen. Je leichter ein/e AkteurIn in der Kette durch andere ersetzbar ist, desto weniger werden die großen Firmen Wissen an diese weitergeben. Ob ein/e ProduzentIn durch andere ersetzbar ist, hängt damit zusammen, wie komplex der Produktionsprozess ist und wie spezifisch die hergestellten Produkte sind. Sind die Arbeitsvorgänge genau abgestimmt, was hohe Anfangsinvestitionen für die Lead Firm mit sich bringt, so ist der/die jeweilige PartnerIn weniger leicht zu ersetzen, da die Suche nach Alternativen sehr kostenintensiv wäre. Haben sich erste Lernprozesse durchgesetzt, was bei hochspezialisierten Produkten erst nach einer gewissen Zeit zu erreichen ist, so wäre es für die Lead Firm ein großer Verlust, diese Investitionen erneut für eine/n andere/n Produzentin/Produzenten leisten zu müssen. Ist also eine geringe Substituierbarkeit gegeben, so wird die Lead Firm bestrebt sein, die ProduzentInnen mit Wissen und technologischen Kapazitäten auszustatten – das sind Ansatzpunkte für ein Upgrading.

Weiters entscheidet das Kompetenzniveau des Unternehmensmanagements über Upgrading-Möglichkeiten. Die Organisation von Aufwertungsprozessen ist mit einem gewissen Maß an Koordinations- und Managementfähigkeiten verbunden. Um nachhaltige Lernprozesse anzuregen, die den gewünschten Erfolg – ein höheres Maß an Wertschöpfung und höhere Einnahmen – bringen, braucht es AkteurInnen, die dies leisten können. Das Kompetenzniveau entscheidet außerdem darüber, bis zu welchem Grad Upgrading möglich ist, also ob anspruchsvollere Prozesse wie funktionelles Upgrading oder sogar die Aufwertung der ganzen Wertschöpfungskette möglich sind.

Darüber hinaus kann die Einbindung des Unternehmens in Cluster eine wichtige Rolle spielen. Unter bestimmten Umständen erfolgen in Clustern kollektive Lernprozesse. Informationen und Wissen werden nicht wie in einer Wertschöpfungskette von oben nach unten hierarchisch weitergegeben, dieser Prozess erfolgt vielmehr in einer netzwerkartigen Struktur auf unterschiedlichen Ebenen. Dies stellt eine günstige Ausgangslage für Upgrading dar und kann dieses durch den kontinuierlichen Informationsfluss außerdem vermehrt anregen.

Schließlich bestimmt das institutionelle Umfeld darüber, wie erfolgversprechend Bemühungen um Upgrading innerhalb von Wertschöpfungsketten sind. Es ermöglicht den

Unternehmen, auf Leistungen zurückzugreifen, die es nicht selbst erzeugen kann, etwa technologisches Wissen oder Beratungsleistungen. Da vor allem KMU in Entwicklungsländern in der Regel über begrenzte finanzielle Mittel und nur wenig wissenschaftlich geschultes Personal verfügen, ist es das institutionelle Umfeld – Forschungsinstitute, Hochschulen und Universitäten sowie andere öffentliche und private Einrichtungen –, das durch Forschung und Entwicklung sowie durch Messungen und Qualitätskontrollen zu einer Verbesserung der Produkte und Prozesse beitragen kann (Stamm 2004).

Nach Schmitz (2006) werden die Chancen für Upgrading lokaler Unternehmen in Entwicklungsländern in entscheidender Weise durch die Beziehungen in der Wertschöpfungskette – die Governance-Struktur – bestimmt. Dies lässt sich durch den Vergleich zwischen einer *Modular Value Chain* (Typ 2) und einer *Captive Value Chain* (Typ 4 nach Gereffi/Humphrey/Sturgeon 2005) verdeutlichen. Der erste Typ zeichnet sich dadurch aus, dass ProduzentInnen ein mehr oder weniger genau vordefiniertes Produkt für einen bekannten KäuferInnenkreis herstellen. Dabei obliegt es den ProduzentInnen selbst, die Parameter der Produktion zu bestimmen. Es kommen in der Regel keine speziell für diese Produktion entwickelten Technologien zum Einsatz. Die Unabhängigkeit der ProduzentInnen ist relativ groß, und der Wechsel zu anderen Abnehmern scheint zumindest theoretisch ohne größere Verluste möglich zu sein. Durch die losen Kontakte und die begrenzte Interaktion zwischen ProduzentInnen und AbnehmerInnen kann jedoch nur ein geringes Maß an Feedback, Informations- und Wissensfluss stattfinden. Dies ist allerdings eine wesentliche Voraussetzung für Upgrading. Darüber hinaus können die finanziellen Mittel, die zur Aufwertung des Betriebs benötigt werden, von KleinproduzentInnen, die über keine Unterstützung verfügen, vermutlich nur in wenigen Fällen aufgebracht werden.

Der zweite Typ, die gebundene bzw. quasi-hierarchische Wertschöpfungskette, umfasst KleinproduzentInnen, die für feste VertragspartnerInnen ein spezifisches Produkt anfertigen. Durch diese Spezialisierung in ihrer Produktion sind die kleinen Unternehmen auf einen bestimmten AbnehmerInnenkreis festgelegt und von diesem abhängig. Einerseits müssen sie sich nach festen Vorgaben richten und haben keine alternativen HandelspartnerInnen. Andererseits erhalten sie ein relativ hohes Maß an Unterstützung, da die AbnehmerInnen – meist große Unternehmen – an einer Optimierung des Systems interessiert sind und das Risiko von Fehlern minimieren wollen.

In einer empirischen Untersuchung zu agroindustriellen Clustern in Lateinamerika konnten diese Vermutungen bestätigt werden. Prozess- und Produkt-Upgrading wurden weit häufiger nachgewiesen als funktionales Upgrading (Giuliani/Pietrobelli/Rabellotti 2005). Gibbon und Ponte (2005) gehen in ihrer Argumentation noch einen Schritt weiter und stellen heraus, dass Lead Firms ihre ProduzentInnen und LieferantInnen sogar explizit daran hindern, funktionales Upgrading durchzuführen. Die Einbindung in quasi-hierarchische Wertschöpfungsketten birgt für die ProduzentInnen aus Entwicklungsländern daher die Gefahr, dass sie in Beziehungen „gefangen" sind, in denen sie über die Aufwertung des Arbeitsprozesses und der Produkte nicht hinauskommen. Die Konsequenzen für die Produzenten können schwerwiegend sein.

Giuliani/Pietrobelli/Rabellotti (2005) stellen eine enge Verbindung zwischen Innovationen und Upgrading her. Sie argumentieren, dass Upgrading im Kern durch Innovationen erfolgt, die mit dem Ziel getätigt werden, eine höhere Wertschöpfung zu erreichen. Innovation wird hier nicht als die Durchsetzung eines gänzlich neuartigen Produkts verstanden, sondern meint auch kontinuierliche Verbesserungen von Produkten und Prozessen, sogenannte inkrementelle Innovationen.

Um Innovationen zu tätigen, ist ein hohes Maß an Kreativität, aber auch an finanziellen Ressourcen erforderlich. Im Falle von Entwicklungsländern zeigt sich, dass die ersten Schritte, die zu Upgrading führen, meist in der Übernahme und Anpassung bewährter Technologien aus anderen Ländern liegen, also in kontinuierlichen Lern- und Anpassungsprozessen. Diese als „evolutionär" (Giuliani/Pietrobelli/Rabellotti 2005) zu beschreibende Form von Innovation erfordert ständige und konstante Investitionen in die Übernahme der neuen Technologien und Fähigkeiten.

Ob der Schritt zu Innovationen bzw. zur Einleitung von Lernprozessen gegangen wird und wie effizient dies organisiert ist, hängt eng mit dem Management, den spezifischen Strategien und mit den verfügbaren Ressourcen eines Unternehmens zusammen (UNIDO 2003). Es ist nicht auszuschließen, dass ein KMU in einem Entwicklungsland neue Technologien oder Produkte erfindet oder entwickelt, aber es sind hier deutliche Grenzen gesetzt. Auch die wirtschaftlichen Rahmenbedingungen, die in einer Region oder einem Land vorzufinden sind, spielen für ein Unternehmen eine wichtige Rolle.

Die Fallstudie: Upgrading in Sri Lankas Zimtsektor

Im Rahmen einer Feldstudie untersuchte die Autorin im Zeitraum zwischen November und Dezember 2008 den Zimtsektor Sri Lankas. Dabei wurden AkteurInnen auf jeder Stufe der Wertschöpfung im Land zur Organisation und zu den Beziehungen in ihrer Wertschöpfungskette befragt. Interviewt wurden Kleinbauern und -bäuerinnen, ZimtschälerInnen, KleinhändlerInnen sowie leitende MitarbeiterInnen ausgewählter Verarbeitungsbetriebe und Exportunternehmen. Ziel war es, die unterschiedlichen Organisationsformen und Typen von Wertschöpfungsketten zu charakterisieren und Aussagen über deren Effizienz und Wirkungsweise zu machen. Dem lag die These zugrunde, dass die AkteurInnen des Zimtsektors unterschiedlich auf sich wandelnde internationale Rahmenbedingungen reagieren und unterschiedliche Ergebnisse hervorbringen. Auch die Upgrading-Strategien waren Gegenstand der Feldstudie, anhand derer nun einige der vorangegangenen Feststellungen überprüft werden.

Wertschöpfungsketten im Zimtsektor

Die Landwirtschaft hat bis heute eine zentrale Bedeutung für die sozio-ökonomische Entwicklung von Sri Lanka. Wenngleich in der Außenwirtschaft des Landes andere Wirtschaftszweige, vor allem die Textil- und Bekleidungsindustrie, dominieren, stellt die Landwirtschaft für die ländliche Bevölkerung eine wichtige Einkommensquelle und die Basis der eigenen Lebensgrundlage dar. Nach offiziellen Angaben waren im Jahr 2006 33 % der Erwerbstätigen in der Landwirtschaft tätig. Dies umfasst jedoch nur einen Teil der Aktivitäten des Sektors, denn auch Kinder und ältere Menschen sind in der Landwirtschaft aktiv. Viele der in der Industrie und im Dienstleistungssektor angestellten Personen sichern ihre Selbstversorgung zusätzlich durch den Anbau landwirtschaftlicher Güter ab (Department of Census and Statistics 2006). Der Agrarsektor Sri Lankas ist wesentlich durch kleinbäuerliche Produktionssysteme geprägt. 91% der landwirtschaftlich genutzten Fläche werden von Bauern und Bäuerinnen mit einer Anbaufläche von unter neun Hektar bebaut, etwa die Hälfte verfügt über Flächen von unter 0,1 ha (Department of Census and Statistics 2002).

Trotz einer langen Tradition der exportorientierten Landwirtschaft erwirtschaften die Ausfuhren des Agrarsektors nur etwa 19 % der Exporteinnahmen Sri Lankas. Dabei dominieren drei schon seit der Kolonialzeit exportierte Güter, allen voran Tee (70 % der Agrarexporte), Kokosnüsse und Subprodukte (10 %) sowie Naturkautschuk (5 %) (Germany Trade & Invest 2008). Agroindustrielle Produktionssysteme, verstanden als die Verknüpfung landwirtschaftlicher Produktion mit der Verarbeitung der agrarischen Rohstoffe im industriellen Maßstab, blieben bislang weitgehend auf diese drei „Kolonialwaren" begrenzt.

Zimt war ein wesentlicher Grund für das frühe Interesse der Kolonialmächte an der Insel. Die in Sri Lanka endemische Zimtpflanze *Cinnamomum zeylanicum* wird auf traditionelle Weise zu Zimtstangen verarbeitet. Früher das wichtigste Ausfuhrgut des Landes, erwirtschaftet der Zimtsektor heute weniger als ein Prozent der Exporterlöse.

Gegenwärtig wird Zimt auf etwa 23.000 ha Land angebaut, dies entspricht etwa 1,5 % der landwirtschaftlichen Nutzfläche des Landes. Rund 10.000 Familien und insgesamt etwa 100.000 Arbeitskräfte sind an Anbau und Verarbeitung beteiligt (Export Development Board 2006). Zwei Drittel der Zimtanbauflächen befinden sich im Besitz von Kleinbauern und -bäuerinnen, die Flächen von weniger als zwei Hektar bewirtschaften (Kodikara 2008). Die Zimtplantagen sind Relikt der unter niederländischer Herrschaft eingeführten Plantagenwirtschaft.

Der Großteil des Zimts wird in Form von Zimtstangen mit einer Standardlänge von 42 Inch (106,7 cm), verpackt in Bündeln zu jeweils 25 kg oder 45 kg, exportiert. Neben diesen sogenannten *Cinnamon Quills* gibt es eine Reihe weiterer Produkte, zu denen die Zimtstangen verarbeitet werden. Dazu gehören *Chips*, in kleinere Stangen geschnittene Zimtstangen von fünf bis zehn Zentimetern. Die Weiterverarbeitung zu Zimtpulver erfolgt nur in einigen wenigen Betrieben in Sri Lanka. Ein Großteil der im Einzelhandel üblichen kurzen Zimtstangen und des Zimtpulvers wird im Ausland produziert. Auf Grundlage der Befragungen lassen sich zwei unterschiedliche Grundmuster der Zimtherstellung unterscheiden. Einem traditionellen System bei Anbau, Verarbeitung und Handel stehen moderne Organisationsformen und Initiativen gegenüber, die von einigen wenigen AkteurInnen vorangetrieben werden. Diese Zweiteilung lässt sich einordnen in vier verschiedene Typen von Wertschöpfungsketten, die Stamm u.a. (2006) in Sri Lankas Agrarindustrie identifiziert haben. Mit Blick auf die Art der Machtbeziehungen und Koordination zwischen den AkteurInnen einer Wertschöpfungskette (Governance) unterscheiden sie

1. desintegrierte Wertschöpfungsketten mit reinen Markttransaktionen
2. schwach integrierte Wertschöpfungsketten
3. stark integrierte, relationale Wertschöpfungsketten
4. vertikal integrierte Wertschöpfungsketten.

Zwei der beschriebenen Typen lassen sich im Zimtsektor Sri Lankas wiederfinden, nämlich schwach integrierte Wertschöpfungsketten sowie stark integrierte, relationale Wertschöpfungsketten (siehe Abbildung).

Abbildung: Wertschöpfungsketten im Zimtsektor Sri Lankas:
(a) konventionell, (b) Bio- und Fair-Trade-Sektor

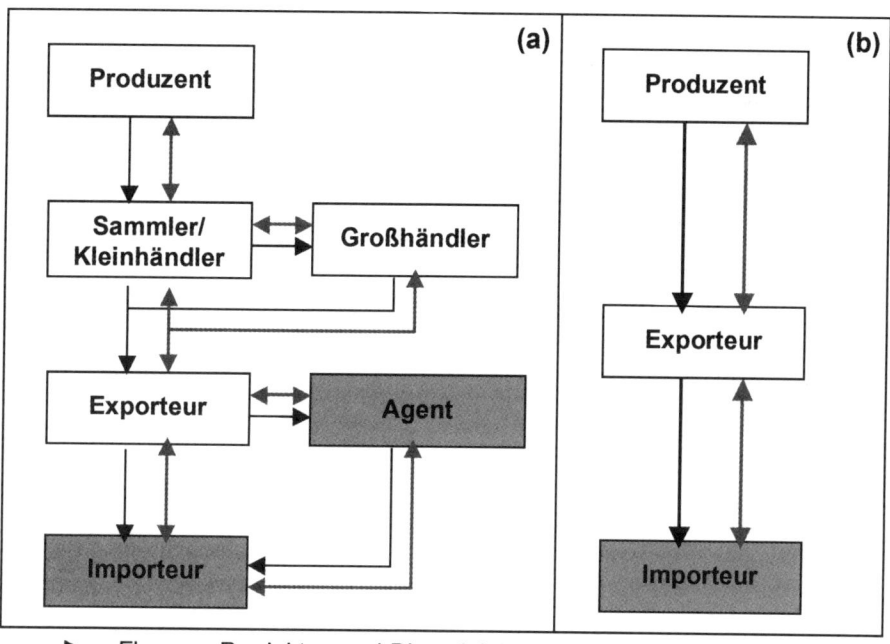

Bei den schwach integrierten Wertschöpfungsketten (Abbildung a) bestehen nur sporadische Interaktionen zwischen den AkteurInnen. Diese finden überwiegend an der Börse in der Hauptstadt Colombo statt. Dort treffen die ZimtanbieterInnen auf Exportunternehmen, an die sie die Zimtstangen zu aktuellen Preisen verkaufen. Die Richtpreise für Zimt, die sich am Weltmarkt orientieren, werden regelmäßig in den großen Zeitungen des Landes veröffentlicht. Dadurch entstehen zunächst ein relativ transparentes Preissystem und eine gewisse Verlässlichkeit bezüglich der Qualität.

Für viele ZimtproduzentInnen, die kleine Mengen in ihrem direkten Wohnumfeld auf dem Land produzieren, bestimmen jedoch die Zwischenhändler, die den Zimt direkt bei den ProduzentInnen abholen, über den Preis. Diese sind meist die einzige Informationsquelle bezüglich des aktuellen Zimtpreises, was eine hohe Abhängigkeit hervorruft und dazu führen kann, dass die ErzeugerInnen deutlich geringere Preise erhalten als es der jeweiligen Marktlage entsprechen würde.

In den Befragungen wurde deutlich, dass zwischen den AkteurInnen entlang der Wertschöpfungskette, insbesondere zwischen ProduzentInnen und ExporteurInnen, über die eigentliche Verkaufstransaktion hinaus kaum Interaktionen stattfinden. Dies führt dazu, dass nur eine geringe Rückkoppelung bezüglich der Produktqualität stattfindet und wenig Wissenstransfer erfolgt. Da der überwiegende Teil des in Sri Lanka erzeugten Zimts über die Börse gehandelt wird, lässt sich ein großer Teil des konventionellen Zimtsektors in diese Kategorie der schwach integrierten Wertschöpfungsketten einordnen.

In dieser Kategorie sind unterschiedliche AkteurInnen anzutreffen, Kleinbauern und -bäuerinnen mit Anbauflächen von unter 0,1 ha bis zu PlantagenbetreiberInnen, die auf Flächen von über zehn Hektar produzieren. Die Beziehungen zwischen den AkteurInnen der verschiedenen Ebenen sind nicht institutionalisiert. Regelmäßiger Kontakt und langjährige Geschäftsverbindungen lassen sich zwar erkennen, jedoch haben die ProduzentInnen in der Regel keinerlei Sicherheiten, dass ihre Waren abgenommen werden. Sie sind von steigenden oder fallenden Weltmarktpreisen direkt betroffen und der Konkurrenz durch andere ZimtlieferantInnen sowohl aus Sri Lanka als auch aus anderen produzierenden Ländern ausgesetzt.

Auch bei den Zwischenhändlern gibt es verschiedene Typen, die teilweise ergänzende Funktionen in der Wertschöpfungskette übernehmen. Die fahrenden KleinhändlerInnen transportieren Zimtstangen auf dem Fahrrad oder Motorrad zu den GroßhändlerInnen. Diese übernehmen die Lagerung und unter Umständen eine Nachtrocknung unzureichend getrockneter Erzeugnisse, bevor die Ware an die ExporteurInnen geliefert wird, die hauptsächlich in Colombo angesiedelt sind. Zu den Tätigkeiten des Großhändlers oder des Exporteurs gehört in manchen Fällen auch die Behandlung der Zimtstangen mit Schwefeldioxid, damit die Zimtstangen ihre charakteristische rötlich braune Farbe beibehalten. Es ist jedoch wegen negativer gesundheitlicher Auswirkungen umstritten. In vielen Ländern besteht ein Importverbot für derart behandelten Zimt.

Die weitaus größte Zahl der Unternehmen, die im konventionellen Zimtsektor Sri Lankas tätig sind, sind einheimische. Die wichtigsten transnationalen Unternehmen des Gewürzhandels sind nicht in Sri Lanka vertreten. Weder der Weltmarktführer, das US-amerikanische Unternehmen McCormicks, noch der Marktführer in Europa, das deutsche Unternehmen FUCHS, beziehen Zimt aus Sri Lanka. Dies lässt sich vor allem mit der Konkurrenz durch preiswerteren Cassia-Zimt, der in China und Vietnam auf großflächigen Plantagen angebaut wird, erklären.

Mittelgroße Unternehmen, die sich auf den Export von Zimt spezialisiert haben, stehen in diesem konventionellen Handelssystem, das viele verschiedene Schritte und AkteurInnen miteinander verbindet, vor dem Problem, kein konstantes Qualitätsniveau der Zimtstangen liefern zu können. In dieser Wertschöpfungskette sind Mechanismen der Qualitätskontrolle und der Traceability sehr schwach ausgebildet.

Konventionell produzierter Ceylon-Zimt wird zum überwiegenden Teil auf internationalen Märkten abgesetzt, die als wenig anspruchsvoll bezeichnet werden können. Der Hauptabnehmer srilankischen Zimtes ist Mexiko. Dorthin geht fast die Hälfte aller Zimtexporte aus Sri Lanka. Andere lateinamerikanische Länder sowie der Nahe Osten sind weitere wichtige Abnehmer. Die Ansprüche an Qualität und Rückverfolgbarkeit der Produkte sind auf diesen Märkten niedrig, sodass hier vor allem günstigere Massenware geliefert wird. Auf dem US-amerikanischen Markt, vormals ebenfalls ein wichtiges Zielland für Exporte, hat sich in den vergangenen Jahren der günstigere Cassia-Zimt durchgesetzt.

Im Gegensatz zu den beschriebenen, durch kurzfristige Transaktionen gekennzeichneten Produktionssystemen sind stark integrierte, relationale Wertschöpfungsketten durch langanhaltende Handelsbeziehungen und intensive Interaktion sowie Kommunikation zwischen den AkteurInnen der Wertschöpfungskette gekennzeichnet (Stamm u.a. 2006). Dies ist in Sri Lankas Zimtsektor bisher nur bei solchen Unternehmen der Fall, die zum Bio- und/oder Fair Trade-Segment zählen. Hier dominieren *Outgrower Schemes*. Der Begriff bezeichnet eine vertraglich geregelte, meist langfristige Beziehung zwischen Kleinbauern und -bäuerinnen und mittleren oder großen Unternehmen. Bauern und Bäuerinnen produzieren den Zimt nach vorher festgelegten Kriterien, die Unternehmen garantieren im Gegenzug die Abnahme der Ware und unterstützen die Outgrower, beispielsweise durch agrartechnische Beratung oder die Lieferung von Betriebsmitteln zu günstigeren Kosten. Im Zimtsektor Sri Lankas sind neben dem Vertragsanbau auch andere Formen der Kooperation zwischen Unternehmen und KleinproduzentInnen zu finden, die sich ebenfalls durch intensive Interaktion und langfristige Beziehungen auszeichnen, jedoch nicht vertraglich geregelt sind, sondern auf informellen Absprachen beruhen.

Wertschöpfungsketten, die starke Verknüpfungen zwischen den AkteurInnen aufweisen, schaffen die Möglichkeit, einen sicheren und hohen Qualitätsstandard zu erfüllen und eine Rückverfolgbarkeit entlang der Wertschöpfungskette zu gewährleisten. Die Unternehmen, die sich die Waren direkt von den ProduzentInnen liefern lassen oder die produzierten Zimtstangen durch eigene MitarbeiterInnen bei den ProduzentInnen abholen, kennen in der Regel die Menschen, die Orte und Bedingungen, unter denen die Ware hergestellt wird. Sie kennen auch die Schwachpunkte der Produktion und können bei Mängeln Vorschläge zur Verbesserung machen oder Anweisungen geben, wie diese behoben werden können.

Ein weiterer Unterschied zu den konventionellen Systemen ist die Tatsache, dass hier *Economies of Scope* ausgenutzt werden können. Meist werden von den ProduzentInnen neben Zimtstangen weitere landwirtschaftliche Güter erzeugt, die ebenfalls von den VertragspartnerInnen abgenommen und exportiert werden. Dies macht die ProduzentInnen weniger anfällig für Preisschwankungen bei einzelnen Gütern, aber auch für Produktionsrisiken, etwa durch ungünstige Witterung oder Schädlingsbefall, die in der Regel unterschiedliche landwirtschaftliche Nutzpflanzen unterschiedlich stark treffen. Den Unternehmen ermöglicht dieses System Flexibilität und eine erweiterte Produktpalette (Stamm u.a. 2006).

Allerdings weisen stark integrierte, relationale Wertschöpfungsketten neben den erwähnten Vorteilen auch spezifische Herausforderungen für die Unternehmen auf. Insbesondere die Etablierung der Wertschöpfungsketten geht mit hohen Transaktionskosten einher. Geeignete Produktionsräume und Flächen müssen ebenso gesucht werden wie die geeigneten PartnerInnen im Bereich der landwirtschaftlichen Produktion. Anschließend müssen die genauen Spielregeln für die Interaktion gemeinsam mit einer oft großen Zahl von Kleinbauern und -bäuerinnen verhandelt und vertraglich fixiert werden. Oft schließt eine Phase des Wissens- und Technologietransfers an, bevor mit der eigentlichen Produktion begonnen werden kann. Soll die Produktion nach den Standards des ökologischen Anbaus und/oder des Fairen Handels erfolgen, fallen zusätzliche Kosten für die Verifizierung, die Zertifizierung und das regelmäßige Monitoring an. Bei einem Scheitern des Outgrower Schemes sind diese Anfangskosten verloren (*sunk costs*) – der Aufbau von stark integrierten, relationalen Wertschöpfungsketten ist deshalb auch mit erheblichen Risiken für die kontraktierenden KMU verbunden.

Für die KleinproduzentInnen, die in diese Art der Produktionsorganisation eingebunden sind, ergeben sich wichtige Vorteile. Da keine anonymen ZwischenhändlerInnen
tätig werden, gibt es einen direkten Kontakt zu den weiterverarbeitenden bzw. Export-
Unternehmen. Die dichte Interaktion, die mit einem Wissens- und Technologietransfer
einhergeht, bietet sehr gute Bedingungen für Lernprozesse. Im Gegensatz zu den kontraktierenden KMU, die die Weiterverarbeitung und den Export durchführen, sind die
Aufwendungen der KleinproduzentInnen für diese Lernprozesse bei einem eventuellen
Scheitern des Schemes nicht notwendigerweise vergeblich. Erworbenes Wissen – etwa
über eine geeignete Bodenbearbeitung, die Herstellung von Kompost oder Naturdün-
ger, Schädlingskontrolle – kann auch bei einem Abbruch der Beziehungen produktivi-
tätssteigernd und/oder risikomindernd eingesetzt werden.

Formen, Triebkräfte und Barrieren für ein Upgrading im konventionellen Sektor

Wie bereits ausgeführt, ist eine wichtige Triebfeder für die Herausbildung von integrierten Wertschöpfungsketten die zunehmende Bedeutung von Standards im internationalen Handel. Dies gilt in besonderem Maß für Lebens- und Genussmittel, bei denen
es nicht nur um Produktqualität geht, sondern um wichtige Aspekte der Lebensmittelsicherheit und der Vermeidung von Gesundheitsrisiken bei den KonsumentInnen.

Bedeutsame Standards im Zimtsektor sind *Hazard Analysis and Critical Control
Points* (HACCP) und der Standard für Lebensmittelsicherheit der Internationalen Organisation für Normung ISO 22000. Sie enthalten Richtlinien für die wichtigsten Aktivitäten
und Prozesse der Zimtproduktion. HACCP legt für den kompletten Verarbeitungspro-
zess eine feste Vorgehensweise und eine Qualitätsüberprüfung an besonders kritischen
Stellen des Prozesses fest. Der Standard ISO 22000 ist deutlich umfassender und beinhaltet neben dem HACCP-Standard weitere Regelungen, die beispielsweise den Anbau
der Zimtpflanzen und die Lagerung der Zimtprodukte betreffen.

Bislang gibt es in Sri Lanka erst eine kleine Zahl von zimtverarbeitenden Betrieben, die internationale Standards einhalten und entsprechend zertifiziert sind. Dabei
handelt es sich überwiegend um Großunternehmen und nur in wenigen Fällen auch um
KMU. Bei letzteren ermöglichte in der Regel die Unterstützung durch Programme der
Entwicklungszusammenarbeit die Ausgestaltung der betrieblichen Prozesse. Eine wichtige Maßnahme war die Errichtung von neun Modell-Fabriken. Im Jahr 2005 konnte
die erste Fabrik den HACCP-Standard erreichen und im Jahr 2006 erfolgte die Akkre-
ditierung der Richtlinie ISO 22000. Seither folgten eine Reihe weiterer kleiner Firmen
in unterschiedlichen Teilen des Landes und mit verschiedenen Graden an externer Unterstützung. Daneben gibt es einige wenige größere Unternehmen, die Outgrower Schemes betreiben und unabhängig von den Modell-Fabriken die internationalen Standards
einführen konnten.

Da die beiden erwähnten Lebensmittelstandards unmittelbar in die Produktionsab-
läufe eingreifen, ist die Anpassung und Zertifizierung immer auch mit einem Prozess-
Upgrading verbunden. In einigen Fällen kam es jedoch auch zu einem Produkt-Upgrading. Einige Unternehmen konnten ihr Angebotsspektrum ausweiten, wenigen war es
sogar möglich, die Herstellung der im Einzelhandel üblichen Darreichungsformen, kurze Zimtstangen und Zimtpulver, zu realisieren. Dies erfordert jedoch ein hohes Maß an
technischem Know-how sowie erhebliche finanzielle Mittel.

Angesichts des potenziellen Nutzens, der sich aus einer Zertifizierung nach den internationalen Standards ergeben kann, stellt sich die Frage, warum die notwendigen Upgrading-Schritte bislang erst in wenigen Unternehmen unternommen wurden und nur dann, wenn externe Unterstützung erfolgte. Die Befragungen ergaben ein Bündel von Hemmfaktoren:

- Der überwiegende Teil des Zimts wird in Länder exportiert, deren Märkte bislang noch geringe Anforderungen hinsichtlich nachweisbarer Qualitätsstandards haben.
- Die srilankanische Normierungsorganisation (*Sri Lankan Standards Institution*, SLSI) arbeitet bisher noch ineffizient.
- Bislang gibt es keine nationalen Standards für Zimt. InterviewpartnerInnen gaben an, dass die Durchsetzung nationaler Standards für Zimt von einigen führenden Unternehmen des Sektors verhindert worden sei, die ihre Interessen gefährdet sahen.
- Das institutionelle Umfeld des Zimtsektors ist in Sri Lanka sehr schwach ausgebildet. Bisher gibt es beispielsweise keine Einrichtung, in der im Bereich Forschung und Entwicklung öffentliche und private AkteurInnen zusammenarbeiten.
- Der Zimtsektor ist auf der ProduzentInnenseite stark durch Kleinbauern und -bäuerinnen geprägt. Diese verfügen weder über Kenntnisse, welche Vorteile sich aus einer Zertifizierung ergeben, noch über das Wissen und die finanziellen Ressourcen, um den Prozess initiieren zu können.
- Die Kleinbauern und -bäuerinnen Sri Lankas sind nur in geringem Maße organisiert, was kollektives Handeln (gemeinsame Investitionen, Informations- und Wissensaustausch) deutlich erschwert.
- Auf Seiten der verarbeitenden oder exportierenden Unternehmen reichen die Managementkompetenzen nur in wenigen Fällen aus, um eigenständig Marketing oder die Entwicklung eines eigenen Designs durchzuführen und somit die Investitionen in das Upgrading in Wert zu setzen.

Eine weitere Bremse für einen zügigen Upgrading-Prozess macht deutlich, dass die Funktionsweise von Wertschöpfungsketten nur dann wirklich analysiert und verstanden werden kann, wenn man das soziale und kulturelle Umfeld berücksichtigt, in das die AkteurInnen jeweils eingebettet sind. Neben Investitionen in technische Mittel erfordert Upgrading immer auch Investitionen in die Arbeitskräfte (Wissensvermittlung, Training). Im Falle des in Handarbeit verarbeiteten Zimtes gilt dies umso mehr. Im traditionsreichen Zimtsektor ist dies jedoch nicht ohne Weiteres möglich. Der Beruf des Zimtschälers bzw. der Zimtschälerin ist in Sri Lanka ein noch immer mit Vorurteilen belegter Beruf und sehr unbeliebt. Das Zimtschälen wurde lange Zeit von VertreterInnen der Kaste der Salagama ausgeübt, die einen geringen sozialen Status hatten. Dieses soziale Stigma hat dazu geführt, dass der Beruf ein geringes Ansehen hat und Arbeitskräftemangel herrscht. Darunter leiden die Produktivität des Sektors, die Qualität der Produkte und somit die internationale Konkurrenzfähigkeit der Zimtproduktion. Mangelt es an Arbeitskräften oder fluktuieren sie stark, lassen sich wissensintensivere Produktionsprozesse schwerer durchsetzen.

Ein letztes strukturelles Merkmal bezieht sich auf die Machtbeziehungen innerhalb der Wertschöpfungskette: Sie wird überwiegend von den großen Käufern dominiert. Diese sind aus eigenem Interesse zwar bereit, srilankische Unternehmen beim Prozess- und

Produkt-Upgrading zu unterstützen, nicht jedoch bei weiterreichenden Bemühungen, die zu einem funktionalen Upgrading führen könnten (Marketing, Branding oder Produktentwicklung).

Die hier beschriebene Situation bezieht sich im Wesentlichen auf den konventionellen Zimtsektor Sri Lankas, der noch immer den Großteil der Exporte des Landes an Zimtprodukten ausmacht. Daneben gibt es jedoch auch andere Kooperationsformen, andere Machtbeziehungen und Bedingungen, die ein weiterreichendes Upgrading von lokalen Unternehmen möglich machen.

Upgrading im Fair Trade-Sektor

In den vergangenen Jahren ist der Faire Handel stark gewachsen. Der globale Umsatz wuchs zwischen 2004 und 2007 um mehr als das Dreifache des Jahres 2004 auf 2,4 Mrd. Euro an (Forum Fairer Handel 2008). Trotz der eindrucksvollen Steigerungsrate ist sein Anteil an den internationalen Handelsumsätzen sehr gering – der Markt für fair gehandelte Waren stellt noch immer einen Nischenmarkt dar.

Insbesondere für KleinproduzentInnen und die schwachen AkteurInnen im Welthandel kann der Faire Handel jedoch wichtige Vorteile bringen. Produktions- und Handelssysteme, die durch ein internationales Label des Fairen Handels zertifiziert werden, müssen eine ganze Reihe an Kriterien erfüllen, die unter anderem sicherstellen, dass eine nachhaltige Produktion stattfindet, dass ein angemessener Preis an die ProduzentInnen gezahlt wird, dass insbesondere Frauen gefördert werden, dass ein direkter Kontakt zwischen den ProduzentInnen und den Importorganisationen im Ausland besteht und dass Beiträge in den Bereichen Bildung und berufliche Weiterbildung für ProduzentInnen und VerarbeiterInnen im Herkunftsland geleistet werden (Forum Fairer Handel 2008). Das sind Kriterien, die den Fairen Handel klar von anderen Produktionssystemen abgrenzen.

Die Konsequenzen, die sich daraus für ProduzentInnen und Verarbeitungsbetriebe im Zimtsektor Sri Lankas ergeben, sind weitreichend. Die Förderung nachhaltiger Produktion bedeutet, dass beispielsweise eine Pflege des Bodenhaushaltes angestrebt wird, die es möglich macht, hohe Erträge bei gleichzeitigem Schutz des Naturhaushaltes zu erzielen. Immer mehr Organisationen des Fairen Handels stellen ihre Produktion außerdem gänzlich auf ökologischen Anbau um. Daneben findet eine Förderung kleinbäuerlicher Strukturen statt, die das Einkommen vieler Familien sichert.

Die Zahlung eines gerechten und konstanten Preises an die Bäuerinnen und Bauern schafft den Anreiz, ein gleichbleibendes Qualitätsniveau zu erreichen, das im Falle von Zimt sehr eng mit der primären Verarbeitung der Zimtrinde zu Zimtstangen verbunden ist. Darüber hinaus sind Bäuerinnen und Bauern nicht vom stark schwankenden Weltmarktpreis abhängig und können so kontinuierlich eigene Investitionen tätigen, sei dies zur Verbesserung des Produktionsprozesses, der Lagerbedingungen oder für die Ausbildung der Kinder.

Die gezielte Förderung von Frauen ist ein wesentlicher Punkt, der den Fairen Handel auszeichnet. Landwirtschaftliche Produktion in Entwicklungsländern wird zu großen Teilen von Frauen getragen. In der Produktion von Zimt ist dies nicht anders. Während der Feldforschung zeigte sich, dass sowohl beim Anbau auf dem Feld als auch in der Verarbeitung Frauen beteiligt sind und häufig nach Ansicht der UnternehmerInnen die verlässlicheren Arbeitskräfte darstellen.

Der direkte Kontakt zwischen den ProduzentInnen und den Importorganisationen des Fairen Handels unterstützt Lernprozesse. Es kann ein direktes Feedback bezüglich der Produktqualität gegeben werden, und Traceability ist gewährleistet. Außerdem wird innerhalb der ProduzentInnenorganisationen in Sri Lanka darauf Wert gelegt, das eigene Personal zu schulen und regelmäßige Treffen zwischen der Organisationsleitung und den ProduzentInnen abzuhalten, in denen Entscheidungen wenn möglich gemeinsam getroffen werden. Die Weiterbildung des Personals und das Vorhandensein demokratischer Strukturen sind wichtige Kriterien, die von Importorganisationen des Fairen Handels bei der Auswahl ihrer Partnerorganisationen vor Ort angewendet werden. Investitionen in den Bereich Bildung und Weiterbildung gehören zu den Kriterien des Fairen Handels und führen auch dazu, dass Kleinbauern und -bäuerinnen ihre Rechte und Pflichten kennen.

Die Integration in das weltweite System des Fairen Handels macht außerdem Lernprozesse und Interaktionen möglich, die in einem anderen Netzwerk nicht zustande kämen. Internationale Forschungsergebnisse und Know-how aus anderen Wirtschaftssektoren werden an die AkteurInnen des Zimtsektors weitergegeben. Die leitenden Personen in den Organisationen in Sri Lanka werden dazu angeregt, eigene Ideen umzusetzen, auch in den Bereichen Marketing und Design.

Am Beispiel der ProduzentInnenorganisation PODIE (*People's Organisation for Development*) können die Upgrading-Kapazitäten durch Fair Trade gezeigt werden. PODIE hat sich in den letzten drei Jahrzehnten von einer Gruppe verstreuter ProduzentInnen zu einer Vereinigung kompetenter „Kleinbauern-Unternehmer" entwickelt. Anfänglich wurde nur die Primärproduktion in Sri Lanka durchgeführt. Der Export fand mit Hilfe kirchlicher Organisationen aus dem Ausland statt.

Die Einbindung von Zimtbauern und -bäuerinnen in die Organisation erfolgte vor ungefähr 15 Jahren, als sich eine Krise der Zimtindustrie mit stark sinkenden Preisen abzeichnete und in einem traditionellen Zimtanbaugebiet nördlich der Hauptstadt damit begonnen wurde, die Flächen mit Ananas zu bepflanzen, um das Überleben der Familien zu sichern. PODIE sicherte diesen Bäuerinnen und Bauern zu, ihren Zimt zu fixen und gerechten Preisen aufzukaufen, weiterzuverarbeiten und an die bekannten HandelspartnerInnen im Ausland zu verkaufen. PODIE hat mit der Produktion veredelter Gewürze und Gewürzmischungen mit dem Zertifikat des Fairen Handels einen wichtigen Nischenmarkt erschlossen. AbnehmerInnen sind vor allem Importorganisationen des Fairen Handels in europäischen Ländern, insbesondere in Deutschland, Österreich und Italien. Die Produkte von PODIE werden in Weltläden oder speziellen Supermärkten verkauft. Durch die Produktion von Erzeugnissen, die auf die Nachfrage und den Geschmack der europäischen Länder abgestimmt ist, herrscht eine geringe Substituierbarkeit durch andere ProduzentInnen in Sri Lanka und anderswo. Mit Hilfe internationaler Unterstützung durch die Importorganisationen konnte PODIE schrittweise verschiedene Bereiche, von der Produktion bis zum Management, aufwerten. In einem Prozess- und Produkt-Upgrading wurden die verschiedenen Produktionsschritte sukzessive optimiert; auf Zwischenhandel wird verzichtet. Die Motivation der ArbeiterInnen, konstante Mengen und hohe Qualität herzustellen, wird durch die Bezahlung eines angemessenen Preises angeregt. Dazu kommt die Tatsache, dass in regelmäßigen Treffen der Bäuerinnen- und Bauerngruppen mit der Organisationsleitung Entscheidungen auf demokratischer Basis getroffen werden und ein Austausch an Informationen stattfindet.

Mittlerweile werden die Zimtpflanzen auf kleinen Anbauflächen unter Bedingungen des ökologischen Landbaus angebaut. Die Verarbeitung zu Zimtstangen und anderen primären Produkten findet in unmittelbarer Nähe des Anbaus statt und wird meist von den Zimtbauern und -bäuerinnen und den Familienmitgliedern durchgeführt. Um bei diesem Schritt hygienische Standards einzuhalten, werden an jede Familie, die im Zimtschälen tätig ist, Polyethylenplanen ausgeteilt, auf denen die Zimtrinde geschält werden kann. Diese Plane ist Teil eines sogenannten *Peeling Kit*, welches den ZimtschälerInnen von der Organisationsleitung zur Verfügung gestellt wird. Um die Qualität des Zimtes auch nach der Primärproduktion sicherzustellen, wird der Transport durch Mitglieder der Organisation durchgeführt

Die Weiterverarbeitung findet in einem Fabrikgebäude am Hauptsitz der Organisation in Negombo statt. Auch dies ist das Ergebnis eines relativ langen Prozesses, denn zu Beginn standen PODIE lediglich die Nebenräume einer Kirche als Verarbeitungs- und Verpackungsort zur Verfügung. Mit den Einkünften aus den Exporten konnte ein Grundstück erworben und ein modernes Betriebsgebäude errichtet werden. Dort findet heute eine hygienische Produktion statt, die durch das HACCP-Verfahren überprüft wird. Um diese Prüfung durchführen zu können, ist kompetentes Fachpersonal notwendig. Daher lag ein weiterer Schritt zur Aufwertung der Arbeitsprozesse und der Produktqualität in der Einstellung und Weiterbildung eines Lebensmittelchemikers, der Qualitätsprüfungen bei der Weiterverarbeitung und auch Schulungen und Kontrollen auf Ebene der Primärproduktion auf dem Land übernimmt. Die Einführung des Standards SQF (*Safe Quality Food*) 2000 war nur durch die strikte Anwendung eines HACCP-Verfahrens möglich und sichert höhere Preise für die Produkte von PODIE.

Neben Prozess- und Produkt-Upgrading hat auch funktionales Upgrading stattgefunden. Die Leitung der Organisation beteiligt sich aktiv an internationalen Treffen der Fairhandelsbewegung und nimmt an Messen teil, um Marktchancen zu erkunden. Auch aktives Marketing wird praktiziert, indem beispielsweise detaillierte Informationen über die ProduzentInnen an die KäuferInnen auf dem europäischen Markt weitergereicht werden.

PODIE, ein in vielen Bereichen glückliches Beispiel für Upgrading, ist bisher die Ausnahme. In Sri Lanka konnten lediglich vier Organisationen ausgemacht werden, die fair gehandelten Zimt exportieren. In Gesprächen mit verschiedenen Unternehmen des Zimtsektors zeigte sich jedoch, dass weitere Umstellungen auf Fairen Handel geplant sind.

Während die Bedingungen für Upgrading im Zimtsektor des Landes allgemein nicht günstig sind, scheinen die ProduzentInnen des Fairen Handels auf einer vom Staat weitgehend unabhängigen Ebene zu wirtschaften. Der Faire Handel umgeht bewusst manche Marktmechanismen und konzentriert sich auf die Einhaltung der eigenen Kriterien. Eine sonst herrschende Substituierbarkeit der Partner wird durch lang anhaltende vertragliche Beziehungen und eine hohe Produktspezifizierung umgangen. Das institutionelle Umfeld ist in diesem Falle nicht auf die Region oder das Land begrenzt, sondern ist eher in den PartnerInnen- und Importorganisationen im Ausland zu finden. Durch die gezielte Förderung von Weiterbildung und Einbindung junger Männer und Frauen kann eine kompetente Managementebene in der Organisation vor Ort aufgebaut werden.

Fazit und Ausblick

Globale Wertschöpfungsketten bieten ihren AkteurInnen Chancen, von direkter Wissens- und Informationsweitergabe zu profitieren. Wie sich am Beispiel des Zimtsektors in Sri Lanka zeigt, ist der Erwerb von Know-how innerhalb einer Wertschöpfungskette für KMU und KleinproduzentInnen von großer Bedeutung. Hierdurch können richtungweisende Innovations- und Upgrading-Prozesse ausgelöst werden. Der Bedeutungsgewinn internationaler Standards hat die Einhaltung grundlegender Produktionskriterien und die damit verbundene Wissensweitergabe an die ProduzentInnen zu einem wichtigen, auch in der Öffentlichkeit wahrgenommenen Faktor gemacht. Die Idee, dass ein Know-how-Transfer uneingeschränkt bis zu den Kleinbetrieben und -produzentInnen erfolgt, deckt sich häufig jedoch nicht mit der Realität.

Am Beispiel des srilankischen Zimtsektors lässt sich erkennen, wie unterschiedlich die Möglichkeiten von Unternehmen des gleichen Sektors und des gleichen Landes sein können, ihre Arbeitsprozesse aufzuwerten und eine Position in solchen Ketten einzunehmen, in denen sie höhere Anteile an der Wertschöpfung erzielen. Im Gegensatz zum konventionellen Zimtsektor, der weitgehend durch lose und indirekte Beziehungen zwischen ProduzentInnen und den internationalen Käuferunternehmen charakterisiert ist, hat sich eine andere Form der Produktion und des Handels herausgebildet. Integriert in ein internationales System des Fairen Handels, können eine Reihe kleinerer ProduzentInnenorganisationen von einer direkteren und uneingeschränkteren Wissensweitergabe profitieren.

Es ist daher kein Zufall, dass die Betriebe, die in einer Wertschöpfungskette des Fairen Handels integriert sind, zu den wenigen gehören, die in Sri Lanka weitreichende Upgrading-Prozesse durchführen konnten. Dies sind nach ExpertInnenaussagen auch jene Betriebe, die sich in Zukunft dynamisch weiterentwickeln und expandieren können. Die verbesserte Einkommenssituation der Menschen vor Ort zeigt, dass Upgrading nicht nur mit der Aufwertung von Arbeitsabläufen und Produkten zu tun hat, sondern sich auch auf die Verteilung der Gewinne in der Kette unmittelbar auswirkt. Erst die Veränderung von Macht- und Abhängigkeitsverhältnissen kann eine Verbesserung der Lebenssituation der ProduzentInnen bewirken.

Literatur

Department of Census and Statistics (2002): Census of Agriculture 2002. Colombo: DCS

Department of Census and Statistics (2006): Bulletin of Labour Force Statistics of Sri Lanka 34. Colombo: DCS

Export Development Board (2006): Extent of Cinnamon in Major Districts. Unveröffentlichtes Dokument des Export Development Board Sri Lanka

Forum Fairer Handel, Hg. (2008): 100 Prozent fair. Der Faire Handel in Deutschland – Grundsätze. Wirkungen. Akteure. Mainz: Forum Fairer Handel e.V.

Gibbon, Peter/Ponte, Stefano (2005): Trading Down: Africa, Value Chains and the Global Economy. Philadelphia: Temple University Press

Giuliani, Elisa/Pietrobelli, Carlo/Rabellotti, Roberta (2005): Upgrading in Global Value Chains: Lessons from Latin American Clusters. In: World Development 33/4: 549-573

Gereffi, Gary/Humphrey, John/Sturgeon, Timothy (2005): The Governance of Global Value Chains. In: Review of International Political Economy 12/1: 78-104

Germany Trade & Invest (2008): Wirtschaftsentwicklung Sri Lanka 2007. Berlin. http://www.gtai.de/ext/Export-Einzelsicht/DE/Content/__SharedDocs/Links-Einzeldokumente-Datenbanken/fachdokument,teplateId=renderPrint/MKT200806308029.pdf, 17.11.2009

Humphrey, John (2004): Upgrading in Global Value Chains. ILO Working Paper 28. Geneva: ILO

Humphrey, John/Schmitz, Hubert (2000): Governance and Upgrading: Linking Industrial Cluster and Global Value Chain Research. IDS Working Paper 120. Brighton: Institute of Development Studies, University of Sussex

Humphrey, John/Schmitz, Hubert (2001): Governance in Global Value Chains. In: IDS Bulletin 32/3: 19-29

Humphrey, John/Schmitz, Hubert (2002): How Does Insertion in Global Value Chains Affect Upgrading in Industrial Clusters? In: Regional Studies 36/9: 1017-1027

Kaplinsky, Raphael/Readman, Jeff (2001): Integrating SMEs in Global Value Chains: Towards Partnership for Development. Report Prepared for UNIDO. Vienna. United Nations Industrial Development Organization

Kodikara, Nalika (2008): Cinnamon – The Immortal Spice. Unveröffentlichtes Dokument des Export Development Board Sri Lanka

Mather, Charles (2008): Value Chains and Tropical Products in a Changing Global Trade Regime. ICTSD Project on Tropical Products, Issue Paper 13. Geneva: International Centre for Trade and Sustainable Development

Richter, Peter (2005): The Application of the Value Chain Methodology in Development Projects. Reporting on the Sri Lankan Experiences. Series of Documents 12. Colombo

Schamp, Eike W. (2008): Globale Wertschöpfungsketten. Umbau von Nord-Süd-Beziehungen in der Weltwirtschaft. In: Geographische Rundschau 60/9: 4-11

Schmitz, Hubert (2006): Learning and Earning in Global Garment and Footwear Chains. In: The European Journal of Development Research 18/4: 546-571

Stamm, Andreas (2004): Wertschöpfungsketten entwicklungspolitisch gestalten. Anforderungen an Handelspolitik und Wirtschaftsförderung. Eschborn: Deutsche Gesellschaft für Technische Zusammenarbeit (GTZ)

Stamm, Andreas/Jost, Christoph/Kreiss, Constanze/Meier, Katharina/Pfister, Mike/Schukat, Philipp/Speck, Henning A. (2006): Strengthening Value Chains in Sri Lanka's Agribusiness: A Way to Reconcile Competitiveness with Socially Inclusive Growth? Studies 15. Bonn: Deutsches Institut für Entwicklungspolitik

UNIDO (2003): Industrial Development Report 2002/2003. Competing through Innovation and Learning. Wien: United Nations Industrial Development Organization

Wolfram Manzenreiter

A(sian) race to the bottom?
Asiatische Produktionsnetzwerke im globalen Sportartikelmarkt

Ebenso wie Sport zur Versinnbildlichung der globalisierten Kultur herangezogen werden kann, repräsentieren die Industrie- und Dienstleistungsunternehmen, die sich um den Sportmarkt herum positioniert haben, paradigmatisch die Globalisierung der Wirtschaft. Aufgrund der hohen Bedeutung, die Markenfirmen wie Nike oder Adidas sowohl für Beschaffungsprozesse als auch für Absatzstrukturen auf einem von Oligopolen geprägten KonsumentInnenmarkt haben, wurde die Sportartikelindustrie häufig als prototypisches Beispiel für käuferdominierte Warenketten bezeichnet (Korzeniewicz 1994; Gereffi 2002). Diese Einschätzung ist jedoch zu relativieren. Tatsächlich ist die Industrie hochgradig diversifiziert und beliefert einen heterogenen Markt, der im Allgemeinen in die drei Segmente Sportausrüstung, Sportbekleidung und Sportschuhe unterteilt wird. Der Produktionsablauf lässt sich in fünf Kernbereiche gliedern: Bereitstellung von Rohstoffen wie natürliche oder synthetische Fasern; Herstellung von Grundbestandteilen wie Garn oder Stoffe oder Komponentenfertigung; Endfabrikation der Bekleidung, Schuhe oder Sportgeräte; Export und Vermarktung für den Endkonsumenten. Je nach Grad der Spezialisierung des Endprodukts unterscheiden sich Kapitalbedarf, Technologieinput, Preiskalkulation und die Verteilung der Wertschöpfung zwischen den einzelnen Segmenten der Fertigungskette.

Dieser Beitrag beschäftigt sich mit der Rolle Asiens in der globalen Sportartikelproduktion. Das Schwergewicht der Analyse liegt auf den Segmenten der Sportbekleidung und Sportschuhe, weil diese zusammen weit mehr als die Hälfte des globalen Markts ausmachen und zum anderen ihre Produktion aufgrund des hohen Bedarfs an Arbeitskraft für viele Staaten der Region eine Schlüsselrolle in der nachholenden Entwicklung eingenommen hat. Dabei haben sich im Laufe der Zeit unterschiedliche Muster der intraregionalen Arbeitsteilung herausgeformt. Im Folgenden werde ich zunächst den regionalspezifischen Kontext der in den letzten Jahrzehnten kontinuierlich gewachsenen wirtschaftlichen Integration in Asien umreißen, bevor ich dann den Weltmarkt für Sportartikel und die Bedeutung der asiatischen Region für diesen vorstelle. Anhand von Eckdaten und Fallbeispielen globaler Sportmarken, die im Zentrum der Produktionsnetzwerke stehen, wird das Gewicht Asiens in der globalen Sportartikelproduktion skizziert. Die angesprochenen Variationen der Produktionsnetzwerke, in denen zunehmend asiatische Firmen dominieren, werden im folgenden Abschnitt behandelt. Ein Blick auf den institutionellen Rahmen verdeutlicht, wie sehr die historischen Entwicklungslinien der Verlagerung der Produktionsnetzwerke innerhalb von Asien auf staatliche Initiativen wie auch den Kontext der internationalen politischen Ökonomie zurückzuführen sind. Der spezifischen Logik des Markts für Sportkonsumgüter ist es zu verdanken, dass die Produktionsbedingungen der Sportartikelhersteller schon früh in das Visier internationaler Solidaritätsorganisationen geraten sind; den Sweatshops und ihrer Bedeutung innerhalb der Produktionsnetzwerke ist der letzte Abschnitt gewidmet. Der Globalisierungskritik ist auch der Titel dieses Beitrags zu verdanken: Der „Wettlauf nach unten" bezieht sich auf die Wettbewerbsstrategie, durch die exzessive Ausbeutung der Arbeitskraft in den am wenigsten entwickelten Regionen der Welt Profitmaximierung zu erlangen. Das Fragezeichen im Titel steht für die durchaus kontroversielle Einschätzung der Implikationen von Produktionsnetzwerken für gesamtgesellschaftliche Entwicklungschancen, der die Schlussbemerkungen noch einmal nachgehen.

Asien in der Weltwirtschaft

Zu Beginn des 21. Jahrhunderts ist Asien als neues Zentrum der Weltwirtschaft in Erscheinung getreten. Kein anderer Raum verzeichnet in dieser Phase der ökonomischen Globalisierung eine so starke Wachstumsdynamik, und keine andere Weltregion hat so viele Fälle gelungener nachholender Entwicklung vorzuweisen. Lange Zeit galt Japan als einziges Anschauungsbeispiel für erfolgreiche Modernisierung außerhalb der Zentren des Westens. Mittlerweile sind mit Japan und China zwei der drei weltgrößten Wirtschaftsmächte in der Region beheimatet. In Ostasien haben zudem Hongkong, Singapur, Südkorea und Taiwan erfolgreich den Übergang vom Schwellenland zum Industriestaat vollzogen. In ihrem Gefolge durchlief mit Malaysia, Thailand, Indonesien und den Philippinen in den 1990er Jahren eine zweite Generation von Tigerstaaten ebenfalls eine enorme wirtschaftliche Entwicklung. Zur dritten Tigergeneration zählen China, Vietnam und auch Indien. Kambodscha, Sri Lanka und Laos könnten im kommenden Jahrzehnt das typische Entwicklungsmuster von Importsubstitution und exportgestütztem Wachstum übernehmen. Partiell sind diese Länder der vierten Generation bereits in die Standortpolitik transnational operierender Unternehmen inkorporiert worden. Asien trägt mittlerweile zu einem Viertel der gesamten Weltwirtschaftsleistung und zu einem Drittel des Welthandels bei; allein der Anteil der asiatischen Schwellenländer hat sich seit 1980 verdreifacht, Chinas sogar verzehnfacht (Ross 2008). Der Bekleidungssektor spielt in dieser Entwicklung eine tragende und damit typische Rolle für nachholende Industrialisierung (siehe Tabelle 1).

Der Aufstieg Asiens ist mit einem fundamentalen Strukturwandel verbunden: Nicht nur in der Textil- und Bekleidungsindustrie breiteten sich in den vergangenen zwei bis drei Jahrzehnten regionale Produktionsnetzwerke aus, die zahlreiche Unternehmen in diese integrierten. Nie zuvor war die ökonomische Interdependenz in der Region Ostasien so hoch wie heute (Oikawa 2008:1). Der intraregionale Warenfluss ist seit 1980 mit einem Faktor von 5 nahezu zweimal so stark gewachsen wie der Handel mit dem Rest der Welt. Die Terms of Trade – 50 % der Exporte bleiben in der Region, Zwischen-

Tabelle 1: Asiens Exporte auf dem Weltmarkt
(Volumen in Milliarden US-Dollar; Exportanteil des Bekleidungssektors in %)

	1980		1990		1998		2008	
	Gesamt	*Klei-dung*	Gesamt	*Klei-dung*	Gesamt	*Klei-dung*	Gesamt	*Klei-dung*
Nordostasien								
VR China	19	*8,6*	65	*15,7*	191	*16,4*	1431	*8,4*
Hongkong	21	*25,4*	84	*18,7*	176	*12,7*	370	*7,5*
Japan	130	*0,4*	287	*0,2*	388	*0,1*	781	*0,1*
Südkorea	18	*17,0*	66	*12,4*	140	*3,4*	422	*0,4*
Taipei China	21	*12,3*	71	*5,8*	135	*2,5*	256	*0,5*
Südostasien								
Indonesien	24	*2,4*	28	*10,3*	52	*8,6*	137	*4,6*
Thailand	7	*4,2*	24	*12,2*	62	*5,5*	176	*2,4*
Malaysia	14	*1,2*	31	*4,5*	75	*3,2*	199	*2,0*
Philippinen	6	*4,9*	8	*8,4*	30	*8,0*	49	*4,1*
Vietnam	0	*7,3*	1	*5,0*	9	*14,7*	49[1]	*17,9*
Südasien								
Bangladesch	1	*10,0*	1	*60,0*	5	*78,0*	12	*80,3*
Indien	8	*7,5*	19	*13,7*	41	*11,7*	182	*6,0*
Sri Lanka	1	*10,0*	2	*35,0*	4	*57,5*	9	*40,0*
Pakistan	3	*3,3*	6	*18,3*	9	*22,2*	20	*19,2*

Quellen: 1980–1998 Gereffi 2006; 2008 UN Comtrade database 2008.
[1] Angaben für 2007

produkte und Halbfertigwaren sind mit über 65 % des Warenverkehrs überproportional stark vertreten – zeugen von der anhaltenden industriellen Entwicklung und der zunehmenden Verzahnung der Ökonomien in der Region. Zwischen 1990 und 1996 ist der intraregionale Handel um das Neunfache angewachsen; der intraindustrielle Handel innerhalb von Asien trug 1992 mit 33 %, 2005 mit 47 % zu den Gesamtexporten bei (IMF 2007:42-45). Der Internationale Währungsfonds führt Arbeitsteilung, Handel und Entwicklung in der Region auf die komparativen Vorteile in der Faktorausstattung der asiatischen Nationalökonomien sowie die freie Wirkung der Marktkräfte zurück und steht damit in der ricardianischen Tradition der klassischen Wirtschaftstheorie. Dieser Annahme widerspricht allerdings der empirische Befund, dass ungeachtet aller Differenzen in der Wirtschaftsentwicklung in nahezu allen Fällen der Staat in Ostasien eine zentrale Rolle in der Steuerung von Wirtschaft und Handel eingenommen hatte. Protektionismus und die Regulierung einheimischer Märkte förderten den Aufbau von wettbewerbsfähigen Industrien; in vielen Fällen trat der Staat als Investor, Auftraggeber und sogar als Unternehmer in Erscheinung. Die Aufgabe des Staats, für wachstumsfördernde Entwicklungsbedingungen zu sorgen, stellte der japanische Ökonom Akamatsu Kaname in den Mittelpunkt seiner alternativen Erklärung von Wirtschaftsentwicklung in nachholenden Gesellschaften. Sein „Gänseflugmodell der Entwicklung" (*gankō keitai hatten ron)* (Akamatsu 1935, 1962; Korhonen 1990; Schröppel/Nakajima 2002), das er bereits

Mitte der 1930er Jahre auf der Grundlage der genauen Beobachtung der Textilindustrie in der frühen Industrialisierungsphase Japans entworfen hatte, antizipierte den Transfer von Technologie, Kapital und Güterproduktion aus fortgeschrittenen Unternehmen, Industriesektoren und Ländern in die nächste Entwicklungsgeneration von Betrieben, Industrien und Ländern, die in ihrem Windschatten heranreifen.

Cumings (1984) hat Akamatsus Produktzyklusmuster mit der Weltsystemtheorie verbunden und die ostasiatische Entwicklung im 20. Jahrhundert als kontinuierliche Abfolge eines zyklischen Prozesses geschildert, der über die vier Stadien Importsubstitution, Aufbau wettbewerbsfähiger Industrien, Unterstützung eines heimischen Nachfragemarkts und Export von Investitionsgütern verlief. Korea und Taiwan wurden die neuen Standorte für die niedergehenden japanischen Industrien, zunächst die Bekleidungs- und Textilindustrien, gefolgt von den Schwer- und Chemieindustrien, schließlich auch von den Elektronik- und Automobilindustrien. Allerdings, wie spätere KritikerInnen betont haben, ließ sich weder die komplette Abwanderung ganzer Fertigungssektoren beobachten – Japans Unternehmen lagerten bevorzugt die weniger technologieintensiven und unrentableren Teile der Produktion aus, während Steuerung der Produktionsprozesse und Entwicklung neuer Produkte im Ursprungsland verblieben. Bislang sind weder Taiwan und Korea, geschweige denn China, den japanischen Produktionsstrukturen so exakt gefolgt, wie es das Gänseflugmodell prognostiziert (Bernard/Ravenhill 1995:184). Mit zunehmender Komplexität der Produktion und größerem technologischen Input, der zunehmenden Geschwindigkeit, mit der neue Produkte auf dem Markt erscheinen, wird die Möglichkeit der Imitation eingeschränkt. Stattdessen prägten lokales Wissen, ortsgebundene Institutionen und Traditionen die Art und Weise, in der Produktionsprozesse organisiert wurden, und durch die partielle Diffusion von Technologie entstand eine regionale Hierarchisierung mit asymmetrischer Gewinnverteilung. Zusammenfassend kann festgehalten werden, dass die japanische Variante der Produktzyklustheorie verdienterweise die Bedeutung der regionalen Perspektive erkannt hat; sie vermochte jedoch nicht, die Komplexität der regionalen politischen Ökonomie angemessen zu erfassen (vgl. Bernard/Ravenhill 1995). Dies gilt vor allem für die zunehmend modular organisierte Produktion der globalen Konsumgüterindustrie, und ganz besonders für die Sportartikelproduktion.

Meine Analyse der internationalen Arbeitsteilung in der Sportartikelindustrie basiert auf dem Ansatz der Globalen Produktionsnetzwerke (Henderson u.a. 2002; Hess 2009), weil dieser die Komplexität und Nicht-Linearität der Beziehungen innerhalb der transnationalen Produktion, Vermarktung und Konsumation von Waren ausdrücklich betont. Globale Produktionsnetzwerke sind Arrangements, die eine Vielzahl von Produktionseinheiten in unterschiedlichen Ländern miteinander verbinden, um all die Komponenten, Materialien und nicht-materiellen Ressourcen verfügbar zu machen, die für die Herstellung eines bestimmten Produkts benötigt werden. Mit alternativen Erklärungsansätzen, die wie Globale Güterketten oder Globale Wertschöpfungsketten in der entwicklungsökonomischen Forschung vorherrschen, teilt dieser Ansatz die Einschätzung, dass Entwicklung nicht als autonomer Prozess in den Grenzen des Nationalstaats betrachtet werden kann, sondern im Kontext der systemischen Machtlogik von Interdependenzen gedacht werden muss, die nicht allein auf staatlich-politische Kräfteverhältnisse zurückzuführen sind. Von der Theorie globaler Güterketten unterscheidet sich der Netzwerkansatz in dem Bewusstsein, dass Differenzen und Hierarchien in Macht und Kontrolle über die Wertschöpfung nicht auf einen endogenen Automatismus des spezifischen Organisationstypus zurückzuführen sind (vgl. Gereffi 1996, 2002). Wie exemplarisch am Beispiel der Sportartikelproduktion zu zeigen sein wird, greift die Dichotomie von käufer- und herstellergesteuerten Güterketten nicht nur zu kurz, um die Machtasymmetrien zwischen den Akteuren des Produktionsnetzwerkes zu erklären; sie unterschlägt auch die Vielschichtigkeit der Beziehungen, die vertikal, horizontal und multidirektional innerhalb eines Produktionsnetzwerks verlaufen können. Von der globalen Wertschöpfungskette trennt den Netzwerkansatz der Vorbehalt gegen die allzu eilfertige Gleichstellung von Wertschöpfung und industriellem Upgrading mit Verbesserung der sozialen Lage (vgl. Bair in diesem Band). Gerade die Sportartikelproduktion liefert ein gutes Beispiel für eine kritische Bewertung der entwicklungspolitischen Dimensionen globaler Produktionsnetzwerke.

Der globale Markt für Sportgüter

Wie groß das Geschäft mit dem Sport ist, kann angesichts der Vielschichtigkeit der Sportindustrien und ihrer Verzahnung mit anderen Wirtschaftsbereichen nur ungefähr abgeschätzt werden. Sicher ist jedenfalls, der Markt ist nicht klein, er wächst und breitet sich zunehmend auch auf die Peripherien aus. Rund 2 % der Gesamtwirtschaftsleistung in den Industrienationen des Westens hängen eng mit dem Phänomen Sport zusammen. Im Sport finden 1,3 % aller DienstnehmerInnen aus den Ländern der Europäischen Union Einkommen und Beschäftigung. Im Jahr 2005 betrug der globale Markt für Fernsehrechte etwa 50 Milliarden US-Dollar, während jährlich rund 20 Milliarden US-Dollar im Sportsponsoring bewegt wurden, Tendenz seit Jahren und Jahrzehnten steigend (Andreff/Szymanski 2006:5f). Jährliche Wachstumsraten von durchschnittlich 5 % haben den Umsatz der Sportartikelindustrie in den Jahren zwischen 1994 und 2004 auf 125,5 Milliarden US-Dollar anwachsen lassen. Etwa 40 % des Markts teilen sich die Sparten Sportausrüstung und Sportbekleidung; ein Fünftel wird durch den Verkauf von Sportschuhen erwirtschaftet (siehe Abbildung 1). Bei einem Volumen von etwa 50 Milliarden US-Dollar trägt der Handel mit Skiern, Fitnessgeräten, Tennisschlägern, Fußbällen, Fahrrädern und anderen Gütern des sportlichen Lebens zu 0,5 bis 1 % des gesamten Welthandels bei (Andreff/Andreff 2009:267). Noch größer ist das Volumen des weltweiten Sportschuh- und Sportbekleidungsmarkts, der Ende 2005 bei 74 Milliarden US-Dollar lag (MSN 2008:17). Den gesamten Markt für Sportausrüstung und Sportkleidung schätzt das amerikanische Marktforschungsunternehmen NPD (2008) sogar auf 280 Milliarden US-Dollar, nicht zuletzt weil der Übergang zwischen funktioneller Sportkleidung und modischem Lifestyle Wear fließend ist. Mindestens ein Drittel des weltweiten Geschäfts verdankt die Sportgüterindustrie der Verwendung ihrer Produkte für Fashion und Lifestyle; würde man die Sportgeräte aus der Gesamtkalkulation herausnehmen, wäre nur mehr die Hälfte der Umsätze auf den rein sportbezogenen Bedarf (inklusive Wellness und Fitness) zurückzuführen.

Der Wirtschaftsraum Asien ist aus zwei Gründen von zentraler Bedeutung für die Sportgüterindustrie. Zum einen entpuppt sich Asien als immer wichtigerer Absatzmarkt

Abbildung 1: Weltmarkt für Sportartikel   *Abbildung 2: Weltmarkt für Sportartikel*
2005 nach Produktsparten   *2005 nach Absatzregionen*

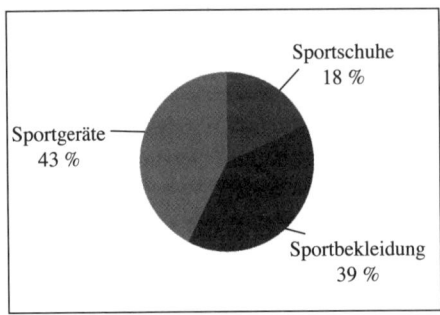 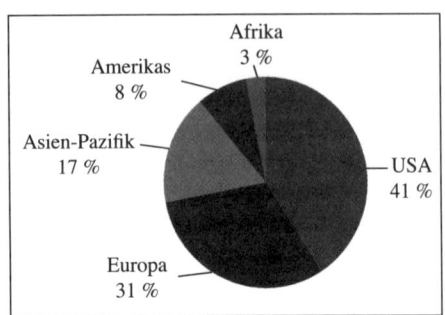

Quelle: Sporting Goods Intelligence Factbook, zit. nach Schmid/Kotulla 2007:2.

für die globale Sportartikelindustrie. So bieten die weltweit bekannten Markennamen der Branche wie Adidas, Reebok oder Nike den aufstrebenden Mittelschichten in der Region eine relativ kostengünstige Möglichkeit, sich über den Erwerb der Marken mit einem Hauch von Luxus zu umgeben und sich als fortschrittlich, modern zu präsentieren. Im Bereich der Sportbekleidung und Sportschuhe sind die USA und Europa nach wie vor die mit Abstand führenden Abnehmermärkte – 2002 wurden knapp 80 % der Umsätze auf diesen Märkten erzielt, auf Asien entfielen 16 und auf den Rest der Welt 6 % (Merk 2005:9). Doch während die westlichen Märkte weitgehend als saturiert gelten, zumal demografische Entwicklungen und Veränderungen im Lebenswandel die Sportpartizipationsraten zu senken drohen, gilt das Wachstumspotenzial in Asien und Lateinamerika als nahezu unbegrenzt. Das Marktforschungsunternehmen NPD berichtete für das Sportgeschäft in China 2007 ein Jahreswachstum von 15 % und einen Markt von knapp 8 Milliarden US-Dollar (NPD 2008). Die Abhängigkeit der Sportartikelproduktion von den Kernmärkten des entwickelten Nordens sinkt, wenn der Markt für Sportgeräte mitberücksichtigt wird: Etwas weniger als 30 % des weltweiten Umsatzes werden außerhalb von Nordamerika und Europa erzielt (siehe Abbildung 2).

     Wesentlich bedeutender als für die Nachfrage ist die Region Asien allerdings für das Angebot der Sportgüter auf dem globalen Sportmarkt. So werden gegenwärtig 90 % aller Sportschuhe in den vier Ländern China, Vietnam, Indonesien und Thailand gefertigt; Chinas Anteil allein liegt bei 58 % (MSN 2008:18). Auch der Großteil der Sportbekleidung wird in Asien hergestellt, wenngleich die geografische Streuung der Fertigungsstätten wesentlich größer ist. Die führenden Sportmarken Adidas und Nike, die knapp 60 % des Sportschuhmarkts und rund ein Fünftel des globalen Sportbekleidungsmarkts beherrschen, beziehen ihre Produkte aus einem erdumspannenden Netz von Hunderten unabhängigen Lieferanten; die meisten Betriebe, vor allem die mit den größten Belegschaften, sind jedoch in Asien angesiedelt. Den Geschäfts- und Sozialberichten der Unternehmen (Adidas 2010a, 2010b; Nike 2009) zufolge operierten im Jahr 2009 69 % der Zulieferbetriebe von Adidas in Asien (775 von 1.128); für Nike waren es sogar 73 % (449 von 618). China, die „Nähmaschine der Welt", beheimatet 27 bzw. 23 %

der Adidas- und Nike-Zulieferer. Auch die anderen Weltmarken des Sports haben ihre Beschaffungsketten nach Asien ausgerichtet: Puma, Mizuno, Umbro, um nur einige zu nennen, lassen ihre Sortimente in den zahlreichen Textil- und Bekleidungsfabriken zwischen Indonesien und Indien herstellen. Asiens Rolle in der globalen Sportgüterindustrie beschränkt sich aber nicht auf die vergleichsweise arbeitsintensiven, aber kapitalschwachen Segmente der Bekleidungs- und Schuhproduktion. Asiens Exportanteil für alle Sportgüter ohne Lifestyle-Kleidung ist in den zehn Jahren seit 1994 von 45 auf 49 % angestiegen. Ob Skier, Surfbretter oder Golfschläger, ob Tennisrackets, Fußbälle oder Turngeräte, für nahezu alle diese Sportgeräte stellt Asien heute Fabriken bereit, die für den Weltmarkt produzieren (Andreff/Andreff 2009:270, 279).

Regionalisierung der Sportartikelindustrie

Asien wurde Mitte der 1960er Jahren in die einst lokal organisierte und nun zunehmend global operierende Sportartikelindustrie inkorporiert. Ihren vollen Aufschwung erlebte die „Neue Internationale Arbeitsteilung" in der Sportartikelproduktion (Harvey/Saint-Germain 2001) allerdings erst vor dem Hintergrund veränderter Konsumgewohnheiten in Europa und den USA und der damit verbundenen Nachfrage nach Sport und Freizeit in den 1970er Jahren. In der Regel gilt die Kooperation zwischen dem japanischen Sportschuhhersteller Onitsuka (heute Asics) und dem amerikanischen Sporthandelsunternehmen Blue Ribbon Sports, aus dem 1978 das Markenunternehmen Nike wurde, als Startpunkt der Globalisierung in der Sportartikelproduktion. Das Geschäftsmodell der Nike-Firmengründer Bowerman und Knight beruhte weniger auf der anerkannten Qualität der japanischen Produktion als auf den Kostenvorteilen, die der Direktimport aus dem Schwellenland Japan ermöglichte. Nach dem Ende der Partnerschaft mit Onitsuka ließ das Unternehmen seine eigenen Kreationen noch einige Jahre lang von japanischen Schuhherstellern produzieren. Doch Mitte der 1970er Jahre war die neue Industrienation Japan nicht länger rentabel, nachdem sich im japanischen Aufholprozess die realen Löhne mehr als verdoppelt hatten. Zudem bedeutete die Aufkündigung des Bretton Woods-Abkommens auch das Ende des künstlich unterbewerteten Yen und die sprunghafte Verteuerung der japanischen Exporte. Nike verlagerte Teile seiner Produktion weiter nach Südkorea, Thailand und Taiwan, sogar in den USA wurden zwei Werke eröffnet. Anfang der 1980er Jahre, nachdem die südkoreanische Regierung aggressiv finanzielle Anreize für die Gründung von Schuhfabriken eingesetzt hatte, kamen 82 % der Nike-Schuhe aus Südkorea und Taiwan (Locke 2003:46). Als Arbeitskämpfe und Lohnsteigerungen auch diese Standorte unrentabel werden ließen, bewog Nike seine Hauptbezugsquellen dazu, Fabriken in den Niedriglohnländern der Region zu gründen. Auftragsgarantien minimierten das finanzielle Risiko, und Nike-Beauftragte vor Ort unterstützen die Hersteller bei der Organisation des Produktionsprozesses und der Qualitätskontrolle. Neben China wurden Thailand, Indonesien, die Philippinen und Vietnam in den 1990er Jahren zu den wichtigsten Standorten des ganz Südostasien umspannenden Produktionsnetzwerks. Im Jahr 1996 kamen 34 % der Nike-Produktion aus China, 36 % aus Indonesien, 12 % aus Südkorea, 10 % aus Thailand, 5 % aus Taiwan und 2 % aus Vietnam (Diefenbach 1997).

Heute werden von mehr als 800.000 ArbeiterInnen Nike-Produkte in mehr als 600 Fabriken in 46 Ländern hergestellt (Nike 2009). Die beiden Werke in Maine und New Hampshire sind längst geschlossen. An eigenen MitarbeiterInnen beschäftigt Nike rund 33.000 weltweit (2009); vor dem Ausbau seiner Einzelhandelsniederlassungen (*Flag stores*) waren es nur 5.500, die meisten davon in den USA. Das Kerngeschäft des „Sportartikelherstellers ohne Fabriken" besteht in Forschung, Entwicklung, Design, Marketing und Management des Beschaffungszyklus einer zunehmend breiteren Palette an Produkten. Setzte sich die Nike-Schuhkollektion 1980 aus 175 Modellen zusammen, so wartete sie im Frühjahr 1990 mit 772 und weitere zehn Jahre später mit nahezu 1.200 unterschiedlichen Modellen auf (Locke 2003:46). Mit 36,4 % des Weltmarkts für Sport- und Freizeitschuhe ist Nike derzeit die unumstrittene Nummer 1. Um den Anspruch der Marktführerschaft konkurriert Nike auch erfolgreich auf dem Segment für Sportbekleidung, und im Segment der Sportausrüstung stand Nike 2005 immerhin auf dem sechsten Rang (Schmidt/Kotulla 2007). Im Jahr 2009 erzielte Nike mit über 19 Milliarden US-Dollar Umsatz das beste Ergebnis seiner Firmengeschichte (10 Milliarden US-Dollar im Schuhsegment, 5 Milliarden für Bekleidung). Abgeschlagen auf Platz 2 folgt der deutsche Sportkonzern Adidas mit einem Jahresergebnis von 10,4 Milliarden Euro (ca. 25 % in Asien; Adidas 2010a:114). Das ehemalige Familienunternehmen hatte seine Entwicklung vom Sportausrüstungshersteller zur globalen Sport- und Lifestyle-Marke erst mit erheblicher Verspätung in den 1990er Jahren begonnen. Adidas verfügt zwar noch über eine eigene Produktion, ist im Prinzip aber längst zu einem Handelsunternehmen geworden. Der Großteil der Produktion wurde in Niedriglohnländer verlagert, um auch auf der Beschaffungsseite konkurrenzfähig agieren zu können. Die Übernahme der Sportmarke Reebok im Jahr 2005 diente dem strategischen Unternehmensziel, Skaleneffekte zu erreichen und damit die Verhandlungsmacht gegenüber den asiatischen Produzenten zu stärken. Adidas beschäftigt rund 40.000 eigene MitarbeiterInnen, davon 25.000 im Groß- und Einzelhandel; die Produktion wird zum überwiegenden Teil von Hunderttausenden ArbeiterInnen in unabhängigen Unternehmen ausgeführt, die über die ganze Welt verstreut sind. 69 % der insgesamt 1.128 Fabriken sind in Asien, 27 % in China stationiert. Zu den fünf größten Standorten der Adidas-Netzwerke zählen in Asien zudem Indien (77 Fabriken), Indonesien (64), Vietnam und Japan (jeweils 63; Adidas 2010b:24). Im direkten Vergleich scheint Nike Adidas in der Konsolidierung seiner Bezugspraktiken voraus zu sein: Trotz steigender Pro-Kopf-Beschäftigung im Nike-Netzwerk hat sich in den vergangenen Jahren die Anzahl der Unternehmen und der Länderstandorte reduziert.

Mit der Entscheidung, die Produktion in die Billiglohnländer Asiens auszulagern, folgte Nike einem in der Bekleidungs- und Konsumgüterindustrie bereits etablierten Modell. Tendenzen zur Oligopolbildung hatten die amerikanische Sportartikelindustrie früh geprägt, und die verbleibenden Großproduzenten suchten Renditen auszuschöpfen, indem man durch die Auslagerung oder Androhung der Standortschließung gesetzlich festgelegte Arbeitsrechte, Sicherheitsstandards und Umweltschutzauflagen umging und durch die Produktionskostenreduzierung die Profitmargen anhob. Die Dynamik, die von dieser Logik ausgelöst wurde, ist von vielen Seiten als eine bis in die Gegenwart andauernde Abwärtsspirale („race to the bottom") kritisiert worden. Rawlings Sporting Goods, Hersteller für Sportartikel und -kleidung, vor allem für Baseball, Basketball und American Football mit Stammsitz in St. Louis, begann mit der Wanderung seiner Produktionsstandorte 1953, zunächst innerhalb des Bundesstaats Missouri, um mit dem Ortswechsel die Firmengewerkschaft loszuwerden. 1964 verlockten Steueranreize den Umzug nach Puerto Rico; fünf Jahre später erreichte das Unternehmen die Küsten von Haiti, wo nicht nur die ärmste Bevölkerung der westlichen Hemisphäre bereit war zu Niedrigstlöhnen zu arbeiten, sondern auch Streiks gesetzlich verboten waren. Später bewegten die instabilen politischen Verhältnisse eine weitere Verlagerung nach Costa Rica (Sage 2000:272). Die Niedriglohnländer Mittelamerikas und der Karibik spielen auch heute noch für den amerikanischen Markt eine gewichtige Rolle in der Sportartikelproduktion, ähnlich wie Osteuropa, Nordafrika und die Türkei von der Nähe zu den europäischen Absatzmärkten profitieren. Reduzierte Transport- und Kommunikationskosten, schnellere Reaktionszeiten auf Nachfrageentwicklungen und Quotenregelungen sind wesentliche Ursachen für die Herausformung solcher regionalspezifischer Handelsbeziehungen. Aus den gleichen Beweggründen sind die Nachbarregionen zu bevorzugten Zielen von Direktinvestitionen der Sportartikelhersteller geworden, die Aufträge, Rohstoffe und Komponenten zur Fertigung an ihre lokalen Zulieferer oder Fertigungsbetriebe weitergeben und anschließend in den Zielmarkt reimportieren (Gereffi 2002; Andreff/Andreff 2009).

Variationen der Produktionsnetzwerke in Asien

Gerade in den Sport- und Lifestylesegmenten der globalen Konsumgüterindustrie findet der Wettbewerb um Marktanteile über Marken (Brands) und entsprechendes Marketing statt. Die wegen ihrer Leitfunktion auch als Flaggschiffunternehmen bezeichneten Markenunternehmen haben in der Vergangenheit die dominante Schnittstelle zwischen den vorgelagerten Produktionsprozessen und den EndkonsumentInnen eingenommen. In der jüngeren Vergangenheit haben in Asien beheimatete Sportartikelhersteller und Zwischenhändler ihre Beschaffungsprozesse und Produktionsnetzwerke analog zu den Bedingungen der regionalen Hierarchisierung und globalen Regulierung reorganisiert. Die folgenden Beispiele stellen einige der von asiatischen Leitunternehmen (*lead firms*) organisierten Produktionsnetzwerke vor, die stellvertretend für ihre Auftraggeber den gesamten Ablauf zwischen Beschaffung, Produktion, Absatz und Marketing organisieren und dabei eigene Entwicklungsstrategien eingeschlagen haben.

Was Markenfirmen wie Nike und Einzelhandelsgiganten wie Wal-Mart für den Weltmarkt darstellen, bietet für China Li Ning unter einem Dach. Im Jahr 1990 vom ehemaligen Bodenturner Li Ning gegründet, ist das gleichnamige Unternehmen heute Chinas bekannteste einheimische Sportmarke, deren Produkte in einem dichten Netz von Filialen oder Outlets vertrieben werden. Zehn Jahre nach der Gründung verfügte Li Ning über einen 30-prozentigen Marktanteil in China; heute ist die Marke, deren Produkte zu 30 bis 40 % günstigeren Preisen zu erwerben sind als vergleichbare Artikel der Weltmarken Nike und Adidas, Nummer Drei hinter den beiden. Li Ning profitiert vor allem von dem dichten Netzwerk seiner Einzelhandelsgeschäfte, das bis in die Provinzstädte des Hinterlands hineinreicht, wo die globalen Konkurrenten kaum Fuß gefasst haben. Allein im Olympiajahr 2008 wurden 1.012 neue Filialen (alle acht bis neun Stunden eine) gegründet. Das Absatznetzwerk bestand Ende des Jahres aus knapp 7.000 Outlets, von denen 6.245 Shops zu der Li Ning-Kette gehörten (Li Ning 2008). Die aggressive Expansionsstrategie macht sich in den Firmenbilanzen bemerkbar: Kein anderes der führenden Unternehmen in der Sportartikelbranche hat in den vergangenen fünf Jahren auch nur annähernd vergleichsweise große Gewinnsteigerungen erzielen können (siehe Tabelle 2). Als chinesische Marke – Li Ning erzielt 99 % der Gewinne im Land – hat die einbrechende Nachfrage auf den Absatzmärkten in Europa und den USA kaum Auswirkungen auf die Expansionspläne des Unternehmens: Im Allgemeinen sind in der ersten Jahreshälfte 2009 die Exporte der Sportartikelbranche nämlich um 26,3 % zurückgegangen. Noch stärker waren die Einschnitte in den Kernprovinzen der chinesischen Textilindustrie Jiangsu, Guangdong, Shandong und Fujian, wo auch die meisten der Sportartikelhersteller angesiedelt sind. Fujian Provinz ist ein Zentrum der chinesischen Sportartikelproduktion, ein weiteres liegt in Guangdong, wo Li Ning taiwanische, koreanische und japanische Spezialisten State-of-the Art-Schuhe für seine eigene Kollektion entwerfen lässt. Angaben des Chinesischen Sportartikelverbands zufolge plant Li Ning nun die Verschiebung der Produktion Richtung Westen ins Inland. Die Entscheidung zugunsten der Stadt Jingmen in der Provinz Hubei entspricht dem Trend in China weg von den zunehmend teurer gewordenen Produktionsstandorten der einstigen Sonderwirtschaftszonen an der Küste. Kolportierte 300 Millionen US-Dollar sollen in den Aufbau eines Industrieparks investiert werden, der damit einer der größten in der Sportartikelproduktion wäre. Durch die Konzentration von Design, Forschung und Entwicklung, Endfertigung und Distribution an einem Ort soll die Warenerzeugung enger an die Nachfrageentwicklung gekoppelt werden, indem die Produktion als Ganzes verschlankt wird, Lieferwege und Lieferzeiten verkürzt und Lagerhaltungskosten drastisch reduziert werden. Maßgeschneiderte Softwarelösungen reduzieren die Notwendigkeit, Lagerbestände in den Li Ning-Shops zu halten; Point of Sales-Daten fließen direkt von den Kassen an die Hersteller, die den Absatz von Modellen, Größen und Farbvarianten überblicken und unmittelbar auf die Nachfrageentwicklung reagieren können. Wenn der Industriepark den vollen Betrieb aufgenommen haben wird, werden auf einer Fläche von zwei Quadratkilometern 50.000 Personen die Hälfte der Gesamtnachfrage von Li Ning erzeugen (CSGF 2008).

Tabelle 2: Gewinne der Sportbekleidungsindustrie vor Steuern in Millionen US-Dollar

	2004	2005	2006	2007	2008	*Zuwachs 2004–08 in %*
Nike	1.450,0	1.859,8	2.141,6	2.199,9	2.500,0	*72,4*
Adidas	646,8	849,3	877,6	1.088,4	1265,6	*95,7*
Puma	448,4	524,0	454,0	510,9	457,9	*9,5*
Asics	64,8	100,3	147,8	203,7	233,9	*261,0*
Mizuno	42,7	63,8	72,8	39,9	-2,8	*-106,5*
Li Ning	14,7	22,3	36,8	57,4	86,0	*485,0*
Li & Fung	207,8	249,0	304,3	424,8	344,0	*99,2*
Yue Yuen	300,0	307,6	375,6	386,6	515,4	*65,5*

Quellen: MSN 2008:17; Geschäftsberichte der Firmen.

Li Ning verfügt zwar noch über eigene Produktionsfirmen, engagiert sich aber stärker in den Bereichen Marketing und Absatz. Sein Produktionsnetzwerk wird von dem Flaggschiffunternehmen dominiert, das aber nicht eindeutig als Handelsbetrieb oder als Hersteller klassifiziert werden kann. Tatsächlich haben sich im Laufe der Regionalisierung in Asien eine Reihe von Variationen und Verschneidungen unterschiedlicher Modelle der Produktionsnetzwerke herausgebildet (Sturgeon 2009). Eine führende Rolle haben dabei Firmen aus den einst den Weltmarkt dominierenden Neuen Industrialisierten Staaten Taiwan, Korea und Hongkong eingenommen. Ehemals hochgradig spezialisierte Firmen, die zum einen als Zulieferer für die globalen Markenfirmen technologische Expertise ansammelten, eigene Lieferbeziehungen aufbauten und zum anderen als Respons auf die zunehmenden Produktionskosten vor Ort Fertigungsstätten in den Sonderexportzonen gründeten oder dort ihre Bestellungen ausführen ließen, erschlossen sich mit der Organisation der gesamten Beschaffung und Produktion ein neues Betätigungsfeld. Dabei sind die Grenzen zwischen Produzenten, Händlern und Verkäufern zunehmend unschärfer geworden.

Ein charakteristisches Beispiel für ein hochgradig vertikal integriertes Produktionsnetzwerk liefert das in Hongkong ansässige Unternehmen Esquel. Der Konzern ist einer der führenden Hersteller von Baumwollbekleidung, der unter seinen Weltmarktkunden Marken wie Nike, Lacoste, Esprit und Tommy Hilfiger aufführt. Esquels Produktionsprozess beginnt in der Provinz Xinjiang im Nordwesten Chinas, wo die konzerneigenen Baumwollplantagen liegen. Ein Großteil der Weiterverarbeitung ist in Guangdong konzentriert, wo vier der sieben chinesischen Spinnereibetriebe und Webereien von Esquel stationiert sind. Die Endfertigung der Kleidungsstücke wird in China, aber auch in Vietnam, Malaysia, Sri Lanka und Mauritius durchgeführt. Seit 2002 unterhält der Konzern auch ein eigenes Modelabel Pye und die Einzelhandelskette Shirt Stop. Ungeachtet solcher Neuentwicklungen bleibt Esquel in erster Linie ein Hersteller, der für andere Marken und Handelsunternehmen produziert (Appelbaum 2009:68f).

Deutlicher ist die Mutation vom Hersteller zum Verkäufer bei dem ebenfalls in Hongkong registrierten Unternehmen Yue Yuen zu beobachten. Mit einem Jahresumsatz von 5 Milliarden US-Dollar gehört Yue Yuen zu den drei größten Unternehmen in der globalen Sportartikelbranche. Der Name der 100-prozentigen Tochter des taiwanischen Pou Chen-Konzerns ist außerhalb des Sektors kaum bekannt – jedoch ist der Konzern an der Produktion jedes sechsten auf der Welt getragenen Paars Sportschuhe beteiligt. Im Jahr 2009 produzierten die insgesamt 310.000 MitarbeiterInnen 246 Millionen Schuhe, unter anderem für die bekannten Marken Nike, Adidas, Asics, Puma, Fila und New Converse. Yue Yen unterhält seit 1988 Fabriken in China (2009: 211), seit 1993 in Indonesien (2009:112) und seit 1995 in Vietnam (2009:100). Der Großteil der Produktion kommt aus Dongguan in Guangdong, wo Yue Yuen in Spitzenzeiten bis zu 110.000 MitarbeiterInnen beschäftigt. In unmittelbarer Nähe der Fabriken haben sich zahlreiche Unternehmen angesiedelt, die Grundkomponenten wie Leder oder Klebstoff liefern (MSN 2008:43). Unternehmenscluster strukturieren auch den Firmenkomplex Nikomas Gemilang in der Nähe von Jakarta, wo rund 43.000 ArbeiterInnen (85 % Frauen) in je nach Marke und Auftraggeber separaten Gebäuden Schuhe für die Sportwelt erzeugen. Neben der Produktion für die Exportmärkte hat Yue Yuen ein rasch expandierendes Vertriebsnetz aus Großhändlern und Einzelhandelsgeschäften für Marken-Sportartikel und -bekleidung aufgebaut. Im Jahr 2006 waren es lediglich 5,6 % des Konzernumsatzes (Appelbaum 2009:73), drei Jahre später schon 20 %, die der Einzelhandel aus den insgesamt 4.600 Shops der firmeneigenen Kette beisteuerte (Yue Yuen 2009:12f). Yue Yuen engagiert sich auch in den vorgelagerten Produktionsstufen, etwa in der Beschaffung von Rohmaterialien, der Erzeugung von Schuhsohlen und Maschinen für die Produktion. Yue Yuen hat im Jahr 2006 Beteiligungen an 76 Firmen erworben, die in diesen Bereichen tätig sind. Auf der Vertriebsseite kooperiert Yue Yuen mit einem globalen Logistikdienstleister in der Entwicklung von computergestützten Managementsystemen, um Bezugszeiten zu verkürzen und Absatzwege zu beschleunigen (Appelbaum 2009:74).

Eine letzte Variante der Produktionsnetzwerke sind Bekleidungshändler, die für ihre Kunden das gesamte Paket zwischen Beschaffung, Fertigung und Vertrieb managen. Manche entwerfen auch Designvorschläge für die Auftraggeber, führen Markttests durch und übernehmen die Qualitätskontrolle. Ein typischer Vertreter für die Händler, die auch als Beschaffungsmanager tätig sind, ist das Hongkonger Unternehmen Li & Fung. Sein CEO umschrieb in einem Interview die internationale Arbeitsteilung innerhalb des Produktionsnetzwerkes exemplarisch anhand eines Großauftrags, für den der Stoff aus Korea geordert wird, dieser in Taiwan gefärbt, Knöpfe und Reißverschlüsse aus China bestellt und alles zur Fertigung nach Thailand geschickt wird (Victor Fung, zit. nach Appelbaum 2009:71). Der multinationale Konzern verfügt über 80 Niederlassungen in 40 Ländern. Rund 3.500 der 14.400 MitarbeiterInnen sind in Hongkong stationiert; insgesamt verfügt Li & Fung über ein Netzwerk von 12.000 Zulieferern. Zwischen 2004 und 2008 verdoppelte sich der Vorsteuererlös, der Umsatz wuchs auf 14,2 Milliarden US-Dollar an. Fast zwei Drittel aller Umsätze kommen aus den USA, ein Drittel aus Europa. Auch im Verkauf betätigt sich Li & Fung. Die Firmentochter Li & Fung Retailing Ltd. unterhält über 300 Einzelhandelsgeschäfte in China, Singapur, Malaysia, Thailand, Indonesien und Südkorea. Ein weiteres Beispiel für die Großlieferanten, die ihren Kunden die gesamte Palette des Produktionsprozesses zwischen Beschaffung und Vertrieb anbieten, ist mit Luen Thai ein führendes Unternehmen im Bekleidungssektor, das pro Jahr von seinen 17.000 Angestellten 50 Millionen Kleidungsstücke im Wert von einer halben Milliarde US-Dollar produzieren lässt. Auch Luen Thai hat mit der Konzentration seiner Fertigungsstraßen in Dongguang auf das Auslaufen des Multifaserabkommens reagiert. In der firmeneigenen „Supply Chain City" in Dongguang finden sich neben den Fertigungshallen auch Produktentwicklungszentren, die Wohnheime der Belegschaft und ein großes Hotel. Die Konzentration an einem Ort erlaubt es den Designern bzw. den Kunden von Luen Thai, in direkten Kontakt zu den Ingenieuren der Fabriken zu treten und somit die Produktion effizienter zu planen. Allgemein wird erwartet, dass das Auslaufen des Multifaserabkommens zu einer Konsolidierung in der Textilindustrie und damit zu ähnlichen Konzentrationsprozessen wie in der Schuhproduktion führen wird, in der die Quotenbeschränkungen des Welthandels bereits in den 1980er Jahren gefallen sind.

Industrielles Upgrading und Diversifizierung

Der Aufstieg Asiens innerhalb der Sportartikelproduktion ist nicht zuletzt wegen der partiellen Überlappung der Produkte eng mit der Transformation des Textil- und Bekleidungssektors verbunden. Diese Branchen erlebten seit dem frühen 20. Jahrhundert eine Reihe von grenzüberschreitenden Verlagerungen durch verschiedene Länder, von denen die meisten in Asien liegen (siehe Tabelle 1). Diese Entwicklung wurde direkt und aktiv vom Staat gepusht. Nationale Industriepolitik spielte eine zentrale Rolle für den Beginn der Industrialisierung, die Rückstufung von Industriebereichen, in denen die Konkurrenzfähigkeit verloren wurde, und den Aufbau designierter Zukunftsindustrien. Zunächst verschob sich das Schwergewicht von Nordamerika und Europa nach Japan, dessen Industrialisierungsphase mit der Produktion von Naturfasern und dem Aufbau einer exportorientierten Textilindustrie unter staatlicher Direktive begonnen hatte. 10 % der nationalen Wirtschaftsleistung und ein Drittel der Exporterlöse kamen in den 1930er Jahren aus diesem Sektor (Park/Anderson 1991:535). Nach dem Krieg verlor die japanische Textilindustrie sukzessiv Weltmarktanteile. Das Ministerium für Handel und Wirtschaft konzertierte im Zusammenspiel mit dem Industrieverband, Zulieferern, Gewerkschaften, Handelshäusern und Einzelhandelsketten die Restrukturierung des Sektors (McNamara 1995). Die gezielte Förderung der Kunstfasertechnologie federte den Niedergang der Bekleidungsindustrie ab. Während Japan zum Nettoexporteur von synthetischen Stoffen und Garnen wurde, verlagerten sich die arbeitsintensiven Prozesse nach Hongkong, Taiwan und Korea, die in den 1970er und 1980er Jahren die globalen Exportmärkte für Textilien und Bekleidung dominierten.

An diesen Trend schlossen sich auch die beiden größten japanischen Sportartikelhersteller Asics und Mizuno an, die in den 1970er Jahren Teile ihrer Schuhproduktion in die neuentwickelten Industrienationen Ostasiens auslagerten. Asics erste Auslandsproduktion fand in Taiwan statt; steigende Produktionskosten bewogen den Transfer nach Südkorea und anschließend nach China: Im Jahr 1988 wurde bereits die Hälfte der Asics-Produkte im Ausland hergestellt. Asics hat seine Auslandspräsenz beständig ausgeweitet; das Umsatzwachstum ist in erster Linie den seit 2005 überwiegend im Ausland erzielten Umsätzen in der Lauf- und Sportschuhsparte zu verdanken (Asics 2009). Asics Hauptkonkurrent Mizuno macht auch heute noch 60 bis 70 % seiner Umsätze auf dem Binnenmarkt. Mizuno verfolgte eine etwas andere Strategie als Asics durch die Gründung von Zweigunternehmen sowohl in den Niedriglohnländern des asiatischen Umfelds als auch in der Nähe zu den wichtigsten Absatzmärkten. Mizuno legte 1970 mit der Gründung seiner Tochterfirma Mizuno Taiwan Corporations den Grundstein für die grenzüberschreitende Expansion. Im Jahr 1975 wurde die erste Schuhfabrik in Südkorea eröffnet, 1989 ein Joint Venture mit einem thailändischen Textilproduzenten eingegangen. Tochterfirmen von Mizuno wurden in Hongkong (1992) und Shanghai (1994), aber auch in den USA, Kanada und Europa gegründet (Mizuno 2009). Die Entscheidung für die Standortverlagerung in diese Regionen wurde auch vor dem Hintergrund des steigenden Wechselkurses des Yen getroffen. 1985 hatten die führenden Wirtschaftsmächte im Plaza Accord die kontrollierte Einflussnahme auf Währungskurse als Maßnahme gegen das Handelsbilanzdefizit der USA, das zum Anlass andauernder Friktionen geworden war, beschlossen.

Auch in Taiwan und Korea, den ersten Nachfolgern der japanischen Textilindustrien, folgte der Textilsektor dem klassischen Verlauf des exportgetragenen Wachstums. Unter starker Beteiligung der Regierung Taiwans begann in den 1950er Jahren die Produktion von Naturfasern. Mit zunehmenden Exporten in den 1960er Jahren wurde die industrielle Produktion auf die Erzeugung von Kunstfasern und die Weiterverarbeitung in Bekleidungsfirmen erweitert. Der Höhepunkt wurde in den 1980er Jahren erreicht: Für eine kurze Zeit war Taiwan der führende Bekleidungsexporteur für den amerikanischen Markt und nach den USA der zweitgrößte Produzent für Kunstfasern. Ab dem Ende der Dekade unterminierten jedoch steigende Löhne, höhere Regulierung von Arbeit und Umweltauflagen durch die Regierung sowie Wechselkursverluste den komparativen Vorteil Taiwans in den arbeitsintensiven Bereichen des Sektors (Thun 2001:3). In Südkorea verabschiedete die Regierung ab Anfang der 1960er Jahre eine Reihe von Fünfjahresplänen, in denen Textilexporte eine zentrale Rolle spielten. Importrestriktionen, Staatskredite und die koordinierte Allokation von Rohstoffen förderten den designierten Wachstumssektor, bis ab den 1970er Jahren das Augenmerk auf die chemische Industrie und die Produktion von Kunststoffen verlagert wurde (Amsden 1989:64-68). Mit dem Niedergang des Textilsektors in den Neu Industrialisierten Ökonomien trat die zweite Generation der südostasiatischen Tigerstaaten in den Vordergrund. Auf Malaysia, Thailand, Indonesien und die Philippinen folgten die Volksrepublik China und nun die südasiatischen Staaten.

Für Politik und Wirtschaft in den Neuen Industrialisierten Staaten bot sich im Aufbau einer kapital- und technologieintensiveren Kunstfaserindustrie und dem verstärkten Handel mit den hochwertigeren Produkten innerhalb der Region Asien eine Option,

Tabelle 3: Anteil von Asiens Textil- und Bekleidungsindustrie am Weltmarkt, 2004–2008 (alle Angaben in %)

	Bekleidung		Garne, Stoffe		Exportanteile 2008	
	2004	2008	2004	2008	*Bekleidung*	*Textilien*
Nordostasien						
VR China	25,58	34,22	17,58	27,41	*8,4*	5
Japan	0,25	0,17	3,75	3,08	*0,1*	1
Südkorea	1,40	0,43	5,70	3,26	*0,4*	2
Taipei China	0,81	0,34	5,28	3,87	*0,5*	4
Südostasien						
Indonesien	1,84	1,79	1,66	1,54	*4,6*	3
Thailand	1,65	1,21	1,35	1,35	*2,4*	2
Malaysia	0,97	1,03	0,64	0,65	*2,0*	1
Philippinen	0,89	0,56	1,14	0,08	*4,1*	0
Vietnam	1,76	2,70	0,34	0,50	*17,9*	2
Südasien						
Bangladesch	2,60	3,70	0,31	0,37	*80,3*	6
Indien	2,74	3,13	3,69	4,36	*6,0*	6
Sri Lanka	1,15	0,99	0,08	0,08	*40,0*	2
Pakistan	1,25	1,11	3,22	3,02	*19,2*	35

Quellen: UN Comtrade database; Taipei Government.

Wettbewerbsnachteile mit den nachholenden Gesellschaften auszugleichen (siehe Tabelle 3). Das dazu benötigte Kapital kam zunächst aus nationalen Ersparnissen. In Japan, Südkorea, Taiwan und Singapur traten heimische Textilproduzentenverbände, Firmennetzwerke, Banken und der Staat als Hauptinvestoren auf. In den späteren Phasen waren es hauptsächlich Direktinvestitionen aus dem umliegenden Ausland, die wie im Fall der vier Tigerstaaten und Chinas zum schnellen Aufholprozess in den 1990er Jahren beigetragen haben (Hiratsuka 2005:20). In Malaysias Sonderwirtschaftszone wurden bis zu Beginn der 1990er Jahre nahezu alle Textilfirmen mit ausländischem Kapital gegründet, das meiste kam aus Japan (Singleton 1997:44). Differenzen in den Preisen pro Tonne exportierter bzw. importierter Garne weisen auf Niveauunterschiede hin, die den branchen internen Handel hierarchisch strukturieren: Firmen in den Ländern nachholender Entwicklung produzieren Gewebe von einfacher Qualität, in fortgeschrittenen Ländern hochwertige. Im Jahr 2002 waren Südkorea und Taiwan zu den beiden weltgrößten Exporteuren von synthetischen Garnen geworden. Taiwan exportierte Garne im Billigpreissegment und importierte qualitativ hochwertiges Garn; Südkorea exportierte Garne im mittleren Preissegment und importierte hochwertige. Indonesien, Malaysia und Thailand waren Nettoexporteure von Garn und Gewebe, die alle Garne von minderem Wert exportierten, aber Fasern von hoher oder mittlerer Güte importierten. Japan war der größte Nettoexporteur von Garn und Gewebe im Hochpreissegment (Hiratsuka 2005:15). Bei den intraregionalen Input- und Outputverbindungen zeichnete sich ab, dass die Textilindustrien in Asien ihre ehemalige Abhängigkeit von Japan, Taiwan und den USA auf China verlagerten (Kuwamori/Okamoto 2007:16). Taiwans Chemiekonzerne etwa sind seit dem Jahr 2000 von der Nachfrage des Textilsektors auf dem chinesischen Festland abhängig, während der eigene Textilsektor seine Geschäftsbeziehungen mit Textil-, Chemie- und anderen produzierenden Industrien in China kontinuierlich ausgebaut hat (Kuwamori/Okamoto 2007:27).

Standortentscheidungen wurden im Wesentlichen aus den Gesichtspunkten der Arbeitsproduktivität, der Kapital- und Technologieausstattung, staatlicher Investitionsanreize, Arbeitsschutzbedingungen und Umweltauflagen gefällt. Der Staat hat in vielen Fällen eine Schlüsselfunktion innegehabt, sei es durch die Einrichtung von Exportproduktionszonen in Malaysia oder Sonderwirtschaftszonen in China, wo den ausländischen Investoren besondere Bedingungen geboten werden, oder in der Festsetzung von Steuern, Quoten oder Tarifen. Indonesien wurde zum Standort für die globale Bekleidungsindustrie, als die Regierung in den 1980er Jahren den Rahmen für die exportorientierte Wachstumspolitik vorgab. Importzölle und andere Restriktionen wurden für ausländische Investoren aufgehoben, wenn mindestens 85 % ihrer Produktion in den Export gingen. Dies war das Startzeichen für die Gründung der großen Textil- und Schuhproduktionscluster, die zum überwiegenden Teil im Besitz der Produzenten aus Hongkong, Korea und Taiwan waren. Exporte gingen direkt in die Zielmärkte des Westens, die durch Tarife und Quoten für die erste Generation der Neuindustrialisierten Staaten hermetisch abgeriegelt waren (Lowder 1999:55f; Hassler 2003).

Der institutionelle Rahmen der internationalen politischen Ökonomie ist gerade im Bekleidungssektor, zu dem die Markteintrittsbarrieren vergleichsweise so niedrig sind, dass er generell eine Schlüsselfunktion in der nachholenden Industrialisierung einnimmt, von ausschlaggebender Bedeutung gewesen. Ursprünglich regulierten zwischenstaatliche

Abkommen, Meistbegünstigungsklauseln und bilaterale Importtarife den Textilhandel. Regionale Wirtschaftsverbände wie die Europäische Union oder die nordamerikanische Freihandelszone NAFTA, die den Handel unter den Mitgliedern liberalisierten, hatten ebenfalls großen Einfluss auf die Bezugspolitik der Produzenten. Den nachhaltigsten Einfluss auf die globalen Warenflüsse hatte das 1974 abgeschlossene Multifaserabkommen, das auf dem Baumwollabkommen von 1961 aufbaute und auch Kunstfasern und Bekleidung einschloss. Unter diesem multilateralen Regulierungsregime hatten Importländer das Recht, bilateral Quotenbeschränkungen für bestimmte Textilien und Bekleidungsartikel einzusetzen. Exporteure mussten für Lieferungen, die der Beschränkung unterlagen, bei ihrer Regierung Quoten einkaufen. Was ursprünglich als Schutzmaßnahme für die heimischen Industrien gegen die Billiglohnkonkurrenz aus den Entwicklungsländern gedacht war, förderte die Entwicklung des Bekleidungssektors in vielen Niedriglohnländern und die Ausweitung der triangularen Manufakturbeziehungen (vgl. Komlosy in diesem Band). Bis zum Auslaufen des Abkommens Ende 2004 hatte dieser Rahmen weitreichende Konsequenzen für die Migration der Industrien von einem Standort zum nächsten und für die Struktur der Produktion, da die Quoten für bestimmte Stoffe länderspezifisch variierten. Chinas Exporte in die EU und USA haben in den Kategorien, in denen die Quoten schrittweise ab 2001 ausliefen, sprunghaft zugenommen. In Japan, wo die Regierung keine nennenswerte Bekleidungsindustrie zu schützen und auf die Anwendung der Quoten verzichtet hatte, machten die Exporte aus China bereits 1998 55 % aus (Gereffi 2002:15).

Sweatshops in der Globalisierungskritik

Renditenmaximierung durch Ausschöpfung von Lohnkostenvorteilen und hochdotierte Werbeverträge mit den globalen Ikonen des Sports sind komplementäre Bestandteile der Firmenstrategien in globalen Produktionsnetzwerken der Sportartikelindustrie. Glamour, Luxus und Celebrity-Status der für die Markenkommunikation unter Vertrag genommenen Sportstars bilden einen markanten Kontrast zu den ärmlichen und ausbeuterischen Bedingungen, unter denen die Produkte erzeugt werden. Seit den 1990er Jahren macht eine Allianz von Gewerkschaftsverbänden, Solidaritätsnetzwerken, kritischen JournalistInnen und Entwicklungshilfeorganisationen immer wieder auf die Problematik der schlechten Existenzbedingungen der ArbeiterInnen in der Branche aufmerksam. Die Proteste gegen die „Sweatshops" etablierten sich als eines der frühesten Betätigungsfelder der kritischen Anti-Globalisierungsbewegung (Klein 1999). An den Pranger gestellt wurden Löhne, die weder dem gesetzlichen Minimum entsprachen noch existenzsichernd waren, übermäßig lange Arbeitszeiten ohne Pausen oder Ruhetage, Akkordarbeit, der Zwang zu unbezahlten Überstunden und die Entlassung von ArbeiterInnen, die sich gewerkschaftlich organisieren wollten (Frenkel 2001). Am meisten kratzten aber der – zumindest theoretisch – weltweit geächtete Einsatz von Kinderarbeit und die Produktion in Strafgefangenenlagern am Markenimage. Der Protest an US-amerikanischen Universitäten führte zu Aufkündigungen millionenschwerer Aufträge für Sportprogramme und Marketing der Hochschulen und hinterließ nachhaltige Spuren im Konsumbewusstsein.

Weltmarken wie Nike sahen Ende der 1990er Jahre ihre Profite zurückgehen. Unter dem Druck der KonsumentInnen waren die Weltmarken gezwungen, Management und Kontrolle ihrer Produktionsnetzwerke zu überdenken und die Beschäftigungspraktiken in ihren Zulieferbetrieben als Aspekt der eigenen Unternehmensverantwortung anzuerkennen. Viele der großen Markenfirmen im Sport sind mittlerweile der Fair Labor Association (FLA) beigetreten, einem 1999 gegründeten Zusammenschluss von Unternehmen, Universitäten und NGOs. Mitglieder der FLA bekennen sich zur Vereinigungsfreiheit von ArbeiterInnen und der Evaluation ihrer Geschäftspraktiken einschließlich der Offenlegung ihrer Wertschöpfungskette und Lohnkriterien (MSN 2008:24f). Der Verhaltenskodex, den die Markenfirmen als Bestandteil ihrer Beschaffungspolitik an die Zulieferer weitergegeben haben, trug zumindest zur Verbesserung der extremsten Ausbeutung der Sweatshops bei: Für die Sportschuhindustrie in China beispielsweise wurde ein allmählicher Übergang von autoritären Formen der Arbeitsbeziehungen zu formalisierten, vertraglich verbindlichen Praktiken festgestellt, und in den taiwanischen Firmenniederlassungen in Vietnam übertrafen Lohnniveau, Arbeitszeiten und Arbeitsschutzbedingungen die Zustände in den Betrieben, die nicht in die transnationalen Zulieferbeziehungen der Sportartikelbranche eingebunden waren (Frenkel 2001; Wang 2005). Im Gegensatz zu dieser positiven Bewertung schätzen viele Arbeits- und Menschenrechtsorganisationen die Corporate Social Responsibility-Programme der Markenfirmen als vordergründige Imagekampagne und Feigenblatt ein, hinter dem das primär kommerziellen Interessen verpflichtete rationale Kalkül verborgen bleiben soll (siehe Ungericht in diesem Band). Die Wirksamkeit solcher maßgeblich freiwilligen Verhaltensvorschriften wird effektiv eingeschränkt durch den Kontrast zwischen den Unternehmenszielen der Profitmaximierung und dem Bekenntnis zur sozialen Verantwortung, dem harschen Wettbewerb auf dem Markt und dem unzureichenden staatlichen Schutz von Arbeitsrechten. Die Markenunternehmen erwarten zwar die Einhaltung der Vorgaben, leisten aber keinen Beitrag zu den damit verbundenen Kostensteigerungen, wie Yu (2008:526) in den südchinesischen Fabriken des taiwanischen Zulieferers von Reebok feststellte. In den Produktionsnetzwerken anderer Markenfirmen kam es zum Abzug von Aufträgen aus Unternehmen, nachdem sich dort Gewerkschaften gebildet hatten (MSN 2008).

Zudem ist der Verhaltenskodex der FLA dafür kritisiert worden, dass er keine Bestimmungen zu Fragen des Existenzminimums, der Arbeitszeitregelung und zum Schutz des Rechts auf kollektive Verhandlungen enthält. Zwei grundlegende Probleme beherrschen die aktuelle Situation: ILO-Prinzipien wie das Recht auf Vereinigungsfreiheit werden in Ländern wie China oder Vietnam nicht anerkannt, sodass Gewerkschaften, wenn sie überhaupt zustande kommen, in vielen Fällen als verlängerter Arm des Managements oder wie in China als Handlanger der Partei auftreten. Im besten Falle unterstützen diese ArbeiterInnenkollektive die Firmenleitung in Aufgaben der Personalführung oder der betrieblichen Wohlfahrt, im schlimmsten Fall helfen sie ihr bei der Ausbeutung der ArbeiterInnen (Wang 2005:49). Wo es keine Tarifverhandlungen gibt, bleiben Löhne und Arbeitszeiten ein effektives Druckmittel von Firmen auf ihre Belegschaften. Auch auf der Seite der Arbeitgeber und Auftraggeber gibt es keinen kollektiven Verhandlungspartner: Der Weltverband der Sportartikelhersteller weigert sich, als Branchenrepräsentant verbindlich für alle seine Mitglieder im Fair Labor-Abkommen mit den anderen Stakeholdern zu verhandeln. Als zweites Problem manifestiert sich die Abhängigkeit von der Weltkonjunktur und der Lage auf den Absatzmärkten des Nordens in der Zunahme von atypischen Beschäftigungsverhältnissen und dem Missbrauch kurzfristiger Anstellungsverträge (MSN 2008:28).

Schlussbemerkungen:
Die Zukunft der Produktionsnetzwerke in Asien

Die vergangenen drei Jahrzehnte haben fulminante Veränderungen hervorgerufen, die sich mit dem Ausbau bilateraler Beziehungen und dem eventuellen Zustandekommen eines asiatischen Wirtschaftsraums fortsetzen werden. Die bisher zu beobachtenden Verschiebungen in den Produktionsnetzwerken der globalen Sportartikelindustrie weisen auf einen neueren Prozess der Konsolidierung und Diversifizierung hin, mit dem die Unternehmen in Asien auf die veränderte politische Ökonomie der Liberalisierung des Welthandels und der ökonomischen Integration des asiatischen Wirtschaftsraumes reagieren. Es zeichnet sich zunehmend ab, dass die Konsolidierung in den Konsumgüterindustrien mit verstärkter Integration von Produktion und Distribution zwischen den großen Einzelhandelsketten und großen Intermediären eine vertikale Integration repliziert, wie sie früher die fordistische Produktion charakterisiert hatte. Der Wettlauf nach unten, den käuferdominierte Ketten und ihre Intermediäre im letzten Viertel des 20. Jahrhunderts ausgelöst hatten, scheint sich verlangsamt zu haben. Die Geo-Strategie, über den Standortwettbewerb und die Androhung der Firmenschließung den letzten Mehrwert aus der Arbeit herauszupressen, ist zwar nach wie vor in den Produktionsnetzwerken zu beobachten, aber nicht mehr in vergleichbarer Radikalität. Beispielsweise ist in den letzten Jahren die Anzahl der Firmen und Bezugsregionen, die in Nikes Produktionsnetzwerken eingebettet sind, trotz gleichzeitig zunehmender Gesamtbeschäftigung und Warenoutput zurückgegangen. Diese Reorientierung ist einerseits auf das Auslaufen der Quotenregelungen unter dem Multifaserabkommen zurückzuführen, andererseits auf die Neuausrichtung hin zu komplexen Produktionsclustern, die von den Unternehmen vorangetrieben wird. Gerade in China mit seiner unerschöpflichen Arbeitskraft sind diese voll integrierten Netzwerke bestens positioniert, um auf die immer kürzer werdenden Produktzyklen und die volatilen Nachfragezyklen im „fast retailing" zu reagieren.

Eine weitere Strategie, der sich asiatische Unternehmen bedient haben, besteht im industriellen Upgrading. Mit dem Einsatz neuer Produktionstechnologien steigen die Produzenten aus den frühzeitig industrialisierten Ländern Ostasiens in höherwertige Segmente des Markts um und lagern die einfacheren Arbeitsbereiche ihrerseits aus. Zudem haben sich Produzenten wie auch Großhändler mit Direktverkauf, Produktentwicklung und Vermarktung proprietärer Marken weitere Geschäftsfelder erschlossen, die mit zunehmender Kaufkraft der lokalen Bevölkerung auch entsprechend lukrativer geworden sind. Das Internet spielt eine große Rolle für die Verbesserung der Kommunikation innerhalb der Netzwerke – der Austausch an Informationen fließt schneller, Auftraggeber finden schneller Auftragnehmer, Bestellungen werden den Industrienormen und Produktspezifikationen entsprechend geliefert. Die Standardisierung in den softwaregestützten Koordinationsprogrammen steigert nicht nur die Produktivität, sondern knüpft auch die Netzwerke dichter und gestaltet die Liefer- und Handelsbeziehungen zwischen den Betrieben langfristiger. Die Chancen für „industrial upgrading" sind im Falle der nachholenden Länder der vierten Generation bislang aber eher beschränkt geblieben.

Die Diskussion hat gezeigt, dass die Entwicklung der asiatischen Produktionsnetzwerke einerseits von lokalen Initiativen, Akteuren und Institutionen geprägt worden ist: Regierungen spielten in dieser Phase der Globalisierung einen ebenso wichtigen Part wie zu früheren Zeiten (Amsden 1989; Hassler 2003). Das Management, vor allem an neuralgischen Knotenpunkten der Netzwerke, wurde häufig nach ethnischen oder familiären Kriterien besetzt oder zumindest in der Imitation familiärer Beziehungen (Carney 2005); Gewerkschaften, deren Rolle im Mutterland misstrauisch beäugt wurde, etablierten sich auch nicht an den Standorten in Übersee (Wang 2005). Andererseits waren globale Initiativen, Akteure und Institutionen nicht weniger wichtig: Die Deregulierung des Welthandels brachte den ArbeiterInnen an den untersten Stufen der Produktionsprozesse trotz aller Liberalisierungsrhetorik kaum Wohlfahrtsgewinne. Stattdessen bewies eine entschlossene Koalition kritischer KonsumentInnen und internationaler Solidaritätsnetzwerke, dass die Macht der Marken nicht unbegrenzt ist und die Verantwortung für die Bedingungen an den Produktionsstandorten unmittelbar mit Konsumentscheidungen in den Ländern des Nordens zusammenhängt.

Die Frage bleibt, ob man im Falle der regionalen Integration der Produktionsnetzwerke tatsächlich von einem nachhaltigen Entwicklungsprozess sprechen kann. Der empirische Befund spricht für die These, dass ausbeuterische Arbeitsbedingungen die frühe Phase der Industrialisierung begleiteten und langfristig durch humanere Formen der Arbeitsbeziehungen ersetzt worden sind. Selbst Sweatshop-Bedingungen können aus der Perspektive der betroffenen ArbeiterInnen ein soziales Upgrading darstellen, das sie aus den feudalistischen Abhängigkeiten der Landwirtschaft befreit. Akute Schlüsselfrage in dem Sektor ist heute neben der technologischen Abhängigkeit nachholender Entwicklung, wie sie das Modell der Produktionshierarchie postuliert, der hohe Abhängigkeitsgrad von der Nachfrage in den industrialisierten Ländern. Dies haben die rückläufigen Exportentwicklungen im Jahr nach der globalen Finanzkrise deutlich gemacht. Ein weiterer Schwachpunkt ist die große Macht der Marken und Ketten. Vom Elektro- und Automobilsektor ist bekannt, dass die hohe Abhängigkeit von transnationalen Unternehmen zu großen Werttransfers in den Produktionsnetzwerken führt, da der Mehrwert nicht im Land abgeschöpft wird. Auch in der Sportartikelbranche sind die Profitmargen für Nike oder Adidas um einiges höher als für die lokalen Produzenten und Zwischenhändler, zumindest derzeit. Es ist aber wahrscheinlich, dass die wachsende Konsumkraft der chinesischen Bevölkerung die Weltmarktstruktur nachhaltig verändern wird. Der Aufstieg der asiatischen Sportartikelhersteller und die Konzentration der Produktion werden ihre Verhandlungsmacht gegenüber den eingeführten Weltmarken stärken und deren Dominanz schwächen. Ob die tektonischen Veränderungen in der Branche auch zu einer ausgewogenen Umverteilung der Wohlfahrtsgewinne unter allen Gesellschaftsgruppen in der Region, vor allem aber zu den Beschäftigten in der Sportartikelindustrie hin, führen werden, dürfte mittelfristig vom Zusammenspiel der unterschiedlichen Akteure in der Politik, in den Gewerkschaften und unter den KonsumentInnen abhängig bleiben.

Literatur

Adidas (2010a): Every Product Tells a Story. Geschäftsbericht 2008. http://www.adidas-group. com/de/investorrelations/assets/pdf/annual_reports/2009/GB_2009_De.pdf, 4. März 2010

Adidas (2010b): Team Talk. 2009 Sustainability Report. http://www.adidas-group.com/en/ SER2009/, 4. 3. 2010

Akamatsu Kaname (1935): Wagakuni yōmō kōgyōhin no bōeki sūsei [Trend des Handels mit Textilprodukten in Japan]. In: Shōgyō Keizai Ronsō 13: 129-212

Akamatsu Kaname (1962): A Historical Pattern of Economic Growth in Developing Countries. In: The Developing Economies 1: 3-25

Amsden, Alice H. (1989): Asia's Next Giant. South Korea and Late Industrialization. Oxford: Oxford University Press

Andreff, Madeleine/Andreff, Wladimir (2009): Global Trade in Sports Goods: International Specialisation of Major Trading Countries. In: European Sport Management Quarterly 9/3: 259-294

Andreff, Wladimir/Szymanski, Stefan (2006): Introduction: Sport and Economics. In: Andreff, Wladimir/Szymanski, Stefan, Hg.: Handbook on the Ecomomics of Sport. Cheltenham: Edward Elgar Publishing: 1-8

Appelbaum, Richard (2009): Big Suppliers in Great China: A Growing Counterweight to the Power of Giant Retailers. In: Ho-Fung Hung, Hg.: China and the Transformation of Global Capitalism. Baltimore: Johns Hopkins University Press: 65-85

Asics (2009): Annual Report 2009. http://www.asics.com/global/img/investors/ar2009.pdf, 4. 3. 2010

Bernard, Mitchell/Ravenhill, John (1995): Beyond Product Cycles and Flying Geese: Regionalization, Hierarchy, and the Industrialization of East Asia. In: World Politics 47/2: 171-209

Carney, Michael (2005): Globalization and the Renewal of Asian Business Networks. In: Asia Pacific Journal of Management 22: 337-354

CSFG/China Sporting Goods Federation (2009): CSGF News. http://en.csgf.org.cn/News_Center/, 12. März 2012

Cumings, Bruce (1984): The Origins and Development of the Northeast Asian Political Economy: Industrial Sectors, Product Cycles, and Political Consequences. In: International Organization 38/1: 1-40

Diefenbach, Katja (1997): Nikeworld. www.b-books.de/texteprojekte/txt/kd-nike.htm, 4. 3.2010

Frenkel, Stephen J. (2001): Globalization, Athletic Footwear Commodity Chains and Employment Relations in China. In: Organization Studies 22: 531-562

Gereffi, Gary (1996): Global Commodity Chains: New Forms of Coordination and Control Among Nations and Firms in International Industries. In: Competition and Change 4: 427-439

Gereffi, Gary (2002): The International Competitiveness of Asian Economics in the Apparel Commodity Chain (= ERD Working paper 5). Manila: Asian Development Bank

Harvey, Jean/Saint-Germain, Maurice (2001): Sporting Goods Trade, International Division of Labor, and the Unequal Hierarchy of Nations. In: Sociology of Sport Journal 18: 231-246

Hassler, Markus (2003): The Global Clothing Production System: Commodity Chains and Business Networks. In: Global Networks 3/4: 513-531

Henderson, Jeffrey/Dicken, Peter/Hess, Martin/Coe,Coe/Wai-Chung Yeung, Henry (2002): Global Production Networks and the Analysis of Economic Development. In: Review of International Political Economy 9/3: 436-464

Hess, Martin (2009): Investigating the Archipelago Economy: Chains, Networks and the Study of Uneven Development. In: Journal für Entwicklungspolitik 25/2: 20-37

Hiratsuka Daisuke (2005): The „Catching up" Process of Manufacturing in East Asia. Institute of Developing Economies Discussion Paper No. 22

IMF (2007): Regional Economic Outlook: Asia and Pacific (World Economic and Financial Surveys 07). Washington D.C.: International Monetary Fund

Klein, Naomi (1999): No Logo. Taking Aim at the Brand Bullies. New York: Picador

Korhonen, Pekka (1994): The Theory of the Flying Geese Pattern of Development and Its Interpretations. In: Journal of Peace Research 31/1: 93-108

Korzeniewicz, Miguel (1994): Commodity Chains and Marketing Strategies: Nike and the Global Athletic Footwear Industry. In: Gereffi, Gary/Korzeniewicz, Miguel, Hg.: Commodity Chains and Global Capitalism. Westport: Praeger Publishers: 247-266

Kuwamori Hiroshi/Okamori Nobuhiro (2007): Industrial Networks between China and the Countries of the Asia-Pacific Region. IDE Discussion paper 110

Li & Fung (2008): Annual Report 2008. http://www.irasia.com/listco/hk/lifung/annual/ar39566-e00494.pdf, 4. März 2010

Li Ning (2008): Annual Report 2008. www.lining.com/EN/download/AR2004.pdf, 4. 3. 2010

Locke, Richard M. (2003): The Promise and Perils of Globalization: The Case of Nike. In: Kochan, Thomas A./Schmalensee, Richard L., Hg.: Management – Inventing and Delivering Its Future. Boston: Massachusetts Institute of Technology: 39-70

Lowder, Stella (1990): Globalisation of the Footwear Industry: A Simple Case of Labour? In: Tijdschrift voor Economische en Sociale Geografie 90/1: 47-60

McNamara, Dennis L. (1995): Textiles and Industrial Transition in Japan. Ithaca, N.Y.: Cornell University Press

Mizuno (2009): 2009 Factbook Mizuno. http://www.mizuno.com/aboutus/financial/factbook/2009FACTBOOK.pdf, 4. 3. 2010

Merk, Jeroen (2005): The Play Fair at the Olympics Campaign: an Evaluation of Company Responses. Kein Ort: Clean Clothes Campaign, ICFTU, Oxfam. http://www.cleanclothes.org/documents/05-07-pfoc_evaluation.pdf, 4. 3. 2010

MSN/Maquila Solidarity Network (2008): Die Hürden überwinden. Schritte zur Verbesserung von Löhnen und Arbeitsbedingungen in der globalen Sportbekleidungsindustrie. Ohne Ort: Play Fair 2008

Nike (2009): Corporate Responsibility Report FY 07 08 09. http://www.nikebiz.com/crreport/content/pdf/documents/full-report.pdf, 4. 3. 2010

NPD (2008): Global Sports Equipment, Apparel and Footwear Market Nearly $280B. http://www.marketingcharts.com/direct/global-sports-equipment-apparel-and-footwear-market-nearly-280b-5548/, 4. 3. 2010

Oikawa Hiroshi (2008): Empirical Global Value Chain Analysis in Electronics and Automobile Industries: An Application of Asian International Input-Output Tables. Institute of Developing Economies Discussion Paper No. 172

Park, Young-Il and Anderson, Kym (1991): The Rise and Demise of Textiles and Clothing in Economic Development: The Case of Japan. In: Economic Development and Cultural Change 39/3: 531-548

Ross, John (2008): The Share of Developing Countries in World Trade. http://ablog.typepad.com/citifc/2008/12/the-share-of-developing-countries-in-world-trade.html, 4. 3. 2010

Sage, George (2000): Political Economy and Sport. In: Coakley, Jay/Dunning, Eric, Hg.: Handbook of Sports Studies. London: Sage: 260-276

Schmid, Stefan/Kotulla, Thomas (2007): Grenzüberschreitende Akquisitionen und zentrale Konsequenzen für die internationale Marktbearbeitung: Der Fall Adidas/Reebok. ESCP-EAP Working Paper. http://www.escp-eap.eu/uploads/media/SS_WP_07.pdf, 4. 3. 2010

Schröppel, Christian/Nakajima Mariko (2002): The Changing Interpretation of the Flying Geese Model of Economic Development. In: Japanstudien 14: 203-236

Singleton, John (1997): The World Textile Industry. London: Routledge

Sturgeon, Timothy J. (2009): From Commodity Chains to Value Chains: Interdisciplinary Theory Building in an Age of Globalization. In: Bair, Jennifer, Hg.: Frontiers of Commodity Chain Research. Stanford: Stanford University Press: 110-134

Thun, Eric (2001): Growing Up and Moving Out: Globalization of „Traditional" Industries in Taiwan. MIT IPC Globalization Working Paper 00-004

Wang Hong-Zen (2005): Asian Transnational Corporations and Labor Rights: Vietnamese Trade Unions in Taiwan-invested Companies. In: Journal of Business Ethics 56: 43-53

Yu Xiaomin (2008): Impacts of Corporate Code of Conduct on Labor Standards: A Case Study of Reebok's Athletic Footwear Supplier Factory in China. In: Journal of Business Ethics 81: 513-529

Yue Yuen (2009): A Team Player In The Global Supply Chain. Annual Report 2009. http://www.yueyuen.com/annual/2009/2009eng_100120_ar.pdf, 4. 3. 2010

Leonhard Plank – Cornelia Staritz

Globale Produktionsnetzwerke und „prekäres Upgrading" in der Elektronikindustrie in Mittel- und Osteuropa
Die Beispiele Ungarn und Rumänien

Die Organisation der globalen Produktion und des internationalen Handels änderte sich in den letzten drei Jahrzehnten erheblich. Heute werden internationaler Handel und globale Produktion zunehmend in hochfragmentierten und geografisch gestreuten Produktionsnetzwerken organisiert, in denen transnationale Konzerne (TNCs) den Produktionsprozess in unterschiedliche Teile aufspalten und diese in globalem Maßstab verlagern. Wesentlicher Erklärungsfaktor für die Entstehung dieser Produktions- und Handelsstrukturen ist die breitere Politikverschiebung, die seit den 1980er Jahren vor dem Hintergrund der Schuldenkrise in Entwicklungsländern erfolgte. Der entstehende *Washington Consensus* markierte den Abschied von einem nach innen gerichteten Entwicklungsmodell, das durch Politiken der Importsubstitution und staatszentrierter Industrialisierung gekennzeichnet war, in Richtung eines exportorientierten Modells. Diese Politikverschiebung machte Produktionskapazitäten, die unter anderem während der nach innen gerichteten Phase aufgebaut worden waren, global verfügbar. Es entstand eine „Neue Internationale Arbeitsteilung" (Fröbel/Heinrichs/Kreye 1977), die auf Fortschritten im Transportwesen sowie der Informations- und Kommunikationstechnologien basiert. Im Einklang mit diesem neuen Paradigma wurde die Einbindung in globale Produktionsnetzwerke in vielen nationalen Entwicklungsstrategien zum ultimativen Politikziel erhoben.

Die Elektronikindustrie spielt in dieser Hinsicht eine prominente Rolle. Im Vergleich zu „Lowtech"-Industrien, wie etwa Bekleidung, Schuhe oder Spielwaren, gilt die Elektronikindustrie als kapital- und innovationsintensive „Hightech"-Industrie. Zusätzlich zu einem Anstieg der Beschäftigungsmöglichkeiten, des Wirtschaftswachstums und der Deviseneinnahmen, die im Allgemeinen von einer exportorientierten Industrialisierung erwartet werden, verspricht die Einbindung in die globale Elektronikindustrie Zugang zu neuen Technologien, qualifizierter Arbeit und einem rasch wachsenden Markt. Die zugrunde liegende Argumentation lautet, „[…] a high-tech industry is one whose technology is still tacit rather than explicit owing to firm-specific, proprietary capabilities that create novel products and earn above-normal rents. High-tech industries are thus desirable for a country because they require high-wage, skilled workers and offer opportunities for entrepreneurs to earn technological profits" (Amsden 2004:87).

Vor diesem Hintergrund haben sich viele Regierungen von post-sozialistischen Ländern Mittel- und Osteuropas (MOE) wie auch von Entwicklungsländern in den letzen zwei Jahrzehnten darum bemüht, Investitionen in diesem Hightech-Sektor anzuziehen. Vor dem Jahr 1989 hatten viele MOE-Länder ihre Elektronikindustrie im Rahmen des Rats für gegenseitige Wirtschaftshilfe (RGW) aufgebaut, daher war Tradition in diesem Sektor vorhanden. Die tangibleren Vermögenswerte, wie Produktionstechnologien und Anlagen, waren aber zu Ende der 1980er Jahre weitgehend überholt (Radosevic 2004). In den meisten Ländern der Region wurden ausländische TNCs zu den HauptakteurInnen der Umgestaltung dieser Industrie und die Einbindung in globale Produktionsnetzwerke wurde als Mittel der Modernisierung des Sektors begrüßt. Der Plan war, mit Niedriglohn-Exportplattformen zu beginnen, in denen sich graduell die Wertschöpfung der Produktionsaktivitäten erhöht und die zu Verflechtungen mit lokalen Unternehmen sowie zu Wissenstransfer in diese führen sollten. Daraus sollten Verbesserungen der Fertigungs- und Innovationskompetenzen lokaler Unternehmen folgen. Es wurde auch angenommen, dass ArbeiterInnen von diesem „industriellen Upgrading" der ausländischen TNC-Werke und der lokalen Unternehmen profitieren, da die höherwertigen Tätigkeiten mehr Fertigkeiten erfordern und bessere Arbeitsbedingungen versprechen und daher zu „sozialem Upgrading" führen würden.

Vor dem Hintergrund der zunehmenden Einbindung der MOE-Länder in die globalen Produktionsnetzwerke ausländischer Elektronik-TNCs ist das Ziel dieses Beitrags einzuschätzen, inwieweit die Vorteile, die von der Integration erhofft wurden, eingetreten sind. Um diese Frage beantworten zu können, betrachten wir die organisatorische und geografische Konfiguration der Elektronikindustrie – global und in der MOE-Region – und untersuchen, wie sich die Einbindung in diese Netzwerke auf lokale Unternehmen und ArbeiterInnen auswirkt und in welchem Ausmaß diese Integration zu industriellem und sozialem Upgrading führt. Die Analyse baut auf einem adaptierten Global-Production-Network (GPN)-Ansatz auf, der neben der zentralen Rolle von Unternehmen, speziell der Lead Firms, auch nichtunternehmerische AkteurInnen sowie institutionelle und regulative Kontexte in den Blick nimmt und eine differenziertere Sicht auf industrielle und soziale Upgrading-Prozesse ermöglicht. Der empirische Fokus liegt auf Ungarn, einem etablierten Akteur und wichtigsten Elektronik-Exporteur der Region, und auf Rumänien, einem wichtigen Neueinsteiger in der Elektronikproduktion (s. Anm.).

Der folgende Abschnitt gibt Überblick über einen adaptierten GPN-Ansatz. Der zweite Abschnitt diskutiert HauptakteurInnen, Charakteristika und Entwicklungen der globalen Elektronikindustrie mit speziellem Augenmerk auf die MOE-Region. Der dritte Abschnitt behandelt die Fallbeispiele Ungarn und Rumänien und deren Erfahrungen hinsichtlich industriellem und sozialem Upgrading.

Ein adaptierter GPN-Ansatz

In den letzten zwei Jahrzehnten entwickelte sich ein Literaturkorpus, der sich Ketten- oder Netzwerk-Ansätze bedient, um zu konzeptualisieren und zu untersuchen, wie globale Produktion organisiert und gesteuert wird und wie sich dies auf die Entwicklungs-möglichkeiten von Unternehmen, Regionen und Ländern auswirkt (Coe/Hess 2007:2). Die Merkmale der vier Forschungsstränge, die aus unserer Sicht das Feld der Ketten- und Netzwerkforschung bilden, nämlich Commodity Chains, Global Commodity Chains, Global Value Chains und Global Production Networks (GPN), wurden bereits ausführlich an anderer Stelle diskutiert (siehe etwa die Einleitung und Bair in diesem Band sowie Hess 2009; Plank/Staritz 2009). Für den Zweck dieser Analyse der Elektronikindustrie wollen wir drei Bereiche betonen, die – in unterschiedlichem Ausmaß – in der aktuellen Ketten- und Netzwerkliteratur unterrepräsentiert sind (eine ausführlichere Auseinandersetzung hierzu bieten Plank/Staritz im Erscheinen). Der GPN-Ansatz setzt sich am ernsthaftesten mit diesen Bereichen auseinander, weshalb er den geeignetsten Zugang für unsere Untersuchung darstellt (Henderson u.a. 2002; Coe/Dicken/Hess 2008).

Erstens: Die Ketten-/Netzwerkliteratur konzentriert sich vornehmlich auf die Analyse von TNCs und Intra-Firm-Beziehungen. Dadurch vernachlässigt sie die Beziehungen zwischen Unternehmen und nichtunternehmerischen AkteurInnen und die breiteren institutionellen sowie regulativen Kontexte, in die Produktionsnetzwerke eingebettet sind. Angesichts der vorherrschenden Neigung, den Staat als Hauptreferenzrahmen und zentralen Akteur zu betrachten und der gleichzeitigen Vernachlässigung der Unternehmen, nicht nur in der Entwicklungsforschung, sondern in den Sozialwissenschaften allgemein (Henderson u.a. 2002; Fischer/Parnreiter 2007), ermöglicht der Fokus auf Unternehmen zweifellos die gründlichere Beforschung von Unternehmensstrategien und der mit ihnen verbundenen organisatorischen Dynamiken. Diese „Umkehr" ist jedoch problematisch angesichts des Einflusses, den nichtunternehmerische AkteurInnen, darunter Staaten und internationale sowie zivilgesellschaftliche Organisationen, ebenso wie institutionelle und regulative Kontexte auf die Ausgestaltung der Produktionsnetzwerke haben.

Zweitens: Der Frage, wie AkteurInnen ihre Position innerhalb der internationalen Hierarchie wertschaffender Tätigkeiten verbessern können, wurde in der Ketten-/Netzwerkliteratur beträchtlicher Raum gewidmet. Das Konzept des industriellen Upgrading – im Allgemeinen verstanden als der Entwicklungspfad von Unternehmen, Regionen oder Ländern von geringerwertigen zu höherwertigen Aktivitäten – entwickelte sich in dieser Hinsicht zu einem Eckpfeiler des Forschungsprogramms. Der herkömmlichen Sichtweise zufolge wird industrielles Upgrading als ein Prozess aufgefasst, in dem lokale Unternehmen von „global buyers lernen" und in Folge ihre Fähigkeiten, in der Wertschöpfungshierarchie aufzusteigen, verbessern (Gereffi 1999; Humphrey/ Schmitz 2002). Dieser idealtypische Entwicklungspfad ist jedoch lediglich einer unter vielen möglichen, die sich aus der Teilnahme an globalen Produktionsnetzwerken und Upgrading-Anstrengungen ergeben können, da Upgrading-Prozesse eine komplexe und umkämpfte Angelegenheit sind. In Bezug auf das industrielle Upgrading innerhalb von Elektronikproduktionsnetzwerken, die durch die hohe Bedeutung ausländischer Direktinvestitionen gekennzeichnet sind, unterscheiden wir zwischen zwei Formen des industriellen Upgradings: Erstens, das „interne industrielle Upgrading", das sich auf die Aktivitäten in den TNC-Werken im „Gastland" bezieht, und zweitens, das „externe industrielle Upgrading", das sich auf die Auswirkungen auf lokale Unternehmen bezieht – insbesondere durch lokale Verflechtungen und Wissenstransfer. Die Analyse der Elektronikproduktionsnetzwerke zeigt, dass diese zwei Prozesse durchaus nicht miteinander in Bezug stehen müssen und dass internes industrielles Upgrading nicht zwangsläufig zu externem industriellen Upgrading sowie verbesserten Möglichkeiten für lokale Unternehmen führt (Gallagher/Zarsky 2007; Hürtgen u.a. 2009).

Drittens: Die Ketten-/Netzwerkliteratur konzentriert sich auf industrielles Upgrading und vernachlässigt die breiteren sozioökonomischen Auswirkungen, die aus der Teilnahme an globalen Produktionsnetzwerken resultieren. Insbesondere der Frage, ob die Teilnahme und industrielles Upgrading vorteilhaft für ArbeiterInnen sind und ob es zu sozialem Upgrading – verstanden als die Verbesserung der Position von ArbeiterInnen in Form „menschenwürdiger Arbeitsbedingungen" (*decent work*) – führt, wurde wenig Aufmerksamkeit gewidmet (siehe Flecker in diesem Band sowie Barrientos 2007; Barrientos/Gereffi/Rossi 2008). Dies hängt mit der zugrunde liegenden Annahme zusammen, dass die Einbindung in globale Produktionsnetzwerke zu industriellem Upgrading führt und dass die erzielten Upgrading-Gewinne über den Trickle-Down-Effekt ArbeiterInnen erreichen. Wie oben erwähnt bestehen aber erhebliche Hürden für das industrielle Upgrading und selbst wenn Unternehmen „erfolgreich" sind, ernten sie nicht zwangsläufig die Früchte, die mit industriellem Upgrading im Allgemeinen verbunden werden, wie etwa gesteigerte Rentabilität und Sicherheit (siehe Bair in diesem Band sowie Kaplinsky 2005). Auch falls Unternehmen für ihre Upgrading-Anstrengungen belohnt werden, muss der Erfolg nicht an ArbeiterInnen in Form höherer Löhne, gesteigerter Arbeitsplatzsicherheit oder verbesserter Arbeitsbedingungen weitergereicht werden, folglich muss industrielles Upgrading nicht zu sozialem Upgrading führen (Knorringa/Pegler 2006). Der Zugang zu globalen Produktionsnetzwerken basiert häufig sogar auf niedrigen Löhnen und problematischen Arbeitsbedingungen und viele Industrien – auch die Elektronikindustrie – sind durch verschiedene Formen flexibler Beschäftigungsverhältnisse gekennzeichnet, die eng mit den Dynamiken in globalen Produktionsnetzwerken verbunden sind (Standing 1999; Barrientos/Gereffi/Rossi 2008).

Globale Produktionsnetzwerke der Elektronikindustrie

Die eine Vielfalt an Produkten, darunter Computer, Mobiltelefone und mp3-Spieler, umschließende Elektronikproduktion (die den Hardware- und nicht den Softwarebereich abdeckt), zählt zu den größten und am schnellsten wachsenden Fertigungsindustrien der Welt und macht beinahe ein Viertel des Welthandels mit industriegefertigten Gütern aus (UNCTAD 2004). Zu den Hauptursachen hierfür zählen die verstärkte Teilnahme der Entwicklungs- und Transformationsländer in der globalen Elektronikproduktion und deren Organisation in stark fragmentierten und global gestreuten Produktionsnetzwerken. Zentrale Einflussgrößen hinter diesem Restrukturierungsprozess sind die Unternehmensstrategien der Lead Firms, vor allem die Anwendung des Modells der „vertikalen Spezialisierung", aber auch die Veränderungen des regulativen Kontexts, zu denen in vielen der Entwicklungs- und Transformationsländer die Übernahme liberaler Investitions- und Handelsregime zählt.

Veränderung der Wettbewerbsdynamik in der globalen Elektronikindustrie

Historisch war die Elektronikindustrie durch große, vertikal integrierte Unternehmen gekennzeichnet, in denen so gut wie alle Produktionsschritte unternehmensintern durchgeführt wurden. Die auch als *Original Brand Manufacturers* (OBM) bezeichneten Lead Firms der Elektronikindustrie, wie IBM und Digital Equipment in den USA, Fujitsu in Japan und Siemens in Deutschland, folgten dem Modell der „vertikalen Integration" und entwarfen und produzierten die Hauptkomponenten, die innerbetrieblich montiert wurden. Dieses fordistische Unternehmensmodell wurde jedoch seit den Anfängen der Industrie in den 1940er Jahren einschneidenden Veränderungen unterworfen (Henderson 1989), ausgelöst durch die „PC-Revolution", die ihren Ausgang im Silicon Valley der frühen 1980er Jahre nahm. Die Entscheidung von IBM, mit einem auf standardisierten Komponenten basierenden Produkt in den rasch wachsenden PC-Nischenmarkt einzutreten, führte zu einer tief greifenden Veränderung der Industriestruktur (Ernst 2002). Bis zu diesem Zeitpunkt waren die Komponentenproduktion und die dafür erforderlichen Technologien sowie Fertigkeiten als Kernelemente der „Wettbewerbsstrategie" von Lead Firms angesehen worden. Demgegenüber bot die modulare Architektur der aus standardisierten Komponenten montierten PCs neue Möglichkeiten für hochspezialisierte Unternehmen, die sich auf spezifische Segmente des Produktionsprozesses konzentrierten. Auf diese Weise schufen die Standardisierung und die auf sie folgende Kommerzialisierung der Prozesse, die zuvor innerhalb vertikal integrierter Unternehmen eingebunden waren, einen „mass market for personal computers as well as literally thousands of new producers of a diverse range of components, peripherals and applications" (Saxenian 2006:39). Die meisten der entstehenden spezialisierten Technologieunternehmen des Silicon Valley richteten sich lediglich auf bestimmte Komponenten der Endprodukte aus, wie etwa Mikroprozessoren (beispielsweise Intel) oder Betriebssysteme (etwa Microsoft) (Ferguson/Morris 1993).

Diese Entwicklungen beschränkten sich nicht auf das PC-Segment, sondern dehnten sich zunehmend auf die gesamte Elektronikindustrie aus, als „new electronics products markets began to converge on a common technological foundation of networkable, quasi-open, microprocessor based systems" (Borrus/Cohen 1997:7). Da sich die Endprodukte zunehmend zu „komplexen Gütern" (beispielsweise Server, Desktop-Computer) wandelten, die aus frei gehandelten Komponenten (etwa Chips, Festplatten, Monitore, Modems) montiert wurden, verlagerten sich die Wettbewerbsstrategien der Lead Firms weg von der Kontrolle und dem Besitz des gesamten Produktionssystems. In einem solchen System der vertikalen Spezialisierung zielen Lead Firms über die Entwicklung bahnbrechender Technologien oder Produktdesigns auf die Schaffung neuer Märkte ab (Lüthje 2002). Die dadurch vorangetriebene Entkopplung von Produktinnovation und Fertigung spiegelt sich im zunehmenden Abbau der Produktionskapazitäten von Lead Firms wider. Das Produktionssystem entwickelte sich von einem vertikal integrierten, hierarchischen in ein eher „modulares" marktförmiges, in dem Endprodukte wie PCs oder Mobiltelefone nicht innerhalb eines Betriebes hergestellt werden, sondern deren Fertigung in unterschiedliche externe Unternehmen ausgelagert wird. Heute erfolgt der Großteil der Produktion in einem Netzwerk Hunderter formal unabhängiger Unternehmen, die in verschiedenen Spezialsegmenten der Elektronikindustrie agieren. Diese Netzwerke sind durch asymmetrische Beziehungen gekennzeichnet, da sie die Lead Firms über ihre Technologiekompetenz und ihre Fähigkeit, die Innovationszyklen des betreffenden Marktsegments bestimmen und kontrollieren zu können, steuern.

Neu entstehende mächtige AkteurInnen der Unternehmenssphäre: ODM und CEM

Die Neuorientierung der Lead Firms weg von der Fertigung schaffte Raum für andere Unternehmen, Produktionsaktivitäten zu übernehmen. Zwei wichtige AkteurInnen sind die sogenannten *Original Design Manufacturers* (ODM) und die *Contract Electronics Manufacturers* (CEM). ODM und CEM unterscheiden sich von traditionellen Auslagerungsformen (*Original Equipment Manufacturing* [OEM] genannt), die durch eine straffe organisatorische Kontrolle durch Lead Firms gekennzeichnet sind, da sie darauf abzielen, den Lead Firms „alle Leistungen aus einer Hand" zur Verfügung zu stellen und eine wesentlich breitere Palette an Fertigkeiten und Dienstleistungen anbieten. Die vertikale Spezialisierung am oberen Ende der Kette wird also von vertikaler Reintegration auf der ersten Zulieferebene begleitet.

ODM entstanden seit den 1960er Jahren aus den frühen Offshoring- und Outsourcing-Aktivitäten der Lead Firms, speziell in Taiwan. Ursprünglich waren sie mit eher einfachen Montagearbeiten beschäftigt, aber es gelang ihnen, ihre Aktivitäten erheblich aufzuwerten und sie übernahmen Funktionen, die vormals innerhalb der Lead Firms lagen, darunter auch Produktdesign. Mit diesem Schritt war auch die Spezialisierung auf eine eingeschränkte Anzahl an Massenprodukten (wie Notebooks, Monitore, Mobiltelefone) verbunden, für die sie ihre Designfertigkeiten verfeinern konnten. ODM liefern Endprodukte, für die sie das Design besitzen, an Lead Firms, die diese dann unter ihrem Markennamen verkaufen. So wird beispielsweise der Großteil der Notebooks, die unter den Markennamen Hewlett Packard oder Apple verkauft werden, von taiwanesischen ODM hergestellt. Eine wichtige Rolle spielte die Regierung Taiwans, die lokale Unternehmen im Zugang zu und der Entwicklung von topaktueller Technologie aktiv unterstützte (Amsden/Chu 2003). Die rasante Expansion des ODM-Modells wurde durch die Errichtung gewaltiger industrieller Werke in China begleitet, in die anfänglich arbeitsintensive Produktionsschritte ausgelagert wurden (Hürtgen u.a. 2009). Das bekannteste Beispiel ist Foxconn-City, ein enormer Industriepark in Shenzen, in dem vom weltgrößten ODM Foxconn (Taiwan) bis zu 200.000 ArbeiterInnen beschäftigt werden (Markoff 2006).

Neben den ODM übernahmen CEM große Teile der Produktionsaktivitäten – die größten sind Flextronics (Singapur, vormals USA), Jabil (USA) und Celestica (Kanada). Über Fertigungstätigkeiten hinaus erweiterten diese ihren Aktivitätsbereich, der nun auch *Supply-Chain*-Management-Funktionen wie Komponenteneinkauf, Logistik und *After-Sales*-Dienste umfasst. Im Gegensatz zu ODM beschäftigen sie sich im Allgemeinen nicht mit Produktentwicklung und Design. Daher erwächst ihr zentraler Wettbewerbsvorteil aus der Fähigkeit, Aufträge für eine Vielzahl an KundInnen zu bündeln, was durch das Angebot eher generischer denn produktspezifischer Produktionsfähigkeiten erreicht wird. Angesichts des breiteren KundInnenstocks können sie signifikante Skaleneffekte erzielen und Liefer- und Produktionszeiten verringern, da ihre generischen Produktionsfähigkeiten den raschen Wechsel zwischen Produktlinien gemäß der sich ändernden Ansprüche der KundInnen ermöglicht. Viele der CEM begannen in den späten 1970er Jahren im Silicon Valley als kleine, unabhängige ProduzentInnen, die den entstehenden spezialisierten Technologieunternehmen ihre Fertigungsdienstleistungen zur Verfügung stellten (Sturgeon 2003). Mit dem sich beschleunigenden Trend zur Standardisierung und Auslagerung der Produktion gewannen diese Unternehmen an Bedeutung – wie sich an deren beeindruckenden Wachstumsraten seit den 1990er Jahren ablesen lässt. Ihre zunehmende Wichtigkeit kann weiters mit den sich verschiebenden Strategien der Lead Firms während der 1990er Jahre in Zusammenhang gebracht werden. Erstens wechselten Lead Firms in steigendem Maß von ODM zu CEM, nachdem einige der ODM damit begonnen hatten, sich in direkte Konkurrenz zu den Lead Firms zu begeben, indem sie (wie beispielsweise Acer) unter ihrem eigenen Markennamen verkauften (Sturgeon/Lester 2004). Zweitens steigerte sich die Komplexität der Auslagerungsbeziehungen zunehmend, als das Modell der vertikalen Spezialisierung an Boden gewann. Um diese Netzwerke zu rationalisieren, begannen Lead Firms mit der Konsolidierung ihrer Zuliefererbasis und verlangten nach globaler Produktions- und Prozessunterstützung (Sturgeon 2002). In Folge entwickelten auch die CEM einen „globalen Fußabdruck", was gegen Ende der 1990erJahre durch die „New-Economy-Blase", die CEM mit Liquidität für ihre Expansion ausstattete, ermöglicht und verstärkt wurde. Die größten CEM beschäftigen heute Zehntausende ArbeiterInnen (ILO 2007).

Das Platzen der „New-Economy-Blase" im Jahr 2001 veränderte die Dynamiken der Industrie. Die Lead Firms reagierten mit einer weiteren Verschiebung in Richtung vollständig ausgelagerter Produktionsmodelle, um Kosten zu reduzieren und die Flexibilität zu steigern (Lüthje/Sproll 2004). CEM fuhren einerseits damit fort, die von Lead Firms ausgelagerten Produktionskapazitäten zu übernehmen, mussten aber andererseits einige ihrer kurz zuvor erworbenen Werke wieder abstoßen und verlagerten ihre Fertigung zunehmend nach Asien, da sie durch ihre vorherige Expansion besonders von der Krise betroffen waren. ODM gelang es, das Platzen der Blase eher unbeschadet zu überstehen. Die Grenzen zwischen den zwei Geschäftsmodellen verschwimmen jedoch zunehmend, da einige ODM und CEM beide Unternehmensmodelle umsetzen.

Obwohl ODM und CEM grundsätzlich unterschiedlichen Strategien folgen, trug ihr rasantes Wachstum zur Auferstehung einer tayloristischen Massenproduktion in einer Anzahl von Niedriglohnländern bei. Beide Unternehmensformen reintegrieren Fertigungstätigkeiten vertikal und agieren als Neugestalterinnen der globalen Lieferketten von Lead Firms. Sie müssen die Skalen- und Verbundvorteile der globalen Massenproduktion gegen Flexibilitäts- und Qualitätserfordernisse des instabilen Marktes ausbalancieren, der durch sich rasch ändernde (technologische) Zyklen und die Ansprüche der Lead Firms gekennzeichnet ist. Kernelemente dieses Geschäftsmodells sind die globale Standardisierung der Kernfunktionen, neue Formen der Arbeitsorganisation und die starke Abhängigkeit von gering qualifizierter, flexibler Niedriglohnarbeit, die meist mit fortgeschrittenen Produktionstechnologien verbunden ist (Hürtgen u.a. 2009). Da die zunehmende Standardisierung die Fragmentierung des Produktionsprozesses in arbeitsintensive und kapital- sowie wissensintensivere Anteile erlaubt, besteht ein erheblicher Anteil an geringwertigen und daher auch niedrig entlohnten Aktivitäten in diesem „Hightech"-Sektor.

Die politische „Infrastruktur" der globalen Elektronikindustrie
Neben der Bedeutung von Unternehmensstrategien wird die Elektronikindustrie maßgeblich durch breitere Politikänderungen und spezifische Regulierungen auf unter-

schiedlichen Ebenen beeinflusst. Eine Vorbedingung für die Globalisierung der Elektronikproduktion war der seit den 1980er Jahren erfolgende Wechsel zu einem nach außen gerichteten Entwicklungsmodell in vielen Entwicklungs- und später auch Transformationsländern. Diese paradigmatische Politikänderung beschränkte sich nicht auf die Elektronikindustrie, aber dieser Sektor nahm eine wichtige Rolle in den Liberalisierungsstrategien vieler Länder ein (Gallagher/Zarsky 2007). Regierungen auf nationaler und lokaler Ebene waren eifrig darum bemüht, ausländische Direktinvestitionen in der Elektronikindustrie anzuziehen und Zugang zu globalen Elektronikproduktionsnetzwerken zu finden, da der Sektor neue Technologien und bessere Arbeit versprach. Besondere Bedeutung hatten Exportproduktionszonen (EPZ) und ähnliche Instrumente, die Steuer-, Zoll- und Infrastrukturerleichterungen boten. Unternehmen der Elektronikindustrie stellen einen zentralen Anteil der EPZ-bezogenen Aktivitäten (UNCTAD 2004). Ein zweiter mit regulativen Änderungen verbundener wichtiger Aspekt ist die zunehmende Handelsliberalisierung im Elektroniksektor. Insbesondere die Verabschiedung des Informationstechnologie-Übereinkommens (ITA) im Jahr 1996, das unter der Schirmherrschaft der WTO verhandelt worden war, markierte einen Strategiewechsel der wichtigsten Länder. Die Hauptausrichtung der EU-Mitgliedsstaaten war beispielsweise seit den 1960er Jahren die Unterstützung der durch Zollschranken geschützten „nationalen Champions" gewesen. Aus verschiedenen Gründen, darunter die Änderungen der industriellen Organisation und der Wettbewerbsstrategien, machte sich diese Ausrichtung nicht bezahlt (Zysmann/Borrus 1994). Vor dem Hintergrund des EU-Erweiterungsprozesses und der Entwicklung des größeren „harmonisierten gemeinsamen Binnenmarkts" änderte sich die EU-Politik und kulminierte in der Unterzeichnung des ITA mit dem Ziel, alle Zölle auf Elektronikartikel zu eliminieren. Der Abbau der Zölle erfolgte jedoch uneinheitlich und Zölle spielen nach wie vor eine wichtige Rolle. Weiters überlappen regionale Handelsabkommen mit dem Liberalisierungsprozess auf der internationalen Ebene (Borrus/Cohen 1997; Labrianidis u.a. 2008).

Die Geografie der Elektronikindustrie: globale und regionale Dimensionen

Die räumliche Konzentration variiert in der Elektronikindustrie erheblich. In der Regel steigt die räumliche Konzentration, je komplexer und kapital- sowie wissensintensiver die Prozesse sind, da lediglich wenige Unternehmen und Regionen den hohen Ansprüchen dieser Art der Produktion gerecht werden (Ernst 2002:325), wie die wenigen Halbleiterproduktionsstandorte belegen. Demgegenüber sind *commodity-type*-Aktivitäten wie arbeitsintensive Montagearbeit tendenziell breiter gestreut. Die Komponentenherstellung nimmt eine Zwischenposition ein. Die in der letzten Hälfte des vergangenen Jahrhunderts zunehmende Beteiligung Asiens an der Elektronikindustrie ist ein zentrales Merkmal des Sektors. Speziell Ostasien avancierte zum Produktionszentrum der Industrie. In letzter Zeit wurde auch fertigungsnahe Ingenieursarbeit in ostasiatische Länder verlagert (Lüthje 2005) und die gelegentliche Auslagerung von Forschungs- und Entwicklungs-Funktionen heizte die Debatte um die „Aushöhlung" industrieller Kapazitäten in der Triade (USA, Europa und Japan) an (Ernst 2008). Eine weitere Entwicklung, die insbesondere seit den 1990er Jahren zu beobachten ist, steht in Zusammenhang mit der Strategieverschiebungen der Lead Firms, der daraus folgenden Internationalisierung der CEM und der sich verstärkenden regionalen Integration. Nachdem Lead Firms zunehmend von CEM eingefordert hatten, weltweit zu agieren und den Hauptmärkten der Triade Lösungen „aus einer Hand" anzubieten, bauten die CEM integrierte Produktionskapazitäten in den wichtigsten Makroregionen auf (Linden 1998); in Mexiko für Nordamerika, in Malaysia und China für Asien, und in Ungarn, Polen sowie Tschechien für Westeuropa. Die Entstehung dieser regionalen Produktionsnetzwerke war nicht lediglich durch die niedrigen Lohnkosten (im Vergleich mit der Triade) und Handelsregulierungen motiviert, sondern basierte auch auf der schnelleren Reaktionsfähigkeit durch die geografische Nähe und daher auf kürzeren Lieferzeiten.

Billige Exportplattform: Die Rolle von MOE in der globalen Elektronikindustrie

In der Elektronikindustrie ist im Verlauf der letzen beiden Jahrzehnte eine vertiefte europäische Integration zu beobachten, die von der Verlagerung der Produktionskapazitäten von Westeuropa nach MOE begleitet wurde (Labrianidis u.a. 2008; OECD 2008). In den späten 1980er Jahren standen westeuropäische Elektronikunternehmen verstärktem Wettbewerb durch US-amerikanische und japanische Lead Firms gegenüber (Zysmann/Borrus 1994). Vor diesem Hintergrund bot der Niedergang des Staatssozialismus Möglichkeiten für die Revitalisierung der Industrie, da billige aber qualifizierte Arbeitskraft in geografischer Nähe genutzt werden konnte. Speziell Philips und Siemens waren unter den ersten, die in der ersten Hälfte der 1990er Jahre in die MOE-Region investierten; zuerst über die Akquisition staatlicher Anlagen im Zuge des Privatisierungsprozesses und später durch Neuansiedlungen. Eine zweite Welle war ab der Mitte der 1990er Jahre zu beobachten; angetrieben vor allem durch CEM, die damit begannen, integrierte Fertigungskapazitäten in der Nähe westeuropäischer Endmärkte aufzubauen (Radosevic 2002; Lüthje/Sproll 2004). Vor diesem Hintergrund nahmen Ungarn, Polen und Tschechien eine wichtige Rolle als billige Produktionsplattformen ein (Radosevic 2004). In den späten 1990er Jahren können diese Standortverlagerungen zumindest teilweise als „komplementäre Spezialisierung" beschrieben werden, in der westeuropäische Werke in hochwertigere und kapital- sowie wissensintensivere Produktionstätigkeiten eingebunden waren und MOE-Werke in arbeitsintensive, geringwertige Produktionsstufen. Die Standortdynamiken wurden aber bald vielschichtiger und insbesondere CEM verlagerten auch höherwertige und komplexere Produktionsaktivitäten in ihre MOE-Werke (Hürtgen u.a. 2009). Mit dem Platzen der „New-Economy-Blase" im Jahr 2001 verstärkten CEM die Verlagerung ihrer westeuropäischen Werke nach MOE und – weit wichtiger – nach Asien. Innerhalb von MOE fanden Verlagerungen weiter ostwärts statt, was sich an den Neueintritten von Rumänien, Bulgarien und der Ukraine ablesen lässt.

Obwohl die MOE-Elektronikproduktionsnetzwerke zu hohem Ausmaß die Strategien der Lead Firms widerspiegeln, trugen auch andere AkteurInnen und deren Politiken zu der spezifischen Form der Integration bei. Vor allem seit Mitte der 1990er Jahre haben MOE-Regierungen, unter denen die ungarische und tschechische die aktivsten waren, auf nationaler und lokaler Ebene verschiedene Politiken eingesetzt, um ausländische Direktinvestitionen anzuziehen (Linden 1998). Diese inkludierten, unter anderem, günstige Steuerregime, Beihilfen, subventionierte Preise für Land und Infrastruktur sowie Sonderwirtschaftszonen. So finanzierte etwa die ungarische Regierung die Entwicklung von 115 Industrieparks, die sich als attraktiv für Elektronikunternehmen wie etwa Flextronics, IBM, Jabil und Philips erwiesen (Sass 2004). Darüber hinaus zielten

Regierungen über Spezialabkommen auf bestimmte strategisch wichtige ausländische
Investoren. Auf der lokalen Ebene nahmen die Behörden eine aktive Rolle in der Anlo-
ckung von ausländischen Direktinvestitionen ein, indem sie Land und Infrastruktur zur
Verfügung stellten, die Umschulung von ArbeiterInnen unterstützten und sogar in spezifische Infrastruktur investierten (etwa in die Verbesserung des Flughafens von Cluj im
Kontext der Investitionen von Nokia in Rumänien). Diese Politiken der MOE-Länder
wurden durch das Erbe der staatssozialistischen Vergangenheit, die während der Transformation übernommenen neoliberalen Politiken und den EU-Eintritt beeinflusst. Die
sehr liberale Einstellung der MOE-Regierungen gegenüber TNC-Investitionen in der
Elektronikindustrie steht im Gegensatz zur stärker interventionistischen und pro-ak-
tiven Herangehensweise der ostasiatischen „Tigerstaaten" (Amsden/Chu 2003). Standortentscheidungen wurden auch aufgrund bestehender Geschäftsbeziehungen getroffen,
speziell im Fall Ungarns, und auf Basis der industriellen Kapazitäten, die während des
Staatssozialismus aufgebaut worden waren (Linden 1998).

Industrielle und soziale Upgrading-Prozesse in Ungarn und Rumänien

Ungarn entwickelte sich zur wichtigsten Produktionsplattform für westeuropäische Lead
Firms, später auch für asiatische und US-amerikanische, was an der Tatsache abgelesen
werden kann, dass Ungarn zwischen 1996 und 2006 die weltweit höchsten Elektronik-
exportwachstumsraten aufweist (OECD 2008:78). Im Vergleich zu etablierten Standorten in Ungarn, Polen oder Tschechien, ist die Elektronikindustrie Rumäniens noch im
Aufbau. Aber die Investitionen der wichtigsten CEM im Verlauf der letzten Jahre, darunter Flextronics/Solectron, Celestica, Elcoteq, Benchmark, Zollner und Plexus, verweisen ebenso wie Nokias Investition auf die steigende Bedeutung der rumänischen
Elektronikindustrie.

Internes industrielles Upgrading
Die Verlagerung arbeitsintensiverer Elektronik-Aktivitäten von Ungarn in Länder wie
Rumänien, die Ukraine und China könnte ein positiver Indikator für internes industri-
elles Upgrading sein, wenn dadurch einfache, geringwertige Aktivitäten durch kom-
plexere, höherwertige Aktivitäten ersetzt werden. Dies scheint in Ungarn in gewissem
Ausmaß der Fall zu sein, wie am Entstehen wissensintensiverer Aktivitäten abgelesen
werden kann – etwa der Transfer einiger mit Forschung und Entwicklung verbundener
Aktivitäten von Nokia, Ericsson und Flextronics (Szanyi 2006; Csizmadia u.a. 2009).
Der Entwicklungspfad von Videoton, dem einzigen relevanten ungarischen CEM, verdeutlicht das dynamische Wesen globaler Produktionsnetzwerke und die sich verschie-
bende Arbeitsteilung. Zu Ende des letzten Jahrhunderts beschäftigte Videoton 17.000
ArbeiterInnen in Ungarn (Radosevic/Yoruk 2001:6). Bis in das Jahr 2008 verringerte
sich diese Zahl auf 8.000, aber Videoton erweiterte seine Produktionskapazitäten in Bulgarien und der Ukraine. Arbeitsintensive Produkte (etwa Kabelschleifen) werden nun in
Bulgarien hergestellt und der Produktionsprozess in Ungarn wurde wissensintensiver.
Während Videoton im Jahr 1995 noch keine Ingenieursabteilung hatte, beschäftigt es

heute etwa 150 IngenieurInnen (Wintjes 2008:187). In Rumänien trugen die jüngeren Investitionen der Lead Firms und CEM zweifellos zur Modernisierung der Industrie bei, aber die Aktivitäten, die nach Rumänien verlagert wurden, sind eher arbeitsintensiv und weniger komplex; zentrale Kriterien für Investitionen sind Lohnkosten und geografische Nähe. Da jedoch die meisten Investitionen, die in Rumänien getätigt wurden, sehr jungen Datums sind, könnte die Verlagerung komplexerer und höherwertiger Aktivitäten noch folgen.

Obwohl die Hauptmotivation für ausländische Direktinvestitionen in die Elektronikindustrie Ungarns und Rumäniens niedrige Lohnkosten und Flexibilität in Verbindung mit geografischer Nähe war, fanden zumindest in Ungarn wichtige interne industrielle Upgrading-Prozesse statt. Die Entstehung komplexerer Fertigkeiten zieht die „harmonische" Sicht auf die Arbeitsteilung in Zweifel, derzufolge westeuropäische Standorte mit höherwertigen und MOE-Standorte mit geringerwertigen Aktivitäten beschäftigt sind, wie von der „komplementären Spezialisierung" beschrieben wird. Trotz des Fortbestands hierarchischer Strukturen innerhalb Europas und auch innerhalb von MOE, ermöglichten der Wechsel zur vertikalen Spezialisierung und die Reintegration der Produktionsprozesse auf der Ebene der CEM interne Upgrading-Prozesse und stellen die Metapher der „erweiterten Werkbank" für die Elektronikindustrie in MOE in Frage (Hürtgen u.a. 2009). Bedeutet partielles internes industrielles Upgrading jedoch auch externes industrielles und soziales Upgrading?

Externes industrielles Upgrading: Lokale Verflechtungen und Wissenstransfer

Wichtige Kanäle, über die die Einbindung in globale Produktionsnetzwerke positiv zur Entwicklung lokaler Industriestrukturen beitragen kann, sind Verflechtungen mit sowie Wissenstransfer in die lokale Ökonomie. Verflechtungen können in Rückwärtsverflechtungen unterteilt werden, die entstehen, wenn lokale Firmen als Vorleistungs- oder Dienstleistungszulieferer in globale Produktionsnetzwerke eingebunden werden, und in Vorwärtsverflechtungen, die sich ergeben, wenn die von den TNCs bereitgestellten Güter und Dienstleistungen als Vorleistungen der lokalen Industrien verwendet werden. In Anbetracht der Exportkonzentration der in globale Produktionsnetzwerke eingebundenen Elektronikunternehmen in Ungarn und Rumänien, sind lediglich Rückwärtsverflechtungen relevant (Csizmadia u.a. 2009). Im Gegensatz zum direkten Transfer von Produktionsmitteln und Technologie von einem Mutter- zu einem Tochterunternehmen betrifft der Wissenstransfer den Fluss von Wissen, einschließlich Wissen über Technologie, Produktionsprozesse und Managementpraktiken. Von diesem – beabsichtigten oder unbeabsichtigten – Wissenstransfer wird angenommen, dass er lokalen Unternehmen nützt, da sie das „überlegene" Wissen der TNCs anzapfen und damit ihre Produktivität erhöhen können. Vier Wissenstransferkanäle können unterschieden werden (Günther 2003; Gallagher/Zarsky 2007): Erstens, die Investitionen der TNC in ihre Belegschaft, da ArbeitnehmerInnen nach dem Verlassen des TNC das erworbene Wissen in einem lokalen oder ihrem selbst gegründeten Unternehmen einsetzen können; zweitens, Vorführeffekte aus der Nachahmung oder dem Nachbau der TNC-Technologien oder der Übernahme höherer TNC-Standards (etwa Qualitäts-, Umwelt-, Arbeitsnormen); drittens und viertens, Transfer über Vorwärts- und Rückwärtsverflechtungen. Die potenziellen Auswirkungen der ausländischen Direktinvestitionen in der Elektronikindustrie auf Verflechtungen und Wissenstransfer hängen von der Art der Investition ab, da geringwertige Produktionsaktivitäten weniger externes Upgrading-Potenzial in sich tragen als höherwertige, komplexere und wissensintensivere Aktivitäten, was auf die Verbindung zwischen internen und externen industriellen Upgrading-Prozessen verweist. In Folge werden zuerst die empirischen Ergebnisse zu lokalen Verflechtungen und danach zu Wissenstransfer diskutiert.

Das bemerkenswerte Wachstum der Elektronikindustrie Ungarns und die gleichzeitige Transformation des sektoriellen Produktionsprofils werden weithin als erfolgreiche Modernisierung des Sektors interpretiert (Szanyi 2006). Dieser Aufschwung trug zweifellos dazu bei, Wachstum und Exporte zu stimulieren wie auch Arbeitsplätze zu schaffen und rekonfigurierte die Aktivitäten, die in den TNC-Werken in Ungarn durchgeführt werden, aber er führte zu keinen signifikanten lokalen Verflechtungen, die die Fähigkeiten der lokalen Unternehmen und die lokale Wertschöpfung erhöhen, die lokale Industriestrukturen ändern und die territoriale Einbettung der Industrie steigern könnten. Die Rolle lokaler Unternehmen als Zulieferer globaler Elektronikproduktionsnetzwerke blieb in Ungarn und Rumänien hinter den Erwartungen zurück. In Ungarn betrug in den großen, exportorientierten Neuansiedlungen von Flextronics, Philips, IBM oder Samsung der Anteil an lokalen Vorleistungen maximal 10 %, in die sowohl „vollständig" lokale als auch sich in ausländischem Besitz befindende, in Ungarn angesiedelte Zulieferer eingerechnet wurden (Csizmadia u.a. 2009:17). Für Rumänien unterstützen Fallstudien über die wichtigsten elektronikproduzierenden Unternehmen dieses Bild, da lokale Unternehmen als Zulieferer der ausländischen TNC-Werke eine geringe Rolle spielen. Basierend auf Fallstudien über CEM in Ungarn, Polen und Rumänien geben Hürtgen u.a. (2009:161) den Anteil lokaler Zulieferer mit lediglich drei bis fünf Prozent an. Wenn lokale Unternehmen integriert sind, befinden sie sich üblicherweise auf zweiter oder dritter Ebene der Zulieferstrukturen und produzieren nichtelektronische Komponenten (etwa Blechteile) und Verbrauchsmaterial (wie Chemikalien), oder Materialien wie Verpackung und Papier, oder sie stellen Dienstleistungen zur Verfügung, wie Verpflegung, Reinigung oder Bewachung. Diese Aktivitäten sind ganz augenscheinlich nicht zentral für industrielles Upgrading, da sie nicht mit den Kernprodukten in Verbindung stehen.

Das bedingte Vorkommen von lokalen Rückwärtsverflechtungen kann aus zwei Perspektiven betrachtet werden. Erstens kann nach Faktoren in der lokalen Sphäre gesucht werden, was in der Literatur zu ausländischen Direktinvestitionen üblicherweise unter den Überschriften „missing absorptive capacity" oder „performance gap" diskutiert wird (Bellak 2004). Der Mangel an technologischen und organisatorischen Kapazitäten lokaler Unternehmen wird häufig als zentrale Hürde für die Einbindung lokaler Unternehmen als Zulieferer hervorgehoben. Die kleinen und mittleren Unternehmen (KMU) in Ungarn und Rumänien erfüllen in der Tat meist nicht die Größen- und Qualitätsanforderungen, die sie als TNC-Zulieferer qualifizieren würden (Sass 2008; Hürtgen u.a. 2009). Speziell auf die fehlende Ebene mittlerer Unternehmen, die über technologische Fähigkeiten und Finanzkraft verfügen, um Chargen in großem Umfang bereitstellen zu können, wird im Allgemeinen als wesentliche Hürde hingewiesen (Szanyi 2002). Zweitens kann die geringe Beteiligung lokaler Zulieferer vor dem Hintergrund der sich wandelnden Industriestrukturen der globalen Elektronikproduktion analysiert werden (Phillips/Henderson 2009). Angesichts der etablierten Strukturen innerhalb dieser Netzwerke, darunter auch die organisatorisch und geografisch konzentrierte Zuliefererbasis, dürfte wenig Raum für potenzielle lokale Zulieferer bestehen – unabhängig von deren Fähigkeiten. Wenn Lead Firms oder ODM/CEM ihren Standort in MOE-Länder verlagern, bestehen bereits etablierte Zulieferbeziehungen, die sie für ihre Produktionsaktivitäten in globalem Maßstab nutzen. Einige dieser wichtigeren Zulieferer verlagern sogar mit den Lead Firms und ODM/CEM den Standort. So wurden beispielsweise von Nokia im Zuge der Standortverlagerung nach Rumänien die wichtigsten Zulieferer „eingeladen", in den neuen Industriepark in der Nähe von Cluj mitzuziehen, darunter die chinesische BYD (Akkus, Gehäuse), die finnische Hansaprint (Druck von Bedienungsanleitungen) und die finnisch-schwedische Stora Enso (Verpackung). Auch die gebräuchliche Industriepraktik, Zulieferverträge auf globaler Ebene zwischen den Unternehmenszentralen abzuschließen, stellt eine beträchtliche Eintrittsbarriere dar und räumt der lokalen Unternehmensleitung geringe Eigenständigkeit ein, wenn es darum geht zu entscheiden, welche Rolle lokalen Zulieferern zukommen soll. Die Entscheidungsmacht der ODM/CEM wird auch dadurch eingeschränkt, dass Lead Firms häufig eine Zulieferliste – die *approved vendor list* – vorgeben, die von ODM/CEM in ihre Auftragsvergabe verwendet werden muss.

Daher mag das strategische Interesse der TNCs (ob Lead Firms oder ODM/CEM) eine maßgeblichere Einbindung lokaler Zulieferer, die über die Produktion von Gütern und Dienstleistungen jenseits der Kernprodukte hinausgeht, gar nicht zulassen (Phillips/Henderson 2009). Der bedingte Erfolg von KMU-Programmen der ungarischen Regierung weist in diese Richtung. Trotz der aktiven Teilnahme der KMU an diesen Programmen seit den späten 1990er Jahren und der gleichzeitigen Verbesserung ihrer Fertigkeiten, zeigten TNCs im Allgemeinen kaum Interesse an diesen neuen potenziellen Zulieferern. Dies führte in einigen Fällen zu Rückzahlungen öffentlicher Mittel, da TNCs die Auflage, lokale Zulieferer einzubinden, nicht erfüllt hatten. Ähnliche Probleme wurden in Bezug auf die Bemühungen der polnischen Regierung, lokale Verflechtungen voranzutreiben, berichtet (Hürtgen u.a. 2009). In Rumänien gab es bislang keine solchen Regierungsinitiativen. Das vorherrschende Geschäftsmodell, das stark abhängig ist von importierten Vorleistungen sowie von Vorleistungen der etablierten, mitgesiedelten ausländischen Zulieferer, wurde als zentrale Ursache für die geringe Einbindung lokaler Unternehmen in globale Elektroniknetzwerke unterschätzt.

Belege über das Vorkommen von Wissenstransfer durch ausländische Direktinvestitionen sind bestenfalls gemischter Natur (Günther 2005; Gallager/Zarsky 2007). Was die zwischenbetriebliche Mobilität der Beschäftigten betrifft, war der Anteil von Expats an leitenden und hochqualifizierten Stellen sehr hoch gewesen, was sich jedoch änderte; heute ist in Ungarn der Großteil dieser Positionen mit lokalen Arbeitskräften besetzt und in geringerem Ausmaß auch in Rumänien. Im Allgemeinen ist es jedoch nicht attraktiv, von einem ausländischen TNC in ein lokales Unternehmen zu wechseln, da sich letzteres nicht leisten kann, hochqualifiziertem und Führungspersonal, bei dem die Wahrscheinlichkeit eines Wissenstransfers am höchsten eingeschätzt werden kann, vergleichbare Konditionen zu bieten. Gleichermaßen sollte das Image eines „modernen", „westlichen" TNC auf kultureller Ebene nicht unterschätzt werden. Auch ist die Gründung eines eigenen Unternehmens im ungarischen und rumänischen Kontext ziemlich schwierig, da in MOE historisch eine Neigung zu großen Unternehmen festgestellt werden kann – zum Nachteil der neugegründeten Firmen und KMU, wenn es um öffentliche Unterstützung und Zugang zu Finanzierung geht (Narula/Bellak 2009). In Anbetracht der strikten Standardisierung der Arbeitsprozesse in TNCs sind schlussendlich auch die Möglichkeiten ungelernter oder niedrig qualifizierter ArbeiterInnen hinsichtlich der Verbesserung von Fertigkeiten und Fortbildung von Anfang an beschränkt. Was Wissenstransfer durch Vorführung betrifft, limitiert das vorherrschende Modell der geografisch konzentrierten großen, häufig in Industriezonen oder -parks angesiedelten Produktionswerke die Möglichkeit des Wissenstransfers durch Nachahmung, da diese geografischen Agglomerationen dazu neigen, „isolierte Inseln" mit geringen externen Clustereffekten zu sein. Ebenso wird der Nachahmungseffekt durch die Tatsache eingeschränkt, dass einige Industrien in den MOE-Ländern sehr stark durch ausländische Unternehmen dominiert sind, wodurch nur wenige lokale Unternehmen vorhanden sind, die potenziellen Wissenstransfer absorbieren könnten (Narula/Bellak 2009). Wissenstransfer über den dritten und vierten Kanal erfordert schließlich, dass Verflechtungen vorhanden sind, die im Allgemeinen nur sehr bedingt bestehen, wie oben diskutiert wurde. Folglich bleibt die Möglichkeit des Wissenstransfers durch diese oberflächliche Einbettung eingeschränkt. In der ungarischen Elektronikproduktion bestanden nur „very few exceptions, where special circumstances induced multinationals to be active in promoting linkage creation or transferred preparatory knowledge and technology to potential local suppliers" (Szanyi 2006:20f).

Soziales Upgrading

Wie wir für die Fälle Ungarn und Rumänien ausführen, sind die Belege für „Hightech"-Beschäftigung, die sich aus der Teilnahme an globalen Elektronikproduktionsnetzwerken ergeben soll, nicht sehr überzeugend. Trotz ihres „Hightech"- und gelegentlich post-industriellen Images, basiert die Elektronikindustrie nach wie vor auf einem erheblichen Anteil an arbeitsintensiven Aktivitäten, die eine beschränkte Anzahl qualifizierter Arbeitskräfte erfordern, während der Großteil der Arbeit aus repetitiven Aufgaben besteht, die durch ungelernte oder niedrig qualifizierte ArbeiterInnen übernommen werden können. Daher ist die Belegschaft in den Werken Ungarns und Rumäniens zwischen einem kleinen Segment relativ gut bezahlter, qualifizierter Stellen im Ingenieurs- und Managementbereich (indirekt Beschäftigte) und einem großen Segment ungelernter oder niedrig qualifizierter Arbeit an den Fertigungsstraßen (direkt Beschäftigte) polarisiert. Wir wenden uns nun der Analyse der Arbeitsbedingungen direkt Beschäftigter zu.

Ein zentrales Motiv für den Aufbau von Betrieben in MOE-Ländern ist nach wie vor das relativ geringe Lohnniveau und entgegen der Vorstellung, die TNC-Werke seien Hochlohninseln, zahlen Lead Firms und CEM der Elektronikindustrie häufig sogar Löhne, die unter dem regionalen Durchschnitt liegen (Hürtgen u.a. 2009). Eine Eigenschaft des Elektroniksektors ist der hohe variable Anteil der Löhne. In rumänischen CEM-Werken liegt der monatliche Bruttogrundlohn für Fertigungsarbeit in Einstiegspositionen zwischen 192 und 219 Euro und die variablen Lohnanteile machen im Durchschnitt zwischen 20 und 40 % aus (Plank/Staritz/Lukas 2009:44). Fallstudien über CEM in Ungarn legen nahe, dass Nettolöhne für Fertigungsarbeit zwischen 280 und 480 Euro liegen (Acsády 2008:24f). Selbst wenn ArbeiterInnen nicht so produktiv wie westeuropäische sein sollten, übersetzen sich diese bescheidenen Löhne in wettbewerbsfähige Lohnstückkosten. So verdienen beispielsweise FließbandarbeiterInnen in Nokias Werk in Cluj durchschnittlich 250 Euro im Monat, was lediglich ein kleiner Teil dessen ist, was ArbeiterInnen in Bochum für die mehr oder weniger gleichen Tätigkeiten erhielten (Lauer 2009). Darüber hinaus arbeiten sie zwölfstündige Schichten, was in Deutschland nicht möglich war (Stanescu/Sevianuon 2009).

Die Flexibilitätsanforderungen der Elektronik-TNCs spiegeln sich vor allem auf zwei Arten in den Arbeitsbedingungen wider. Erstens wurden in den Werken Modelle flexibler Arbeitszeiten eingeführt und Schichtarbeit ist übliche Praxis angesichts des „Industrieerfordernisses", 24 Stunden pro Tag zu produzieren (Hürtgen u.a. 2009:243f). Ein Hauptanliegen der CEM ist es, die fluktuierenden Ansprüche ihrer KundInnen effektiv zu managen. Daher ist die Arbeitszeit in ihren Werken stark der Volatilität der (Konsumgüter-) Endmärkte ausgesetzt. Weiters scheint es übliche Praxis zu sein, kurzfristig Mehrarbeit anzukündigen oder Beschäftigte nach Hause zu schicken, wenn nicht genügend Aufträge vorliegen. In letzterem Fall führt dies – zumindest gelegentlich – zu Urlaubsverlusten. In Ungarn ist beispielsweise gesetzlich festgelegt, dass mit Zustimmung der Belegschaft bis zu 75 % des Jahresurlaubs in Übereinstimmung mit Geschäftserfordernissen eingeteilt werden können (Hürtgen u.a. 2009:244). In Anbetracht der geringen Verhandlungsmacht der FertigungsarbeiterInnen dürften deren Wahlmöglichkeiten eingeschränkt sein. Zweitens zählen unterschiedliche prekäre Beschäftigungsformen zu den Standardpraktiken, da sie helfen, das volatile Geschäftsumfeld zu „stabilisieren". Zentrale Vorteile aus Perspektive der TNCs sind die niedrigeren Lohnkosten (etwa einige nicht zu bezahlende Zuwendungen) und die höhere Flexibilität, die es ermöglicht, ArbeiterInnen kurzfristiger zu kündigen. Die *International Metalworkers Federation* (IMF) schätzt, dass derzeit in vielen Fällen bis zu 50 % der Belegschaft in Elektronikwerken ZeitarbeiterInnen sind (IMF 2007:3). Der Anteil an ZeitarbeiterInnen in den wichtigsten rumänischen Elektronikwerken liegt zwischen 20 und 30 % (Plank/ Staritz/Lukas 2009:45). Der wichtigsten ungarischen Gewerkschaft der Elektronikindustrie VASAS zufolge, waren 2007 unter den etwa 68.000 Arbeitskräften des Sektors etwa 10.000 meist über private Leiharbeitsunternehmen angestellte ZeitarbeiterInnen beschäftigt, von denen 70 % in lediglich drei TNCs – Flextronics, Nokia und Elcoteq – zu finden waren (VASAS 2007:7).

Die strategische „Fragmentierung" der Belegschaft wird nicht nur entlang der Arbeitsverträge verfolgt, die sich in der Spaltung zwischen „KernarbeiterInnen" und „ZeitarbeiterInnen" widerspiegelt; sie hat auch eine genderspezifische, „ethnische" und migrantische Dimension. Frauen stellen den Großteil der FertigungsarbeiterInnen mit durchschnittlichen 60 bis 70 % Anteil an der Belegschaft in rumänischen und etwa 60 % in ungarischen Werken (Ascády 2008:28). Zu Beginn des Jahres 2005 pendelten etwa 30.000 größtenteils der ungarischen Volksgruppe zugehörige WanderarbeiterInnen aus benachteiligten Regionen der Slowakei nach Ungarn ein, wo ein Teil von ihnen für die im Nordwesten ansässigen Elektronik-TNCs arbeitete. Da sie über ein Netzwerk slowakischer und ungarischer Leiharbeitsfirmen angestellt wurden, mussten die TNCs lediglich die niedrigeren slowakischen Mindestlöhne zahlen (Bohle/Greskovits 2006:16). In Estland war im Jahr 2008 der Großteil der Elektronikindustrie-ArbeiterInnen bei Elcoteq beschäftigt, dem größten europäischen CEM. Zwischen 70 und 80 % der Belegschaft waren Frauen zwischen 30 und 40 Jahren, meist aus dem Nordosten, einer Region mit relativ hoher Arbeitslosigkeit und einer großen russischsprechenden Minderheit (Eamets 2008:79). In jüngerer Zeit führte die Arbeitsmigration aus der MOE-Region in Richtung Westeuropa einige TNCs dazu, noch entfernter nach Niedriglohn- und flexibler Arbeit zu suchen. Der ursprüngliche Plan von BYD, das Werk im neuen Nokia-Park in Cluj mit chinesischen WanderarbeiterInnen zu versorgen, wurde durch die globale Wirtschaftskrise und lokale Gewerkschaftsanstrengungen durchkreuzt.

Obwohl diese Arbeitsbedingungen mit den TNC-Strategien der Arbeitsstandardisierung auf globaler Ebene verbunden sind, werden sie durch lokale institutionelle und regulative Kontexte vermittelt, darunter das Erbe der staatssozialistischen Vergangenheit, die neoliberalen – während der Transformation eingeführten – Politiken und der EU-Beitritt. Die schwache Position der Gewerkschaften ist Resultat ihrer Delegitimierung nach 1989, da sie als Teil des „alten Systems" angesehen wurden, selbst wenn sie neugegründete unabhängige Gewerkschaften waren. Ihre Position wurde weiter geschwächt, als große Teile der staatlichen Unternehmen privatisiert wurden oder in Konkurs gingen, was zu erheblichem Arbeitskräfteabbau und schwindenden Mitgliederzahlen führte. Trotz der ungünstigen Bedingungen gelang es Gewerkschaften in einigen MOE-Ländern, Elektronikwerke zu organisieren, auch einige der neu angesiedelten Standorte (Hürtgen u.a. 2009; Plank/Staritz/Lukas 2009). So konnte beispielsweise VASAS einige Werke erfolgreich organisieren, darunter jene von Nokia, Sanyo und Philips, aber viele der wichtigsten AkteurInnen stehen Gewerkschaften nach wie vor feindselig gegenüber, speziell CEM. In Rumänien wurde das ehemalige Solectron-Werk nach langem Kampf im Rahmen der Übernahme durch Flextronics schlussendlich organisiert, aber andere Werke sind nach wie vor gewerkschaftsfreie Zonen (Plank/Staritz/Lukas 2009). Im Zuge des EU-Beitrittsprozesses mussten die nationalen (Arbeits-)Gesetzgebungen der MOE-Länder mit dem *Acquis communautaire* harmonisiert werden. Vom Standpunkt der ArbeiterInnen aus führte dies in einigen Fällen zu einer Schwächung des Arbeitsschutzes und ermöglichte beispielsweise die weitere Reduktion der Nacht- und Wochenendzuschläge sowie „flexiblere" Arbeitszeitmodelle (Hürtgen u.a. 2009). Neben den Unternehmensverbänden, die Lobbying für ein flexibleres Arbeitsrecht betrieben, war auch der Internationale Währungsfond (IWF) in diesem Bereich aktiv. Nach der Verabschiedung des neuen und umfangreichen Arbeitsrechts im Jahr 2003, das Rumänien auf den EU-Beitritt vorbereiten sollte, kritisierte der IWF den starken Einfluss der Gewerkschaften und die zu restriktiven Regulierungen der Arbeitszeiten, was im Jahr 2004 zur Neuverhandlung zwischen der Regierung, dem *Council of Foreign Investors* und dem IWF führte – in Abwesenheit der Gewerkschaften (EIRO 2004).

Schlussbemerkungen

Ein Großteil der jüngeren Debatte über industrielle und wirtschaftliche Entwicklung hat die Vorzüge des *breaking in* in globale Produktionsnetzwerke und des *moving up* innerhalb dieser in den Mittelpunkt gestellt (UNIDO 2009). Die zugrunde liegende Annahme ist, dass lokale Unternehmen aus Entwicklungs- und Transformationsländern das „überlegene" Wissen der TNCs anzapfen und dadurch ihre Produktivität erhöhen können, da sie von „*global buyers* lernen" und dadurch ihre Produktions- und Innovationsfähigkeiten verbessern können. Von diesem industriellen Upgrading lokaler Unternehmen wurde auch angenommen, es sei vorteilhaft für ArbeiterInnen, da die höherwertigen Aktivitäten Fachkenntnisse erfordern und bessere Arbeitsbedingungen versprechen würden. Ziel dieses Beitrags war es einzuschätzen, in welchem Ausmaß sich diese Hoffnung in der MOE-Region erfüllte, in der Regierungen seit den 1990er Jahren versuchten, Elektronik-TNC anzuziehen.

Unsere Analyse zeigt auf, dass potenzielle positive Auswirkungen durch TNC-Investitionen in Ungarn und Rumänien, die sich in der Bedeutung lokaler Verflechtungen und Wissenstransfer widerspiegeln, gering waren und hinter den Erwartungen zurückblieben. Obwohl der Mangel an *absorbtive capacity* in lokalen Unternehmen oft als zentrale Hürde für die Einbindung lokaler Unternehmen als Zulieferer ins Feld geführt wird, wurde diese Ursache überbewertet. Stattdessen können die Dynamiken globaler Produktionsnetzwerke die geringen lokalen Verflechtungen erklären. In Anbetracht der organisatorisch und geografisch konzentrierten Zuliefererbasis, dürfte wenig Raum für potenzielle lokale Zulieferer bestehen – unabhängig von deren Fähigkeiten. Daher mag das strategische Interesse der TNCs eine maßgeblichere Einbindung lokaler Zulieferer, die über die Produktion von Gütern und Dienstleistungen jenseits der Kernprodukte hinausgeht, gar nicht zulassen. Das geringe Auftreten von Verflechtungen erklärt auch teilweise, warum kaum maßgeblicher Wissenstransfer erfolgt, da Vorwärts- und Rückwärtsverflechtungen potenzielle Kanäle für den Wissenstransfer darstellen. Des Weiteren limitiert die geografische Isolation der TNC-Standorte potenziellen Wissenstransfer durch Nachahmung und einige Industrien in den MOE-Ländern sind sehr stark durch ausländische Unternehmen dominiert, wodurch nur wenige lokale Unternehmen vorhanden sind. Darüberhinaus bleibt es schwierig, neue Unternehmen zu etablieren, die potenziellen Wissenstransfer absorbieren könnten.

Was das Versprechen der „Hightech"-Beschäftigung angeht, basiert die Elektronikindustrie nach wie vor auf einem erheblichen Anteil arbeitsintensiver Aktivitäten, die eine beschränkte Anzahl qualifizierter Arbeitskräfte erfordern, während der Großteil der Arbeit von ungelernten und niedrig qualifizierten ArbeiterInnen übernommen werden kann. Der Hauptgrund hierfür kann in den sich ändernden Industriestrukturen gesehen werden, darunter der Aufstieg der CEM und die Versuche, Arbeitspraktiken weltweit zu standardisieren. Vor diesem Hintergrund hat die dominante Rolle der CEM im Umstrukturierungsprozess von MOE seit der Mitte der 1990er Jahre zur Vorherrschaft neotayloristischer Arbeitspraktiken beigetragen, die mit flexiblen Beschäftigungsverhältnissen und Systemen direkter Kontrolle gekoppelt sind (Hürtgen u.a. 2009:19). Dieser „McDonald's"-Zugang zu Arbeit (Lüthje 2002) schränkte die Möglichkeiten der Verbesserung von Fertigkeiten und Fortbildung für ungelernte sowie niedrig qualifizierte ArbeiterInnen von Anbeginn an ein und führte zu Arbeitsbedingungen, die durch eine polarisierte Belegschaft, relativ niedrige Löhne mit hohem variablen Anteil, flexible Arbeitszeitregime und prekäre Beschäftigungsverhältnisse sowie der Feindseligkeit gegenüber Gewerkschaften gekennzeichnet sind.

Wie die ungarischen und rumänischen Upgrading-Erfahrungen nahelegen, führen interne industrielle Upgrading-Prozesse weder automatisch zu externem industriellen Upgrading, das sich an lokalen Verflechtungen und am Wissenstransfer ablesen lässt, noch sind sie Garant für soziales Upgrading. Die ausbleibende umfassendere Integration in die Ökonomie des „Gastlandes" führt zu einer oberflächlichen territorialen Einbettung der TNCs und setzt deren Werke der Bedrohung einer Standortverlagerung aus. Aufträge der Lead Firms können leicht zwischen den Produktionswerken der ODM und CEM, zwischen unterschiedlichen ODM/CEM oder zwischen den Werken der selben ODM/CEM verschoben werden, was die Werke und Standorte unter permanenten Verlagerungsdruck setzt, da sie den globalen Verlagerungsstrategien der Lead Firms und ODM/CEM unterliegen. Im Kontext des permanenten Verlagerungsdrucks ist das erreichte interne industrielle Upgrading auch umkämpft, da ein ständiges „Benchmarking" der Standorte stattfindet und um Aufträge konkurriert wird. Angesichts der Kurzfristigkeit und der damit verbundenen Unsicherheiten der Industrie, bleibt das industrielle Upgrading in der ungarischen und rumänischen Elektronikindustrie daher ein hochgradig prekärer Prozess (Hürtgen u.a. 2009:49f).

Diese Erkenntnisse stellen das auf ausländische Direktinvestitionen und der Einbindung in globale Produktionsnetzwerke basierende Entwicklungsmodell in Frage, demzufolge Regierungen sich darum bemühen, TNC-Investitionen anzuziehen, in der Hoffnung, dass sich dadurch automatisch lokale Zulieferer und lokale Industriestrukturen entwickeln würden, die durch höherwertige Arbeitsplätze und gute Arbeitsbedingungen gekennzeichnet sind. Ausländische Direktinvestitionen, speziell in der Elektronikindustrie, werden als wichtiger Bestandteil des industriellen Entwicklungsprozesses von Ländern hochgehoben und deren Unterstützung durch nationale und lokale Regierungen wird üblicherweise durch die positiven Beiträge ausländischer InvestorInnen für die nationale und lokale Ökonomie gerechtfertigt. Zweifellos gehen aus diesen Investitionen Exporte und Arbeitsplätze hervor und dies führt häufig zu einem (vorübergehenden) Rückgang der Arbeitslosigkeit sowie zu internen Upgrading-Prozessen. Die positiven längerfristigen Auswirkungen auf lokale Unternehmen und ArbeiterInnen sind jedoch keineswegs so eindeutig festzustellen, wodurch hinterfragt werden muss, ob das hohe Niveau der weitgehend bedingungslosen Regierungsunterstützung für ausländische Direktinvestitionen in der Elektronikindustrie gerechtfertigt ist, oder ob Regierungsmittel nicht stärker für pro-aktivere und interventionistischere Politiken verwendet werden sollten, um lokale Industriestrukturen aufzubauen.

Übersetzt von Andrea Kremser

Anmerkung

Das empirische Material wurde im Rahmen des interdisziplinären Forschungprojekts *Accountability of States and Transnational Corporations for Labour Rights in Global Production Networks* erhoben, das von Karin Lukas, Leonhard Plank und Cornelia Staritz durchgeführt und durch das DOC-team-Stipendium der Österreichischen Akademie der Wissenschaften finanziert wird. Zusätzliche Unterstützung für die Feldforschung in Mittel- und Osteuropa gewährte die Kammer für Arbeiter und Angestellte Wien. Zwischen Oktober 2008 und Juli 2009 wurden Interviews mit dem Management, BetriebsrätInnen und ArbeiterInnen in den vier wichtigsten Elektronikwerken (ein OBM und drei CEM) in Rumänien und mit SektorexpertInnen sowie institutionellen AkteurInnen, darunter RepräsentantInnen aus Unternehmensverbänden sowie Gewerkschaften, in Rumänien und Ungarn geführt.

Literatur

Acsády, Judit (2008): Defencelessness and Uncertainty. Unpublished Report for Clean-IT-Campaign, December 2008. Budapest

Amsden, Alice H. (2004): Import substitution in hi-tech industries: Prebisch lives in Asia! In: CEPAL Review 82: 77-91

Amsden, Alice H./Chu, Wan-Wen (2003): Beyond Late Development: Taiwan's Upgrading Policies. Cambridge: MIT Press

Barrientos, Stephanie (2007): Global Production Systems and Decent Work. Policy Integration Department Working Paper No. 77. Genf: ILO

Barrientos, Stephanie/Gereffi, Gerry/Rossi, Arianna (2008): What Are the Challenges and Opportunities for Economic and Social Upgrading? Concept Note for the „Capturing the Gains" international research workshop. University of Manchester, December 2008

Bellak, Christian (2004): How performance gaps between domestic firms and foreign affiliates matter for economic policy. In: Transnational Corporations 13/ 2: 29-55

Bohle, Dorothee/Greskovits, Bela (2006): Capitalism without compromise: Strong business and weak labor in Eastern Europe's new transnational industries. In: Studies in Comparative International Development 41/4: 3-25

Borrus, Michael/Cohen, Stephen, C. (1997): Building China's Information Technology Industry: Tariff Policy and China's Accession to the WTO. BRIE Working Paper 105. Berkeley

Coe, Neil M./Hess, Martin (2007): Global Production Networks: Debates and Challenges. A positing paper for the GPERG workshop, University of Manchester, 25th-26th January 2007. http://www.sed.manchester.ac.uk/geography/research/gpe/downloads/Manchester_Jan07_positionpaper_final.pdf, 22.03.2009

Coe, Neil M./Dicken, Peter/Hess, Martin (2008): Global Production Networks: Realizing the Potential. In: Journal of Economic Geography 8/3: 271-295

Csizmadia, Péter/Illésy, Miklós/Iwasaki, Ichiro/Makó, Csaba/Sass, Magdolna/Szanyi, Miklós (2009): Clusters and the Development of Supplier Networks for Transnational Companies. Institute for World Economics Working Paper 187. Budapest: Hungarian Academy of Sciences

Eamets, Raul (2008): Decent Work Country Report – Estonia. Genf: ILO

EIRO – european industrial relations observatory on-line (2004): Romania: Industrial relations profile. http://www.eurofound.europa.eu/eiro/country/romania, 15.12.2009

Ernst, Dieter (2002): The Economics of Electronics Industry: Competitive Dynamics and Industrial Organization. In: Lazonick, William, Hg.: International Encyclopedia of Business and Management Handbook of Economics (=IEBM Handbook Series). London: International Thomson Business Press

Ernst, Dieter (2008): Innovation offshoring and Asia's Electronics Industry. In: International Journal of Technological Learning, Innovation and Development 1/4: 551-576

Ferguson, Charles H./Morris, Charles R. (1993): Computer Wars. How the West Can Win in a Post-IBM World. New York: Times Books

Fischer, Karin/Parnreiter, Christof (2007): Güterketten und Produktionsnetzwerke – ein nicht staatszentrierter Ansatz für die Entwicklungsökonomie. In: Becker, Joachim/Imhof, Karen/Jäger, Johannes/Staritz, Cornelia, Hg.: Kapitalistische Entwicklung in Nord und Süd: Handel, Geld, Arbeit, Staat. Wien: Mandelbaum: 106-122

Fröbel, Folker/Heinrichs, Jürgen/Kreye, Otto (1977): Die Neue Internationale Arbeitsteilung. Strukturelle Arbeitslosigkeit in den Industrieländern und die Industrialisierung der Entwicklungsländer. Reinbek/Hamburg: Rowohlt

Gallagher, Kevin, P./Zarsky Lyuba (2007): The Enclave Economy: Foreign Investment and Sustainable Development in Mexico's Silicon Valley. Cambridge: MIT Press

Gereffi, Gary (1999): International trade and industrial upgrading in the apparel commodity chain. In: Journal of International Economics 48/1: 37-70

Günther, Jutta (2003): Das Zustandekommen von Technologie-Spillovers durch ausländische Direktinvestitionen. Eine empirische Untersuchung am Beispiel der ungarischen Industrie. Baden-Baden: Nomos

Günther, Jutta (2005): The Absence of Technology Spillovers from Foreign Direct Investment in Transition Economies. In: Welfens, Paul J. J./Wziatek-Kubiak, Anna, Hg.: Structural Change and Exchange Rate Dynamics. Berlin/Heidelberg: Springer: 149-166

Henderson, Jeffrey (1989): The Globalisation of High Technology Production – Society, space and semiconductors in the restructuring of the modern world. London/New York: Routledge

Henderson, Jeffrey/Dicken, Peter/Hess, Martin/Coe, Neil M./Yeung, Henry Wai-Chung (2002): Global production networks and the analysis of economic development. In: Review of International Political Economy 9/3: 436-464

Hess, Martin (2009): Investigating the Archipelago Economy: Chains, Networks and the Study of Uneven Development. In: JEP – Journal für Entwicklungspolitik 25/2: 20-37

Humphrey, John/Schmitz, Hubert (2002): How does Insertion into Global Value Chains affect upgrading in industrial clusters. In: Regional Studies 36/9: 1017-1027

Hürtgen, Stephanie/Lüthje, Boy/Schumm, Wilhelm/Sproll, Martina (2009): Von Silicon Valley nach Shenzhen: Globale Produktion und Arbeit in der IT-Industrie. Hamburg: VSA-Verlag

ILO – International Labour Organization (2007): The production of electronic components for the ICT industries: Changing labour force requirements in a global economy. Report for discussion at the Tripartite Meeting on the Production of Electronic Components for the IT Industries: Changing Labour Force Requirements in a Global Economy. Genf: ILO

IMF – International Metalworkers' Federation (2007): Survey on Changing Employment Practices and Precarious Work. http://www.imfmetal.org/main/files/07090410362966/Report_precarious_survey_E.pdf, 15.12.2009

Kaplinsky, Raphael (2005): Globalization, poverty and inequality. Between a rock and a hard place. Cambridge: Polity Press

Knorringa, Peter/Pegler, Lee (2006): Globalisation, firm upgrading and impacts on labour. In: Tijdschrift voor Economische en Sociale Geografie 97/5: 470-479

Labrianidis, Lois/Domanski, Boleslaw/Kalantaridis, Christos/Kilvits, Karel/Roukova, Poli (2008): The Moving frontier: The Changing Geography of Production in Labour Industries. Specific Targeted Research Project Final Report. http://econlab.uom.gr/~move/content/blogsection/6/34/lang,en/, 15.12.2009

Lauer, Kathrin (2009): Rumänien und die Krise: Nichts los in Nokia Village. In: sueddeutsche.de, 17.07.2009. http://www.sueddeutsche.de/wirtschaft/520/480996/text/print.html, 15.12.2009

Linden, Greg (1998): Building Production Networks: The case of the Electronics Industry. BRIE Working Paper 126. Berkeley

Lüthje, Boy (2002): Electronics Contract Manufacturing: Global Production and the international division of labour in the age of the internet. In: Industry & Innovation 9/3: 227-247

Lüthje, Boy (2005): The ‚New Economy' from Below: Networks of Mass Production in the IT Industry. In: Dialogue + Cooperation 2: 23-33

Lüthje, Boy/Sproll, Martina (2004): Electronics Contract Manufacturing: Networks of Transnational Mass Production in Eastern Europe. In: Faust, Michael/Voskamp, Ulrich/Wittke, Volker, Hg.: European Industrial Restructuring in a Global Economy: Fragmentation and Relocation of Value Chains (=SOFI-Berichte). Göttingen: SOFI: 249-266

Markoff, John (2006): Apple Finds No Forced Labor at iPod Factory in South China. In: New York Times, 18.08.2006, http://www.nytimes.com/2006/08/18/technology/18apple.html, 15.12.2009

Narula, Rajneesh/Bellak, Christian (2009): EU Enlargement and Consequences for FDI Assisted Industrial Development. Special Issue in Honour of Sanjaya Lall. In: Transnational Corporations 18/2: 69-90

OECD – Organisation for Economic Co-operation and Development (2008): Information Technology Outlook 2008. Paris: OECD

Phillips, Richard/Henderson, Jeffrey (2009): Global production networks and industrial upgrading: negative lessons from Malaysian electronics. In: JEP – Journal für Entwicklungspolitik 25/2: 38-61

Plank, Leonhard/Staritz, Cornelia (2009): Introduction: Global Commodity Chains and Production Networks – Understanding Uneven Development in the Global Economy. In: JEP – Journal für Entwicklungspolitik 25/2: 4-19

Plank, Leonhard/Staritz, Cornelia (im Erscheinen): Working in Global Production Networks: An Analysis of Industrial and Social Upgrading Processes in Apparel and Electronics in Central and Eastern Europe. Wien: unveröffentlichte Dissertation zur Erlangung des Doktorgrades, Universität Graz und Wirtschaftsuniversität Wien

Plank, Leonhard/Staritz, Cornelia/Lukas, Karin (2009): Labour Rights in Global Production Networks. An Analysis of the Apparel and Electronics Sector in Romania. Wien: Kammer für Arbeiter und Angestellte für Wien

Radosevic, Slavo (2002): The electronics industry in central and eastern Europe: an emergıng production location in the alignment of networks perspective. School of Slavonic and East European Studies Working Paper 21. London: University College

Radosevic, Slavo (2004): Foreign Direct Investment and Alliances in Global Industrial Integration of Electronics in Central Europe: From Production to Technological Integration. In: Radosevic, Slavo/Sadowski, Bert M., Hg.: International Industrial Networks and Industrial Restructuring in Central and Eastern Europe. New York: Springer

Radosevic, Slavo/Yoruk, Denis E. (2001): Videoton: The Growth of Enterprise Through Entrepreneurship and Network Alignment. School of Slavonic and East European Studies Working Paper 3. London: University College

Sass, Magdolna (2004): FDI in Hungary: the First Mover's Advantage and Disadvantage. European Investment Bank Papers 9/2: 62-90

Sass, Magdolna (2008): The Use of Local Supplies by MNC affiliates – What Are the Determining Factors? ICEG European Center Opinion Nr. 10. Budapest: ICEG

Saxenian, Anna Lee (2006): The new Argonauts: Regional advantage in a global economy. Cambridge: Harvard University Press

Standing, Guy (1999): Global Feminization Through Flexible Labor: A Theme Revisited. In: World Development 27/3: 583-602

Stanescu, Ruxandra/Sevianuon, Cora (2009): Rumänien: Zwölf Stunden am Tag – für 300 Euro. In: Die Presse, 29.09.2009. http://diepresse.com/home/wirtschaft/eastconomist/511450/index.do, 15.12.2009

Sturgeon, Timothy (2002): Modular Production Networks: A New American Model of Industrial Organization. In: Industrial and Corporate Change 11/3: 451-496

Sturgeon, Timothy (2003): What really goes on in Silicon Valley: Spatial clustering and dispersal in modular production networks. In: Journal of Economic Geography 3/2: 199-225

Sturgeon, Timothy/Lester, Richard (2004): The new global supply base: new challenges for local suppliers in East Asia. In: Yusuf, Shahid/Altaf, Anjum/Nabeshima, Kaoru, Hg.: Global Production Networking and Technological Change in East Asia. Washington D.C.: World Bank: 35-87

Szanyi, Miklós (2002): Subcontracting and Outward Processing Trade as a Form of Corporate Networking in Hungary. In: Acta Oeconomica 52/3: 347-69

Szanyi, Miklós (2006): Competitiveness and Industrial Renewal via Production Relocation by Global Multinational Networks: Post-1990s Development in Hungary's Electrical Industry. Institute for World Economics Working Paper 166. Budapest: Hungarian Academy of Sciences

UNCTAD – United Nations Conference on Trade and Development (2004): Development and Globalisation: Facts and Figures. New York/Genf: UNCTAD

UNIDO – United Nations Industrial Development Organization (2009): Industrial Development Report 2009. Breaking In and Moving Up: New Industrial Challenges for the Bottom Billion and the Middle-Income Countries. Wien: UNIDO

VASAS (2007): Die Lage der Leiharbeit in Ungarn. Denkschrift für die Konferenz des Europäischen Metallgewerkschaftsbunds (EMF), 15.-16. Juni 2007, Passau

Wintjes, Rene (2008): From Case Studies: International Division of Labour Within ICT Companies. In: Meijers, Huub/Dachs, Bernhard/Welfens, Paul J. J., Hg.: Internationalisation of European ICT Activities. Dynamics of Information and Communications Technology. Berlin/Heidelberg: Springer: 186-198

Zysmann, John/Borrus, Michael (1994): From Failure to Fortune? European Electronics in the Changing World Economy. BRIE Working Paper 62. Berkeley

Lukas Lengauer – Florian Wukovitsch

Globale Wertschöpfungsketten in der Automobilindustrie unter besonderer Berücksichtigung der Strukturen und Politiken in Mittel- und Osteuropa

Die Automobilindustrie ist eine der Schlüsselindustrien der Weltwirtschaft. Sie fungiert als Taktgeberin für viele vor- und nachgelagerte Wirtschaftsbereiche. Das Modell autoindustrieller Produktion galt als Symbol für die Epoche des Fordismus und damit für die Periode industriekapitalistischer Entwicklung im globalen Norden von 1945 bis in die 1970er Jahre. Die mit der Automobilisierung verbundene Revolutionierung des Transportwesens verursachte eine tief greifende Veränderung der Raumstruktur und der Urbanisierungsdynamiken. Nach wie vor steht die Automobilindustrie im Zentrum industriepolitischer Überlegungen, was sich auch an der massiven staatlichen Intervention in der gegenwärtigen Wirtschaftskrise zeigt. Die nationalen Maßnahmen reichen dabei von Abwrackprämien und gestützter Kurzarbeit über Kreditbürgschaften bis zu Notverstaatlichungen.

Ziel dieses Beitrags ist es, einen Überblick über die Entwicklung der Autoindustrie in den letzten drei Jahrzehnten zu geben, in denen ein tief greifender Wandel der Struktur und der Geografie von Wertschöpfungsketten zu beobachten war. Wir konzentrieren uns im ersten Teil des Artikels auf Veränderungen der Standortmuster, der Struktur der Wertschöpfungsketten und der Konzernstrategien. Im zweiten Teil beschäftigen wir uns beispielhaft mit der Eingliederung der mittel- und osteuropäischen Autoindustrien in westeuropäische Produktionsstrukturen. Da anstelle der Ansiedlungspolitiken der 1990er Jahre nun verstärkt das Upgrading der lokalen Zulieferindustrie in den Blick rückt, fragen wir abschließend anhand von zwei semiperipheren Regionen der europäischen Automobilwirtschaft, welche Möglichkeiten Clusterinitiativen bieten, um den regionalen Wertschöpfungsanteil zu erhöhen und die Position der Zulieferindustrien in den Wertschöpfungsketten zu verbessern.

Geschichte und Struktur der Automobilindustrie

Die Anfänge der Automobilindustrie gehen auf den Beginn des 20. Jahrhunderts zurück. Im Jahr 1900 wurden weltweit rund 9.500 Autos produziert, 1925 waren es bereits fünf Millionen. 87 % davon stammten aus den USA, die ihre Dominanz als wichtigstes Herstellerland bis in die 1960er Jahre aufrechterhalten konnten. Der Vorsprung der USA zeigt sich auch in den hohen Automobilisierungsraten. Bereits in den 1920er Jahren verfügte jeder vierte US-Haushalt über ein Auto, während in Westeuropa dieses Verhältnis erst in den 1960er Jahren erreicht wurde (Mossig 2008). In der Nachkriegszeit war die Automobilwirtschaft der Inbegriff der fordistischen Produktionsweise und stand paradigmatisch für das Produktionssystem der westlichen Industrieländer. Diese war gemäß den Vorstellungen von Frederick Taylor durch die strikte Trennung von intellektuellen und ausführenden Tätigkeiten und eintönige Arbeitsabläufe am Fließband charakterisiert, die standardisierte Massenproduktion ermöglichten und durch „rigide Formen vertraglicher Einkommensverhältnisse […] regelmäßige Kaufkraftsteigerungen garantierten" (Lipietz 1998:198). Die mangelnde Anpassungsfähigkeit der Produktionsweise an eine zunehmend ausdifferenzierte Nachfrage (Kaplinsky 1988:452-455) und die Internationalisierung der Märkte und der Produktion führten jedoch zu einer Dämpfung des Binnenwachstums und insgesamt geriet das fordistische Produktionssystem in den 1970er Jahren in die Krise. Potenziale zur Rückführung auf einen neuen Wachstumspfad wurden in der Konzentration auf Produktentwicklung und Innovation (Clark u. a. 1987) und der Flexibilisierung der Arbeitsorganisation gesehen. Zwei Modelle der Flexibilisierung setzten sich durch: Einerseits Formen der Arbeitsorganisation, die darauf abzielten, die intellektuellen Fähigkeiten der ArbeiterInnen zu mobilisieren und dadurch die Produktqualität zu steigern (Kalmarismus in Schweden, Toyotismus und *just-in-time* Produktion in Japan), andererseits neotayloristische Flexibilisierungsstrategien, mit denen über die Flexibilisierung der Löhne die Wettbewerbsposition ausgebaut werden sollte, ohne die Arbeitsorganisation zu verändern (in unterschiedlich starkem Ausmaß in Lateinamerika, Portugal, Großbritannien und Frankreich angewandt) (Lipietz 1998:198). Vor dem Hintergrund der gegenwärtigen Krise scheint der Neo-Taylorismus auch in Deutschland wieder an Bedeutung zu gewinnen (Die Zeit 2009).

Im Zuge der strukturellen Verschiebungen verloren die wichtigsten US-amerikanischen Hersteller rasant Marktanteile an die japanische Konkurrenz, teilweise auch an Europa. Im Jahr 1987 überholte schließlich Japan die USA und wurde zum größten Autoproduzenten der Welt. Obwohl die globale Fahrzeugproduktion in den 1990er Jahren (vor allem in den Schwellenländern) massiv anstieg, hinkten die Fahrzeugverkäufe lange Zeit hinter den Produktionszahlen her. In der Triade (USA, Japan, EU) zeigten sich Überkapazitäten, starker Kostendruck und geringe Profitabilität. Die Asienkrise Ende der 1990er führte zu einem zusätzlichen Einbruch der Automobilverkäufe in Südostasien und später auch in Südamerika. Seit den frühen 2000er Jahren – in den USA durch die Nachfrage nach Leicht-LKW schon etwas früher – bis zum Ausbruch der gegenwärtigen Wirtschaftskrise stiegen die weltweiten Verkaufszahlen wieder stark, was vor allem auf die dynamische Entwicklung der Nachfrage in einigen Schwellenländern wie China zurückzuführen war (Gottschalk 2004). Insgesamt wurden im Jahr 2006 weltweit 62,8 Millionen Fahrzeuge verkauft (Mossig 2008). Bis vor Kurzem bewegten sich

die Produktionsmengen der führenden Herstellerländer Japan und USA auf dem gleichen Niveau; in beiden Ländern wurden im Jahr 2006 rund 11,5 Millionen Fahrzeuge
produziert. Auf Platz drei im Ranking der größten Autoproduzenten liegt mittlerweile China, das seine Produktion zwischen 1996 und 2006 versechsfacht hat und damit
klassische Herstellerländer wie Deutschland und Frankreich überholen konnte. Betrachtet man die jährlichen Wachstumsraten der Produktion, so zeigt sich, dass auch andere Schwellenländer in diesem Zeitraum hohe Zuwächse verzeichnen konnten. Das gilt
vor allem für Indien, Südkorea, Mexiko, Brasilien und Russland. Dagegen schrumpfte
die Produktion in den USA, Großbritannien und Italien. Diese Entwicklungen führten
dazu, dass der Anteil der in der Triade hergestellten Fahrzeuge innerhalb von nur einem
Jahrzehnt von 76,6 % auf 50 % schrumpfte. Dennoch bleibt die Autoproduktion stark
konzentriert. Im Jahr 1975 entfielen 80 % der weltweiten Produktion auf sieben Länder: die USA, Japan, Deutschland Frankreich, die UdSSR, Großbritannien und Kanada. Im Jahr 2005 wurde der gleiche Anteil der Weltproduktion von elf Ländern erzielt.
Zu den bereits 1975 führenden Nationen kamen China, Südkorea, Spanien und Indien
hinzu (Sturgeon u.a. 2009).

Tabelle 1: Fahrzeugproduktion in Tausend Einheiten (1996–2006)

	1996	1998	2000	2002	2004	2006	Wachstum (jährlich)
Japan	10 346	10 050	10 141	10 258	10 512	11 484	11,0
USA	11 832	12 003	12 774	12 280	11 988	11 351	-4,1
China	1 240	1 628	2 009	3 251	5 071	7 272	486,5
Deutschland	4 843	5 727	5 527	5 145	5 570	5 818	20,1
Südkorea	2 354	1 787	2 858	3 148	3 469	3 840	63,1
Frankreich	2 359	2 923	3 352	3 693	3 666	3 164	34,1
Spanien	2 412	2 826	3 033	2 855	3 012	2 776	15,1
Brasilien	1 813	1 547	1 671	1 793	2 210	2 597	43,2
Kanada	2 397	2 570	2 962	2 629	2 712	2 544	6,1
Mexiko	1 222	1 460	1 923	1 805	1 555	2 043	67,2
Indien	541	535	867	892	1 511	1 876	246,8
UK	1 924	1 976	1 814	1 821	1 856	1 650	-14,2
Rußland	1 029	1 021	1 203	1 220	1 388	1 495	45,3
Italien	1 454	1 693	1 738	1 427	1 142	1 212	-16,6

Quelle: Ward's Automotive Yearbook; Sturgeon/Van Biesebroeck/Gereffi 2008.

Die starke räumliche Konzentration der Automobilproduktion geht mit einer oligopolistischen Herstellerstruktur einher. Die größten 15 Automobilhersteller produzieren über
80 % aller weltweit verkauften Fahrzeuge. Mit den koreanischen Herstellern Hyundai
und KIA finden sich in dieser Gruppe nur zwei Hersteller aus einem Schwellenland, die
zusammen auf einen Marktanteil von ca. 6,7 % kommen. Der größte Automobilhersteller
ist Toyota, dessen Anteil an der weltweiten Fahrzeugproduktion 13,3 % beträgt, an zweiter Stelle folgte bisher der von der Krise stark getroffene Konzern General Motors.

Tabelle 2: Fahrzeugproduktion nach Herstellern (2008)

	Fahrzeuge gesamt	Autos	Anteile Fahrzeuge gesamt (%)	Anteile Autos (%)
Toyota	9 237.780	7 768.633	13,3	13,9
General Motors	8 282.803	6 015.257	11,9	10,8
Volkswagen	6 437.414	6 110.115	9,3	10,9
Ford	5 407.000	3 346.561	7,8	6,0
Honda	3 912.700	3 872.940	5,6	6,9
Nissan	3 395.065	2 788.632	4,9	5,0
PSA	3 325.407	2 840.884	4,8	5,1
Hyundai	2 777.137	2 435.471	4,0	4,4
Suzuki	2 623.567	2 306.435	3,8	4,1
Fiat	2 524.325	1 849.200	3,6	3,3
Renault	2 417.351	2 048.422	3,5	3,7
Daimler	2 174.299	1 380.091	3,1	2,5
Chrysler	1 893.068	529.458	2,7	0,9
BMW	1 439.918	1 439.918	2,1	2,6
KIA	1 395.324	1 310.821	2,0	2,3
Top 15	57 243.158	46 042.838	82,3	82,4
Gesamt	69 561.356	55 846.163	100	100

Quelle: OICA 2008; Sturgeon u. a. 2009.

Obwohl seit den späten 1980er Jahren eine Ausweitung internationaler Produktionsnetze zu beobachten ist (Humphrey/Memedovic 2003), bleiben die Heimatländer der führenden Automobilkonzerne vielfach ihre wichtigsten Innovations- und Produktionsstandorte und Absatzmärkte (Sturgeon/Van Biesebroeck/Gereffi 2008; Sturgeon u.a. 2009). Das trifft in besonderem Maße auf die französischen Hersteller Renault und PSA (Peugeot und Citroen) zu, die im Jahr 2006 über 70 % ihrer Fahrzeuge in Frankreich produzierten und über 60 % der Gesamtproduktion dort absetzten. Auch die anderen europäischen Hersteller und ihre US-amerikanischen Konkurrenten verkaufen über 50 % ih-

Tabelle 3: Bedeutung des Heimatmarktes

		Anteil der Region an globaler Produktion		Anteil der Region an den globalen Verkäufen	
Firma	Region	1997	2006	1997	2006
General Motors	Amerika	69	50	63	54
Ford	Amerika	67	43	64	55
Renault	Europa	97	75	93	62
PSA	Europa	85	70	84	62
Volkswagen Gruppe	Europa	62	66	59	56
Fiat	Europa	60	55	66	53
Toyota	Japan	73	56	43	26
Nissan	Japan	62	41	42	22
Honda	Japan	57	37	36	20

Quelle: OICA 2007;. Sturgeon u. a. 2009.

rer Produktion auf dem Heimatmarkt, während die großen japanischen Hersteller rund 75 % der Gesamtproduktion im Ausland absetzen und vielfach auch direkt im Zielmarkt fertigen.

Gegenwärtig werden aufgrund der globalen Wirtschaftskrise die Karten in der Automobilindustrie allerdings neu gemischt. Die spektakulärste Entwicklung im Jahr 2009 stellt zweifellos die Verstaatlichung des langjährigen Weltmarktführers General Motors durch die Regierung der USA dar. Teil des Sanierungskonzepts ist der Verkauf der traditionsreichen Firmen Saab und Opel. Neben GM sind auch Chrysler und Ford besonders stark von der Krise betroffen. Bei Chrysler ist 2009 Fiat eingestiegen, Ford musste im Jahr 2008 seine Konzernmarken Jaguar und Land Rover an den indischen Tata Konzern verkaufen und verhandelt derzeit mit dem chinesischen Hersteller Geely über den Verkauf von Volvo. Für kleinere Hersteller wie Daimler, BMW und PSA erwarten ExpertInnen eine Zunahme von Kooperationen, Übernahmen und Fusionen. Neu ist an der Krise, dass nun auch verstärkt Hersteller aus Schwellenländern und globale Zulieferbetriebe europäische Traditionshersteller übernehmen. Ziel der Käufer ist es, durch diese Übernahmen an fortschrittliche Technologien zu gelangen und so die eigene Qualität und Wettbewerbsfähigkeit zu steigern. Diese Konzentrationsprozesse finden vor dem Hintergrund massiver Überkapazitäten statt. Laut Economist (2009) wiesen allein die Hersteller in der EU und den USA bereits im guten Geschäftsjahr 2005 Überkapazitäten von zusammen über sieben Millionen Fahrzeugen auf. Aufgrund der Krise werden die Überkapazitäten in den beiden Wirtschaftsblöcken im Jahr 2009 auf über 13 Millionen Fahrzeuge ansteigen. Die Rentabilität der führenden Autokonzerne wird damit mittelfristig weiterhin erheblichem Druck ausgesetzt sein. Es ist zu erwarten, dass sie in den nächsten Jahren versuchen werden, über Werksschließungen und Kündigungen ihre Profitraten wieder zu erhöhen.

Globale Trends in der Automobilproduktion

Seit den späten 1970er Jahren hat sich die Automobilindustrie stark verändert. Zwei Veränderungen sind besonders bedeutsam: Erstens hat im Zuge der Handelsliberalisierung im Rahmen der WTO der internationale Handel mit automotiven Produkten stark zugenommen und es sind grenzüberschreitende Produktionsnetzwerke entstanden. Zweitens hat sich durch *outsourcing* von Produktionsschritten die Rolle der Zuliefererindustrie verändert. Herstellerfirmen konzentrieren sich heute zunehmend auf Design und die Produktion zentraler Komponenten und lassen immer mehr Teile extern fertigen. Aus einer vertikal integrierten Industrie, geprägt durch monolithische Konzerne, die den Großteil der Produktionsschritte *in-house* organisiert hatten, entwickelte sich eine komplexe Netzwerkstruktur bestehend aus Herstellern, Zulieferern, strategischen Allianzen und Joint Ventures (Rutherford/Holmes 2008). Die größten dieser Zulieferer haben sich im Zuge der Internationalisierung der Autoproduktion ebenfalls zu transnationalen Konzernen entwickelt, die Produktionsstätten in den wichtigsten Autoclustern der Welt unterhalten (Humphrey/Memedovic 2003). In Europa soll der Wertschöpfungsanteil der Zulieferindustrie bereits 2010 bei 75 % liegen (Business + Innovation Center Kaiserslautern 2004: 5). Trotz dieser Tendenzen ist es in der Automobilindustrie zu keiner vergleichbar starken räumlichen Konzentration der Produktion gekommen, wie dies für andere Industrien, etwa die Elektronikindustrie oder den Bekleidungssektor, festzustellen ist (Sturgeon u.a. 2009). Bestimmte technologieintensive Produktionsschritte wie Autodesign oder Forschung und Entwicklung sind zwar zunehmend zentralisiert, was die Ausschöpfung von zunehmenden Skalenerträgen ermöglicht. Die eigentliche Autoproduktion ist aber noch immer auf relativ viele Produktionsstandorte verteilt. Grenzüberschreitende Integration in der Produktion findet eher auf regionaler oder kontinentaler Ebene statt, eine tatsächlich globale Integration der Produktion mit globalen Lieferverflechtungen zeichnet sich in der Autoindustrie bislang kaum ab. In den 1990er Jahren verlagerten die großen Autohersteller ihre Investitionen in Richtung Süden, um vom Wachstumspotenzial der Märkte und der Möglichkeit zur Senkung von Produktionskosten zu profitieren (Humphrey 2003). Zunächst drangen US-amerikanische und europäische Konzerne nach Lateinamerika vor, während japanische Firmen Produktionsstätten in den ASEAN Staaten errichteten. Im Zuge der Ostöffnung begannen parallel dazu westeuropäische und US-amerikanische Autokonzerne sowie wenige asiatische Hersteller mit dem Aufbau von Fertigungswerken in Osteuropa. Ende der 1990er Jahre fassten schließlich koreanische und US-amerikanische Firmen in Südostasien Fuß. Besonders hervorzuheben ist aber der Aufstieg chinesischer und indischer Hersteller, die vom dynamischen Wachstum ihrer Heimatmärkte profitierten (Humphrey/Memedovic 2003).

Ford und General Motors waren die Pioniere bei der Etablierung grenzüberschreitender Produktionssysteme. Bereits 1965 wurden durch ein Zollabkommen, das sogenannte *Auto Pact,* die Voraussetzungen für die Integration Kanadas in die Wertschöpfungsketten US-amerikanischer Konzerne gesetzt (Rutherford/Holmes 2008). In den 1970er Jahren eröffneten die beiden Konzerne Produktionsstätten in Mexiko, wobei zu Beginn dieses Engagements zwei parallele Strukturen errichtet wurden. Zum einen fertigten die Konzerne in relativ geringen Stückzahlen Autos für den mexikanischen Markt, zum anderen wurden im Rahmen des *maquiladora*-Systems, das 1965 durch ein Abkommen zwischen den USA und Mexiko institutionell verankert wurde, Komponenten für den Export in die USA und nach Kanada produziert. Wurden zu Beginn vor allem arbeitsintensive Produktionsschritte nach Mexiko verlagert, so kam es im Rahmen der NAFTA zu einem sukzessiven Upgrading der mexikanischen Werke, die heute auch höherwertige Komponenten wie Motoren und Getriebe herstellen.

Während diese Beispiele (mit der Ausnahme Kanadas) für die Integration peripherer Regionen in die Produktionsstrukturen von Staaten der Triade (USA, Japan, Deutschland) stehen, gibt es auch Beispiele verstärkter Kooperation zwischen Schwellenländern. Vor allem Argentinien und Brasilien haben im Rahmen des Mercosur ihre Automobilindustrien in grenzüberschreitenden Produktionsnetzen integriert. Heute gehen fast 100 % der argentinischen Autoexporte nach Brasilien, dessen Exporte wiederum zum Großteil in das südliche Nachbarland geliefert werden. Dagegen blieben mehrere Versuche der ASEAN Staaten in den 1980er und 1990er Jahren, die nationalen Produktionsstrukturen auf regionaler Ebene zu integrieren, weitgehend erfolglos. Stattdessen knüpften einzelne ASEAN Staaten Verbindungen zu Staaten der Triade und sind somit stärker in Nord-Süd Beziehungen als in regionale Wertschöpfungsketten eingebettet (Humphrey/Memedovic 2003).

Gründe für das Fortbestehen regionaler und nationaler Produktionssysteme in der Automobilindustrie

Auf Seiten der Autoindustrie herrschte lange der Wunsch, die Produktion weitgehend zu standardisieren und gleiche Endprodukte weltweit zu vertreiben. Ford ging mit seiner Idee der „world cars" am weitesten. Ökonomisch würde eine Standardisierung der Produkte eine maximale Ausnutzung von Skalenerträgen ermöglichen und die Konzentration der Produktion in wenigen Regionen nahelegen. Aus verschiedenen Gründen waren Schritte in diese Richtung jedoch nicht erfolgreich. Einzig in den Bereichen Forschung und Entwicklung sowie Autodesign ist die Konzentration auf wenige Standorte in den Industrieländern weit fortgeschritten. Automobilhersteller setzen heute auf Plattformlösungen, die es ermöglichen, unterschiedliche Modellvarianten auf Basis einer gemeinsamen Autoplattform zu entwickeln, die in der Regel auch von mehreren Konzernmarken verwendet wird (Modularisierung). In einzelnen Fällen werden Plattformen auch von mehreren Konzernen gemeinsam entwickelt und genutzt. Dennoch konnte die als *follow design* bezeichnete Standardisierung von Endprodukten und Komponenten über mehrere Märkte hinweg nicht so weit vorangetrieben werden wie in anderen globalen Industrien. Zum einen übersetzen sich die Einkommensdifferenziale zwischen Industrieländern und Entwicklungsländern in unterschiedliche Kundenwünsche; Extras und hohe Fahrleistungen sind beispielsweise für Schwellenländer meist zu teuer. Auch haben sich nationale Kundenpräferenzen in Bezug auf das Fahrzeugdesign als schwer veränderbar erwiesen. Die Integration zwischen ehemals national segmentierten Absatzmärkten ist daher weit geringer fortgeschritten als jene im Bereich des Produktionssystems (Schamp 2005). Aber nicht nur Kaufkraftunterschiede und Kundenpräferenzen erschweren Produktstandardisierung. Für Schwellenländer müssen Autos aufgrund schlechterer Straßenverhältnisse robuster ausgelegt werden als für die Märkte der Industrieländer, was den Einsatz unterschiedlicher Komponenten notwendig macht. Besonders wichtig sind in diesem Zusammenhang auch rechtliche und steuerliche Regelungen. Die Erreichung hoher Umwelt- und Sicherheitsstandards, wie sie für viele Industrieländer typisch sind, ist mit erhöhten Produktionskosten und Endpreisen verbunden, die für Schwellenländer vielfach zu hoch liegen. Steuern und handelspolitische Instrumente wie Zölle und Kontingente werden auch dazu verwendet, die heimische Autoindustrie zu schützen. Ein berühmtes Beispiel dafür ist Thailand, wo durch die steuerliche Begünstigung der Absatz von Pick-up-Trucks gefördert wurde, weshalb sowohl Absatz als auch Produktion überproportional sind (Humphrey/Memedovic 2003).

Die nach wie vor stark differenzierten und unterschiedlich regulierten nationalen Automärkte haben dazu beigetragen, dass die Produktionsstrukturen ebenfalls regional dispers geblieben sind. Viele Schwellenländer haben im Zuge der importsubstituierenden Industrialisierung nationale Autoindustrien und Wertschöpfungsketten entwickelt. Mit dem Vordringen der großen Autoproduzenten der Triade erhöhte sich der Druck auf diese geschützten Industriezweige. Wirtschaftspolitisch wurde darauf sehr unterschiedlich reagiert. Während Staaten wie Australien und Südafrika einen liberalen Zugang wählten und die Schutzmechanismen rigoros abbauten, knüpfen Staaten wie China, Indien und Brasilien Investitionen internationaler Konzerne an Bedingungen (Humphrey 2003; Humphrey/Memedovic 2003; Depner 2007). Zum einen wurde verlangt, dass die End-

fertigung der Modelle im Inland zu geschehen habe. Zum anderen wurde über sogenannte *Local-Content*-Regelungen sichergestellt, dass heimische Zulieferer einen wesentlichen Teil der Autokomponenten liefern konnten. Da die Autokonzerne bei den
wichtigsten, technologieintensiven Zulieferteilen auf große Zulieferer vertrauen, mussten diese ihren Kunden an ihre neuen Produktionsstandorte nachfolgen (*follow sourcing*) und entwickelten sich – wie Bosch, EICA oder Magneti Marelli – ebenfalls zu
transnationalen Konzernen.

Trotz ähnlicher Prozesse der Internationalisierung und Globalisierung in der Automobilwirtschaft entwickelten die einzelnen Unternehmen jedoch ihre Anpassungsstrate-
gien ziemlich autonom. Belis-Bergouignan/Bordenave/Lung (2000:42-43) unterscheiden
vier Idealtypen: *World-wide companies* bilden komplette Strukturen in allen Ländern,
aber mit einer ausgeprägten internationalen Hierarchie. Demgegenüber setzen *multidomestic companies* auf eine regional ausdifferenzierte Produktion durch weitgehende Dezentralisierung. *Multiregional companies* sind zwar ebenfalls durch Dezentralisierung
gekennzeichnet, weisen aber eine stärkere interregionale Abhängigkeit der Produktion
auf. *Transregional companies* sind stärker hierarchisch organisiert, um durch die Nutzung von zunehmenden Skalenerträgen global vermarktete Weltprodukte zu fertigen.

Struktur der Wertschöpfungskette

Die Wertschöpfungsketten in der Automobilindustrie weisen verschachtelte, hierarchische Strukturen auf, in denen unterschiedliche Akteure, die auf unterschiedlichen
räumlichen Ebenen angesiedelt sind, miteinander verbunden werden. An der Spitze der
Wertschöpfungsketten stehen eine kleine Anzahl führender Automobilhersteller, die auch
als *Original Equipment Manufacturers* (OEMs) bezeichnet werden. Diese multinationalen Firmen sind für Forschung und Entwicklung, Design, die Herstellung der wichtigsten technologieintensiven Komponenten, vor allem der Getriebe und der Motoren,
und für die Vermarktung der Automobile zuständig. Zumeist übernehmen sie auch die
Endfertigung. Hierarchisch untergeordnet sind Zulieferer, die sich in verschiedene Kategorien einteilen lassen. In den letzten Jahren wurden auch bei den Zulieferern starke
Konzentrationstendenzen sichtbar. Schätzungen zufolge wird sich die Anzahl der Zulieferer von 2002 bis 2010 von rund 8000 Firmen auf nur mehr 2000 reduzieren (Ruther-
ford/Holmes 2008). Die wichtigsten Zulieferer, die *global mega suppliers*, übernehmen
zunehmend komplexe Aufgaben und müssen fähig sein, ihren wichtigsten Kunden weltweit zu folgen. Waren sie bis vor einigen Jahren stark an Vorgaben und Produktspezifikationen der OEMs gebunden und auf die Produktion einer Vielzahl einzelner Komponenten beschränkt, so liefern sie heute komplexe modulare Komponenten, wie Antriebs-
stränge, elektronische Systeme oder komplette Armaturenbretter. Diese Module müssen
den groben Spezifikationen der Hersteller gerecht werden, erfordern aber eigenständige
Entwicklungsleistungen. Um diese sogenannten *Black-Box*-Lösungen herstellen zu können, müssen die Global Mega Suppliers selbst über Forschungs- und Entwicklungsabtei-
lungen und Designkapazitäten verfügen (Humphrey 2003). Die nächste Hierarchiestufe
in der Wertschöpfungskette besetzen die sogenannten *first tier suppliers,* die ebenfalls
technologieintensive Komponenten fertigen, deren globale Reichweite jedoch gerin-

ger ist. Die *second tier suppliers* produzieren auf Basis genauer Produktspezifikationen der Hersteller, ihre Autonomie ist dementsprechend geringer. Um als Second Tier Supplier akzeptiert zu werden, müssen bestimmte Industrienormen und Qualitätsstandards, wie ISO 9000 oder QS 9000, erfüllt werden. Am unteren Ende der Wertschöpfungskette befinden sich die *third tier suppliers*, die wenig technologieintensive Komponenten herstellen. Dieser gering globalisierte Markt ist durch einen sehr harten Preiskampf gekennzeichnet und wird in der Regel lokalen Firmen überlassen. Lokale Firmen sind auch stark auf dem sogenannten *aftermarket*, also dem Markt für Ersatzteile, engagiert. Auf diesem kompetitiven Markt findet kaum Innovation statt, da vor allem Designs von Originalteilen kopiert werden (Humphrey/Memedovic 2003).

Entwicklungsländer beheimaten verschiedene Produktionsstufen der Wertschöpfungskette, jedoch praktisch keine Forschungs- und Entwicklungs- oder Designabteilungen. In Ländern mit hohen Local-Content-Erfordernissen sind sowohl Endfertigung als auch die Produktion hochwertiger Komponenten durch globale Zulieferer angesiedelt, die beide auf die Inputs lokaler Firmen zurückgreifen. Inwieweit Entwicklungsländer von der Integration in globale Wertschöpfungsketten der Automobilindustrie profitieren können, und ob einheimische Firmen in der Lage sind, ihre Position in der Kette zu verbessern und hochwertigere Komponenten zu produzieren, hängt einerseits mit der Ausgestaltung der Politik, andererseits mit den Strategien und Unternehmenskulturen der jeweiligen Konzerne zusammen. Im Bereich der Politik spielen sowohl allgemeine Instrumente, wie die Steuerpolitik oder Zölle eine Rolle, als auch zielgerichtete Instrumente auf regionaler Ebene, wie Clusterpolitik, Forschungs- und Technologiepolitik und arbeitsmarktpolitische Initiativen. Die Ausgestaltung des institutionellen Umfelds trägt viel zur Stabilität von Lieferbeziehungen innerhalb der Kette bei und kann die Chancen auf ein Upgrading der Produktionsstrukturen erhöhen. Die Autoindustrie ist in vielen Staaten ein Kernelement nationaler Akkumulationsprojekte, die sich zumeist auf transnationale Konzerne als Schlüsselakteure stützen. Die starke Konzentration der OEMs auf einige Nationalstaaten, die hierarchische Struktur der Autoindustrie und die hohen Kosten des Aufbaus einer neuen Marke stellen nämlich große Hindernisse für die Entwicklung nationaler Automobilindustrien außerhalb der Herstellerländer dar. Aufgrund der hohen Entwicklungskosten – im Durchschnitt werden für die Entwicklung eines Automobils 30.000 Ingenieursstunden und 3-5 Jahre Entwicklungszeit veranschlagt – sind die Markteintrittsbarrieren für neue Firmen extrem hoch. Darüber hinaus erfordert die Produktion eines neuen Modells Investitionen in Produktionsanlagen in Höhe von mehreren Milliarden US-Dollars (Sturgeon u.a. 2009).

Machtbeziehungen in der Wertschöpfungskette

Die Dominanz weniger transnationaler Konzerne wirkt sich auch auf die Entwicklungsperspektiven von Zulieferern und Regionen, in denen sie angesiedelt sind, aus. Die enorme Marktmacht und finanzielle Überlegenheit einzelner Konzerne ermöglicht es diesen, ihre eigenen Produktionsstandards durchzusetzen. Das weitgehende Fehlen generischer Komponenten, die es Zulieferern ermöglichen würden, gleiche Produkte an mehrere Abnehmer zu verkaufen, treibt insgesamt die Entwicklungskosten für Komponenten in die Höhe und zementiert die Abhängigkeit der Zulieferer von ihrem Hauptkunden. Zwar konnten die größten Zulieferer in letzter Zeit mehr Selbstständigkeit gewinnen, da sie zunehmend komplexere, forschungsintensive Module herstellen, der Großteil der Zulieferer in Entwicklungsländern befindet sich jedoch auf tiefer liegenden Stufen der Kette und produziert ausschließlich nach den Spezifikationen des Hauptkunden. Aus dieser Position heraus ist eine selbstständige Entwicklung schwierig, dennoch gibt es Beispiele für technologisches Upgrading und *value enhancement*. Die Chancen dafür hängen stark von der Art der Beziehungen zwischen Hersteller und Zulieferer in der jeweiligen Kette ab (Governance).

Die GVC-Literatur unterscheidet zwischen Marktbeziehungen, modularen, relationalen, kaptiven und firmeninternen Beziehungen (Sturgeon/Van Biesebroeck/Gereffi 2008). Unter Marktbeziehungen wird der reine Zukauf einer Komponente von einem Zulieferer verstanden. Modulare Beziehungen bezeichnen formal geregelte Verbindungen, in denen kodifiziertes, d.h. niedergeschriebenes oder gespeichertes Wissen ausgetauscht wird. Modulare Beziehungen existieren häufig zwischen den Herstellern und ihren wichtigsten Zulieferern. Relationale Beziehungen sind durch ein hohes Maß an Gegenseitigkeit und durch kollektives Lernen geprägt: zwei oder mehrere Partner arbeiten gemeinsam an der Entwicklung eines Produktes, tauschen dabei implizites Wissen (Erfahrungswissen) aus und profitieren gemeinsam von dieser Zusammenarbeit. Unter kaptiven Beziehungen werden dagegen einseitig dominierte Machtbeziehungen verstanden. Im Kontext der Autoindustrie können die Beziehungen der OEMs zu ihren *second*- und *third-tier*-Zulieferern, die nach genauen Vorgaben produzieren, häufig diesem Typ zugeordnet werden. Firmeninterne Beziehungen sind schließlich stark durch die jeweilige Unternehmenskultur eines Konzerns geprägt (Sturgeon/Van Biesebroeck/Gereffi 2008). Empirische Untersuchungen haben gezeigt, dass es erhebliche Unterschiede in der Governance einer Wertschöpfungskette gibt: US-amerikanische, westeuropäische und japanische Hersteller gewähren ihren Zulieferern unterschiedlich große Spielräume. US-amerikanische und eingeschränkt auch westeuropäische Firmen setzten auf mittel- bis kurzfristige Marktbeziehungen. Die Produktion von Komponenten wird ausgeschrieben und für einen bestimmten Zeitraum an einen Zulieferer vergeben. Dabei kommt es häufig zum Wechsel der Lieferanten, die in einem harten Preiskampf miteinander konkurrieren müssen. Aus Perspektive des Zulieferers sind diese instabilen Beziehungen riskant, führen aber auch dazu, dass sie sich nicht einseitig an einem Hauptkunden orientieren. Japanische Konzerne gehen dagegen vor allem langfristige, relationale Lieferbeziehungen ein; vielfach beteiligen sie sich auch an ihren Zulieferern. Dieses System wird als *keiretsu* bezeichnet und ist durch hierarchische und paternalistische Beziehungen zwischen Herstellern und Lieferanten geprägt (Humphrey 2003). Gemeinsam mit dem Umstand, dass japanische Konzerne ihre technologischen Kernkompetenzen im Unternehmen konzentrieren, erschwert dieses System das technologische Upgrading von Zulieferern deutlich. Trotz der Stabilität der Beziehungen haben sie oft kaptiven Charakter, da sie die dauerhafte Unterordnung der Zulieferer verlangen. Dies trifft besonders zu, wenn sich die Zulieferer außerhalb Japans befinden (Sturgeon/Van Biesebroeck/Gereffi 2008).

Die Geografie der Automobilwirtschaft im europäischen Binnenmarkt – Beständigkeit im Wandel

Die Krise des Fordismus führte bis 1990 zu einigen Veränderungen in der europäischen Geografie der Automobilproduktion. England, als größter europäischer Automobilproduzent nach dem Zweiten Weltkrieg, hat nach dem Einbruch der nationalen Autoindustrie in den 1970ern zwar ab der Mitte der 1980er Jahre durch Investitionen von japanischen Konzernen (Nissan, Honda, Toyota) wieder Produktionskapazitäten gewonnen, aber Forschungs- und Managementaufgaben teilweise eingebüßt. In Frankreich blieben dank eines großen Heimatmarkts und zweier großer OEMs diese Funktionen erhalten; durch die langjährige Strategie der Ausbeutung von Lohnkostenvorteilen mussten aber im Zuge der EU-Süderweiterung 1986 Teile der Produktion nach Spanien (und Belgien) ausgelagert werden. Aus dem gleichen Grund wurde die Produktion in Italien zunehmend in den Süden verlagert. Nachdem die Produktionsstandorte der europäischen Ableger der US-amerikanischen PKW-Hersteller GM und Ford ziemlich gleichmäßig über Deutschland, Belgien, Spanien und das Vereinigte Königreich gestreut waren, entwickelte sich Spanien bis 1990 zum drittgrößten europäischen Automobilhersteller. Durch die mangelhafte lokale Einbettung der Produktion und die Konzentration auf Lohnkostenvorteile war der Sektor aber größtenteils von den Strategien multinationaler Unternehmen abhängig. Nur in Deutschland wurde ein anderer Weg beschritten: Die starke D-Mark und die zunehmende japanische Konkurrenz zwangen zur Festigung der Position im Hochpreissegment, BMW und Mercedes konnten es sich daher leisten, weiterhin ausschließlich im Hochlohnland Deutschland zu produzieren. So festigte sich bis in die 1990er Jahre die Hierarchie der Produktionsstandorte. Während in Süddeutschland in nahezu der Hälfte der Werke Prestigemodelle gefertigt wurden, konzentrierte sich die Peripherie – insbesondere Spanien – auf die Fertigung kleinerer und einfacherer Modelle (Bordenave/Jung 1996:306-310).

Die technischen und organisatorischen Innovationen wie Automatisierung und Flexibilisierung führten auch in Europa zu einer neuen räumlichen Organisation der Produktion, neuen Formen der Zusammenarbeit mit Zulieferern und auch zu einer neuen Arbeitsorganisation mit stärkerer Beteiligung von ArbeitnehmerInnen. Während die Standortwahl der Produktion zunehmend einer renditeorientierten Investitionslogik, logistischen Anforderungen und dem Zyklus von Modellwechseln folgte, blieben allerdings die Unternehmenszentralen gemeinsam mit den Organisationseinheiten für Forschung und Entwicklung sowie Marketing und Design in wirtschaftlich fortgeschrittenen Regionen – der vielzitierten „blauen Banane" – zentralisiert (Bordenave/Jung 1996:312-313). Mit der Transformation Osteuropas begann – wie im Falle der USA und Mexikos – die Integration der Mittel- und osteuropäischen Länder (MOEL) in diese europäischen Produktionsnetze. Mangels einer gemeinsamen industriepolitischen Strategie der ehemaligen Comecon-Staaten schienen Direktinvestitionen aus Westeuropa die besten Restrukturierungsstrategien zu bieten. Schon vor der Osterweiterung der EU im Jahr 2004 wurde der Handel in beide Richtungen vereinfacht: Zölle auf Importe nach Osteuropa wurden bis 2001/2002 komplett abgebaut, Exporte nach Westeuropa mussten lediglich einen Wertschöpfungsanteil von 60 % aus EU-Produktion erfüllen (Humphrey/Memedovic 2003:11-13).

Der Umbruch in Osteuropa: Strategische Neuorientierung von Staaten und Herstellern

Autohersteller waren unter den ersten westlichen Unternehmen, die in den postsozialistischen mittel- und osteuropäischen Ländern investierten und so das Zusammenspiel von Staat und Markt in der Industrie neu definierten (Sadler/Swain 1994). Besonders gute Voraussetzungen hatten jene Länder, die im Comecon auf Automobilproduktion spezialisiert waren, also die DDR (mit den Herstellern Wartburg und Trabant), Polen (FSM und FSO), Tschechien (Skoda), Slowenien (Industrije Motornih Vozil – IMV), Jugoslawien (Zastava Yugo Automobili) und Rumänien (Dacia und Oltcit) (Van Tulder/Ruigrok 1998:202). Gerade diese standen aber in der Anfangsphase vor dem Dilemma, im Interesse ihrer KonsumentInnen schnell den Import westlicher Erzeugnisse zu ermöglichen und gleichzeitig die eigene Produktion zu schützen. Die als *first tier countries* bezeichneten Staaten Tschechien, Polen und Ostdeutschland hatten eine relativ starke Verhandlungsposition gegenüber Investoren. Im Unterschied zu Tschechien, dessen einziger Trumpf Skoda schnell ausgespielt war, konnte jedoch Polen – als Land mit dem größten Binnenmarkt und diversifizierter Produktionsstandort – strategischer vorgehen. Die Interessen des Investors Fiat wurden dann unterstützt, wenn sie den eigenen Zielen entsprachen, wie die handelspolitische Strategie der Marktabschottung und Importsubstitution. Gleichzeitig wurde aber eine Monopolstellung von Fiat verhindert, indem auch GM und Daewoo ins Land geholt wurden. Ungarn, die Slowakei und Slowenien – als *second tier countries*, die keine oder nur schwache eigene Marken zu verkaufen hatten – wurden primär in die Produktion von Komponenten eingebunden. Aufgrund des geringeren politischen Handlungsspielraums war der lokale Anteil der Fahrzeugproduktion geringer, die Exportorientierung stärker. Rumänien wurde anfangs als *uncertain tier* betrachtet. Die Produktion von Dacia wurde durch hohe Importzölle (auch gegenüber anderen MOEL) abgesichert, daneben wurde im Oltcit-Werk mit der Montage von Daewoo begonnen. Die restlichen Staaten galten als *third and risky tier countries*, weil sie entweder nur beschränkte Kapazitäten hatten (Albanien, Bulgarien, Kroatien, Mazedonien, Serbien) oder aus Investorensicht als unsicher galten (Ukraine, Russland). In Russland und anderen Sowjet-Nachfolgestaaten fertigten aber manche Hersteller – unter Beteiligung der Regierungen – für den lokalen Markt (Van Tulder/Ruigrok 1998:224-231).

Die großen OEMs verhielten sich gegenüber den neuen Märkten unterschiedlich. Van Tulder und Ruigrok (1998:202) ordneten die Hersteller vier Typen internationaler Produktionsnetze zu, nämlich *Front-Runner, follower, peripheral,* and *lock-out networks.* Diese unterscheiden sich nach der Verhandlungsposition der Unternehmen im Heimatland, der Dynamik der Internationalisierung, der Aufnahme in den Gastgeberländern und den Mustern innereuropäischen Handels, die daraus entstehen. Die Front-Runner – Volkswagen, GM-Opel, Fiat und Renault – übernahmen in den ersten beiden Jahren nach dem politischen Umbruch 90 % der osteuropäischen Produktionskapazitäten. Sie zeichneten sich dadurch aus, dass sie schon vor dem Regimewechsel enge Beziehungen zu den jeweiligen Staaten (Fiat zu Polen, GM zu Ungarn und Renault zu Slowenien) aufgenommen hatten und/oder auf Unterstützung der eigenen Regierungen (VW, Renault, Fiat) vertrauen konnten. Als Massenhersteller in vertikal integrierten und relativ geschlossenen Netzwerken waren sie nicht nur an der Markterschließung, sondern auch an Reimporten interessiert. Manche Hersteller wollten mit dieser Strategie die Verhandlungsposition gegenüber den Gewerkschaften und der Zulieferindustrie – insbesondere im Hochlohnland Deutschland – verbessern. Das gilt vor allem für den GM-Ableger Opel, der aufgrund der relativ losen Verankerung in Westeuropa als erstes Unternehmen ankündigte, Produktionskapazitäten vom Westen in den Osten zu verlagern. Fiat und Volkswagen verfolgten demgegenüber eher zu ihren westeuropäischen Standorten komplementäre Strategien (Van Tulder/Ruigrok 1998:209-211).

Die verbleibenden europäischen Massenhersteller Ford Europa und PSA waren an dieser ersten Runde nicht beteiligt, weil sie entweder nicht erfolgreich verhandelten (PSA) oder kein Interesse hatten (Ford). Diese Follower Networks hatten nicht nur weniger Unterstützung von ihren Regierungen, sondern auch generell offenere Produktionsnetze. Sie gestalteten ihren Einstieg schließlich vorsichtig und bedachten Rückzugsstrategien stets mit. Eine internationale Arbeitsteilung wurde vorerst nicht angestrebt, die Fertigung zielte primär auf die lokalen Märkte ab. Manche asiatische Hersteller – insbesondere Suzuki und Daewoo – versuchten hingegen, durch Peripheral Networks den abgeschotteten westeuropäischen Markt durch die osteuropäische „Hintertür" zu erschließen. Ihre Organisationsform als relativ schwache und offene Produktionskomplexe in den Heimatländern ermöglichte es ihnen, relativ leicht in neuen Netzen anzudocken. Die restlichen großen europäischen (BMW, Mercedes-Benz, Volvo) und japanischen (Toyota, Nissan, Honda) Hersteller bildeten die Gruppe der Voluntary Lock-out Networks. Ihre strategische Gemeinsamkeit ist, dass sie primär auf Exporte vertrauten und kaum eine internationale Arbeitsteilung anstrebten (Van Tulder/Ruigrok 1998:212-215).

Auswirkungen der Neustrukturierung der osteuropäischen Automobilwirtschaft

Insgesamt waren die Direktinvestitionen in den MOEL in den 1990er Jahren regional und sektoral stark konzentriert. Die *first-tier*-Länder wurden schnell in westeuropäische Produktionsnetze integriert. Tschechien, Ungarn, Polen und die Slowakei erhielten aufgrund ihrer Lage, der qualifizierten Arbeitskräfte und politischer Stabilität beinahe zwei Drittel der Direktinvestitionen (Pavlinek 2004). Für die Wirtschaftsentwicklung der Länder wurden die Direktinvestitionen oft sehr positiv beurteilt. Besonders Tschechien und die Slowakei hätten, aufbauend auf ihrer Spezialisierung im Comecon, die Modernisierung der Produktions- und Handelsstruktur erfolgreich gemeistert (Hoekman/Djankov 1996), die Handelsposition schien aufgrund der komparativen Wettbewerbsvorteile gesichert (Kaminski/Ng 2001:52). Allerdings kam es durch zunehmende Handelsbarrieren zwischen den ehemaligen Comecon-Staaten auch zu einer starken Abhängigkeit von den westeuropäischen Mutterkonzernen. Insbesondere die deutsche Automobilindustrie (inklusive Opel) hatte in den 1990er Jahren einen Handelsüberschuss mit allen MOEL, worin sich das ungleiche Spezialisierungsmuster sowohl in der Komponentenproduktion als auch im Handel mit fertigen Fahrzeugen zeigte. Demgegenüber hatte Polen mit Italien in den Jahren 1992–1996 einen leichten, aber konstanten Handelsüberschuss (Van Tulder/Ruigrok 1998:231-233).

Auch in Polen führten die Anfangsstrategie der Nutzung von Lohnkostenvorteilen und die starke Abhängigkeit von einzelnen Konzernen zu einer starken Verwundbarkeit.

Durch den Konkurs von Daewoo und große Probleme bei Fiat in den frühen 2000er Jahren kam es zur Schließung von Standorten und zum Verlust vieler Arbeitsplätze. Die schwache regionale Einbettung machte es leicht, die Produktion auch wieder abzuziehen (Pavlínek 2004). Ebenso kam es in Tschechien und der Slowakei in den 1990er Jahren kaum zu regional eingebetteten Entwicklungspfaden. Defensive Restrukturierung (Konzentration auf Kostenvorteile, Niedriglöhne, Arbeitsflexibilität) war gegenüber offensiver Restrukturierung (Qualifizierung, höhere Löhne, verbesserte Produktivität, Kooperation zwischen wirtschaftlichen und institutionellen Akteuren) klar bestimmend, für eine Überwindung der peripheren Position gab es kaum Anzeichen. Im Fall von Skoda wurden die lokalen Zulieferer zwar vielfach ermuntert, Joint Ventures mit ausländischen Unternehmen einzugehen, um die von VW geforderte Qualität zu erreichen und den vertraglich vereinbarten Anteil tschechischer Komponenten sicherzustellen. Mit der Umstellung der Fahrzeugproduktion auf gemeinsame Konzern-Plattformen reduzierte sich dieser Anteil aber von 70 % auf 30 %. Volkswagen Bratislava wurde demgegenüber von Anfang an für die Fertigung von Nischenmodellen herangezogen, deren Produktion im VW-Stammwerk in Wolfsburg zu teuer war. Da schon das ursprüngliche Unternehmen Bratislavske automobilove zavody kaum in die Region eingebettet war, spielten lokale Zulieferbetriebe auch weiterhin keine Rolle (Pavlínek/Smith 1998:626-628). In Ungarn hatten nicht nur Ford und GM anfangs kaum Beziehungen zu lokalen Zulieferern; auch im Suzuki-Werk, das ein Joint Venture mit einem Konsortium aus 60 ungarischen Unternehmen war und auf eine enge Einbindung in die lokale Zulieferindustrie abzielte, war der Anteil lokal produzierter Teile anfangs gering (Sadler/Swain 1994:396-401).

Dieses Bild änderte sich aber ab der zweiten Hälfte der 1990er Jahre, als die Aufteilung der Märkte, der die Anfangsinvestitionen galten, vorüber war und nun vermehrt exportorientierte grenzüberschreitende Investitionen folgten. Um die Lohnkostenvorteile besser zu nutzen, sollten die Zulieferer in den MOEL nun für den gesamten Konzern aufgebaut werden. Neben VW und Fiat setzte insbesondere GM auf eine starke regionale Arbeitsteilung, in der Länder mit einer schwachen Währung Komponenten für Deutschland fertigen sollten. Auch Audi und Mercedes-Benz, beides Unternehmen, die durch Lock-out Networks charakterisiert sind, nutzten schließlich die Möglichkeit, Teile der Produktion in die MOEL zu verlagern, allerdings meist gemeinsam mit ihren bewährten Hochtechnologie-Zulieferern. Der Grund für die Auslagerung der Produktion war in diesen Fällen primär, die heimischen Zulieferbetriebe mit billigeren Lohnkosten unter Druck zu setzen. Im Falle einer Mäßigung der Lohnansprüche der Gewerkschaften schien eine Rückverlagerung dieser Aktivitäten wahrscheinlich. Ungarn – als Land mit der größten Tradition in der Produktion von Komponenten – wurde dafür bevorzugt herangezogen (Van Tulder/Ruigrok 1998:217-221). In Bezug auf Forschungs- und Entwicklungsleistungen vor Ort verfolgten die Konzerne durchaus unterschiedliche Strategien. Neben der Produktion standardisierter Teile setzten manche Zulieferer auch auf die Produktion spezialisierter Teile, die an lokale Forschungs- und Entwicklungsleistungen gekoppelt wurden. Die großen OEMs wie Volkswagen und Daimler sowie große Zulieferer siedelten darüber hinaus aufgrund der preiswerten, hochqualifizierten ArbeitnehmerInnenschaft auch Einrichtungen für angewandte Forschung an den osteuropäischen Standorten an. Grundlagenforschung bleibt jedoch weitgehend in den Kernregionen konzentriert (Pavlínek 2004).

Diese strategische Neuorientierung wirkte sich auch auf die handelspolitische Position aus. So hatte Deutschland in den späten 1990er und frühen 2000er Jahren – anders als mit den meisten Regionen der Welt – mit den MOEL regelmäßig Außenhandelsdefizite im Automobilsektor (Heymann 2004:12). Die Länder hatten im Laufe der Zeit durch Technologietransfers, Produktivitäts- und Exportsteigerungen und die Schaffung einer lokalen Zulieferbasis ihre Position stark verbessert. Das wurde auch in politischen Strategien reflektiert. Nach der Dominanz von Privatisierungen in der ersten Hälfte der 1990er Jahre herrschten ab der zweiten Hälfte der 1990er Jahre ansiedlungspolitische Strategien in Form von Steuererleichterungen, Subventionen und Infrastrukturinvestitionen vor, die zu heftigen Wettbewerben zwischen den MOEL führten – wie beispielsweise um die Ansiedlung von PSA und Kia in den Jahren 2003/2004, die jeweils die Slowakei gegen Polen für sich entscheiden konnte. Heute setzen die ersten Regierungen hingegen auch verstärkt auf regionalpolitische Konzepte wie Cluster und die Einbettung der Direktinvestitionen in lokale Zulieferstrukturen. Prominente Beispiele sind der „Pannon Automotive Cluster" (PANAC) und das Programm „Integrator" in Ungarn, die auf das Upgrading der lokalen Zulieferindustrie und deren Einbindung in globale Netzwerke abzielen (Radosevic/Rozeik 2005:33-36).

Clusterentwicklung in der Semiperipherie der europäischen Automobilwirtschaft

Aufgrund der bis zur Weltwirtschaftskrise positiven Entwicklungsprognosen für die Automobilindustrie bilden Cluster in westeuropäischen Regionen schon länger ein Kerninstrument zur Erhöhung des regionalen Wertschöpfungsanteils. Die aktuelle Diskussion zu Clustern wurde von Porter (1990) eröffnet. Im Wesentlichen wurden diese als räumliche Ballung von Unternehmen bestimmter Wertschöpfungsketten beschrieben, die spezialisierte Dienstleister und Zulieferunternehmen anziehen und durch Arbeitsteilung und Externalitäten – wie relevantes Wissen, spezialisierte ArbeitnehmerInnen – ihre Wettbewerbsposition verbessern. Von der Politik wurde dieses auf empirischen Beobachtungen basierende Konzept in der Folge normativ umgedeutet und so interpretiert, dass durch gezielte Clusterförderung die Wettbewerbsposition von Regionen verbessert werden kann. Dabei wurde aber kritisch angemerkt, dass dies nur im Falle tatsächlich vorhandener Cluster auch funktioniert; im Falle von *Wishful-Thinking Clusters* würde die Strategie scheitern (Enright 2003). Im Rahmen eines Forschungsprojekts zu Fördermöglichkeiten länderübergreifender Cluster in Ostdeutschland im Auftrag des deutschen Bundesministeriums für Verkehr, Bau und Stadtentwicklung (Henckel u.a. 2007) wurden unter anderem Automotive Cluster in Ostdeutschland und der Vienna Region untersucht. In beiden Regionen wird seit einigen Jahren versucht, durch den Aufbau von Clusterstrukturen die Entwicklungschancen der Branche gezielt zu fördern. Die entsprechenden Strategien und deren Erfolgsaussichten sollen hier kurz beleuchtet werden, um Grenzen und Möglichkeiten regionaler Initiativen zur Stärkung der lokalen Automobilindustrie zu illustrieren.

Die ostdeutsche Automobilwirtschaft wurde nach der Wiedervereinigung der beiden deutschen Staaten und der Schließung der ostdeutschen Betriebe (VEB Sachsenring Automobilwerke Zwickau, VEB Automobilwerk Eisenach) in den 1990er Jahren durch die geförderte Ansiedlung westdeutscher Hersteller – Volkwagen (1990/2001), Opel (1992), Porsche (1999), BMW (2001) – neu aufgestellt. Einzig Berlin (West) weist mit einer 100-jährigen Geschichte als Produktionsstandort von Daimler historische Kontinuität auf. Auch in der Zulieferindustrie kam es zu massiven Veränderungen. Die meist kleinen und jungen – teilweise als Töchter westdeutscher Unternehmen gegründeten – Unternehmen waren nur schlecht vernetzt und hatten Probleme, Kontakt zu ihren potenziellen Auftraggebern herzustellen. Die Gründung von Clusterinitiativen auf Länderebene wurde daher zunächst vom Wunsch motiviert, durch die Vernetzung der Zulieferer die lokalen Kompetenzen und den Marktauftritt zu verbessern.

Daneben hatte BMW nach der Entscheidung für den Standort Leipzig jenen ostdeutschen Regionen, die bei der Ansiedlung nicht zum Zug gekommen waren, als Kompensation die Unterstützung ihrer Zulieferbetriebe zugesagt. Auf Initiative von drei der in Ostdeutschland vertretenen OEMs wurde daher Anfang 2004 gemeinsam mit den Länderinitiativen und einigen Forschungsinstitutionen das „Automotive Cluster Ostdeutschland" (ACOD) als Dachorganisation ins Leben gerufen. In dieser Struktur werden auf regionaler Ebene potenzielle Projektpartner vernetzt und Arbeitsgruppen zu Themenfeldern wie Ausbildung, Qualifizierung oder Kommunikation organisiert, während das ACOD der Herstellung von Kontakten zu den OEMs und der internationalen Vermarktung der gesamten ostdeutschen Zulieferindustrie dienen soll. Dabei zeigt sich aber die ungleiche Machtverteilung innerhalb dieser Clusterstruktur. Obwohl die Kontaktaufnahme zu den OEMs über das ACOD erleichtert wurde, ist der Aufbau neuer Zulieferbeziehungen zu den regional vertretenen OEMs schwierig. Diese nutzen hingegen die Möglichkeit, durch die Clusterstruktur Informationen über Zulieferbertriebe vorsondieren zu lassen, was letztlich eine Auslagerung von Beschaffungsaufgaben aus den Unternehmen an das Netzwerk bedeutet.

Das „Automotive Cluster Vienna Region" (ACVR) wurde aus einer verhältnismäßig marginalen Position geschaffen. Die österreichische Automobilindustrie hat ihre historischen Zentren in der Steiermark und in Oberösterreich, das „Automobilcluster Styria" und das „Automobilcluster Oberösterreich" entstanden im Laufe der 1990er Jahre. Obwohl das entsprechende Potenzial in Niederösterreich von ExpertInnen als gering eingeschätzt wurde, entschied die Politik um die Jahrtausendwende in Kooperation mit Wien die Einrichtung eines eigenen Automotive Cluster („wishful-thinking"). Die Schwerpunktsetzungen änderten sich anschließend mehrfach: Sollten in einer ersten Phase OEMs und große Zulieferbetriebe für die Region angeworben werden, setzt man aufgrund der starken Lohnkonkurrenz mit den östlichen Nachbarländern heute auf die Stärkung der Position bestehender Unternehmen als Zulieferer für westslowakische und -ungarische Werke. Zu diesem Zweck wurde mit dem Automotive Cluster Western Slovakia und Pannon Automotive Cluster (PANAC) das Netzwerk AC Centrope als Plattform für gemeinsame Qualifizierungsprojekte, Know-how-Transfer und zur Koordination von Förderprojekten ins Leben gerufen.

Daneben kümmert sich das Clustermanagement um Vernetzung, die Organisation von thematischen Schwerpunktveranstaltungen sowie die Anbahnung von Forschungsprojekten – oft in Kooperation mit den Austrian Research Centers. Für einen gemeinsamen internationalen Marktauftritt der drei österreichischen Automobil-Cluster wurde im Jahr 2003 die Austrian Automotive Association gegründet. Während die Vernetzung von Mitgliedsunternehmen gut funktioniert, werden Kooperationen teilweise durch die Konkurrenzsituation oder Abhängigkeiten von Entscheidungen der Konzernmütter verhindert. Ebenso gestaltet sich die Kontaktaufnahme mit OEMs und großen Zulieferern schwierig. Weder GM Powertrain Austria – als größter Hersteller im Großraum Wien – noch die osteuropäischen Tochterunternehmen der großen OEMs verfügen über ausreichende Entscheidungsbefugnisse, um neue Zulieferbeziehungen einzugehen. Auch wenn die weitgehende Abwesenheit von mächtigen Partikularinteressen der OEMs durchaus als Chance gesehen wird, zeigt sie doch die Grenzen einer regionalen Entwicklungsstrategie in einem Sektor, der von wenigen global operierenden Herstellern dominiert wird.

Die Distanz zu den Entscheidungszentralen der OEMs wird in beiden Regionen als Hemmnis gesehen – auch weil in diesem vergleichsweise hierarchisch organisierten und schnelllebigen Sektor stets aktuelles Wissen über Produktanforderungen nötig ist. Cluster können durch einen gemeinsamen Marktauftritt, die Bereitstellung relevanten Wissens und die Förderung von Forschung und Kooperationen die Position der regionalen Zulieferer in der Wertschöpfungskette verbessern. Sowohl im Fall von marktvermittelten als auch von quasi-hierarchischen Beziehungen zwischen Herstellern und Zulieferern können Cluster nicht nur zu einem Upgrading von Produkten und Prozessen, sondern auch zu einem funktionalen Upgrading in der Wertschöpfungskette beitragen und schlussendlich auch die Abhängigkeit von einzelnen (vor Ort vertretenen) OEMs und *mega suppliers* partiell reduzieren (Humphrey/Schmitz 2002).

Schlussbemerkungen

VertreterInnen des Konzepts der Global Production Networks argumentieren, dass sich durch regionale Einbettung multinationaler Konzerne und strategische Verbindungen mit lokalen Firmen *(strategic coupling)* Entwicklungspotenziale für periphere Regionen eröffnen (Henderson u.a. 2002). Inwieweit diese ausgeschöpft werden können, hängt stark vom institutionellen Umfeld und der politischen Macht nationaler Regierungen ab. So ist es für China mit seinem riesigen Binnenmarkt leichter, multinationalen Konzernen Zugeständnisse abzuringen und ausländische Direktinvestitionen für regionale Entwicklungsstrategien zu nutzen. Der politische Handlungsspielraum kleinerer Entwicklungsländer oder Staaten, die aufgrund supranationaler Abkommen keine protektionistischen Maßnahmen setzen dürfen – wie die der osteuropäischen EU-Mitglieder gegenüber den anderen EU Staaten – ist dagegen beschränkt. Dies gilt umso mehr, wenn wie in der Transformation der MOEL eher auf marktliberale Wirtschaftspolitiken gesetzt wird. In diesen Fällen hängt es von der jeweiligen Industrie bzw. den OEMs ab, ob es peripheren Regionen gelingen kann, wachsende Anteile an der Wertschöpfung zu lukrieren. Allerdings zeigt gerade der Fall Osteuropas, dass die Länder ihre Positionen in den Wertschöpfungsketten in den letzten Jahren aufgrund einer hoch qualifizierten ArbeitnehmerInnenschaft bei gleichzeitig moderaten Lohnkosten durchaus verbessern konnten. Durch Cluster-Initiativen kann dazu ein weiterer Beitrag geleistet werden.

Prinzipiell birgt die Dominanz weniger großer Hersteller in der Automobilwirtschaft zwar die Gefahr einer dauerhaften Abhängigkeit peripherer Regionen und eine geringe Wahrscheinlichkeit des Upgrading. Andererseits war die Entwicklung nationaler Autoindustrien in vielen Schwellenländern Kernbestandteil importsubstituierender Industrialisierungspolitiken, wodurch weltweit bereits in den 1960er und 1970er Jahren nationale Produktionsstätten und Wertschöpfungsketten entstanden sind. Aus dieser Geschichte erklärt sich die hohe politische Bedeutung, die der Autoproduktion auch heute noch in vielen Ländern zukommt. Multinationale Hersteller, die aufgrund ihrer Marktmacht die Wertschöpfungsketten dominieren, müssen ihre Globalisierungsstrategien daher an unterschiedliche nationale Verhältnisse anpassen, was zu einer Vielzahl von Integrationsmodi peripherer Regionen geführt hat. Damit weist die Automobilindustrie einige Gemeinsamkeiten aber auch ausgeprägte Unterschiede zu anderen globalen Industrien auf. Ähnlich wie in der Elektronikindustrie setzte seit den 1970er Jahren bei Herstellern und den größten Zulieferern eine räumliche Ausweitung der Produktionsnetze und eine Verlagerung von Investitionen in Schwellenländer ein, die von einer Welle von Mergers & Acquisitions begleitet wurde, die zu einer noch konzentrierteren Firmenstruktur führte.

Diese hohe Konzentration auf wenige Firmen gibt diesen OEMs eine überlegene Machtposition innerhalb der hierarchisch organisierten und zentral koordinierten Wertschöpfungsketten. Damit entspricht die Warenkette der Automobilindustrie weitgehend dem Idealtypus einer *producer-driven chain*, d.h. einer Kette die durch kapital- und technologieintensive Lead Firms dominiert und kontrolliert wird (Gereffi 1994:7). Die Macht der Hersteller hat die Entstehung robuster Industriestandards, die Zulieferern eine größere Unabhängigkeit gewähren würden, bisher verhindert. Viele Zulieferer sind von nur einem Hersteller und dessen Produktstandards abhängig. In diesen kaptiven Beziehungen erfordern die Wünsche der Hersteller häufig große Investitionen, deren Risiko einseitig auf Seiten der Zulieferer verbleibt. Die Art der Beziehungen hängt aber stark von Konzernstrategien ab, die je nach Herkunftsland des Herstellers unterschiedlich sind. Während für japanische Produzenten langfristige, paternalistische Beziehungen zu Zulieferern typisch sind, setzten US-amerikanische Konzerne auf Marktbeziehungen und den häufigen Wechsel von Lieferanten.

Das weitgehende Fehlen generischer Zulieferteile führt auch dazu, dass Skalenerträge bei Komponenten nur unzureichend ausgeschöpft werden. Schließlich bleibt die stark regionalisierte Produktionsstruktur weiterhin ein prägendes Charakteristikum dieser Industrie. Während die Automärkte in den Industrieländern weitgehend gesättigt sind, wachsen sie in den Schwellenländern weiterhin stark. Die wachsende Nachfrage wird dabei vor allem durch lokale Produktion befriedigt, wobei in manchen Ländern transnationale Konzerne auf Strukturen der nationalen Autoindustrien, die während der Phase importsubstituierender Industrialisierung aufgebaut worden waren, zurückgriffen und diese in globale Wertschöpfungsketten integrierten. Zum einen machen die nach wie vor sehr unterschiedlichen Kundenpräferenzen eine Produktion an vielen verschiedenen Standorten sinnvoll. Eine wesentliche Rolle für das Fortbestehen und den Ausbau regionaler Produktionsstrukturen kommt aber vor allem der Wirtschaftspolitik der Schwellenländer zu, die über Zölle, mengenmäßige Beschränkungen, Steuern und Local-content-Vorschriften Autokonzerne und globale Zulieferer zwingen konnten, regional zu produzieren. Obwohl die WTO und bilaterale Handelsabkommen diesen interventionistischen Strategien Grenzen setzen, bleibt der Staat als industriepolitischer Akteur mitentscheidend dafür, ob es gelingt, Wertschöpfung in der Region nachhaltig zu verankern, also *value capture* und *value enhancement* zu erreichen (Rutherford/Holmes 2008; Sturgeon/Van Biesebroeck/Gereffi 2008; Sturgeon u. a. 2009).

Literatur

Belis-Bergouignan, Marie-Claude/Bordenave, Gerard/Lung, Yannick (2000): Global Strategies in the Automobile Industry. In: Regional Studies 34/1: 41-53

Bordenave, Gérard/Jung, Yannick (1996): New Spatial Configurations in the European Automobile Industry. In: European Urban and Regional Studies 3/4: 305-321

Business + Innovation Center Kaiserslautern (2004): Strukturanalyse und Wertschöpfungskette der deutschen Automobilindustrie. Kaiserslautern

Choi, Thomas Y./Hartley, Janet L. (1996): An exploration of supplier selection practices across the supply chain, Technical note. In: Journal of Operations Management 14: 333-343

Clark, Kim B./Chew, W. Bruce/Fujimoto, Takahiro/Meyer, John/Scherer, F. M. (1987): Product Development in the World Auto Industry. In: Brookings Papers on Economic Activity 3: 729-781

Depner, Heiner (2007): Friction Losses at the Interface: Global Production Networks and Local Firms-Examples from the Automobile Industry in Shanghai. In: Die Erde 138/2: 151-168

Die Zeit (2009): Taylors stille Rückkehr, 15. Jänner: 27

Economist (2009): Small isn't beautiful. http://www.economist.com/businessfinance/displaystory.cfm?story_id=14456887, 30.10.2010

Enright, Michael J. (2003): Regional Clusters: What we know and what we should know. In: Bröcker, Johannes/Dohse, Dirk/Soltwedel, Rüdiger, Hg.: Innovation Clusters and interregional Competition, Advances in Spatial Sciences. Berlin: Springer

Gereffi, Gary (1994): The Organization of Buyer-Driven Global Commodity Chains. In: Gereffi, Gary/Korzeniewicz, Miguel, Hg.: Commodity Chains and Global Capitalism. Westport: Greenwood Press: 95-122

Gottschalk, Bernd (2004): Trends in der Automobilindustrie. Präsentation am Tag der Automobilzulieferer am 7. Oktober 2004 in Wörth. Verband der deutschen Automobilindustrie

Henckel, Dietrich/Pätzold, Ricarda/Wukovitsch, Florian/Besecke, Anja/Wagner, Andrea/Spars, Guido/Heinze, Michael/Busch, Roland (2007): Möglichkeiten und Grenzen einer länderübergreifenden Förderpolitik zur „Stärkung von wirtschaftlichen Stärken" (Cluster) in Ostdeutschland. Endbericht des gleichnamigen Forschungsprojekts im Auftrag des Bundesministeriums für Verkehr, Bau und Stadtentwicklung. Berlin

Henderson, Jeffrey/Dicken, Peter/Hess, Martin/Coe, Coe/Wai-Chung Yeung, Henry (2002): Global production networks and the analysis of economic development. In: Review of International Political Economy 9/3: 436-464

Heymann, Eric (2004): Automobilmarkt Osteuropa: Produktionsstandort dauerhaft wichtiger als Absatzmarkt. In: EU Monitor, Deutsche Bank Research 16. Juni 2004: 11-20

Hoekman, Bernard/Djankov, Simeon (1996): Intra-Industry Trade, Foreign Direct Investment, and the Reorientation of Eastern European Exports, Policy Research Working Paper 1652, The World Bank Europe and Central Asia, and Middle East and North African Technical Department, Private Sector and Finance Team, September 1996

Humphrey, John (2003): Globalization and supply chain networks: the auto industry in Brazil and India. In: Global Networks 3/2: 121-141

Humphrey, John/Memedovic, Olga (2003): The Global Automotive Industry Value Chain: What Prospects for Upgrading by Developing Countries (= Sectoral Studies Series). Strategic Research and Economics Branch, United Nations Industrial Development Organization. Wien: UNIDO

Humphrey, John/Schmitz, Hubert (2002): How Does Insertion in Global Value Chains Affect Upgrading in Industrial Cluster? In: Regional Studies 36/9: 1017-1027

Kaminski, Bartlomiej/Ng, Francis (2001): Trade and Production Fragmentation: Central European Economies in EU Networks of Production and Marketing, Policy Research Working Paper Series 2611. Washington D.C.: The World Bank

Kaplinsky, Raphael (1988): Restructuring the capitalist labour process: some lessons from the car industry. In: Cambridge Journal of Economics 12: 451-470

Lipietz, Alain (1998): Nach dem Ende des „Goldenen Zeitalters". Berlin/Hamburg: Argument Verlag

Mossig, Ivo (2008): Automobilindustrie – Räumliche Strukturen zu Beginn des 21. Jahrhunderts. In: Praxis Geographie 4: 4-8

OICA = Organisation Internationale des Constructeurs d'Automobiles (mehrere Jahrgänge): http://www.oica.net/

Pavlínek, Petr (2004): Regional Development Implications of Foreign Direct Investment in Central Europe. In: European Urban and Regional Studies 11/1: 47-70

Pavlínek, Petr/Smith, Adrian (1998): Internationalization and Embeddedness in East-Central European Transition: The Contrasting Geographies of Inward Investment in the Czech and Slovak Republics. In: Regional Studies 32/7: 619-638

Porter, Michael E. (1990): The Competitive Advantage of Nations. New York: The Free Press

Radosevic, Slavo/Rozeik, Andrew (2005): Foreign Direct Investment and Restructuring in the Automotive Industry in Central and East Europe, Working Paper No. 53, March 2005. University College London, Centre for the Study of Economic and Social Change in Europe

Rutherford, Tod/Holmes, John (2008): The flea on the tail of the dog: power in global production networks and the restructuring of Canadian automotive clusters. In: Journal of Economic Geography 8: 519-544

Sadler, David/Swain, Adam (1994): State and Market in Eastern Europe: Regional Development and Workplace Implications of Direct Foreign Investment in the Automobile Industry in Hungar. In: Transactions of the Institute of British Geographers (New Series) 19/4: 387-403

Schamp, Eike (2005): Die Autoindustrie auf dem Weg nach Europa. Zur Integration nationaler Standortsysteme der Autoproduktion. In: Geographische Rundschau 57/12: 12-19

Spatz, Julius/Nunnenkamp, Peter (2004): Globalization of the Automobile Industry – Traditional Locations under Pressure. In: Faust, Michael/Voskamp, Ulrich/Wittke, Volker, Hg.: European Industrial Restructuring in a Global Economy: Fragmentation and Relocation of Value Chains. Göttingen: SOFI Verlag

Sturgeon, Timothy/Van Biesebroeck, Johannes/Gereffi, Gary (2008): Value chains, networks and clusters: reframing the global automotive industry. In: Journal of Economic Geography 8: 297-321

Sturgeon, Timothy/Memedovic Olga/Van Biesebroeck, Johannes/Gereffi, Gary (2009): Globalisation of the automotive industry: main features and trends. In: International Journal of Technological Learning, Innovation and Development 2/1-2: 7-24

Van Tulder, Rob/Ruigrok, Winfried (1998): International Production Networks in the Auto Industry: Central and Eastern Europe as the Low End of the West European Car Complexes. In: Zysman, John/Schwartz, Andrew, Hg.: Enlarging Europe: The Industrial Fountations of a New Political Reality. University of California Press/University of California International and Area Studies Digital Collection, Edited Volume 99: 202-237, http://repositories.cdlib.org/uciaspubs/research/99/10, 30.10.2010

Ward's Automotive Yearbook (verschiedene Jahre), Southfield

Christian Zeller

Die ungleiche Expansion der Pharmaindustrie
Globale Warenketten und der Aufstieg Indiens und Chinas

Im Zuge umfassender ökonomischer, institutioneller und technologischer Veränderungen hat die pharmazeutische Industrie ihr Innovations- und Produktionssystem in den letzten beiden Jahrzehnten umfassend restrukturiert. Therapeutische Wirkstoffe durchlaufen einen komplexen Pfad von der Grundlagenforschung zu Krankheitsmechanismen, über die Findung von Wirkstoffen, die präklinische und klinische Entwicklung, die Produktion, die Zulassung bis zur Vermarktung.

Noch bis Mitte der 1980er Jahre errichteten die großen Konzerne mit ihren *multidomestic* Strategien eigene Verkaufsniederlassungen und Produktionsstätten in den wichtigen Märkten. Viele Regierungen von Entwicklungs- und Schwellenländern verlangten im Rahmen ihrer Importsubstitutionspolitik, dass ein Teil der pharmazeutischen Medikamentenherstellung und sogar der kapitalintensiven chemischen Wirkstoffproduktion im eigenen Land stattfinden muss. Die Pharmakonzerne wiederum erhofften sich durch die direkte Präsenz in den Ländern bessere Möglichkeiten der Markterschließung.

Seit Ende der 1980er und während der gesamten 1990er Jahre konzentrierten die Pharmakonzerne ihre personalintensive pharmazeutische Produktion in den größten Märkten und die chemische und biotechnologische Wirkstoffproduktion gar nur auf wenige global ausgerichtete Produktionsstätten. Damit verloren die peripheren und abhängigen Länder stark an Bedeutung. Im Zuge der selektiven vertikalen Desintegration und der Entstehung eines Pharma-Biotech-Komplexes begannen die Pharmakonzerne in den 1990er Jahren verstärkt auf den Bezug einzelner chemische Wirkstoffkomponenten bei Zulieferfirmen zurückzugreifen. Indische Chemie- und Pharmakonzerne haben in diesem Zulieferermarkt eine gewisse Stellung erobern können. Die Geografie der Forschungs- und Entwicklungstätigkeiten im Pharma-Biotech-Komplex ist noch ungleicher. Die strategisch wichtige Forschung konzentriert sich auf einige wenige Regionen in den USA, Japan und Europa. Seit einigen Jahren errichten die Konzerne auch kleinere Forschungszentren in China und Indien.

Das Ziel dieses Artikels ist es, die mit der transnationalen Expansion von großen Pharmakonzernen einhergehenden Veränderungen globaler Warenketten aufzuzeigen und die Bedeutung dieser Veränderungen im Hinblick auf die Perspektiven der Pharmaindustrie in den aufstrebenden Ländern Indien und China zu diskutieren. Im Mittelpunkt der Darstellung stehen der Pharmakonzern Novartis und seine Vorgängerkonzerne Ciba-Geigy und Sandoz (Zeller 2001). Die Schweizer Pharmakonzerne haben sich außerordentlich früh internationalisiert und verfügen über eine geografisch breit abgestützte Produktions- und Forschungsorganisation. Spezifische Bedingungen und strategische Entscheidungen in verschiedenen Perioden haben zur gegenwärtigen komplexen Organisation geführt. Der Artikel analysiert die räumlichen Aspekte der Konzernstrategien, insbesondere im Hinblick auf die Bedeutung Indiens und Chinas. Aspekte der Geografie der Kooperationen mit externen Partnern im Bereich der Forschung und Entwicklung wurden an anderer Stelle dargestellt (Zeller 2003, 2010).

Der Beitrag stützt sich auf drei konzeptionelle Ansätze. Erstens sind die internationale Expansion, die Errichtung eines Forschungs- und Produktionsnetzwerkes, die industriellen Restrukturierungen sowie die Entwicklung organisatorischer Kompetenzen pfadabhängige Prozesse und nur in ihrer historischen Entwicklung verstehbar (Chandler 1990; Ruigrok/van Tulder 1995; Howells 1996). Daher ist eine historische Rekonstruktion der Unternehmensexpansion erforderlich, um die gegenwärtigen Tendenzen der Organisation von Warenketten zu erkennen. Zweitens dienen die Ansätze der globalen Werteketten (Gereffi/ Humphrey/Sturgeon 2005) und globalen Produktionsnetzwerke (Henderson u.a. 2002; Smith u.a. 2002) dazu, zu untersuchen, wie Unternehmen die transnationale Arbeitsteilung organisieren und hierbei gezwungen sind, sich in spezifische nationale und regionale Liefer- und Abnehmernetzwerke zu integrieren und an spezifische institutionelle Bedingungen anzupassen (Dicken u.a. 1994). Global agierende Konzerne sind die Schlüsselakteure in Netzwerken, die verschiedene, räumlich konzentrierte Produktions- und Innovationssysteme miteinander verknüpfen (Howells 1998). Damit verbunden ist die dritte Grundlage. Die internationale Expansion der großen Konzerne ging im Zuge von Übernahmen und Fusionen mit der Formierung globaler Oligopole einher (Chesnais 1997). Die Strategien großer Konzerne können nur im Zusammenhang mit den Strategien ihrer oligopolistischen Rivalen verstanden werden.

Der Beitrag stellt zwei Argumente zur Diskussion: Erstens begünstigen die institutionellen Gegebenheiten, die Konzernstrategien und die Besonderheiten der Medikamentenherstellung geografisch selektiv konzentrierte Produktionsnetzwerke und Warenketten und hemmen zugleich eine weitgehende vertikale Desintegration. Zweitens wird gezeigt, dass sich der Aufbau von Produktions- und Forschungseinrichtungen in wichtigen Märkten durch die oligopolistische Rivalität oft verstärkt, lokale Aufwertungsprozesse jedoch von den institutionellen Bedingungen abhängen.

Zum besseren Verständnis dieser Expansionsstrategien werden im zweiten Abschnitt die wesentlichen wirtschaftlichen, institutionellen und technologischen Bedingungen der Pharmaindustrie charakterisiert, die eine selektive vertikale Desintegration begünstigen und die Rolle der aufstrebenden Länder verändern. Der dritte Abschnitt skizziert die historische Entwicklung der unternehmensinternen Forschungs-, Entwicklungs- und Produktionsorganisation, die von einem Wandel von multidomestic zu global integrierten Strategien gekennzeichnet ist. Die Abschnitte vier und fünf stellen kurz die spezifischen Aufstiege von Indien und China als Pharmaproduzenten dar. Sie benennen die wichtigsten Eckpunkte der Expansion von Novartis in Indien und China und deren Konsequenzen für die Organisation der Warenketten. In den Schlussfolgerungen erörtere ich Fragen im Hinblick auf die Dynamik der weltweiten Arbeitsteilung in der Pharmaindustrie.

Transnationale Produktionsnetzwerke und der Pharma-Biotech-Komplex

Die pharmazeutische Industrie hat sich Laufe der letzten dreißig Jahre stark verändert. Die wirtschaftlichen, technologischen und organisatorischen Veränderungen mündeten in neue Formen der industriellen Organisation, der transnationalen Arbeitsteilung und die Entstehung eines Pharma-Biotech-Komplexes mit seiner spezifischen Geografie.

Die chemische und pharmazeutische Industrie stand in den 1970er Jahren wie auch andere Industrien vor dem Problem sinkender Profitraten (Zeller 2001:218, 247, 606; Fligstein 2001:147ff). Das „chemische Paradigma" und damit die auf chemischen Synthesen beruhenden Therapieformen begannen an ihre Grenzen zu stoßen (Drews 1998). Die großen Konzerne reagierten auf den Fall der Profitraten, die strukturellen Veränderungen und die Herausforderungen des verschärften Wettbewerbs in den 1970er und 1980er Jahren auf unterschiedlichen Ebenen.

Zunächst setzten sie in den 1970er und 1980er Jahren die bereits vorher verfolgte Internationalisierung und Diversifizierung in neue Geschäftsfelder fort. Damit konnte das Profitratenproblem nur ansatzweise gelöst werden (Fligstein 2001:Kap. 6; Zeller 2001:607ff). Ab Mitte der 1980er Jahre veränderten die Chemie- und Pharmakonzerne ihre Internationalisierungsstrategien. Die Direktinvestitionen stiegen ab Mitte der 1980er Jahre rasant an. Mit *efficiency seeking strategies* (Michalet 1985:59; Dunning 1993:59), das heißt Strategien zur Konzentration von bestimmten Produktionsmandaten in wenigen Produktionsstätten, etablierten die Konzerne transnationale Produktions- und Innovationsnetzwerke, die alle Funktionen des Wertschöpfungsprozesses umfassten und zugleich Duplikationen vermieden.

Seit den 1990er Jahren üben die institutionellen Anleger, die mit der finanziellen Globalisierung und der Bedeutungszunahme des konzentrierten Anlagekapitals ihre Macht gesteigert haben, einen wachsenden Druck aus, den Aktionärswert zu steigern (Chesnais 1997; Lazonick/O'Sullivan 2000). Dieser Druck ermunterte in der zweiten Hälfte des Jahrzehnts fast alle Chemie- und Pharmakonzerne, sich von ihrem Chemiegeschäft zu trennen und sich fortan auf das profitablere Pharmageschäft zu konzentrieren.

Im Zuge der internationalen Expansion, nicht zuletzt mittels Übernahmen und Fusionen, sind auch in der Pharmaindustrie in zahlreichen medizinischen Indikationsgebieten globale Oligopole entstanden. Diese relationalen Räume der Rivalität werden auf den Märkten durch gegenseitig abhängige Beziehungen unter einer kleinen Anzahl großer Unternehmen strukturiert und begrenzt (Caves 1996:90; Chesnais 1997:112). Die oligopolistische Rivalität beruht zunehmend auf Wissen und Technologien (Delapierre 2000). Daher entwickeln die Firmen spezifische Aneignungsregime um Produkte, Technologien und Wissen zu erwerben. Die Kontrolle der Eigentumsrechte über spezifische Technologien und über Wissen erlaubt es den Unternehmen, Eintrittsbarrieren gegen potenzielle Konkurrenten zu errichten und, zumindest zeitweilig, technologische Surplusprofite (gestützt auf überdurchschnittliche Profitraten) zu erzielen oder diese sogar als dauerhafte Renten zu konservieren (Zeller 2008).

Die molekularbiologische Revolution in den 1970er Jahren wurde von einer breiten Ausdifferenzierung der Technologien und einer Vervielfachung von zu verarbeitender Information begleitet. In den 1980er Jahren begannen die großen Pharma- und Chemiekonzerne die neuen Biotechnologien zu nutzen, um ihre Forschungsproduktivität bei der Findung neuer chemischer Wirkstoffe zu steigern und um neue, auf rekombinante Proteine gestützte Wirkstoffe zu generieren. Allerdings sind auch die größten Pharmakonzerne nicht mehr in der Lage, den gesamten technologischen Fortschritt zu erfassen. Seit den frühen 1980er Jahren haben sie daher Strategien entwickelt, Medikamentenangriffspunkte, neue Wirksubstanzen und Technologien über Kooperationen mit Biotechnologiefirmen und universitären Forschungsinstituten zu erwerben (vgl. Powell 1996; Pisano 2006; Gambardella 1995:48-61; Drews 1998; McKelvey/Luigi/Pammolli. 2004).

Institutionelle Veränderungen wie die gestiegene Bedeutung der Finanzmärkte, die Durchsetzung eines finanzdominierten Regimes der intellektuellen Eigentumsrechte sowie eine veränderte Rolle von öffentlich finanzierten Forschungszentren und Universitäten beeinflussen die Dynamik von Innovationssystemen in der Biotechnologie und Pharmaindustrie (Coriat/Orsi 2002). Wissen und Know-how in der Form von Patenten wurden ein strategischer Faktor für Firmen. Die explosive Zunahme intellektueller Eigentumsmonopole ist weitgehend Ergebnis der weitreichenden institutionellen und wirtschaftlichen Veränderungen (Coriat/Orsi 2002; Mowery/Sampat 2004:228). Umfassender definierte intellektuelle Eigentumsrechte treiben den Trend zur vertikalen Desintegration voran. Sie fördern Spin-offs und aktive Lizenzstrategien zwischen unabhängigen Firmen (Arora/Merges 2004).

Trotz der Vervielfachung neuer Technologien, der gesteigerten Patentiertätigkeit und Profitabilität leidet die Pharmaindustrie unter einem Innovationsdefizit (Drews/Ryser 1996; 1997; Angell 2004:54; Scrip 2009b:6). Die Anzahl neuer Wirksubstanzen, die jährlich eingeführt werden, ging stark zurück: von 56 zwischen 1981 und 1985, auf 40 in den 1990er Jahren und schließlich auf unter 30 in den 2000er Jahren. Die neuen biotechnologisch generierten Substanzen konnten den raschen Rückgang chemischer Moleküle nicht wettmachen (Grabowski/Vernon 1994:444ff; Drews 1998:204; IMS 2006; Nightingale/Mahdi 2006). Nur große transnationale Konzerne können genügend Kapital konzentrieren, um die enormen Marketing-, Forschungs- und Entwicklungsausgaben zu tätigen, die erforderlich sind, um neue Medikamente rasch auf die globalen Märkte zu bringen.

Die intensivierte geografische Expansion in die aufstrebenden Länder, namentlich Indien und China, entspringt den Bestrebungen, neue Märkte sowie kostengünstigere Produktions- und Innovationspotenziale zu erschließen. Nachdem viele Pharmakonzerne in den 1980er und 1990er Jahren ihre Präsenz in den Schwellen- und Entwicklungsländern reduzierten, haben sie im Zuge der erneuten Bedeutungszunahme Indiens und des rasanten Aufstiegs Chinas begonnen, ihre Position in diesen Ländern energisch auszubauen.

Die angestiegenen Profiterwartungen, die Ansprüche der Aktionäre, der verschärfte internationale Wettbewerb, die Zunahme intellektueller Eigentumsmonopole und erhöhte Ungewissheiten üben auf die Unternehmen einen Druck aus, Risiken zu externalisieren und das fixe Kapital zu reduzieren. Das begünstigt vertikale Desintegration, Outsourcing und den Erwerb extern produzierter Zwischenprodukte, Komponenten, Technologien und Wissens. Diese Strategien können eine Vielzahl von transnationalen Aktivitäten und Unternehmensallianzen miteinander kombinieren (Henderson u.a. 2002:448f; Gereffi/ Humphrey/Sturgeon 2005). Mit der Errichtung spezifischer Abhängigkeits- und

Machtverhältnisse in den Wertschöpfungsketten können die Unternehmen günstig Werte absorbieren, die bereits von anderen Unternehmen und Forschungsinstituten geschaffen wurden (Smith u.a. 2002). Diese Tendenzen setzen sich jedoch nicht in der gesamten Pharmaindustrie gleich durch. Die strategische Bedeutung von Wissen und Technologien sowie die Notwendigkeit, neue Medikamente in vielen Märkten möglichst rasch und gleichzeitig einzuführen, wirken im lukrativsten Segment, den patentgeschützten Pharmazeutika, einer weitgehenden vertikalen Desintegration entgegen. Auf der anderen Seite erfordern die Generika keine grundlegenden Forschungsleistungen, sondern vor allem eine möglichst kostengünstige Produktion. Daher ist in diesem Bereich das Phänomen der Auftragsproduktion wesentlich stärker verbreitet (Haakonsson 2009).

Die Wertekette in der pharmazeutischen Industrie

Forschung und Entwicklung

Pharmaunternehmen generierten Wirkstoffe traditionellerweise über chemische Synthese sowie biologische Extraktion und Fermentation. Im Zuge der wissenschaftlichen Durchbrüche in den 1970er Jahren in der Molekularbiologie sind zahlreiche Methoden der Biotechnologie dazugekommen. Jedes Medikament beginnt mit einer Idee oder einer Zufallsentdeckung, zumeist von ForscherInnen in der akademischen Grundlagenforschung. Anschließend entwickeln ForscherInnen in Unternehmen diese Ideen weiter (Abbildung 1). Zunächst muss ein Zielmolekül, ein sogenanntes *target*, identifiziert werden. Dann gilt es Substanzen zu finden, die dessen Wirkung beeinflussen. Die Substanzen mit dem größten Potenzial werden genauer untersucht und danach über mehrere Schritte zu einem Wirkstoffkandidaten optimiert (Drews 1998).

Im Rahmen der präklinischen Untersuchungen wird die Wirksamkeit und Verträglichkeit einer neuen Substanz geprüft. Es muss geklärt werden, wie der neue Stoff auf lebendes Gewebe und auf einen lebendigen Organismus wirkt und wie der Organismus den Wirkstoff verändert respektive metabolisiert. Die Stoffe werden in Tierversuchen oder in In-vitro-Systemen auf erwünschte und unerwünschte pharmakologische Wirkungen überprüft. Wird ein Wirkstoff nach diesen Untersuchungen immer noch als erfolgversprechend eingeschätzt, gelangt er in die Pipeline der klinischen Prüfung.

Die klinische Prüfung erfolgt in vier Phasen. Abgesehen von der ersten Phase finden die klinischen Studien in der Regel außerhalb der pharmazeutischen Unternehmen in Spitälern statt. In Phase I wird der Wirkstoff auf seine Wirkung an freiwilligen gesunden Personen getestet. Derartige Versuche umfassen zumeist 20 bis 80 ProbandInnen, die stationär betreut und überwacht werden. In Phase II werden die therapeutische Wirkung und die chemische Veränderung des Wirkstoffs im Organismus in kontrollierten und randomisierten Prüfungen mit Placebokontrolle an einer kleinen Anzahl von freiwilligen kranken PatientInnen geprüft. Dabei wird die optimale Dosierung ermittelt, die Wirksamkeit sowie die Verträglichkeit im kranken Organismus untersucht. Typischerweise 100 bis 500 PatientInnen erhalten dazu entweder das neue Medikament oder das bisherige Standardpräparat oder ein Placebo. Zur statistischen Absicherung wird in der entscheidenden Phase III das Medikament einigen Hundert bis mehreren Tausend PatientInnen verabreicht. Diese erhalten wieder entweder das neue Medikament oder eine

Abbildung 1

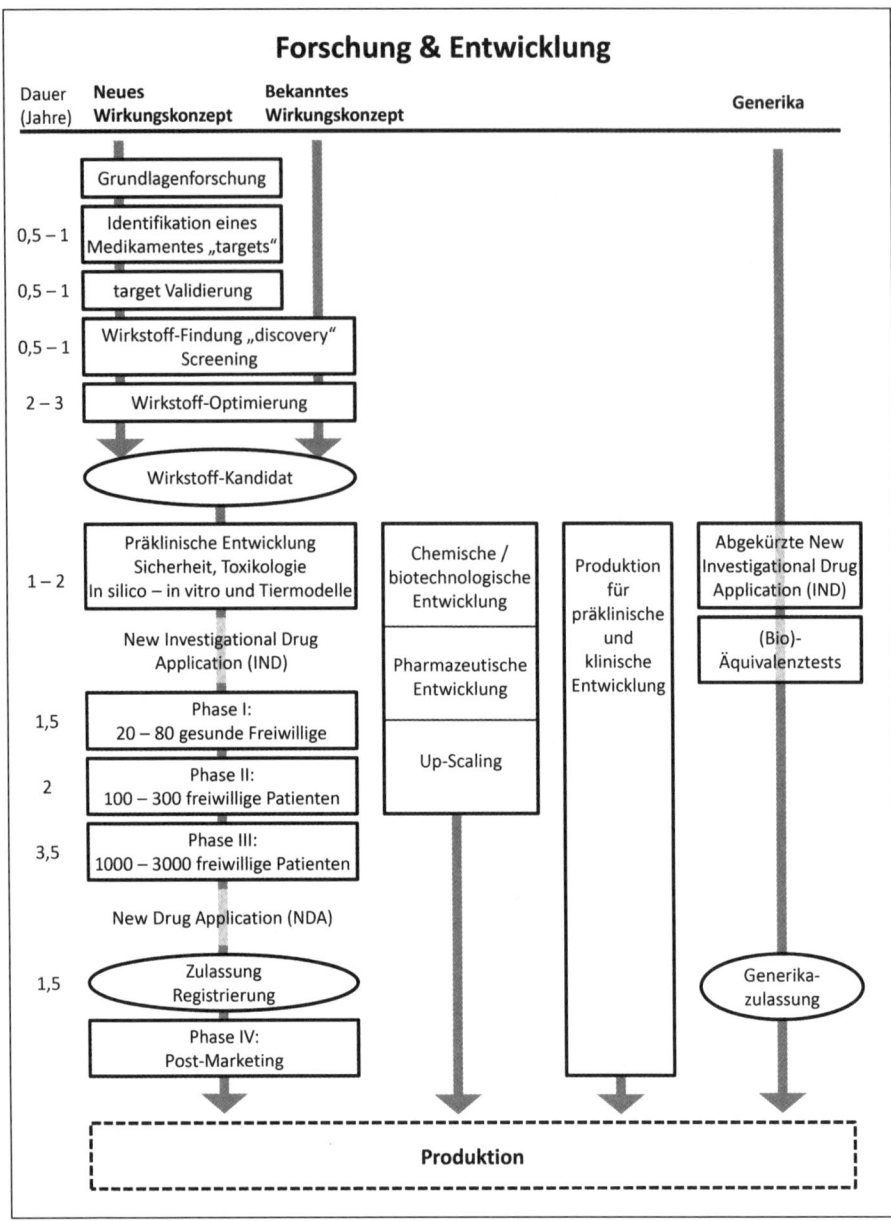

herkömmliche Behandlung. Geprüft werden die Wirksamkeit in verschiedenen Situationen und die Interaktionen mit anderen Medikamenten. Wegen der hohen PatientInnenzahl beteiligen sich an einem solchen Programm meistens verschiedene Zentren, die nach vereinheitlichten Regeln arbeiten (Multicenter-Studien). Insgesamt braucht man für die Zulassung in mehreren Ländern die Daten von 3.000 bis 5.000 PatientInnen.

Die gesamte Entwicklungszeit beträgt trotz der enormen Anstrengungen zur Verkürzung meistens immer noch etwa fünf bis acht Jahre. Mit der Zulassung kann die Markteinführung starten. Nach der Zulassung und Registrierung des Medikaments beginnt die Phase IV. Die weitere Überwachung des Medikamentes in der medizinischen Praxis dient der Erfassung eventueller seltener Nebenwirkungen, die erst bei einer großen Zahl von Anwendungen sichtbar werden, und der Abklärung weiterer Einsatzmöglichkeiten des Produkts.

Parallel zur klinischen und galenischen Entwicklung werden im Rahmen der chemischen respektive biotechnischen Entwicklung die Upscaling-Prozesse durchgeführt. Dabei geht es um die Entwicklung von Methoden, die eine rationelle Produktion der Wirkstoffe in den nötigen Mengen erlauben. Bereits nach den ersten präklinischen Ergebnissen beginnt die galenische Entwicklung, die der Ermittlung der geeigneten Darreichungsform dient, um die optimale Wirkung der Wirkstoffe im Körper zu entfalten.

Zur Zulassung werden die gesammelten präklinischen und klinischen Daten in einem Antrag zusammengefasst, um bei der zuständigen Arzneimittelbehörde eines Landes die Zulassung eines fertig entwickelten Stoffes zu beantragen. Die *Food and Drug Administration* (FDA) der USA ist die weltweit wichtigste Regulierungsbehörde der Arzneimittelzulassung. Die FDA und die *European Agency for the Evaluation of Medicinal Products* (EMEA) in London nehmen zudem eine zentrale Rolle bei der Beurteilung und Validierung von Forschungs- und Produktionsstätten ein. Die pharmazeutische Industrie ist durch eine außerordentlich hohe Regulierungsdichte charakterisiert, die trotz Harmonisierungsbestrebungen immer noch stark nationalstaatlich geprägt ist. Relevant sind nicht nur die Zulassungsbestimmungen, sondern auch die überdurchschnittlich starke Regulierung der Märkte, die national unterschiedliche Bestimmungen der Medikamentenpreiserstattung und Krankenversicherungssysteme aufweisen.

Produktion
Die Produktion der physiologischen Wirkstoffe erfolgt zumeist über mehrere chemische Synthesestufen (Abb. 2). Die Wirkstoffe werden zunehmend mit biotechnologischer Fermentation und/oder Extraktion von pflanzlichen und tierischen Substanzen gewonnen. Die chemische und biotechnologische Produktion erfolgt normalerweise zentralisiert. Allerdings können die verschiedenen Stufen der Produktion in räumlich weit voneinander entfernten Anlagen ablaufen. Die Produktionsanlagen sind sehr kapitalintensiv. Da die Mengen der Endprodukte in der Regel nicht sehr groß sind, fallen Transportkosten nicht ins Gewicht. Chemische Wirkstoffe beziehungsweise einzelne Wirkstoffstufen werden sowohl von Pharmaunternehmen als auch von auf die Produktion von Feinchemikalien spezialisierten Unternehmen produziert. Kleine Pharmaunternehmen und auf Generika spezialisierte Betriebe erwerben die Wirkstoffe zumeist von spezialisierten Fabrikanten.

Nachdem die Wirksubstanzen gemahlen sind, werden sie in der pharmazeutischen respektive galenischen Produktion zu Arzneimitteln in den spezifischen Darreichungsformen wie Tabletten, Kapseln, Tropfen, Zäpfchen, Ampullen, Salben etc. weiterverarbeitet. Dieser Produktionsabschnitt erfolgt eher dezentralisiert. Die Mengen der an die Produktionsstandorte zu liefernden Aktivsubstanzen sind normalerweise klein und die Transportkosten niedrig. Die dezentrale, galenische Produktion hat es bisher zudem er-

Abbildung 2

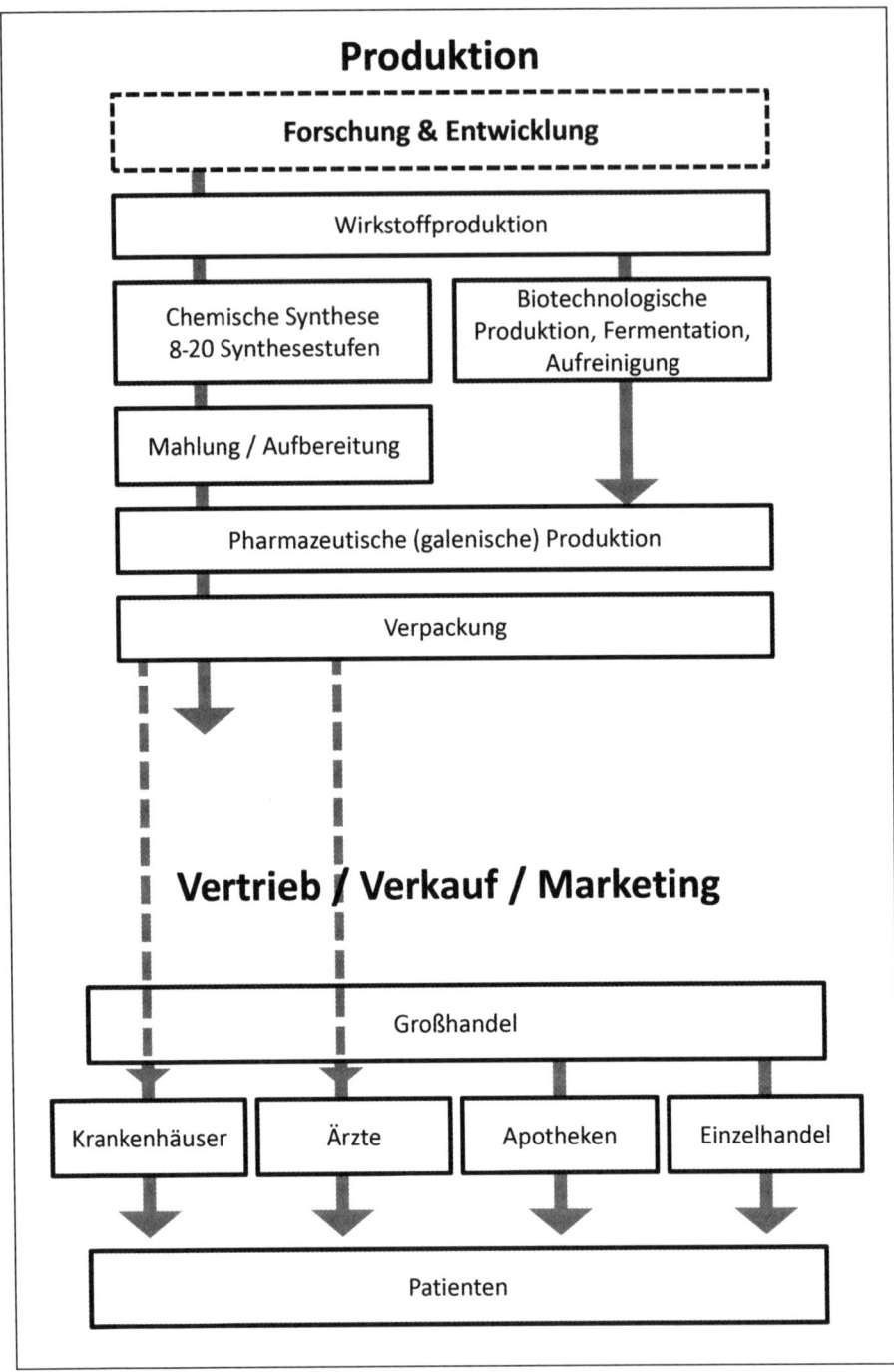

laubt, die Märkte besser zu erschließen. Da Größe und Kapitalausstattung in diesem Bereich nicht so relevant sind, finden wir hier auch kleinere Firmen, die sich auf ausgewählte Produktsortimente spezialisiert haben.

Ungleiche Expansion von Forschung, Entwicklung und Produktion

Die ungleiche Geografie der Pharmaforschung

Die Lokalisierung der Forschungszentren ist Resultat von vier historischen Entwicklungen. In einer ersten Phase errichten die großen Pharmaunternehmen ihre Forschungszentren zumeist bei ihren Hauptsitzen. Im Rahmen ihrer internationalen Expansion lokalisierten sie die zweite Generation ihrer Forschungszentren in wichtigen Wirtschaftsregionen mit umfangreichen Wissensbeständen. Während die Schweizer Chemie- und Pharmaunternehmen bereits in den 1930er Jahren Produktions- und Forschungsstätten in den USA errichteten, expandierten die Firmen aus den meisten anderen europäischen Ländern erst zwischen den 1950er und 1980er Jahren in die USA. US-amerikanische Unternehmen überschritten den Atlantik ebenfalls nach dem Zweiten Weltkrieg. Der Aufstieg einer räumlich konzentrierten Biotechnologieindustrie löste in den 1980er Jahren eine dritte Expansionswelle aus. Die meisten großen Pharmaunternehmen antworteten auf die Entstehung regional konzentrierter biotechnologischer Innovationsarenen, indem sie ihre jüngeren Forschungszentren genau in diesen Regionen bauten (Gambardella 1995; Peyer 1996; Zeller 2001; Chandler 2005). Gegenwärtig läuft eine vierte Phase der Entwicklung ab, die durch den Aufbau von Forschungszentren in Indien und China charakterisiert wird.

Der Pharma-Biotech-Komplex hat damit eine spezifische Geografie angenommen. Große Pharmakonzerne und Biotechfirmen beobachten systematisch die technologische Entwicklung auf Weltebene und erwerben vielversprechende Substanzen und Technologien. Indem sie ihre Forschungszentren strategisch lokalisieren, profitieren die Pharmakonzerne in Form von Wissens-Spillovers vom Wissen und der Technologiekonzentration in diesen Regionen. Gleichzeitig gestalten sie die dortigen Arbeitsmärkte und Lebensbedingungen. Die MitarbeiterInnen in öffentlich finanzierten Forschungszentren, Universitäten und Unternehmen generieren die wesentlichen technologischen Inputs. Kleine und mittelgroße Biotechnologieunternehmen transformieren und entwickeln anschließend das Grundlagenwissen in vermarktbares Wissen. Sie können vielversprechende Substanzen zusammen mit Pharmakonzernen weiterentwickeln oder an diese auslizensieren. Große Pharma- und Biotechnologieunternehmen erwerben Wissen und Technologien und übernehmen das Marketing. Sie verbinden und verarbeiten das Wissen in Produkte. Trotz des externen Bezugs zahlreicher Forschungsleistungen verlieren sie ihre Steuerungsfunktion über den gesamten Forschungs- und Entwicklungsprozess nicht.

Wie nahezu alle großen Pharmakonzerne konzentrierte Novartis die strategisch wichtigen Forschungstätigkeiten in den letzten Jahrzehnten auf das Ursprungsland Schweiz sowie einige wenige Standorte in den USA und in Europa. In den ersten Jahren nach seiner Entstehung 1996 war der Konzern primär damit befasst, die komplexe Aufgabe der Vereinigung der Forschungs- und Entwicklungsorganisationen von Ciba-Geigy und Sandoz zu bewältigen. Danach lag die Aufmerksamkeit im Aufbau einer starken Forschungspräsenz in den Innovationsarenen San Diego und Boston sowie eines dichten Netzes von Kooperationen mit Biotechnologieunternehmen und Universitäten in Nordamerika und Europa. Novartis verlagerte 2004 sogar die globale Leitung der Pharmaforschung in das neu aufgebaute Forschungszentrum in Boston. Doch seit Mitte der 2000er Jahre ist das Innovationspotenzial in China verstärkt ins Blickfeld des Interesses gerückt.

Die selektive Expansion und Integration der Produktion

Die internationale Expansion der Basler Chemie- und Pharmaunternehmen kann in fünf Phasen unterschieden werden, die jeweils von einer spezifischen Form der Expansion, der Unternehmensorganisation und der Arbeitsteilung gekennzeichnet waren. Die erste Phase nach der Gründung der Unternehmen in den 1860er und 1880er Jahren stützte sich auf eine rasche Ausweitung des Exports und die Errichtung von Fabrikationsstätten für Farben, Chemikalien und Pharmazeutika in den 1880er und 1890er Jahren in den Nachbarländern Deutschland und Frankreich. Die zweite Phase der frühen Multinationalisierung war von einem Diversifizierungsprozess der Unternehmen begleitet. Dieser startete bereits vor der Jahrhundertwende, entfaltete sich aber vor allem zwischen den beiden Weltkriegen. Protektionismus zwang die Unternehmen dazu, in allen wichtigen europäischen Ländern und in den USA eigene Produktionsstätten zu errichten.

In den 1950er Jahren setzte eine durch extensive Multinationalisierung und Diversifizierung gekennzeichnete dritte Phase ein. Gestützt auf den lang anhaltenden Aufschwung errichteten die Unternehmen zusätzliche pharmazeutische Produktionsstätten zunächst in Europa und Nordamerika. Im Rahmen der Expansion in den 1960er und 1970er Jahren bauten die Unternehmen pharmazeutische Fabriken oder zumindest Verpackungsanlagen in Indien, Pakistan, in Südamerika und in allen größeren Märkten. Mit diesen geografisch breit verteilten Produktionsstätten verfolgten die Unternehmen das Ziel, die nationalen Märkte besser zu erschließen. Dank der multinationalen Abstützung konnten sie Eigentümer- und Internalisierungsvorteile gegenüber den jeweils nur auf nationaler Ebene operierenden Unternehmen erzielen (vgl. Dunning 1993:76-86). Aufgrund der Kapitalintensität und des höheren Risikos erfolgte die Expansion der Produktion chemischer Wirkstoffe konzentrierter und selektiver. Neben den Produktionsstätten in Basel, die immer die wichtigsten waren, bauten CIBA, Geigy und Hoffmann-La Roche ihre Produktionsbasis in der Wachstumsperiode der 1950er bis 70er Jahre in der Großregion New York aus. Die Unternehmen reagierten auf die Importsubstitutionspolitiken nationaler Regierungen in den 1960er Jahren eher unwillig mit dem Bau kleiner chemischer Syntheseanlagen in einigen wichtigen Ländern wie Brasilien, Argentinien, Indien, Pakistan, Südafrika und Ägypten. Die Krise und der erste Rückgang der Profitraten nach dem Zweiten Weltkrieg Mitte der 1970er Jahre bewirkte noch keine direkte strategische Umorientierung. Erst nach einer Übergangsphase und dem Ausprobieren unterschiedlicher Expansionsstrategien und damit einhergehenden Rückschlägen starteten die Unternehmen eine umfassende Restrukturierung der Produktion.

Nachdem die Profitraten 1986/87 und 1990 erneut sanken (Zeller 2001:218, 246), wurde offensichtlich, dass nur eine fundamentale Reorganisierung des gesamten Wertschöpfungsprozesses eine Umkehrung dieses Trends erlauben würde. Gleichzeitig hatten die Unternehmen auf die verschärfte oligopolistische Rivalität und das zunehmende Innovationsdefizit zu reagieren. Die Unternehmen eröffneten in den späten 1980er und in den 1990er Jahren eine vierte Phase der selektiven globalen Integration und intensiven Expansion. Sie reorganisierten in der ersten Hälfte der 1990er Jahre die Forschung und Entwicklung und leiteten nach einer Ausdehnung und Modernisierung der chemischen Produktion Ende der 1980er Jahre zudem eine weitreichende Rekonfiguration der galenischen Produktion ein (Zeller 2002; 2004). Die Fusion von Ciba-Geigy und Sandoz zu Novartis im Jahr 1996 bewirkte in der Folge eine erneute Verschlankung der Produktionsorganisation, obwohl die Verminderung von Überkapazitäten und die Schließung zahlreicher Produktionsstätten konzeptionell weniger weit gingen als die Restrukturierungen und Reterritorialisierungen, die in den frühen 1990er Jahren durchgeführt wurden. Tatsächlich gelang es den Konzernen in dieser Zeit, ihre Profitraten wieder zu steigern.

Seit einigen Jahren schenken die Pharmakonzerne den aufstrebenden Ländern wie Indien, China, Russland und Brasilien erneut größere Aufmerksamkeit. In diesen Ländern erwerben sie durch Übernahmen bestehende Produktions- und Vertriebsnetze oder errichten neue Produktionsanlagen. In China beginnen sie mit umfangreichen Investitionen sogar eigene Forschungstätigkeiten. Diese geografische Erweiterung der Verankerung in den aufstrebenden Ländern eröffnete eine fünfte Phase der transnationalen Expansion.

Die Restrukturierungen der vergangenen beiden Jahrzehnte können durch vier Prozesse gekennzeichnet werden: die globale Fokussierung der chemischen Wirkstoffproduktion (Howells/Wood 1993), die selektive globale Fokussierung und multikontinentale Abstützung der pharmazeutischen Produktion, die organisatorische Trennung der Produktion entsprechend den verschiedenen Marktsegmenten von patentgeschützten Medikamenten, Generika und Selbstmedikation und die Auslagerung spezifischer Produktionsschritte wie frühere Syntheseschritte.

Indien: wechselhaftes Interesse der transnationalen Konzerne

Die Expansion von Novartis und der Vorgängerkonzerne in Indien und China wird nun in den Kontext des Aufstiegs der beiden Länder zu wichtigen Märkten und Produktionsstandorten von Medikamenten gestellt. Die Märkte für pharmazeutische Produkte in Indien und China verzeichnen ein überdurchschnittliches Wachstum und sind angesichts der geringeren Wachstumsraten in Europa und Nordamerika verstärkt ins Interesse der transnationalen Pharmakonzerne gerückt (Wadhwa u.a. 2008:4). So stiegen zwischen 1996 und 2006 Pharmaverkäufe in Indien jährlich um neun Prozent, während sie weltweit insgesamt um sieben Prozent zunahmen (Perlitz 2008). Sowohl die Entwicklung der Pharmaindustrie als auch die Expansionspfade der Schweizer Pharmakonzerne in Indien und China verliefen jedoch unterschiedlich.

Entwicklung der Pharmaindustrie in Indien
In Indien entwickelt sich ab den 1970er Jahren eine zunehmend bedeutende nationale Pharmaindustrie. Zuvor war der indische Markt ausschließlich durch ausländische transnationale Konzerne dominiert, die hauptsächlich fertige Medikamente importierten. Die Abschaffung der Produktpatente für Medikamente durch das 1972 in Kraft getretene Pa-

tentgesetz eröffnete den indischen Unternehmen den Spielraum durch Nachbau von bereits bestehenden, patentgeschützten Medikamenten eigene Arzneien herzustellen, sofern sie einen anderen Produktionsprozess entwickelten. Die indische Regierung verfolgte damit das Ziel, die Importabhängigkeit zu reduzieren und eine eigene Pharmaindustrie aufzubauen. Fortan entwickelte sich die indische Pharmaindustrie mehrere Jahrzehnte eigenständig und geschützt durch protektionistische Maßnahmen. Ausländische TNCs wurden aufgefordert, ihren Anteil an indischen Tochterunternehmen auf 40 % zu reduzieren. Viele TNCs verloren daraufhin ihr Interesse am indischen Markt und reduzierten ihre Präsenz auf Verkaufsabteilungen (Löfgren/Malhotra 2006:316f).

Die Ausbildung einer großen Zahl von qualifizierten Arbeitskräften war ein wichtiger Faktor, der die Entwicklung der indischen Industrie begünstigte. Die besondere Stärke indischer Unternehmen liegt in der Herstellung von Wirkstoffen. Sie kommen auf einen Anteil von 20 % an der weltweiten Produktion von Wirkstoffen für Generika (Löfgren/Malhotra 2006: 316f; Perlitz 2008). Im Jahr 2006 wurden in Indien Pharmazeutika im Wert von 7,3 Milliarden USD abgesetzt. Die indischen Hersteller verkauften Pharmazeutika in der Höhe von 13,3 Milliarden USD, davon exportierten sie 43 %. Der Binnenmarkt wird zu knapp 80 % von indischen Firmen und zu gut 20 % von transnationalen Konzernen bedient (IBEF 2008:2, 21; GSK India 2010). Gemäß der *Organisation of Pharmaceutical Producers* zählt die Industrie 500.000 Beschäftigte. Seit Ende der 1980er Jahre ist Indien ein Nettoexporteur von Medikamenten (Perlitz 2008). Gegenwärtig übersteigt der Anteil der Exporte von Zwischenprodukten jenen von pharmazeutischen Präparaten. Aufgrund des dynamischeren Wachstums könnten schon 2010 und 2011 die pharmazeutischen Endpräparate ein größeres Exportvolumen erreichen. Die Pharmaimporte aus der Schweiz nahmen in den vergangenen Jahren regelmäßig den größten Anteil ein. 2005 betrug er 8 % (IBEF 2008:4, 6).

Anfang der 1990er Jahre leitete die Regierung eine neoliberal geprägte Wende der Wirtschaftspolitik ein und strebte eine stärkere Integration in die Weltwirtschaft an. Der Pharmasektor wurde schrittweise für Importe und Auslandsinvestitionen geöffnet. Seit 2001 können ausländische Konzerne 100 % an lokalen Pharmaunternehmen halten (Löfgren/Malhotra 2006:318). Im Zuge der Anpassung der indischen Regierung an den *Washington Consensus* und des Drucks der WTO hat auch Indien seine Gesetzgebung dem 1995 abgeschlossenen TRIPS-Abkommen angepasst und schließlich 2005 Patente auf Medikamente eingeführt. Damit wurde das *Reverse-Engineering*-Modell verboten.

Gegenwärtig zeichnen sich unterschiedliche, aber miteinander kombinierte Entwicklungstendenzen ab (vgl. Löfgren/Malhotra 2006; Perlitz 2008; Wadhwa u.a. 2008; IBEF 2008), die allerdings nur dank des Aufbaus einer indischen Pharmaindustrie in der vorangegangenen Periode möglich wurden. Erstens versuchen die stärksten indischen Konzerne ihre Internationalisierung, vor allem in den Generikamärkten, voranzutreiben. So haben Dr. Reddy's, Ranbaxy, Martrix Laboratories und Dishmen Pharmaceuticals mehrere Generikafirmen und Auftragsproduzenten in Europa übernommen.

Zweitens integrieren sich viele indische Pharmaunternehmen in die globalen Innovations- und Produktionsnetzwerke der großen transnationalen Konzerne aus Europa und den USA. Die einen spezialisieren sich darauf, eine bedeutende Rolle als Auftragsproduzenten von Wirkstoffkomponenten zu übernehmen. Andere gehen auf der Basis ihrer Forschungs- und Entwicklungskompetenzen Kooperationen mit europäischen und

US-Konzernen ein. Die jungen indischen Biotechnologieunternehmen versuchen ihren *catch up*-Prozess voranzutreiben, indem sie sich in die globalen Innovationsnetzwerke der Pharmaindustrie einklinken (Fan/Watanabe 2008).

Drittens agieren einige der großen Pharmakonzerne auch in Indien wieder zunehmend offensiver, um den großen Markt zu erschließen, eine günstige Produktionsplattform zu errichten oder klinische Studien verhältnismäßig günstig durchzuführen. Die klinischen Studien verzeichneten alleine 2006 ein Wachstum von 65 %. Alle der zehn größten Pharmakonzerne der Welt führten 2008 mehrere klinische Studien in Indien durch. Novartis ist vor allem über die Generikadivision Sandoz zu einem wichtigen Akteur aufgestiegen. Diese Strategie der Markterschließung kann auch mit Übernahme indischer Unternehmen kombiniert werden. So übernahm im Jahr 2008 der japanische Konzern Daiichi Sankyo das größte indische Unternehmen Ranbaxy.

Novartis: Frühe Präsenz in Indien und Aufbau einer starken Position bei den Generika

Vor dem doppelten Hintergrund der internationalen Expansionsstrategien der Schweizer Pharmakonzerne und der spezifischen Entwicklung der Pharmaindustrie in Indien wird nun kurz die wechselhafte und keineswegs geradlinig verlaufende Expansion von Novartis und der Vorgängerkonzerne in Indien präsentiert. Vergleichsweise früh in den 1940er und 1950er Jahren begannen die vier großen schweizerischen Chemie- und Pharmakonzerne eine eigene Präsenz in Indien aufzubauen. Diese Expansion dauerte bis in die 1970er Jahre. Die Konzerne installierten ihre Produktionsinfrastruktur für Pharmazeutika auch im Zusammenhang ihrer Strategien in anderen Geschäftsfeldern, namentlich den Agrarchemikalien, auf. Interessanterweise belieferten sowohl Ciba-Geigy als auch Sandoz nicht nur den indischen Markt, sondern auch die UdSSR von ihren Produktionsstätten in Bhandup, Kandla und Kolshet. Im Laufe der 1990er Jahre reduzierten beide Konzerne ihre Präsenz in Indien und trennten sich von mehreren Produktionsanlagen (Zeller 2001:510, 531)

Ciba-Geigy und Sandoz unternahmen in den 1960er und 1970er Jahren begrenzte Versuche in Richtung Aufbau einer Forschungstätigkeit in Indien. Die mit der Expansion in Indien einhergehenden Erwartungen in den frühen 1960er Jahren waren so groß, dass CIBA im Jahr 1963 in Goregaon, 30 Kilometer nördlich von Bombay, ein Forschungszentrum für Grundlagenforschung in den Bereichen Farbstoffe und Pharma errichtete. Das Institut war das erste dieser Art in Indien, das von der Privatindustrie gegründet wurde (Hubbard 1974:42; Koechlin 1978:12; Zeller 2001:147). Die Bedeutung dieser Forschungseinrichtung blieb allerdings bescheiden; sie wurde 1988 aufgegeben (Zeller 2001:385).

Der indische Markt wurde fortan über Exporte und Drittproduzenten bearbeitet. Im Jahr 1994 lancierte das indische Tochterunternehmen von Ciba-Geigy abermals umfassende Expansionspläne zur Produktion von speziellen, in Indien stark nachgefragten Wirkstoffen. Hindustan Ciba-Geigy und das südkoreanische Unternehmen Chong Kun Dang vereinbarten 1994 ein 51:49-Joint Venture unter dem Namen Ciba CKD Biochem. Dieses errichtete 1995–97 in Mahad im Bundesstaat Maharashtra für 35,2 Millionen USD eine neue Fabrik zur Produktion von jährlich 125 Tonnen des Tuberkulosemittels Rifampicin für den indischen Markt. Etwas später baute Ciba CKD Biochem eine weitere Einheit in Mahad, um das Antibiotikum Cephalosporin herzustellen. Die Anlage diente dazu, Importe zu ersetzen und den indischen Cephalosporin-Markt besser zu bedienen. Nach der Fusion von Ciba und Sandoz wurde das Joint Venture in Novartis CKD Biochem umbenannt. 2000 erhöhte Novartis den Anteil am Joint Venture auf 79 % (Zeller 2001:496-497, 510, 546).

Die Expansion und die spezifische Konfiguration des Produktionssystems in Indien sind seit 2000 im Zusammenhang mit der Offensive des Konzerns im Generikabereich zu verstehen. Im Jahre 2000 verstärkte sich Novartis Generika mit insgesamt sieben zum Teil bedeutenden Übernahmen in Europa, Nord- und Südamerika und in Australien. Allerdings betrafen die Übernahmen vor allem den Bereich der *retail generics* (Zeller 2001:549). Diese Übernahmen leiteten eine umfassende globale Offensive des Konzerns im Bereich der Generika ein. Zahlreiche weitere Übernahmen folgten. Im Zuge einer umfassenden Reorganisation revitalisierte der Konzern 2004 den 1996 mit der Fusion zu Novartis verschwundenen Namen Sandoz, um fortan die Generika international mit der Marke Sandoz zu versehen.

Im April 2001 eröffnete Biochemie, die damalige Generikadivision von Novartis, in Turbhe bei Mumbai eine Produktionsstätte, die oral einnehmbare Cephalosporine für regulierte und nicht-regulierte Märkte herstellt. Das Werk erhielt die Zulassung der FDA zur Produktion pharmazeutischer Wirkstoffe und die Zulassung der EU zur Herstellung von pharmazeutischen Formulierungen. Mit ihrer Einordnung in die übrige Produktionsorganisation trug das Werk auch zur stärkeren Auslastung der großen Produktionsstätten für Cephalosporin in Kundl (Tirol) und Frankfurt am Main bei. Das Werk Kolshet wurde ein Entwicklungszentrum für Darreichungsformen und Wirkstoffe. Der Standort beherbergt auch eine große Pilotanlage für Wirkstoffe (Biochemie MR 2001; Das 2004; Financial Express 2004).

Im Mai 2004 eröffnete Sandoz in Kalwe bei Navi Mumbai die dritte Produktionsstätte in Indien. Die neue Einheit wurde zur Herstellung fester Darreichungsformen wie Tabletten und Kapseln für die stark regulierten Märkte in Europa und in den USA vorgesehen. Das Werk erhielt 2005 die Zulassung der FDA. Damit übernahm das Werk Kalwe eine wichtige Funktion im globalen Produktionsnetzwerk, das Sandoz in dieser Zeit aufbaute. Gleichzeitig mit der Errichtung eröffnete Sandoz zwei neue Generikafabriken in Polen und Rumänien. Der CEO von Sandoz unterstrich die Kostenvorteile der Produktion in Indien im Vergleich zu Europa und den USA (Sandoz MR 2004; Das 2004; Financial Express 2004).

Nachdem Novartis 2003 die Schließung der Rifampicin-Fabrik in Mahad und den Zukauf des Wirkstoffs in Betracht gezogen hatte, verkaufte Novartis India im April 2005 das Tuberkulosegeschäft und die Produktionsstätte an die eigene Generikadivision Sandoz. Diese passte das Werk an ihre Bedürfnisse an und errichtete eine Mehrzweckanlage zur Produktion von Pharmawirkstoffen (Jyothi Datta 2005; Business Standard 2005).

Allerdings verlief der Geschäftsgang der Sandoz Division von 2005 bis 2009 unbefriedigend und verzeichnete 2007 sogar einen bedeutenden Umsatzrückgang. Seit der Errichtung des Joint Venture Ciba CKD Biochem waren Novartis und dann Sandoz stark auf Tuberkulose ausgerichtet. Dieser Markt lässt angesichts verstärkter staatlicher Regulierung gegenwärtig nur noch geringe Gewinnmargen zu. Mit den starken Investitionen in der jüngeren Vergangenheit versucht Sandoz sich strategisch auf andere Felder auszurichten (Velisetty 2008:10; PPFAS 2010). Die Sandoz-Expansionsstrategie beruhte jedoch nicht nur auf dem Ausbau der Produktionskapazität. Nach diesen Investitionen leitete Sandoz zur Steigerung der Kapazitäten und der Flexibilität ein Outsourcing-Programm ein (Business Standard 2005).

Wie andere Pharmakonzerne brachte Novartis überdies viele auf anderen Märkten längst eingeführte patentgeschützte Medikamente erst in jüngerer Zeit auf den indischen Markt. Das ist eine Reaktion auf die 2005 erfolgte Anpassung der indischen Patentgesetzgebung an die WTO-Regeln. Angesichts der Unterschiedlichkeit der Märkte ist es überdies nicht erstaunlich, dass Novartis' umsatzstärkste Medikamente in Indien auf andere Indikationen ausgerichtet sind und älteren Datums als die Blockbuster auf den Märkten in den USA und Europa (PPFAS 2010:7f).

Investitionen in Forschung und Entwicklung tätigte Novartis in Indien kaum. Angesichts eines für Novartis unbefriedigenden Verlaufs der Auseinandersetzung um das Patent des Leukämiepräparats Glivec drohte die Konzernleitung mehrfach, F&E-Investitionen in China zu tätigen. Die gegenwärtige Expansionsstrategie beruht also auf Import und günstiger Produktion bestimmter Medikamente und Wirkstoffe. Massiv treibt Novartis zudem den Verkauf der freiverkäuflichen Medikamente voran. 2007 formulierte der Konzern das Ziel, den Umsatz in den nächsten fünf Jahren zu vervierfachen (Unnithan 2007).

Zusammenfassend ist festzuhalten, dass die Präsenz von Novartis in Indien auf folgenden Pfeilern beruht: Die teuren, patentgeschützten und verschreibungspflichtigen Medikamente, die von den privilegierten Klassen und einem Teil der wachsenden Mittelschichten gekauft werden, sind weitgehend aus den Produktionsstätten Europas, vor allem der Schweiz, importiert. Es ist davon auszugehen, dass alle neu eingeführten Medikamente aus der Schweiz importiert werden. Novartis Pharmaceuticals betreibt in Indien selbst keine eigene Produktionsstätte. Ältere Novartis-Medikamente und Generika von Sandoz werden hingegen zunehmend in der neu errichteten Produktionsstätte in Kalwe produziert, von wo sie teilweise auch exportiert werden. Die Fabriken in Turbhe und Mahad dienen der Herstellung spezifischer Wirkstoffe und Cephalosporine und sind in die globale Organisation der Wirkstoffproduktion von Sandoz integriert. Die hier produzierten Wirkstoffkomponenten werden also zu einem guten Teil exportiert, während das auf den lokalen Markt ausgerichtete Tuberkulose-Geschäft stagniert. Sandoz greift also die größten indischen Generikafirmen auf ihrem Heimmarkt an und konkurrenziert sie sogar auf deren Exportmärkten. Die Strategie von Novartis und der Generikadivision Sandoz ist eine Antwort auf die Chancen des indischen Marktes. Ein Aufwertungsprozess mit einer Zunahme von Forschungs- und komplexen Entwicklungstätigkeiten findet nicht statt.

Expansion in China

Ökonomischer Wandel und schneller Aufstieg der Pharmaindustrie in China
Später als Indien erfährt China erst seit den frühen 1990er Jahren verstärkte Aufmerksamkeit durch die internationale Pharmaindustrie. Die chinesische Pharmaindustrie war in der maoistischen Zeit und danach bis in die 1980er Jahre in staatlichen Konglomera-

ten organisiert und erfüllte die Aufgabe der Versorgung der Bevölkerung mit Medikamenten. Die heutige Pharmaindustrie ist ein Ergebnis der spezifischen gesellschaftlichen und wirtschaftlichen Bedingungen, die sich im Zuge der Transformation des mao-stalinistischen Regimes und eines Teils der Bürokratie in kapitalistische Unternehmer herauskristallisiert haben.

Die chinesische Führung unterstreicht mit ihrer Industriepolitik und den staatlich unterstützten Programmen zum Ausbau der Forschungs- und Entwicklungsinfrastruktur ihre Ambitionen, China zu einer starken Wirtschaftsmacht zu entwickeln. Im Rahmen des bis 2011 laufenden 11. Fünfjahresplans wurde ein Fonds von 6,6 Milliarden Yuan (971 Millionen USD) eingerichtet, um innovative Forschung und Entwicklung im Medikamentenbereich voranzutreiben (Haydock 2008:90). Im Januar 2006 verkündete der chinesische Präsident Hu Jintao das Ziel, China bis 2020 zu einem innovationsorientierten Land zu transformieren. Zwischen 2000 und 2007 stiegen Chinas F&E Ausgaben durchschnittlich 26,5 Prozent pro Jahr (PriceWaterhouseCoopers 2009:12).

Die Pharmaindustrie und der Pharmamarkt in China erlebten in den letzten Jahren ein stürmisches Wachstum mit jährlich zweistelligen Wachstumsraten (PriceWaterhouseCoopers 2009:5). Eine besondere Bedeutung nimmt die Reform des Gesundheitswesens ein. Im Januar 2009 beschloss die Regierung ein Programm in der Höhe von 124 Milliarden USD für zwei Jahre, um 90 % der Bevölkerung bis 2011 in eine Gesundheitsversicherung zu integrieren (Scrip 2009c; 2009a). Das wird den Markt für pharmazeutische Präparate deutlich anwachsen lassen. Noch vor der Wirtschaftskrise angestellte Schätzungen gehen davon aus, dass China 2020 zum größten Pharmamarkt der Welt aufsteigen wird.

Lange Zeit kritisierten die Konzerne aus Europa und den USA den ungenügenden Schutz intellektuellen Eigentums in China. Nach dem Beitritt Chinas zur WTO 2001 und den damit einhergehenden Anpassungen der Regulierung intellektueller Eigentumsrechte an die dominierenden internationalen Standards begannen sie vorsichtig kleinere Forschungs- und Entwicklungsstätten zu errichten (vgl. Haydock 2008:90). Die schnelle Zunahme gut ausgebildeter WissenschaftlerInnen und vor allem die mit dem enormen Wirtschaftswachstum und der Herausbildung großer urbaner Mittelschichten verbundene Steigerung der Nachfrage nach Medikamenten bewog die global agierenden Konzerne dazu, auch im Forschungsbereich aggressiver in China zu expandieren. Eine wachsende Zahl globaler Pharmakonzerne hat in den letzten Jahren in China Forschungs- und Entwicklungszentren errichtet: AstraZeneca und Novo Nordisk 2002; Eli Lily und GlaxoSmithKline 2003; Roche 2004 sowie Novartis, Pfizer, Sanofi-Aventis und Johnson & Johnson in nachfolgenden Jahren.

China hat sich zu einer zunehmend attraktiveren Destination für die kostengetriebene Vergabe von Forschungs- und Entwicklungsaufträgen durch ausländische Pharmakonzerne entwickelt. Führende chinesische Contract Research Organizations (CRO) offerieren Vertragsforschung zu bedeutend niedrigeren Kosten als ihre Konkurrenten in den USA und in Europa und sind zunehmend in der Lage, die erforderlichen Qualitätsstandards zu bieten (PriceWaterhouseCoopers 2009:8)

Das schnelle Wachstum der pharmazeutischen Auftragsproduktion hält an (PriceWaterhouseCoopers 2009:11). Die Anzahl chinesischer Unternehmen, die in der Lage sind, nach *Good Manufacturing Practice*-Kriterien Wirkstoffe für Auftragnehmer in den hoch regulierten Pharmamärkten herzustellen und sich aufgrund ihrer mehrjährigen Erfahrungen gut in diesem Markt etabliert haben, hat sich von 2004 bis 2008 von 8 auf 9 Unternehmen, jene der weniger erfahrenen Unternehmen von 11 auf 26 und jene, die aufgrund ihrer Kapazitäten in diesen Markt einsteigen wollen von 44 auf 144 erhöht. Diese Zahlen deuten darauf hin, dass eine wachsende Anzahl chinesischer Unternehmen in den Markt der Auftragsproduktion von Wirksubstanzen für regulierte Märkte einsteigen wollen. Zugleich sind etliche chinesische Unternehmen auch bestrebt, sich als Wirkstoffproduzenten von Generika oder sogar als eigenständige Generikaanbieter durchzusetzen (Kennedy 2009).

Anderseits wurde die Auslagerung von Produktionsschritten für US-amerikanische und europäische Konzerne zu einem wichtigen Faktor, um die Profitraten zu halten oder zu steigern. Der britisch-schwedische Pharmakonzern AstraZeneca zeigt sich in dieser Hinsicht als besonders aktiv und sieht vor, die Auslagerungen in China und Indien bedeutend zu steigern (PriceWaterhouseCoopers 2009:11). Wie in Indien überlagern sich mehrere miteinander verbundene Prozesse in der Pharmaindustrie Chinas. Die chinesischen Unternehmen entwickeln sich verhältnismäßig schnell, sind aber noch kaum in der Lage, sämtliche Prozesse der Wertschöpfungskette von der Wirkstofffindung bis zur Vermarktung zu übernehmen. Die Findung von Wirkstoffen und die Durchführung von international abgestützten Phase III klinischen Prüfungen sind sehr aufwändig und kostspielig.

Gleichzeitig investieren die meisten global tätigen Pharmakonzerne im großen Stil in neue Produktions- und Forschungsanlagen in China, um den Markt besser zu bedienen und das wachsende chinesische Innovationspotenzial zu erschließen. Im Kontext der oligopolistischen Rivalität führt das zu einem sich selbstverstärkenden Prozess und steigert insgesamt die Größe der gesamten Industrie. Die europäischen und US-amerikanischen Konzerne machen der aufstrebenden chinesischen Industrie ihren Heimmarkt teilweise streitig.

Die große Frage ist, ob sich in dieser Konstellation und der scharfen oligopolistischen Rivalität in einigen Jahren ein oder mehrere chinesische Konzerne international durchsetzen, zu den Top 20 oder sogar Top 10 aufsteigen und damit in den Kreis der Oligopolisten eindringen können. Wie in Indien werden US-amerikanische und europäische Konzerne mit großer Wahrscheinlichkeit verstärkt chinesische Unternehmen übernehmen.

Novartis: Von der vorsichtigen zur offensiven Expansion in China
Am Beispiel von Novartis respektive den Vorgängern Ciba-Geigy und Sandoz wird nun aufgezeigt, wie ein global agierender Konzern konkret seine Stellung in China seit Mitte der 1980er ausbaute. Bereits 1938 eröffnete CIBA in China eine Niederlassung in Schanghai, von der aus das Unternehmen zunächst Farbstoffe vertrieb. Später expandierte CIBA auch in den Pharmabereich. Aufgrund der politischen Veränderungen im Zuge der Machtübernahme der Kommunistischen Partei Chinas zog sich das Unternehmen in den frühen 1950er Jahren aus dem Land zurück (Novartis MR 2006).

Bereits acht Jahre nach der 1979 eingeleiteten ökonomischen Öffnung und gesellschaftlichen Transformation Chinas unternahm Ciba-Geigy einen ersten vorsichtigen Versuch, auf dem chinesischen Markt Fuß zu fassen. 1987 vereinbarten die Ciba-Geigy sowie die Beijing General Pharmaceuticals Corporation (BGPS, die heutige Beijing Pharmaceutical Group Co., Ltd) und die Beijing No. 3 Pharmaceutical Factory die Gründung eines Gemeinschaftsunternehmens in Chang Ping in der Nähe von Beijing. BGPS war eines der größten Pharmaunternehmen in China, in dem mehr als siebzig Firmen mit rund 30.000 Beschäftigten zusammengeschlossen waren. Beijing Ciba-Geigy Pharma (BCGP) war das erste schweizerisch-chinesische Joint Venture (Ciba-Geigy-Magazin 1987; Ciba-Geigy 1988:21; Ciba-Geigy-Zeitung 1988). Das Werk wurde schließlich Ende 1993 eröffnet. Ciba-Geigy erhöhte die anfänglich hälftige Kapitalbeteiligung Mitte 1993 auf 60 Prozent und übernahm damit die Gesamtverantwortung. Beijing Ciba-Geigy Limited produzierte mit ihren rund 60 Mitarbeiterinnen und Mitarbeitern zunächst Arzneimittel verschiedener Darreichungsformen zur Behandlung von Krankheiten des Zentralen Nervensystems wie beispielsweise gegen Epilepsie, gegen Herzkreislaufprobleme und gegen Rheuma. Die BCGP eröffnete zu den bereits bestehenden Einrichtungen in Schanghai, Guangzhou und Tiajin weitere Vertriebsbüros in Wuhan, Shenyang Chongqing und Harbin. Die Gesamtinvestition belief sich auf 30 Millionen CHF (Ciba Magazin 1993:24; Ciba-Zeitung 1994).

Die Aktivitäten in China wurden bald ausgebaut. Bereits vor der Inbetriebnahme der Pharmafabrik in Chang Ping vereinbarten die BCGP, die Ciba-Geigy und die Xinchang Pharmaceutical Factory (XPF), dass die XPF auf der Basis von Know-how der Ciba-Geigy die Aktivsubstanz für das Produkt *Rimactan* herstellt, die dann über die BCGP an Konzernkunden exportiert wird. Diese Ausfuhren sollten ab 1993 dem Joint Venture einen wesentlichen Teil der benötigten Devisen verschaffen (Ciba Magazin 1993:25). Ciba-Geigy beteiligte sich auch an der Entwicklung eines Medikaments gegen Malaria. Die Vereinbarung beinhaltete, dass die BCGP exklusiv die weltweiten Marketingrechte am neuen Arzneimittel erhielt, was ebenfalls der Devisenerwirtschaftung diente. Dieses Präparat kam Anfang 1999 mit dem Namen Riamet auf den Markt, wobei sich Novartis mittlerweile die weltweiten Vermarktungsrechte außer in China gesichert hatte (Novartis Pharma MR 1999).

Die Pharma-Division der US-Konzerngesellschaft schloss in Koordination mit der BCGP zudem ein Abkommen mit führenden Forschungsinstituten in Beijing und in Schanghai ab. Ciba-Geigy setzte einige Erwartungen in die führende Rolle Chinas bei der Entwicklung, Produktion und therapeutischen Anwendung von natürlichen Heilmitteln sowie die Forschungsexpertise bei potenziell wirkenden Pflanzenextrakten. Bei der Durchdringung des chinesischen Marktes war es von großer Bedeutung, geeignete Allianzen mit chinesischen Partnerfirmen einzugehen und die Präsenz hiermit auf eine breitere Basis zu stellen. Man befürchtete, dass ein Alleingang rasch ins Abseits hätte führen können. Allianzen erlaubten es, einer langfristigen und auf kontinuierliche Expansion ausgerichteten Strategie zu folgen (Ciba Magazin 1993:25).

Ciba-Geigy hatte in China eine vergleichsweise offensive Strategie verfolgt. Sandoz war demgegenüber wesentlich zurückhaltender und nahezu ohne eigene Investitionen in China präsent gewesen. Auffallend ist, dass Sandoz nur in den großen Ländern, deren politische Stabilität langfristig als sicher eingestuft wurde, bedeutende Investitionen in den Aufbau einer eigenen Produktionsinfrastruktur leistete (Zeller 2001:507-539). Bis Mitte der 2000er Jahre unternahm Novartis keine weiteren groß angelegten Expansionsschritte in China, sondern baute seine Position über die bereits getätigten Investitionen, mehrere Kooperationsabkommen und den Export aus.

Als Antwort auf die gestiegene Nachfrage erweiterte Novartis 2007 und 2008 die pharmazeutische Fabrik in Chang Ping für rund 24 Millionen USD. Zusätzlich zur Bedienung des chinesischen Marktes mit verschiedenen Medikamenten unterstützt die Produktionsstätte die Lieferung des Malaria-Medikaments Coartem an die Weltgesundheitsorganisation (WHO) (Novartis 2009:77).

Um die Produktionsbasis auch im Wirkstoffbereich zu stärken, startete Novartis im Februar 2006 die Bauarbeiten für eine USD 83 Millionen teure Entwicklungs- und Produktionsanlage in Changshu, unweit Suzhou in der Provinz Jiangsu. Diese Fabrik nahm 2009 den Betrieb auf und unterstützt vor allem die Produktion des Medikaments Tekturna / Rasiliez (Novartis MR 2006; Novartis 2009:77). Nachdem seit Ende der 1980er Jahre die Organisation der chemischen Produktion eher vereinfacht wurde, kleinere periphere Produktionsstätten geschlossen wurden und die Wirkstoffproduktion im Wesentlichen auf die Produktionsstätten in Basel, Grimsby und Ringaskiddy ausgerichtet wurde, stellt die chemische Fabrik in Changshu die erste geografische Expansion der internen chemischen Wirkstoffproduktion der Division Pharma (abgesehen von der Generika Division Sandoz) seit über anderthalb Jahrzehnten dar.

Ende 2006 startete Novartis den Aufbau einer breiten Forschungs- und Entwicklungstätigkeit in China und kündigte Investitionen von USD 100 Millionen für die Errichtung eines Forschungszentrums an. Zu diesem Zeitpunkt führte Novartis in Zusammenarbeit mit lokalen Spitälern mit etwa 4.000 PatientInnen klinische Studien in China durch (Karberg 2006). Im Juli 2007 wurde mit dem Bau der Gebäude für rund 400 WissenschaftlerInnen begonnen. Als Forschungsaktivitäten nannte der Konzern in China verbreitete Krankheiten wie infektiöse Ursachen von Krebs, etwa Hepatitisviren, die Leberkrebs verursachen (Novartis MR 2006). Novartis lancierte alleine 2009 sechs weitere Medikamente in China und steigerte die Zahl der klinischen Studien. Ende 2008 zählte der Konzern 3.500 Beschäftigte in China, 2.700 davon arbeiteten für die Pharmadivision und 500 wurden alleine in diesem Jahr rekrutiert (Jie 2009).

Trotz deutlichem Einbruch des allgemeinen Wirtschaftswachstums gelangte die Novartis-Führung schon bald zur Überzeugung, das strategische Engagement in China massiv zu verstärken. Am 3. November 2009 kündigte der Konzern an, in den kommenden fünf Jahren die Forschungs- und Entwicklungstätigkeiten des Novartis Institute of Bio-Medical Research (CNIBR) mit Investitionen von 1 Milliarde USD auszubauen, das damit von 160 auf 1.000 Beschäftigte anwachsen soll (Novartis MR 2009a).

Novartis CEO Vasella begründete diesen strategisch bedeutsamen Schritt mit dem schnellen Wachstum des chinesischen Medikamentenmarktes. China könnte bis 2014 einer der drei wichtigsten Märkte von Novartis werden (Johnson/Whalen 2009). In diesem Zusammenhang wird auch die positive Wirkung des durch die Regierung für 124 Milliarden USD in den nächsten drei Jahren errichteten Krankenversicherungssystems hervorgehoben (Novartis MR 2009a). Mark Fishman, Leiter der globalen Forschungseinheit der Pharmadivision von Novartis, und Paul Herrling, Leiter der Konzernforschung von Novartis unterstrichen in Interviews die schnelle Entwicklung der chinesischen Pharmaindustrie und die Wichtigkeit mit der wachsenden Zahl von WissenschaftlerInnen in Kontakt zu treten (Karberg 2006; Owens 2007). Diese auch für einen Konzern wie Novartis sehr große Investition deutet darauf hin, dass nicht mehr nur Routine und Fleißarbeiten in China erledigt werden sollen, sondern dass das neue Zentrum Verantwortung für neue strategische Tätigkeitsfelder übernehmen wird.

Wie schon in den 1930er Jahren in einigen Standorten in New Jersery, in den 1980er und 90er Jahren rund um San Francisco und in San Diego, nach 2000 in Cambridge bei Boston, entwickelt sich nun im Schanghaier Stadtteil Pudong im Bezirk Zhangjiang eine räumlich außerordentlich konzentrierte Ansammlung von Forschungs- und Entwicklungszentren mehrerer der größten Pharmakonzerne. Das Novartis Institute of BioMedical Research befindet sich in direkter Nachbarschaft zu ebenfalls gerade errichteten oder noch im Bau befindlichen Forschungs- und Entwicklungseinrichtungen von Roche, AstraZeneca und GlaxoSmithKline (Roberts 2009; Johnson/Whalen 2009). Dieses Lokalisierungsmuster ist nicht nur Ergebnis der günstigen lokalen Gegebenheiten, sondern auch Ausdruck der globalen oligopolistischen Rivalität um den privilegierten Zutritt zu regionalen Innovationspotenzialen (Zeller 2004).

Nur einen Tag nach der Ankündigung der Milliardeninvestition in Schanghai gab Novartis bekannt, für 12 Millionen USD einen 85 %-Anteil an der chinesischen Impfstofffirma Zhejiang Tianyuan zu übernehmen. Das Unternehmen hält immerhin 3 % am chinesischen Impfstoffmarkt, der etwa eine Milliarde USD umfasst (Novartis MR 2009b; Whalen 2009). Dieser Schritt reiht sich ein in Novartis doppelte Offensive: Seit der kompletten Übernahme des kalifornischen-Unternehmens Chiron im Jahr 2005 baut der Konzern in allen wichtigen Märkten seine Position im wachsenden Impfstoffmarkt zielstrebig aus und versucht, seine Position gegenüber den Rivalen GlaxoSmithKline und Sanofi-Aventis im Impfstoffbereich zu verbessern.

Die Strategie von Novartis in China stützt sich also auf drei Säulen. Erstens gilt es den, Markt mit einem angemessenen Produktangebot und dem Aufbau eines Vertriebsnetzes zu erobern. Zweitens baut der Konzern eine chemische und pharmazeutische Produktionsinfrastruktur auf, die aber nicht ausschließlich auf den chinesischen Markt ausgerichtet ist, sondern bestimmte Aufgaben in der konzerninternen internationalen Arbeitsteilung übernimmt. Drittens versucht Novartis seit jüngerer Zeit auch das chinesische Forschungspotenzial zu erschließen.

Schlussfolgerungen

Die vorliegende Analyse des Expansionspfades von Novartis sowie besonders der Erschließung des indischen und chinesischen Marktes im Kontext des Aufstiegs der Volkswirtschaften Indien und China kann auf vier Schlussfolgerungen verdichtet werden.

Erstens zeigt der Rückblick auf die Entwicklung der globalen Forschungs- und Produktionsorganisation von Novartis und ihren Vorgängerkonzernen, dass der Expansionsprozess geografisch und sektoral selektiv verläuft. Der Pfad ist abhängig von historischen Gegebenheiten, institutionellen Veränderungen und der Dynamik der oligopolistischen Rivalität. Die Konzerne verfolgten in den 1970er Jahren eine breite internationale Expansionsstrategie und errichteten in zahlreichen Schwellen- und Entwicklungsländern auf die lokalen Märkte ausgerichtete Fabriken. Von Ende der 1980er Jahre bis Anfang der 2000er Jahre lag die Priorität auf der starken Forschungspräsenz in den stärksten

regionalen Innovationsarenen in Nordamerika und Europa und der Marktpräsenz auf
den größten Märkten, vor allem dem US-Markt. Die Pfade verlaufen jedoch nicht nur
in Richtung Expansion, sondern wie die Entwicklung in Indien zeigt, kann in längeren
Phasen die lokale Präsenz stagnieren oder sogar reduziert werden. Erst vor wenigen Jahren haben die aufstrebenden Länder, allen voran China und Indien, wieder an Bedeutung gewonnen. Die Expansionsstrategien und -muster in Indien und China sind auch
Ausdruck der oligopolistischen Rivalität unter den großen Pharmakonzernen, die ihre
Strategien jeweils auch auf die ihrer Rivalen ausrichten. Die Rivalität um neue Märkte,
günstige Produktionsmöglichkeiten und Forschungsinputs kann zu selbst verstärkenden
Wirkungen im Investitionsverhalten führen.

Zweitens sind die großen, global agierenden Konzerne weiterhin die bestimmenden
Akteure der Warenketten. Trotz einer selektiven vertikalen Desintegration, der Zunahme
der Vergabe von Produktionsmandaten an Auftragsproduzenten, des Wachstums von Cli-
nical Research Organizations und zahlreichen Forschungskooperationen mit Biotechnologieunternehmen und universitären Forschungsinstituten sind es die Pharmakonzerne,
die die Wertschöpfungskette zusammenhalten und koordinieren. Allerdings agieren die
großen Pharmakonzerne in dieser Hinsicht durchaus unterschiedlich. So praktizieren die
Schweizer Konzerne Novartis und Roche eher zurückhaltend Outsourcing von Produktion. Verschiedene US-amerikanische Konzerne und der britisch-schwedische Konzern
AstraZeneca tendieren zu stärkerer Auslagerung.

Drittens hängen die Entwicklungsperspektiven für die indische und chinesische
Pharmaindustrie sowohl davon ab, inwiefern sie es schaffen, in strategisch wichtige
technologische Felder vorzudringen, als auch von der Dynamik der gegenwärtigen oligopolistischen Rivalen.

Trotz dem in jüngerer Zeit energischen Aufbau von Produktionsinfrastruktur und sogar Forschungszentren in China ist nicht zu vergessen, dass die strategisch wichtigsten
und weitaus größten Forschungs-, Entwicklungs- und sogar Produktionsstätten weiterhin in den klassischen Zentren der Pharmaindustrie in Europa und in Nordamerika lokalisiert sind. Die aktuelle Entwicklungsdynamik ist widersprüchlich. In Indien konnte sich dank den bis 2005 nicht existierenden Produktpatenten eine eigene Pharmaindustrie entwickeln. Indiens Anpassung an die WTO-Regeln und ökonomische Öffnung
zwingt nun die indischen Unternehmen dazu sich zu internationalisieren. Doch ob das
erreichte Niveau genügend hoch ist und vor allem die akkumulierte Kapitalmacht ausreicht, damit sich einige indische Konzerne international durchsetzen können, bleibt unsicher. Ebenso möglich ist, dass sich das Beispiel der Übernahme von Ranbaxy durch
den japanischen Konzern Daiichi Sankyo wiederholt und weitere indische Konzerne
unter Kontrolle von US-amerikanischen, japanischen und europäischen Pharmariesen
geraten. Chinas Größe und Dynamik des Marktes und der Wissenschaft zieht die global agierenden Konzerne an. Die chinesische Führung fördert Investitionen durch ausländische Konzerne und setzt darauf, dass es chinesische Unternehmen schaffen, auch
komplexe neue Wirkstoffe zu finden und sich Kompetenzen bei der Durchführung international ausgelegter klinischer Studien der Phase III zu erlangen. Das ist Voraussetzung dafür, um international zu agieren und in den Kreis der oligopolistischen Rivalen
vorzudringen. Erfahrungen aus Irland, wo aufgrund der Politik der nationalen und regionalen Regierung seit den 1970er Jahren zahlreiche Pharmakonzerne chemische Pro-

duktionsstätten errichteten, zeigen, dass die bloße Ansiedlung und Existenz regionaler Industriekonzentration in keiner Weise einen Aufwertungspfad zu wissensintensiven Innovationsarenen zur Folge haben (Egeraat/Breathnacht 2008; Egeraat/Barry 2009). Zahlreiche weitere, politisch durchgesetzte Bedingungen (u.a. Bildungsinfrastruktur, staatliche Grundlagenforschung, Arbeits- und Lebensbedingungen, Löhne) müssten dafür erfüllt sein. Die jüngere Entwicklung deutet darauf hin, dass die chinesische Industriepolitik die Großregionen Schanghai und Beijing zu pharmazeutischen Innovationsarenen mit globaler Bedeutung entwickeln will (Wadhwa u.a. 2008). Unter diesen Bedingungen ist anzunehmen, dass europäische und US-amerikanische Konzerne daran gehindert würden, eine zu dominante Rolle in der Industrieentwicklung einzunehmen.

Literatur

Angell, Marcia (2004): The truth about the drug companies. How they deceive us and what to do about it. New York: Random House

Arora, Ashish/Merges, Robert P. (2004): Specialized supply firms, property rights and firm boundaries. In: Industrial and Corporate Change 13/3: 451-475

Biochemie MR (2001): Biochemie eröffnet neues Werk in Indien. Media Release, 10. April, Wien: Biochemie GmbH

Business Standard (2005): Sandoz weighs local outsourcing plan. Business Standard, May 30

Caves, Richard E. (1996): Multinational enterprise and economic analysis. Cambridge: Cambridge University Press

Chandler, Alfred D. (1990): Scale and Scope: The Dynamics of Industrial Capitalism. Cambridge: Belknap Press of Harvard University Press

Chandler, Alfred D. (2005): Shaping the Industrial Century. The Remarkable Story of the Evolution of the Modern Chemical and Pharmaceutical Industries. Cambridge/London: Harvard University Press

Chesnais, François (1997): La mondialisation du capital. Paris: Syros

Ciba-Geigy-Magazin (1987): Joint venture in China, 17/1 (April): 1

Ciba-Geigy-Zeitung (1988): Joint venture mit General Pharmaceutical Corporation, 1. November: 13

Ciba-Geigy (1988): CIBA-GEIGY Geschäftsbericht 1987. CIBA-GEIGY AG, Basel: 66

Ciba-Zeitung (1994): Neue Pharmafabrik in Beijing eröffnet, 11. Januar. 1/94: 3

Ciba Magazin (1993): Mit vielgestaltigen Allianzen den Geschäftsauf- und -ausbau breit verankern 3/93 Juli: 24-25

Coriat, Benjamin/Orsi, Fabienne (2002): Establishing a new intellectual property rights regime in the United States: Origins, content and problems. In: Research Policy 31/8-9: 1491-1507

Das, Nisha (2004): Interview with Sandoz GmbH CEO Christian Seiwald. domain-b, 31. May: 2

Delapierre, Michel (2000): Vers l'emergence de nouvelles formes d'oligopoles fondés sur la connaissance. In: Delapierre, Michel/Moati, Philippe/Mouhoud, El Mouhoub, Hg.: Connaissance et Mondialisation. Paris: Economica: 97-107

Dicken, Peter/Forsgren, Mats/Malmberg, Anders (1994): The Local Embeddedness of Transnational Corporations. In: Amin, Ash/Thrift, Nigel, Hg.: Globalization, Institutions, and Regional Development in Europe. Oxford: Oxford University Press: 23-45

Drews, Jürgen (1998): Die verspielte Zukunft: Wohin geht die Arzneimittelforschung? Basel/Boston/Berlin: Birkhäuser

Drews, Jürgen/Ryser, Stefan (1996): Innovation Deficit in the Pharmaceutical Industry. In: Drug Information Journal 30: 97-108

Drews, Jürgen/Ryser, Stefan (1997): Pharmaceutical innovation between scientific opportunities and economic constraints. In: Drug Discovery Today 2/9: 365-372

Dunning, John H. (1993): Multinational Enterprises and the Global Economy. Wokingham: Addison-Wesley

Egeraat, Chris van/Barry, Frank (2009): The Irish pharmaceutical industry over the boom period and beyond. In: Irish Geography 42/1: 23-44

Egeraat, Chris van/Breathnacht, Proinnsias (2008): The Drivers of Transnational Subsidiary Evolution: the Upgrading of Process R&D in the Irish Pharmaceutical Industry, NIRSA-National Institute for Regional and Spatial Analysis, Working Paper 38. National University of Ireland: NUI Maynooth

Fan, Peilei/Watanabe, Kazuo N. (2008): The rise of the Indian biotech industry and innovative domestic companies. In: International Journal of Technology and Globalization 4/2: 148-169

Financial Express (2004): Sandoz Sets Up 3rd Facility in India. New Delhi

Fligstein, Neil (2001): The Architecture of Markets. An Economic Sociology of Twenty-First-Century Capitalist Societies. Princeton: Princeton University Press

Gambardella, Alfonso (1995): Science and innovation: The US pharmaceutical industry during the1980s. Cambridge: Cambridge University Press

Gercffi, Gary/Humphrey, John/Sturgeon, Timothy (2005): The governance of global value chains. In: Review of International Political Economy 12/1: 78-104

Grabowski, Henry/Vernon, John (1994): Innovation and Structural Change in Pharmaceuticals and Biotechnology. In: Industrial and Corporate Change 3/2: 435-449

GSK India (2010): About GSK – Our company: GlaxoSmithKline India. http://www.gsk-india.com/about-company.html, 18.1.2010

Haakonsson, Stine Jessen (2009): The Changing Governance Structures of the Global Pharmaceutical Value Chain. In: Competition and Change 13: 75-95

Haydock, Ian (2008): Will China live up to its innovative potential? In: Scrip 100, a supplement to Scrip World Pharmaceutical News (December): 89-91

Henderson, Jeffrey/Dicken, Peter/Hess, Martin/Coe, Neil/Wai-Chung Yeung, Henry (2002): Global production networks and the analysis of economic development. In: Review of International Political Economy 9/3: 436-464

Howells, Jeremy (1998): Innovation and Technology Transfer within Multinational Firms. In: Michie, Jonathan/Smith, John Grieve, Hg.: Globalization, Growth, and Governance. Oxford: Oxford University Press: 50-70

Howells, Jeremy R. (1996): SmithKline Beecham: global push and repositioning. In: Nilsson, Jan-Evert/Dicken, Peter/Peck, Jamie, Hg.: The Internationalization Process: European Firms in Global Competition. London: Paul Chapman Publishing: 61-73

Howells, Jeremy/Wood, Michelle (1993): The Globalisation of Production and Technology. London and New York: Belhaven Press

Hubbard, Stanley (1974): Auf CIBA-GEIGY-Kurs in Südostasien. In: Ciba-Geigy Zeitschrift 4/3: 35-44

IBEF (2008): Pharmaceuticals: Markets & Opportunities. A Report by Ernst & Young for IBEF. India Brand Equity Foundation: Gurgaon

IMS (2006): Looking to the East for New Active Substances: IMS Health. http://pharmalicensing.com/public/articles/view/1148554338_44758c62b28f4/looking-to-the-east-for-new-active-substances, 13.3.2010

Jie, Liu (2009): Novartis plans more investment. China Daily, April 13

Johnson, Ian/Whalen, Jeanne (2009): Novartis to Invest $1 Billion in Shanghai R&D Center. The Wall Street Journal, November 4

Jyothi Datta, P.T. (2005): Novartis to sell TB bulk drug biz to Sandoz. The Hindu Business Line, January 28

Karberg, Sascha (2006): Politischen Druck gibt es immer. In: Technology Review 7 (November): 2

Kennedy, Robert (2009): China's changing role in the global pharmaceutical supply chain. In: Scrip 3431, February 6th: 38-39

Koechlin, Hartmann P. (1978): Ciba-Geigy in Entwicklungsländern. In: Ciba-Geigy-Magazin 8/2: 9-13

Lazonick, William/O'Sullivan, Mary (2000): Maximizing shareholder value: a new ideology for corporate governance. In: Economy and Society 29/1: 13-35

Löfgren, Hans/Malhotra, Prabodh (2006): Die Aufstieg der indischen Pharmaindustrie: Transformation der globalen Wettbewerbslandschaft? In: Peripherie 26/103: 315-337

McKelvey, Maureen/Luigi, Orsenigo/Pammolli, Fabio (2004): Pharmaceuticals analyzed through the lens of a sectoral innovation system. In: Malerba, Franco, Hg.: Sectoral Systems of Innovation. Concepts, issues and analyses of six major sectors in Europe. Cambridge: Cambridge University Press: 73-120

Michalet, Charles-Albert (1985): Le capitalisme mondial. 1re édition „Quadrige": 1998. Paris: Presses Universitaires de France

Mowery, David C./Sampat, Bhaven N. (2004): Universities in National Innovation Systems. In: Fagerberg, Jan/Mowery, David C./Nelson, Richard R., Hg.: The Oxford Handbook of Innovation. Oxford: Oxford University Press: 209-239

Nightingale, Paul/Mahdi, Surya (2006): The evolution of pharmaceutical innovation. In: Mazzucato, Mariana/Dosi, Giovanni, Hg.: Knowledge Accumulation and Industry Evolution: The Case of Pharma-Biotech. Cambridge: Cambridge University Press: 75-111

Novartis (2009): Annual report, United States Securities and Exchange Commission Form 20-F, January 28, Novartis AG: Basel: 213 + Exhibits

Novartis MR (2006): Novartis gründet strategisches biomedizinisches F&E-Zentrum in Schanghai. Media Release, 6. November, Novartis International AG, Novartis Global Communications: Basel

Novartis MR (2009a): Novartis announces USD 1 billion investment to build largest pharmaceutical R&D institute in China. Media Release, November 3, Novartis International AG, Novartis Global Communications: Basel

Novartis MR (2009b): Novartis to expand its human vaccines presence in China through proposed acquisition of a majority stake in Zhejiang Tianyuan. Media Release, November 4, Novartis International AG, Novartis Global Communications: Basel

Novartis Pharma MR (1999): Novartis' breakthrough anti-malaria treatment Riamet®, receives marketing approval in Switzerland. Medienmitteilung, 26. Januar, Novartis Pharma AG, Pharma Communications: Basel

Owens, Joanna (2007): An Audience with Paul Herrling, Nature Reviews. In: Drug Discovery 6/3: 180-180

Perlitz, Uwe (2008): India's pharmaceutical industry on course for globalisation; Current Issues DB Research, April 9. Frankfurt a. M.: Deutsche Bank

Peyer, Conrad Hans (1996): Roche Geschichte eines Unternehmens 1896–1996. Basel: Editiones Roche

Pisano, Gary (2006): Science Business – The Promise, the Reality, and the Future of Biotech. Boston: Harvard Business School Press

Powell, Walter (1996): Inter-Organizational Collaboration in the Biotechnology Industry. In: Journal of Institutional and Theoretical Economies 152/1: 197-215

PPFAS (2010): Novarts India Limited, 4th January, Parag Parikh Financial Advisory Services Limited: Mumbai: 17 http://www.ppfas.com, 4.1.2010

PriceWaterhouseCoopers (^{2}2009): Investing in China's Pharmaceutical Industry. London/Beijing/ Shanghai: PriceWaterhouseCoopers: 35

Roberts, Dexter (2009): Novartis Unveils $1.25 Billion China Investment, Business Week, November 3

Ruigrok, Winfried/van Tulder, Rob (1995): The Logic of International Restructuring. London: Routledge

Sandoz MR (2004): Sandoz baut globales Produktionsnetzwerk aus. Neue Anlagen in Polen, Indien und Rumänien, Media Release, 18, Mai. Wien: Sandoz GmbH

Scrip (2009a): China „cannot be ignored" as industry focuses on emerging market potential. In: Scrip 3434, February 27th: 35

Scrip (2009b): NAS in 2008: pharma industry productivity rallies. In: Scrip 3434, February 27th: 6-7

Scrip (2009c): China to pump $123 bn into healthcare reforms. In: Scrip 3430, January 30th: 1, 5

Smith, Adrian/Rainnie, Al/Dunford, Mick/Hardy, Jane/Hudson, Ray/Sadler, David (2002): Networks of value, commodities and regions: Reworking divisions of labour in macro-regional economies. In: Progress in Human Geography 26/1: 41-63

Unnithan, Chitra (2007): Novartis India to quadruple its business in 5 years, Business Standard

Velisetty, Swathi (2008): Novartis India, Analysis. Analysis of the Pharmaceutical Sector and the Business Analysis of Novartis India; NMS-1 / 107, 18 October 2008 http://www.scribd.com/ doc/7273620/Novartis, 10.1.2010

Wadhwa, Vivek/Rissing, Ben/Gereffi, Gary/Trumpbour, John/Engardio, Pete (2008): The Globalization of Innovation: Pharmaceuticals. Can India and China Cure the Global Pharmaceutical Market? Kauffmann. The Foundation of Entrepreneurship, Duke University, Harvard Law School: 61

Whalen, Jeanne (2009): Novartis Invests in Chinese Vaccines. Swiss Drug Maker Aims to Boost Presence in Emerging Markets. The Wall Street Journal, November 5

Zeller, Christian (2001): Globalisierungsstrategien – Der Weg von Novartis. Berlin/New York: Springer-Verlag

Zeller, Christian (2002): Project Teams as Means for Restructuring Research and Development in the Pharmaceutical Industry. In: Regional Studies 36/3: 283-297

Zeller, Christian (2003): Restructuring Knowledge Acquisition and Production in the Pharmaceutical and Biotech Industries. In: Lo, Vivien/Schamp, Eike, Hg.: Knowledge – The Spatial Dimension. Münster: Lit-Verlag: 131-166

Zeller, Christian (2004): North Atlantic innovative relations of Swiss pharmaceuticals and the importance of regional biotech arenas. In: Economic Geography 80/1: 83-111

Zeller, Christian (2008): From the gene to the globe: Extracting rents based on intellectual property monopolies. In: Review of International Political Economy 15/1: 86-115

Zeller, Christian (2010): The pharma-biotech-complex and interconnected regional innovation arenas. In: Urban Studies (erscheint im September)

Elisabeth Aufhauser – Christian Reiner

Die Macht der Supermarktketten
Steuerung globaler Produktionsnetze durch den Einzelhandel

Die Position des Einzelhandels im Wirtschaftsgeschehen hat sich in den letzten Jahrzehnten massiv gewandelt. Als Verkaufsagentur für Güter, die in der Landwirtschaft und von der Industrie produziert wurden, stand der Einzelhandel traditionell am Ende der Wertschöpfungskette sowohl „im Dienst" der ProduzentInnen als auch „im Dienst" der KonsumentInnen. Mittlerweile gehören Einzelhandelsketten zu den zentralen ökonomischen Akteuren mit global wirksamer Steuerungsmacht. Große Bereiche des Einzelhandels werden heute von Unternehmensketten abgedeckt, die eher als Produktions- denn als Verkaufsagenturen zu bezeichnen sind (Dawson 2007:373). Landwirtschaft und Industrie liefern zunehmend nicht mehr „an" sondern „für" die großen Player im Einzelhandel und werden so zu Preis- und QualitätsnehmerInnen. Der Einzelhandel bestimmt, welcher Verkaufspreis für einzelne Produkte in bestimmten sozialräumlichen Kontexten sinnvoll und wünschenswert ist. Die LieferantInnen im Beschaffungsnetzwerk haben ihre Produktionspreise danach zu kalkulieren und ihre Produktionsprozesse entsprechend zu gestalten. Über privat gesetzte Qualitäts- und Sicherheitsstandards greift der Einzelhandel zunehmend auch direkt in die Ausgestaltung von Anbau- und Produktionsprozessen ein: Wann und wie muss gedüngt werden? Welche Materialien sind bei der Produktion zu verwenden und welche arbeitsrechtlichen Standards sind einzuhalten? In welcher Form müssen Obst, Gemüse, Fleisch verarbeitet und wie muss die Kühlkette aufgebaut sein? In welchen Verpackungsgrößen ist zu liefern?

Je größer Unternehmen sind, desto intensiver können sie das politökonomische Umfeld entsprechend ihrer Bedürfnisse mit- bzw. umgestalten. Obwohl in der Wirtschaftsgeografie schon lange und intensiv über die Gestaltungsmacht von Großunternehmen diskutiert wird, werden die dramatischen Größenveränderungen, die im Einzelhandel in den letzten zwei Jahrzehnten stattfanden, noch immer kaum thematisiert. Sowohl vom Umsatz als auch von den Beschäftigungszahlen her zählen einige Einzelhandelsketten heute zu den ganz Großen auf globaler Ebene. Wal-Mart, die größte dieser Ketten in den USA, konnte in den letzten zehn Jahren die Umsatzzahlen verdoppeln und führt seit 2002 (mit mittlerweile über 400 Milliarden US-Dollar) immer wieder die Fortune Global 500 Liste der weltweit umsatzstärksten Unternehmen an. Zu den Top 60 Unternehmen weltweit zählen mit Umsätzen von 100 Milliarden US-Dollar und darüber heute auch die großen europäischen Einzelhandelsketten Carrefour (Frankreich), Tesco (UK) und Metro (Deutschland). Sehr dynamisch verläuft auch die Entwicklung bei den deutschen Ketten Lidl & Schwarz, Rewe Group und Aldi. Deren Verkaufszahlen liegen 2008 zwischen 60 und 80 Milliarden US-Dollar. Das entspricht in etwa dem österreichischen Staatsbudget.

Innerhalb des Einzelhandels ist den sogenannten „Supermarktketten" vom Umsatz, von den Beschäftigungszahlen, aber auch von den Gewinnen und der Entwicklungsdynamik her die größte Gestaltungsmacht im Wirtschaftsgeschehen zuzuschreiben. Von den 50 umsatzstärksten Einzelhandelsunternehmen weltweit haben 39 einen Schwerpunkt im Lebensmittelhandel. Im vorliegenden Beitrag werden die Prozesse sozioökonomischer Restrukturierung diskutiert, die mit der ökonomischen Gestaltungsmacht großer global agierender Supermarktketten verbunden sind. Unter Letzeren verstehen wir Allrounder im Einzelhandel ohne branchenspezifische Spezialisierung, die ein breites Grundangebot im Lebensmittelbereich (Food-Sektor) bieten, das von einem mehr oder weniger breiten Sortiment an Non-Food-Artikeln ergänzt wird. Unter „Supermarkt" fassen wir dabei verschiedenste Betriebsformate zusammen, die im modernen Einzelhandel mit Lebensmitteln üblich sind: Hypermärkte, Supermärkte i.e.S., Kaufhäuser, Diskonter, Nachbarschaftsläden, Cash& Carry-Märkte. Als globale Ketten bezeichnen wir solche, bei denen sich nicht nur die Beschaffungs-, sondern auch die Verkaufsaktivitäten über mehrere Länder erstrecken.

Wir beginnen mit einem Überblick über die Unternehmen, die heute zu den führenden globalen Unternehmen im Einzelhandel zu zählen sind, sowie einer Kurzdarstellung der spezifischen Charakteristika von Einzelhandelsketten als Unternehmen. Die Internationalisierung der Verkaufsaktivitäten einiger großer Supermarktketten ab Anfang der 1990er Jahre hat in vielen Schwellenländern massive Transformationsprozesse im Einzelhandel angestoßen. Nach einer kurzen Skizze der zeitlichen, räumlichen und sozialen Dynamik der „Supermarktrevolution" in den Ländern im Süden werden die sozioökonomischen Konsequenzen, die mit dieser verbunden sind, aus drei Perspektiven beleuchtet. (1) Mit Bezug auf klassische Kettenansätze (Gereffi 1994; Coe/Hess 2005) definieren wir globale Supermarktketten auf der Beschaffungsseite als Leitunternehmen in käufergesteuerten Warenketten. Als *big buyer* einer großen Vielfalt sehr unterschiedlicher Produkte und Produktgruppen wenden die Supermarktketten ein breites Portfolio an Governance-Techniken an, um die Machtbalance in den Warenketten in ihrem Beschaffungsnetz zu ihren Gunsten zu steuern. (2) Für das Verständnis von Supermarktketten als *big seller* greifen wir auf das von Wrigley/Coe/Currah (2005) vorgestellte Konzept der vertriebsorientierten transnationalen Unternehmen zurück. Dieses lässt sich theoretisch dem Ansatz der Globalen Produktionsnetzwerke zuordnen (Coe/Dicken/Hess 2008). Wir greifen insbesondere den Gedanken auf, dass sich Unternehmen in Gastkulturen sozial einbetten müssen und die institutionellen Kontexte an Gastorten mitgestalten. (3) Anhand des Fallbeispiels Wal-Mart zeigen wir, wie sich die Machtbalancen zwischen einem der großen Player im Einzelhandel und seinen wichtigsten Stakeholdergruppen konkret gestalten. Im Resümee fokussieren wir auf die aus entwicklungspolitischer Sicht ambivalente Polarisierung, mit der die Länder im Süden durch den „Siegeszug der Supermärkte" konfrontiert sind.

Carrefour, Wal-Mart, Tesco und Metro: Globale Player im Einzelhandel

Der Einzelhandel galt lange als „lokales" Geschäft. Der/die EinzelhändlerIn vor Ort sorgte für die Beschaffung eines für seine/ihre Kundschaft adäquaten Sortiments über den Großhandel sowie die VerkaufsagentInnen der ProduzentInnen. Für die Bereitstellung des traditionell eher klein gehaltenen Sortiments an international produzierten Waren sorgten Importeure. Erst in den letzten drei Jahrzehnten ist von echten Prozessen der Internationalisierung im Einzelhandel zu sprechen. In einem ersten Schritt wurde bereits ab den 1980er Jahren das Beschaffungswesen immer stärker internationalisiert. Der Anteil an nicht lokal oder national produzierten Waren in den Sortimenten wurde massiv ausgeweitet.

Die Globalisierung im Einzelhandel im engeren Sinne startete in den 1990er Jahren mit der Internationalisierung der Verkaufsaktivitäten. Der aktive Einstieg ins Einzelhandelsgeschäft in Auslandsmärkten wird ab diesem Zeitpunkt zur expliziten Expansionsstrategie einiger großer Ketten. Die Kombination aus überschüssigem Kapital, konsolidierten Märkten in den Industrieländern und einer Orientierung am *Shareholder-Value*, die der Börsengang vieler Unternehmen mit sich brachte, führten auch im Einzelhandel zur Suche nach attraktiven neuen Investitionsmöglichkeiten, die sie nicht nur, aber insbesondere in *emerging markets* fanden. Zumindest Carrefour, Wal-Mart, Metro und Tesco sind heute als globale Supermarktketten zu bezeichnen. Sie sind nicht nur „groß" im Sinne von umsatzstark und betreiben Filialen in vielen verschiedenen Ländern weltweit (typisch sind 10 bis 30), sondern erwirtschaften einen relativ hohen Anteil ihres Verkaufsumsatzes außerhalb des Heimatmarktes und haben eine explizite „globale" Strategie in ihr Unternehmensmodell integriert. Verkaufsmodelle und Betriebsformate werden nicht einfach aus dem Heimatmarkt in einen anderen räumlichen Kontext transferiert, sondern die Unternehmen haben ein „globales Selbstverständnis" entwickelt, das kulturelle Differenzierung und Vielfalt als wichtiges Lernfeld der Organisation versteht (Coe/Wrigley 2007). Ein derartiges Verständnis von Globalisierung liegt auch der Berechnung des *Global Retail Index* zugrunde, nach dem die Unternehmen in Tabelle 1 sortiert sind.

Was Einzelhandelsketten zu etwas „anderen" Unternehmen macht

EinzelhändlerInnen beschaffen Waren vieler verschiedener Hersteller und fügen diese zu einem Sortiment zusammen, von dem sie annehmen, dass es in Quantität und Qualität die Nachfrage einer bestimmten Käuferschicht trifft. Präsentiert wird das Sortiment entweder an gut erreichbaren „realen Orten" über Betriebsformate wie Marktstände, Nachbarschaftsläden, Fachgeschäfte, Kaufhäuser, Supermärkte, Diskonter, Tante-Emma-Läden, Factory Outlets etc. oder über virtuelle Vertriebskanäle wie Versandkataloge, Fernsehen, Internet. Angeboten wird nicht einfach ein Warensortiment, sondern ein „Kauferlebnis" mit ganz bestimmten Bündeln an Dienstleistungen, etwa Fachberatung oder Selbstbedienung, Tiefkühlnahrung oder Frischware, Markthallen- oder Lagerraumflair. Damit sich ein Geschäft überhaupt rentieren kann, muss das lokal ansprechbare Potenzial an Kund-

Tabelle 1: *Führende Unternehmen im transnationalen Einzelhandel*

Rang GRI* 2007	Name des Unternehmens	Herkunfts-staat	Internationale Verkäufe in US-Dollar in Mio		Anteil internationale Verkäufe an Gesamt (in %)			Zahl Länder mit Verkaufsfilialen		Zahl Verkaufs-filialen
			2005	2008	1999	2005	2008	2003	2008	2008
Führende globale Unternehmen im Einzelhandel										
1	Carrefour	F	50.050	68.500	38	52	56	32	31	15.400
2	Wal-Mart	US	62.700	100.000	14	20	25	11	15	7.200
3	Tesco	UK	19.640	25.800	10	24	30	12	13	3.700
4	Metro	BRD	38.502	57.300	40	54	61	26	32	2.200
Führende internationale Unternehmen mit Potenzial zu Globalen Playern zu werden										
5	Ahold	NL	45.352	23.300	76	82	65	27	9	3.225
6	Seven & I¹	Japan	12.010	13.000	30	34	24	18	4	33.000
7	Auchan	F	19.535	22.100	19	45	50	15	12	2.588
8	Lidl&Schwarz	BRD	19.832	45.000	20	43	60	16	24	7.500
9	Rewe Group	BRD	15.207	22.000	20	31	32	12	14	12.000
10	Aldi	BRD	20.119		33	45		12	18	8.000
11	Group Casino	F	11.849	14.100	21	42	35	12	11	10.100
12	Costco	US		15.300			21		8	520
13	Delhaize	Belgien	18.893	23.600	83	79	84	8	5	2.700
Internationale Unternehmen im Einzelhandel mit geringem Globalisierungspotenzial										
14	Spar Internat.	NL		37.000			98		32	12.700
15	Aeon	Japan		5.300			11		10	5.100
16	Tengelmann	BRD	19.706	4.000	48	51	23	14	14	4.400
17	ITM (Intermar-ché)	F					ca. 10	7	8	4080
18	Leclerc	F					6			628

* Rangreihung entsprechend dem von der IDG (www.idg.com) für 2007 ausgewiesenen *Global Retail Index* aus folgenden Indikatoren (mit jeweiliger Gewichtung in %): Umsatz (20 %), Zahl der Länder mit Verkaufsfilialen (10 %), Anteil internationaler Verkaufszahlen an Gesamtverkaufszahlen (10 %), Präsenz auf den Schlüsselmärkten (NAFTA, Europa, Ostasien) (15%), Marktdominanz am Heimatmarkt (10%); klare globale Strategie (15 %), globale Kultur (10 %), Niveau des globalen wechselseitigen Lernens (10 %). Reihung für 2007 aus http://hptv.files.wordpress.com/2009/06/hptv_walmart.pdf

[1] Die Werte vor 2007 betreffen Ito-Yokado. [2] Ohne 38 Shopping Malls, 4.504 Fachgeschäfte & 1.659 Dienstleistungsfilialen.

Quelle: Werte für die Jahre 1999 und 2005 aus Coe/Wrigley (2007:343); Werte für 2003 aus Coe/Hess (2005:450); Werte für 2008 aus den Jahresberichten der Unternehmen (Nettoverkaufszahlen bzw. Schätzung aus Umsätzen; Umrechnung in US-Dollar zum Kurs 31.12.2008). Zahl der Länder mit Verkauf aus Deloitte/Stores (2010), Zahl der Verkaufsfilialen aus License (2008), teilweise korrigiert.

Innen ausreichend groß sein. Sortimente mit Lebensmitteln haben den Vorteil, dass die Besuchsfrequenz der KundInnen deutlich höher liegt. Die Effizienz von Liefer-, Lager- und Verkaufslogistik ist nicht nur von grundsätzlicher Bedeutung für die Gewinnsitua- tion, sondern auch für die Zufriedenheit der Kundschaft entscheidend.

Wie diese Kurzcharakteristik bereits anzeigt, weisen die Vertriebsaktivitäten von Einzelhandelsketten eine Reihe von Besonderheiten auf, die sich auch auf ihre Inter- nationalisierungsprozesse stark auswirken (Dawson 2007; Wrigley/Coe/Currah. 2005). Große Einzelhandelsketten sind von ihrer organisatorischen Grundstruktur her räumlich extrem disperse Unternehmensnetzwerke. Wal-Mart hat 4.300 Filialen in den USA und weitere 3.600 weltweit zu managen; Carrefour operiert intensiver mit kleinen Formaten und hat 15.500 Filialen weltweit im Unternehmensnetzwerk; zu Billa gehören mittler- weile gut 1.000 Filialen. In derartigen Unternehmen spielt die organisatorische Skalen- ökonomie eine zentrale Rolle. Effizientes Gesamtmanagement des Unternehmensnetz- werkes ist für Erfolg unerlässlich und erfordert hohe Investitionen in die logistischen Strukturen von Beschaffung, Anlieferung und Vertrieb/Verkauf. Es ist jedoch nicht nur eine große Zahl an Filialen, sondern auch eine riesige Zahl an LieferantInnen zu koor- dinieren. Ein klassischer Diskonter mit einem Sortiment von 800 Waren wird im All- gemeinen von mehr als hundert LieferantInnen beliefert, bei einem großen Einkaufs- zentrum können es auch einige Tausend LieferantInnen sein (Dawson 2007). Da immer weniger über den Großhandel bestellt wird (siehe unten), nehmen die direkten Bezie- hungen zu LieferantInnen sehr dynamisch zu. Die Machtverhältnisse sind darüber hin- aus nicht überall und von vornherein zugunsten der Supermarktketten ausgeformt. Dort, wo stark expandiert wird und von mehreren Ketten immer mehr Waren in konstanter Qualität und Schnelligkeit beschafft werden müssen, sind vielfältige, gute und stabi- le Beziehungen zu den LieferantInnen ein zunehmend wichtiger Wettbewerbsvorteil. In den Segmenten des Sortiments, in denen eine bestimmte Qualität von zentraler Be- deutung ist, wird daher verstärkt in die Beziehungen zu LieferantInnen investiert. Auch Partnerschaften mit einheimischen Unternehmen, wie etwa von Tesco mit Samsung in Südkorea (Coe 2006), sind aus diesem Grund eine häufig gewählte Form des Marktein- stiegs in ein neues Land.

Die Kostenstrukturen im Einzelhandel unterscheiden sich deutlich von jenen im Pro- duktionsbereich. Da über den Einzelhandel nicht Waren, sondern Dienstleistungsbün- del verkauft werden, ist der Preis nicht unbedingt die entscheidende Größe im Wettbe- werb. Viele Menschen kaufen heute aus Gründen der Zeitökonomie in einem einzigen Supermarkt ihren gesamten Bedarf ein, ohne bei jedem einzelnen Produkt auf den Preis zu achten. Aufgrund der lokalen Verankerung der Nachfrage können Unternehmen im Einzelhandel noch immer relativ gut Monopolrenten lukrieren. Je nach lokal variablen Kostenstrukturen – etwa bei Grundstücken – und/oder der Konkurrenzsituation lassen sich darüber hinaus die Verkaufspreise über die Filialen hinweg gut variieren. Schließ- lich sind auch Kreditkosten für große Einzelhandelsketten von geringerer Bedeutung. Da die Waren mit steigender Effizienz in Beschaffung und Verteilung immer schnel- ler „drehen", kann relativ leicht Negativkapital aufgebaut werden. Das heißt, die Kund- dInnen zahlen für eine Ware, bevor sie der Einzelhandel bei den ProduzentInnen be- zahlt. Bei Wal-Mart wird etwa eine Ware genau zu dem Zeitpunkt (und nur dann!) beim Lieferanten bezahlt (und gleich nachbestellt), wenn sie an einen Kunden/eine Kundin verkauft wird. Bei großen Einzelhändlern kann das Negativkapital bis zu 10 % der Verkaufssumme ausmachen (Dawson 2007). Dieser günstige Zugang zu Krediten erklärt auch die hohe Liquidität vieler Einzelhandelsketten.

Die Nachfrage ist immer lokal verankert. Auch global agierende Einzelhandelsunternehmen müssen sensibel für räumlich differenzierte Präferenz sein. So wird etwa von Christopherson (2007) die mangelnde Einbettung in lokale Konsumkulturen als ein zentraler Grund für das Scheitern von Wal-Mart in Deutschland angeführt. Die lokale Einbettung der Nachfrage macht es notwendig, Filialleitungen bei der Zusammenstellung eines passenden Angebotssortiments Freiheiten zuzugestehen. Das Aufblasen der Handelsvolumina im Kettenverbund verführt jedoch dazu, Produkte und Mengen gegen den Widerstand lokaler GeschäftsführerInnen in Verkaufsregale zu pressen.

Wenn Einzelhändler in mehreren Ländern aktiv sind, muss eine Einbettung der Aktivitäten in teilweise sehr unterschiedliche Regulierungsumgebungen erfolgen. Das führt insgesamt zu sehr komplexen Management- und Entscheidungsstrukturen. Carrefour arbeitet konzeptionell heute etwa mit einer Matrix von 90 Wachstumsoptionen (30 Länder mal drei Formattypen), die jede für sich eigene Herausforderungen in Hinblick auf das regulatorische Umfeld und die territoriale Einbettung aufwirft (Wrigley/Coe/Currah 2005:454).

Es ist schwieriger als in anderen Wirtschaftssektoren, das Erfahrungswissen, über das die einzelnen Unternehmen verfügen, vor der Konkurrenz geheimzuhalten. Verkaufsformate, Sortimentzusammenstellungen, Filialgestaltungen, werbewirksame Produktanordnungen, effektvolle Marketingaktivitäten, aber auch Logistikoptimierung (beispielsweise durch Anlegen eines Zentrallagers) sind relativ leicht von der Konkurrenz zu kopieren. In den Unternehmen werden dadurch laufend Innovationsprozesse vorangetrieben. In entwicklungspolitischer Hinsicht verbindet sich mit der Möglichkeit des Nachahmens die Hoffnung, dass die Öffnung des Marktes für ausländisches Investitionskapital die Modernisierung im Einzelhandel beschleunigt.

Die „Supermarktrevolution" auf den Wachstumsmärkten im Süden und in den mittel- und osteuropäischen Ländern

Die massiven Umwälzungen im Einzelhandel, die sich in Zusammenhang mit dem „Siegeszug der Supermärkte" in den Ländern im Süden und in Mittel- und Osteuropa seit Beginn der 1990er Jahre abspielten, werden auch im Globalisierungsdiskurs der Wirtschaftsgeografie bisher nur am Rande wahrgenommen. Aus Perspektive der Industrieländer im Norden liefen die Transformationen im Einzelhandel im Verlauf der Nachkriegszeit auch relativ träge und vorhersehbar ab. Zumindest was den Lebensmittelbereich betrifft, waren die nationalen Märkte bis in die 1980er Jahre in den meisten Ländern stark reguliert und abgeschottet vom Eindringen ausländischen Kapitals. Die Gewinne der erfolgreichsten Supermarktketten wurden vorerst in die Expansion „im eigenen Land" investiert. Da die Märkte zunehmend gesättigt waren, bedeutete dies primär eine Konsolidierung durch Akquisition und Oligopolbildung. Heute verbuchen in den meisten Industrieländern einige wenige Marktführer rund 70 bis 80 % des Umsatzes im Lebensmittelhandel. Einzelhandelsriesen auf großen Märkten in Kernländern – wie Wal-Mart in den USA, Carrefour in Frankreich, Ahold in den Niederlanden, Tesco in Großbritannien oder Metro in Deutschland – nutzten die mit ihrem dynamischen Größenwachstum verbundenen *economies of scale* sehr effizient. Sie schrieben hohe Gewinne. Da mit der Konsolidierung rentable Investitionsmöglichkeiten auf den Heimatmärkten immer rarer wurden, erfolgte eine Expansion in die Wachstumsmärkte der Schwellenländer im Süden und in die Transformationsländer in Mittel-, Südost- und Osteuropa. Auf der Suche nach lukrativen Anlagemöglichkeiten nahmen die ausländischen Direktinvestitionen im Einzelhandelssektor in den 1990er Jahren weltweit rasant zu. Angekurbelt wurde dieser Prozess durch die Verfügbarkeit von billigem Kapital auf den Kreditmärkten des Nordens. Wirklich möglich gemacht wurde er jedoch erst durch die Liberalisierung der Investitionsmöglichkeiten für ausländisches Kapital im Einzelhandel, die auf Druck des Internationalen Währungsfonds in vielen Schwellenländern erfolgte (Durand/Wrigley 2009:1534).

Wellen der Inklusion der Schwellenländer in die Investitionen des globalen Handelskapitals

Lange Zeit bildeten Supermärkte in den Ländern des Südens eine Nischenversorgung für einkommensstarke Gruppen in Großstädten (Reardon u.a. 2009:1718). Seit Anfang der 1990er Jahre wächst ihre Zahl jedoch exponentiell. Auch in vielen Entwicklungsländern dominieren sie mittlerweile die Versorgung der Bevölkerung mit Nahrungsmitteln. Der Einbezug der Schwellenländer in den Modernisierungsprozess im Einzelhandel erfolgte dabei in drei Wellen (Reardon 2005). Ab Anfang der 1990er Jahre lief eine erste Welle ausländischer Direktinvestitionen im Einzelhandel über Südamerika, Ostasien (außer Japan und China), das nördliche Zentraleuropa und Südafrika. Innerhalb weniger Jahre erhöhte sich der Anteil von Supermärkten am Lebensmittelhandel in *front runner*-Ländern wie Argentinien, Brasilien, Taiwan oder Tschechien von 10 bis 20 % Anfang der 1990er Jahre auf 50 bis 60 % um die Jahrtausendwende. Innerhalb nur eines Jahrzehntes durchliefen diese Länder einen ähnlichen Transformationsprozess im Einzelhandel wie jene in Nordamerika und Europa in fast fünf Jahrzehnten. Etwas verspätet, aber ebenfalls mit hoher Dynamik startete die Supermarktrevolution auch in Ländern wie Costa Rica, Chile, Südkorea, den Philippinen, Thailand und Südafrika. In einer zweiten Welle, die ihren Take-off Mitte der 1990er Jahre hatte, wurden vor allem Länder in Südostasien, Zentralamerika, Mexiko und das südliche Zentraleuropa mit Supermärkten überzogen. Länder wie Mexiko, Ecuador, Kolumbien, Guatemala, Indonesien oder Bulgarien, in denen Supermärkte Anfang der 1990er Jahre nur einen Anteil von 5 bis 10 % am Lebensmittelhandel abdeckten, standen um die Jahrtausendwende bereits bei 30 bis 50 %. Eine dritte Welle der Supermarktrevolution erreichte ab Ende der 1990er Jahre auch einkommensschwächere Länder wie Kenia, Nicaragua, Peru, Bolivien und Vietnam. Um die Jahrtausendwende startete insbesondere auch der Wettkampf der Supermarktketten um Etablierung und Marktanteile auf den bis dahin noch stark „abgeschotteten" Märkten der großen Schwellenländer China, Indien und Russland.

Die großen globalen Supermarktketten, die in manchen der Länder gleichzeitig oder knapp hintereinander einen Markteintritt versuchten, stießen die Modernisierung der Einzelhandelsstrukturen zwar an, trugen sie aber nicht alleine. In den meisten Ländern stimulierte der (zu erwartende) Markteintritt der Globalen Player kompetitive Investitionen einheimischer privater und/oder (ehemals) staatlicher Supermarktketten. In relativ vielen Ländern konnten sich diese auf den Märkten neben der internationalen Konkurrenz auch längerfristig sehr gut behaupten (Reardon/Henson/Berdegué 2007:404ff). In einigen Fällen gelang es einheimischen Einzelhandelsketten durch geschicktes Agieren sogar, die großen globalen Player längerfristig wieder zum Marktaustritt zu zwingen (vgl. Bianchi/Arnold 2004 zum Rückzug von Ahold, Carrefour und Home Depot aus Chile). Coe/Wrigley (2007:350f) identifizieren folgende Faktoren als wichtig für den erfolgreichen „Widerstand" einheimischen Handelskapitals gegenüber einer Vereinnahmung durch Globale Player: die Nachahmung moderner Einzelhandelskonzepte und den Aufbau ausreichender Größe noch vor Markteintritt der Globalen Player, staatliche Unterstützung beim Zugang zu billigen Krediten und regulative Maßnahmen, die die Wettbewerbsposition lokaler Ketten stärken.

Wie stark der Prozess der Supermarktentwicklung von konkreten Schritten der Liberalisierung vorangetrieben wird, zeigt das Beispiel China. Tacconelli/Wrigley (2009:56) beschreiben vier Stufen der Liberalisierung: Ab 1992 wurden erste Joint-Venture-Experimente mit ausländischen Direktinvestitionen im Einzelhandel in sechs ausgewählten Großstädten und fünf speziellen Exportproduktionszonen erlaubt. Ab 1995 durften ausländische Investoren als Minderheitspartner chinesischer Einzelhändler in ausgewählten Großstädten Einzelhandelsketten entwickeln. Im Jahr 1995 eröffnete Carrefour die ersten zwei Hypermärkte in Beijing und Shanghai, 1996 Wal-Mart das erste Supercenter in Shenzhen. Seit 1999 sind ausländische Direktinvestitionen im Einzelhandel in allen Provinzhauptstädten möglich. Ausländische Einzelhandelsketten dürfen nun auch als Mehrheitseigentümer aktiv sein, wenn sie große Mengen an „Made-in-China"-Produkten exportieren. Für große Ketten wie Carrefour oder Wal-Mart ist das ein Anreiz, in ihrem globalen Sourcing noch stärker auf in China produzierte Waren zu setzen. Mit dem Beitritt Chinas zur WTO wurden ab 2004 alle noch verbleibenden Restriktionen aufgehoben. Die schrittweise strategische Öffnung des Marktes für Auslandskapital hat dazu geführt, dass chinesische Supermarktketten dominante Positionen halten konnten. Marktführer mit 6.280 Supermärkten ist derzeit die Brilliance Group, die 2003 von der Lokalregierung in Shanghai aus vier ehemaligen Staatsunternehmen gebildet wurde. Der *early entrant* Carrefour liegt vom Umsatz her am chinesischen Markt derzeit an vierter Stelle, deutlich vor Wal-Mart und den *late entrants* Metro und Tesco. Gute Positionen haben mittlerweile auch „regionale" ausländische Supermarktketten etwa aus Taiwan oder Thailand aufgebaut.

Von Konsumtempeln für Reiche zur Nahrungsversorgung auch für die Armen
In China wurde die räumliche Ausbreitung moderner Einzelhandelsformen stark politisch gesteuert. Eine im Grundmuster sehr ähnliche Form der Diffusion der Supermärkte über Raum, Sozialschichten und Produktgruppen ist jedoch auch bei weniger strikter Regulierung in vielen Ländern zu beobachten (Reardon 2005:3ff). In einer ersten Phase werden Bevölkerungsgruppen angesprochen, die aufgrund eines „modernisierten" Familienlebens (Erwerbstätigkeit der Frauen, kleinere Haushalte, Zeitknappheit) und aufgrund ihrer Einkommenssituation das in Supermärkten angebotene Warensortiment aus verarbeiteten, abgepackten Lebensmitteln und fertigen Speisen bzw. das Dienstleistungsbündel „alles unter einem Dach" besonders schätzen. Investiert wird daher zuerst

an strategisch zentralen Orten in den Großstädten und in einkommensstarken Wohnge-
bieten, später auch in einkommensschwächeren und zentrumsferneren Stadtteilen und
kleineren Städten. Insgesamt laufen die Diffusionsprozesse immer schneller ab. In Chile
etwa begann die Supermarktrevolution erst Mitte der 1990er Jahre. Bereits um die Jahrtausendwende ist in 40 % aller kleineren Städte ein Supermarkt zu finden (Faigenbaum/
Berdegué/Reardon 2002). Insbesondere inländische Supermarktketten können durch eigenständige Strategien eine rasche Diffusion auch in ländliche Gebiete bewirken. Selbst
in Ländern wie Kenia gehören Supermärkte seit einigen Jahren zum gewohnten Bild in
vielen Mittel- und Kleinstädten (Neven/Reardon 2004). Sehr intensiv diskutiert wird im
Moment, was diese Umstellung in der Grundversorgung der Bevölkerung auf moderne Supermarktstrukturen für die Armutsbekämpfung, die Nahrungssicherheit und die
Gesundheit der Menschen bedeutet (Timmer 2009): Werden kleine ProduzentInnen aus
den ländlichen Gebieten tatsächlich in die Zuliefernetzwerke der Supermarktketten integriert? Wenn ja, führt das tatsächlich zu einer Einkommens- und Wohlfahrtssteigerung?
Löst das zumindest längerfristig jenen Produktivitätsschub in der kleinbäuerlichen Landwirtschaft aus, der notwendig ist, um die Nahrungsversorgung auf eine gesichertere Basis zu stellen? Stimmt es, dass die Preise in den Supermärkten aufgrund der Economies
of Scale generell niedriger gehalten werden können und die Produktqualitäten aufgrund
der privat gesetzten Standards generell höher sind? Haben die „Ärmsten der Armen",
die im Allgemeinen auch in ihrer Mobilität eingeschränkt sind, Zugang zu diesen Produkten? Befördern verarbeitete Nahrungsmittel und Fast-Food in einer den Industrieländern vergleichbaren Weise Übergewicht und Fettleibigkeit? Sind die Supermarktketten
gar die geeigneten Medien, über die sich präventive Gesundheitsprogramme betreffend
gesunde Ernährung relativ kostengünstig und flächendeckend verbreiten lassen? Zu allen diesen Fragen gibt es erste Untersuchungen, die regional und lokal jedoch zu stark
unterschiedlichen Ergebnissen kommen.

   Auch beim Warenangebot ist ein sukzessiver Durchdringungsprozess typisch (Reardon 2005). Beginnend mit dem Verkauf verarbeiteter Lebensmittel wird das Sortiment
schrittweise um Non-Food-Artikel ergänzt. Im Lebensmittelbereich kommt anfangs primär *ready to eat food* ins Sortiment. Darunter versteht man verpackte verarbeitete Waren, die zumindest einige Zeit haltbar sind, deren Transport und Lagerung relativ pro-
blemlos sind und die – wenn ein Angebot vor Ort fehlt – auch importiert werden können. Mit dem Auf- und Ausbau eines leistungsfähigen Beschaffungssystems auf lokaler
Ebene, wird das Sortiment um vorbehandelte bzw. halbverarbeitete Lebensmittel erweitert (etwa Semmeln zum Fertigbacken oder rohe Hamburger). Zuletzt erfolgt die Ausweitung des Angebotes auf leichter verderbliche Frischware (Backwaren, Fleisch und
Fisch, Obst und Gemüse). In entwicklungspolitischer Hinsicht ist dieser letzte Schritt
auf alle Fälle der bedeutendste, da er mit den größten Veränderungen in den lokalen An-
bau- und Vermarktungsstrukturen verbunden ist bzw. sein kann.

   Im Allgemeinen verkaufen die großen Einzelhandelsketten ihre Waren heute in den
meisten Ländern gleichzeitig über mehrere Betriebsformate. Typisch sind neben kom-
binierten Food- und Non-Food-Angeboten in Super- und Hypermärkten, die auf eine
autofahrende Kundschaft mit Kühlmöglichkeit zu Hause abzielen, kleine Formate mit
deutlich geringerer Sortimenttiefe in Form von zu Fuß gut erreichbaren Nachbarschaftsläden, Lebensmittelgeschäfte an zentralen Verkehrsknotenpunkten sowie Diskonter-For-

mate, die auf die Masse der Einkommensschwachen abzielen. Während die internationalen Ketten in Zentraleuropa zuerst sehr stark in Hypermärkte investierten (Coe/Wrigley 2007) und in China noch immer fast ausschließlich mit sehr großen Betriebsformaten präsent sind (Tacconelli/Wrigley 2009), wurden für einkommensschwächere Länder mittlerweile spezifische Kleinformate entwickelt, die den Bedürfnissen ärmerer Bevölkerungsschichten besser entsprechen. Tesco etwa schuf für den thailändischen Markt billig gebaute Diskonter-Formate auf günstigen Baugrundstücken, die mittlerweile auch in Zentraleuropa eingesetzt werden (Coe/Wrigley 2007:366).

Supermarktketten als Leitunternehmen in käufergesteuerten Warenketten

Die Gestaltungsmacht, die das Handelskapital als Big Buyer von Waren auf die Weltwirtschaft ausübt, theoretisierte Gereffi (1994) erstmals explizit über das Konzept der käufergesteuerten Warenketten. Große Einzelhandelsketten (wie Wal-Mart) und Markenhändler (wie Apple oder Nike, die selbst keine Produktionsstätten besitzen) kaufen im Allgemeinen nicht über den Großhandel oder direkt bei den ProduzentInnen „auf dem Weltmarkt" ein, sondern vergeben auf diesem Produktionsaufträge – für Qualitätsprodukte relativ gezielt, ansonsten an die Bestbietenden. Eingekauft werden jedoch nicht nur große Volumina, sondern auch viele unterschiedliche Produkte. Supermarktketten, die typischerweise einige Tausend verschiedene Produkte in den Regalen führen, steuern als Leitunternehmen (*lead firm*) besonders viele unterschiedliche Warenketten – und zwar auf verschiedenen räumlichen Ebenen und über verschiedene räumliche Ebenen hinweg. Im Nahrungsmittelbereich, ganz besonders bei den Frischwaren, ist eine derartige Netzwerkorganisation über räumliche Scales hinweg besonders stark gegeben. Während im Non-Food-Bereich mittlerweile von einem sehr klaren Übergang zu einem globalen Sourcing zu sprechen ist, werden die Lebensmittelregale in den Supermärkten mit stark variierenden Anteilen an lokal, national, (über)regional oder global „gesourcten" Waren gefüllt. Es lassen sich auch keine wirklich allgemein gültigen Entwicklungsdynamiken ausmachen (Fallstudien in Biles u.a. 2007; Reardon/Henson/Berdegué 2007). Während Durand (2007) etwa einen dramatischen Anstieg importierter Waren im Sortiment von Wal-Mart in Mexiko konstatiert (siehe unten), sprechen Coe und Hess (2005) unter Bezugnahme auf die Filialen von Tesco in Zentral- und Osteuropa von einem sukzessiven Rückgang des Anteils importierter Waren. Reardon/Henson/Berdegué. (2007) bestätigen das für Zentral- und Südamerika und verweisen insbesondere auf einen signifikanten Anstieg an regionalem Sourcing.

Mit der zunehmenden Dominanz großer Ketten im Einzelhandel wird das Produktionsgeschehen weltweit immer stärker von deren Vorgaben bestimmt. Während sich die großen Player in produzentengesteuerten Warenketten teilweise aus der Detailplanung zurückziehen, mischen sich die großen Player im Einzelhandel mit ihren Vorgaben immer stärker aktiv in Produktions- und Anbauprozesse ein. Wenn es in der Verkaufskommunikation mit den KundInnen als Teil der angebotenen Gesamtdienstleistung wichtig ist, werden nicht nur Design oder Qualität, sondern auch Standards in Hinblick auf Anbauverfahren, technische Sicherheit oder Arbeitsrechte der Beschäftigten vorgegeben.

Verweben von globalem, regionalem und lokalem Sourcing

Die zunehmende Gestaltungsmacht von Einzelhandelsketten und Markenhändlern als Großeinkäufer wurde lange Zeit vor allem aus der Nord-Süd-Perspektive thematisiert und primär in ihren Wirkungen auf den Aufbau und die Umgestaltung von Produktionsnetzwerken in der Bekleidungs-, Elektronik-, Unterhaltungs-, Spielzeug- und Sportartikelindustrie analysiert. Ebenfalls aus Nord-Süd-Perspektive wurden in den letzten Jahren auch Veränderungen in der Steuerung der Warenketten wichtiger landwirtschaftlicher Exportprodukte unter die Lupe genommen. Die großen Supermarktketten aus den Kernländern im Norden bestimmen auch in diesen Warenketten unter Umgehung von Großhändlern, nationalen Vermarktungsgremien und offiziellen Importeuren zunehmend direkt die Anbau- und Verarbeitungsprozesse (vgl. etwa für Kaffee Ponte 2002, für Südfrüchte Madevu/Louw/Kirsten 2009).

Das Beschaffungsnetz der global agierenden Supermarktketten ist mittlerweile so groß und komplex geworden, dass es nicht mehr ausreicht, ihre Steuerungsmacht mit Blick auf das Produktionsgeschehen ausschließlich in Nord-Süd-Relationen abzubilden. Im Nahrungsmittelbereich dirigieren Supermarktketten heute auch nationale und lokale Produktionsnetze – sowohl in den „alten" Kernländern als auch in den Entwicklungsländern. Die hohen Marktkonzentrationen, die in den meisten Industrieländern bereits in den 1980er Jahren stattfanden und in vielen Schwellenländern mittlerweile ebenfalls am Laufen sind, erhöhen den Konkurrenzdruck bei den LieferantInnen massiv (Christopherson 2007:457). Bei all den Produkten, die für Filialen lokal beschafft werden (müssen), haben national dominante Supermarktketten aufgrund ihrer absoluten Größe und relativen Marktdominanz heute auch eine starke Position gegenüber heimischen Zulieferern. Um den Großhandel zu umgehen, wird vor allem im Frischwarenbereich die direkte Steuerung der Produktion immer stärker ausgebaut. Die großen Ketten kaufen nicht mehr täglich auf Spotmärkten bei Großhändlern ein, sondern schließen Produktions- bzw. Lieferverträge teilweise direkt mit LieferantInnen und BäuerInnen. Besonders streng definiert sind Produktionsvorgaben, Verarbeitungsstandards sowie Lager- und Aufbereitungsvorschriften, wenn der rasant wachsende Bedarf im Bereich von Eigenmarken bedient werden soll. Die Supermarktketten haben mittlerweile auch eine enorme Bedeutung bei der Steuerung der Nahrungsproduktion „für den Eigenbedarf" in den Ländern des Südens erlangt. So liefern etwa in Lateinamerika lokale ProduzentInnen täglich zweieinhalbmal mehr Obst und Gemüse an Supermärkte „im Land", als in den Rest der Welt exportiert wird (Reardon/Berdegué 2002). Die von ausländischen Supermarktketten importierten Standards und Prüfverfahren für LieferantInnen bestimmen so nicht mehr nur den Zugang zum Exportmarkt, sondern auch jenen zu den lokalen Märkten (Freidberg 2007:336).

Die großen Supermarktketten kaufen immer weniger über Generalunternehmen im Großhandel ein, sondern „bauen" sich ihre Beschaffungsnetzwerke nach Einzelprodukt/gruppe/n selbst auf. Um diesen Prozess effizient zu gestalten, werden die Sourcing-Aktivitäten in einzelnen Ländern oder Regionen immer wieder auf bestimmte Produkte bzw. Produktgruppen spezialisiert, die dann ins überregionale bzw. globale Beschaffungsnetzwerk eingebracht werden. Zur Koordinierung dieser Aktivitäten werden verstärkt auch Großhändler und Beschaffungsagenten eingesetzt, die sich auf bestimmte Produkte oder Qualitäten spezialisieren, die Aufgaben der Qualitätskontrolle übernehmen und/oder die Aufbereitung der Waren (Schneiden, Verpacken, Kühlen etc.) koordinieren (Humphrey 2007:436). Ähnlich wie im Produktionsbereich kommt es zunehmend auch zu einem *following sourcing*, d.h. spezialisierte Großhändler, Beschaffungsagenten und Logistiker, die mit einer der großen Einzelhandelsketten in einem Land erfolgreich zusammenarbeiten, „begleiten" diese auch bei der Expansion in andere Länder (Coe/Wrigley 2007:350). Im Frischwarenbereich, in dem sich auch global agierende Supermarktketten auf lokale Zulieferstrukturen einlassen müssen, kommt es zur Ausbildung von regionalen Lieferverflechtungen über Landesgrenzen – auch und vor allem zwischen Ländern im Süden. Gut dokumentiert sind derartige Prozesse der Süd-Süd-Regionalisierung von Warenketten für Obst und Gemüse für Lateinamerika (Reardon/Henson/Berdegué. 2007:416f).

Kaptive Beziehungen in der Beschaffungskette

Als Leitunternehmen bestimmen die großen Einzelhandelsketten, unter welchen Bedingungen ProduzentInnen und Zwischenhandel liefern können und dürfen. Da Supermarktketten eine große Vielfalt an unterschiedlichen Produkten beziehen, gibt es nicht „die eine" Form, über die die Beziehungen zu LieferantInnen gesteuert werden. In der Interaktion mit bestimmten Akteursgruppen in einzelnen Warenbereichen dominieren dennoch bestimmte Typen der Koordination. Gereffi/Humphrey/Sturgeon (2005:85ff) gehen von fünf Grundmustern der Governance in globalen Wertschöpfungsketten aus. Welches sich durchsetzt, ist abhängig davon, wie komplex die Informationen sind, die hinsichtlich Produkt und Produktspezifikation im Zuge einer Transaktion ausgetauscht werden müssen; wie gut diese Informationen zu kodifizieren sind und wie leicht es den potenziellen Zulieferern fällt, sich das benötigte Wissen selbstständig anzueignen.

Im Beschaffungswesen der globalen Supermarktkette sind alle diese Muster zu finden, wenn auch in sehr unterschiedlichem Ausmaß (Reardon 2005; Coe/Wrigley 2007; Humphrey 2007; Reardon/Henson/Berdegué. 2007; Abbildung 1 gibt einen Überblick). Preisgesteuerte marktmäßige Beziehungen mit LieferantInnen werden gewählt, wenn es um einfache, standardisierte Produkte oder Dienstleistungen geht und wenig Information über die Qualität ausgetauscht werden muss. In der Beschaffung von Waren im Non-Food-Bereich auf dem Weltmarkt dominieren bis heute derartige „Bestpreis"-Konditionen die Lieferbeziehungen. Im Nahrungsmittelbereich gingen die marktgesteuerten Transaktionen durch die zunehmende Ausschaltung des Großhandels deutlich zurück. Ob dieser Trend generell anhält, wird bezweifelt (Humphrey 2007). Personen und Haushalte mit niedrigen Einkommen, die immer stärker als Zielgruppe in Expansionsbestrebungen gelten, sind eher über den Preis als über bestimmte Dienstleistungsqualitäten anzusprechen. Welche Bedeutung marktgesteuerte Transaktionen im Gesamtportfolio einer großen Supermarktkette erhalten, variiert aus diesem Grund auch stark mit der Bedeutung niedriger Einkommensschichten als Zielgruppe (siehe das Beispiel Wal-Mart unten).

Von hierarchischen (*captive*) Beziehungen ist zu sprechen, wenn kleine ZulieferInnen stark von den großen dominanten Käufern abhängig sind: Sobald sie sich auf einen bestimmten Großen als Käufer eingelassen haben, kommen sie diesem ohne große Verluste nur mehr schwer aus. Im Lebensmitteleinzelhandel, in dem in den meisten Ländern heute einige wenige Ketten als Käufer dominieren, sind derartige Beziehungen zu Lie-

Abbildung 1: Die globale Supermarktkette

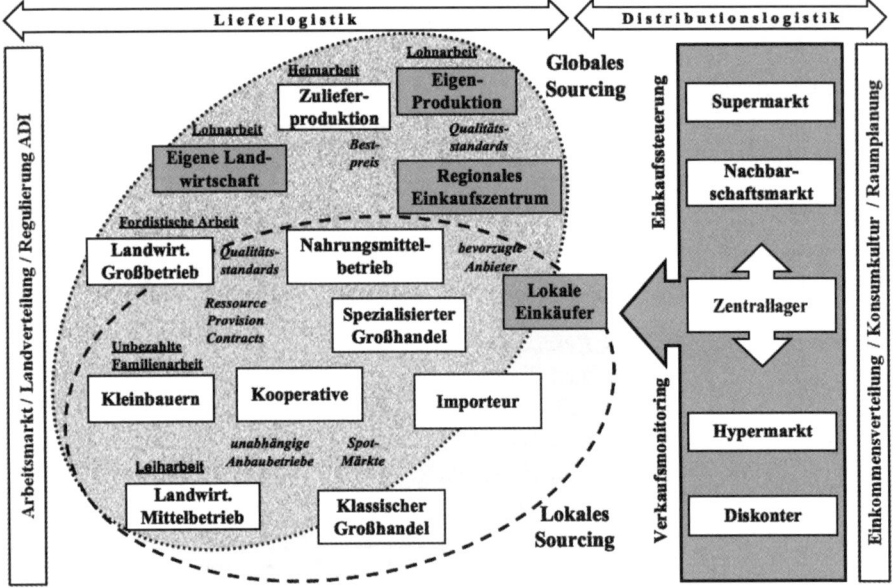

ADI = ausländische Direktinvestitionen

ferantInnen von zentraler Bedeutung. Sie sichern nicht nur eine konstante Versorgung in einer bestimmten Qualität, sondern verschieben auch die Machtbalance zu genau „dem einen" Einkäufer. Im Bereich verarbeiteter Lebensmittel stellen „Listen bevorzugter Anbieter" die wichtigste institutionelle Form dar, über die derartige hierarchische Beziehungen aufgebaut werden. Um auf die Listen zu kommen, müssen die ProduzentInnen im Regelfall strikte, von den Einzelhandelsketten vorgegebene private Qualitäts- und Sicherheitsstandards einhalten und alle dafür benötigten Produktionsmittel und Kontrollmechanismen aus eigener Tasche finanzieren. Die Investitionen, die in diesem Zusammenhang von den ProduzentInnen gesetzt werden, „fesseln" sie meist längerfristig an bestimmte Handelsketten. Von dem „Hauptkunden" nicht mehr gelistet zu werden, können sich die wenigsten LieferantInnen leisten.

Große AgrarproduzentInnen können den enorm steigenden Bedarf der Supermärkte an frischen Agrarprodukten in den meisten regionalen Kontexten nicht mehr abdecken. Zunehmend werden daher auch Lieferverträge mit Kleinbauern und -bäuerinnen abgeschlossen. So will etwa Wal-Mart bis 2011 über sein *Direct Farm Program* Verträge mit einer Million Bauern und Bäuerinnen in China aufbauen. Die konkrete Ausformung der Verträge mit den kleinen ProduzentInnen schwankt auf alle Fälle enorm. Üblich sind einerseits von den AgentInnen der Einzelhandelsketten direkt dominierte und kontrollierte Formen sogenannter *ressource provision contracts*: Samen werden geliefert, Spritzmittel von den AgentInnen selbst aufgetragen, Mengen strikt vor Ort kontrolliert und Qualität aktiv überwacht. Die KleinbäuerInnen stellen praktisch nur Land für den Anbau oder sonstige Infrastruktur sowie ihre Arbeitskraft zur Verfügung. Mittlerweile besonders charakteristisch sind „vermarktlichte" Formen derartiger Verträge: Kleine LieferantInnen arbeiten nicht mehr mit den Produktionsmitteln, die ihnen von den Einzelhändlern direkt zur Verfügung gestellt werden. All jenen, die sich auf die vorgeschriebenen Standards einlassen und in die dafür notwendigen Vorleistungen investieren (sich etwa bestimmte Maschinen anschaffen, eine Bewässerungsanlage bauen, einen entsprechenden Tank für die Lagerung kaufen etc.), werden private Kredite der Einzelhandelsketten gewährt oder Produktionsmittel „vermietet". Charakteristisch waren und sind derartige Verträge etwa in der Molkereiwirtschaft Osteuropas (Dries u.a. 2009).

In modularen Beziehungen spezifizieren die Käufer genau die Eigenschaften, die Produkte oder Dienstleistungen aufweisen müssen, in Form von „Pflichtenheften". In welcher Weise die LieferantInnen die Vorgaben erfüllen, bleibt ihnen überlassen. Derartige Beziehungen finden sich im Einzelhandel vor allem dort, wo bei großen LieferantInnen (landwirtschaftlichen Großbetrieben, großen Unternehmen aus der Nahrungsmittelbranche) eingekauft wird. Auch die neuen Unternehmen im spezialisierten Großhandel bieten „modulare Gesamtkomponenten" an, etwa Frischwaren in einer ganz bestimmtcn und vorkontrollierten Qualität.

Hierarchische Governance-Formen entstehen, wenn Produktionen oder Dienstleistungen nicht zugekauft, sondern ins Unternehmen integriert werden. Dies passiert insbesondere dann, wenn Qualitätsstandards erforderlich sind, deren Kontrolle sehr teuer kommt bzw. keine lokalen Anbieter vorhanden sind, die in entsprechender Qualität liefern können. Wo nötig und sinnvoll, wird von den Supermarktketten zeitweise auch in eigene Produktionsbetriebe und Landwirtschaften investiert. Die empirische Evidenz derartiger Formen vertikaler Integration ist jedoch relativ rar. Am offensichtlichsten werden Aufgaben des Großhandels sowie der Logistik in die Unternehmen selbst integriert. So hat etwa Wal-Mart 2002 seine langjährigen Beziehungen zu eigenständigen Beschaffungseinrichtungen beendet und Hunderte der Beschäftigten dieser Unternehmen direkt angeheuert, um die Eigenproduktion von Früchten und Lachs in Südamerika sowie von verschiedensten Gütern (von Bekleidung bis Fernsehgeräten) in China zu überwachen. Um die Eigenproduktionen zu koordinieren und zu kontrollieren, wurden weltweit 21 Regionale Beschaffungsbüros eingerichtet (Saporito 2003). Im Logistikbereich arbeiten heute alle Supermarktketten mit eigenen Zentrallagern. Teilweise erfolgen auch die Auslieferungen an die Filialen mittels eigener Transportflotten.

In relationalen Partnerschaften erfolgt ein intensiver Informationsaustausch. Sinnvoll ist dies, wenn es um sehr spezifische, wenig bis gar nicht standardisierte Produkte und Dienstleistungen geht, die zugekauft werden sollen. Wie diese letztlich aussehen, ist Ergebnis eines wechselseitigen Lernprozesses. Die Effizienz im Logistikbereich ist entscheidender Erfolgsfaktor im Einzelhandel. Wenn die benötigten Wissens- und Lernkapazitäten nicht im Unternehmen selbst aufgebaut werden, ist eine gute Partnerschaft in diesem Bereich daher von zentraler Bedeutung. Auch beim Aufbau eines neuen Filialnetzes in einem fremden Land ist es strategisch sinnvoll, eine Partnerschaft mit einer einheimischen Kette einzugehen (siehe unten).

Globale Supermarktketten als vertriebsorientierte transnationale Unternehmen

Als transnationale Einzelhandelsunternehmen sollten nur jene bezeichnet werden, bei denen sich sowohl die Beschaffungs- als auch die Verkaufsaktivitäten und die mit diesen verbundenen Vermögenswerte und Beschäftigungsformen über mehrere Länder erstrecken (Wrigley/Coe/Currah 2005:440). Die global agierenden Einzelhandelsketten sind Big Buyer und Big Seller gleichzeitig. Ohne die doppelseitige Internationalisierung der Aktivitäten wäre der Anstieg der Gestaltungsmacht großer Einzelhandelsketten nicht möglich und erklärbar. Erst wenn die KonsumentInnen kaum mehr eine andere „Wahl" haben, als bei einer der Supermarktketten vor Ort einzukaufen, haben auch die lokalen ProduzentInnen kaum mehr eine andere „Wahl", als an die Supermarktketten zu liefern. Erst wenn sich die KonsumentInnen in den Schwellenländern daran gewöhnt haben, Frischwaren im Supermarkt einzukaufen, lohnt sich der Aufbau regionaler Sourcing-Aktivitäten für einzelne Produkte in jener Qualität, die dem Dienstleistungsbündel der jeweiligen Supermarktkette entspricht. So ist auch China heute eben nicht mehr nur „Billigproduzent" für die in den Filialen der Industrieländer verkauften Waren, sondern gleichzeitig auch der wichtigste Wachstumsmarkt für Einzelhandelsinvestitionen.

In ihrer Konzeption Globaler Player im Einzelhandel als „distribution-based transnational enterprises" heben Wrigley/Coe/Currah (2005) vor allem die hohen Investitionen hervor, die notwendig sind, um die Geschäftsaktivitäten adäquat in die jeweiligen „Gast"-Märkte einzubetten. Drei Punkte sind für sie dabei zentral: (1) Ziel der Internationalisierung ist die Erhöhung der Verkaufszahlen. Da Konsum ein soziokultureller Prozess ist, muss der Einzelhandel sensibel auf lokale Geschmäcker, Normen und Präferenzen reagieren, um dieses Ziel zu erreichen. Kulturelle Gewohnheiten werden jedoch insgesamt nur langsam umgestellt, die Investitionen werfen daher erst längerfristig Renditen ab. (2) Relativ viel Kapital muss vor Ort fix in physische Strukturen investiert werden. Dadurch sind auch die Exit-Kosten im Regelfall viel höher als für Industriebetriebe,die sich leichter in Standardhallen einmieten, Gebäude in modularer Bauweise errichten und kapitalintensive Produktionsmittel wie Maschinen (ab)transportieren können. Gute Kenntnisse des lokalen Immobilienmarktes und von relevanten Planungsvorgaben sind aus diesem Grund von zentraler Bedeutung. Darüber hinaus gibt es einen systemimmanenten Zusammenhang zwischen Umsatz und variablen Kosten. In zentralen Lagen und Oberschichtquartieren sind eventuell die Verkaufszahlen höher, gleichzeitig aber auch Grundstücks-, Liefer- und/oder Lohnkosten. Wissen um die konkreten Ausformungen derartiger Zusammenhänge an bestimmten Ort ist für Standortwahlprozesse enorm wichtig. (3) Obwohl die großen Supermarktketten mittlerweile umfangreiche globale und/ oder regionale Beschaffungsstrukturen aufgebaut haben, wird zumindest im Nahrungsmittelbereich ein Großteil der Waren bei lokalen ProduzentInnen eingekauft (Coe 2004; Reardon/Henson/Berdegué 2007). Wie, auf welche Weise und in welchem Umfang Filialen auf- und ausgebaut werden können, ist daher immer stark abhängig von den lokalen Produktionskapazitäten und Zulieferbedingungen.

In der theoretischen und konzeptionellen Auseinandersetzung mit den Globalisierungsprozessen von Einzelhandelsketten sollte vor diesem Hintergrund primär einmal die Frage gestellt werden, auf welche Weise und wie tief sich einzelne Unternehmen mit ihren Aktivitäten an bestimmten Orten „territorial" einbetten. Relevant sind dabei alle möglichen für die Unternehmensaktivitäten bedeutsamen Strukturen auf verschiedenen räumlichen Ebenen: Werden Filialen nach einem weltweit einheitlichen Standard des Unternehmens gebaut oder in einer der lokalen Bauweise angepassten Form? Wird das Management importiert oder vor Ort rekrutiert und geschult? Werden Waren vorrangig über das globale Beschaffungsnetz bereitgestellt oder in den Aufbau qualitätvoller lokaler Zulieferverträge investiert?

Die Frage nach der Art und Tiefe der Einbettung global agierender Einzelhandelsketten in die lokalen Gastmärkte sollte dabei aus zwei Perspektiven analysiert werden, die Wrigley/Coe/Currah (2005) in Anlehnung an Dicken (2003) als Fragen des *placing firm* bzw. des *firming places* bezeichnen. Bei Placing Firm geht es darum, wie die Supermarktketten es schaffen (oder auch nicht), sich mit ihrer im Heimatland ausgeformten Unternehmenskultur in der im Einzelhandel erforderlichen Tiefe in Konsum-, Planungs-, Arbeits-, Wirtschafts- und Politikkulturen von Gastländern bzw. Gastorten einzubetten, die sich oft sehr deutlich vom gewohnten Geschäftsumfeld unterscheiden. Firming Places bezieht sich darauf, wie sich Einzelhandelsketten als Unternehmensnetzwerk in bestimmte lokale Kontexte einklinken und wie dadurch die Gastorte selbst verändert werden. Im Regelfall hat das Eindringen ausländischen Kapitals gravierende Auswirkungen auf die Wettbewerbssituation vor Ort, die Dynamiken im Zulieferumfeld, die Konsumpraktiken, aber auch auf das regulatorische Umfeld. Große Unternehmen gestalten ihr Umfeld immer massiv aktiv mit und um – in vielerlei Hinsicht bewusst, in vielen Aspekten aber auch ohne bewusste Absicht.

Das nachstehende Beispiel demonstriert, wie Wal-Mart im Sinne des Firming Places lokale und nationale Ökonomien in Industrie- und Entwicklungsländern verändert und durch seine überlegenen Machtressourcen und Größenvorteile zu einer Polarisierung sozioökonomischer Strukturen beiträgt. Dabei stehen dem Unternehmen jedoch sowohl regulatorische Barrieren als auch Protestbewegungen gegen ausbeuterische Arbeitsverhältnisse entgegen. Betrachtet man den Aspekt von Placing Firm, so zeigt sich, dass Wal-Mart unterschiedliche Arbeitsverhältnisse und Marktpositionierungen entlang seiner Warenketten bestehen lässt und somit eine Anpassung an die je spezifischen politökonomischen Kontexte stattfindet.

„Every day low prices" oder: Wie steuert Wal-Mart Warenketten?

Wal-Mart, größter Arbeitgeber und Einzelhändler der Welt sowie zweitgrößtes Unternehmen nach Umsatz (Fortune 500, Tabelle 1, http://money.cnn.com/magazines/fortune/fortune500), gehört zu den wenigen Gewinnern in der seit 2007 andauernden Krise. Im ersten Quartal 2009 erzielte das Unternehmen einen Rekordumsatz mit einem Wachstum von 8,3 Prozent im Vergleich zum Vorjahresquartal. Demgegenüber vermelden Home Depot, die Nummer zwei im amerikanischen Einzelhandel, und Carrefour, die Nummer zwei im globalen Einzelhandel, seit mehreren Quartalen sinkende Umsätze und Gewinne.

Der kompetitive Vorteil von Wal-Mart lässt sich in einer Kennzahl verdichten: Die Waren kosten bei Wal-Mart im Durchschnitt 10 % weniger als bei der Konkurrenz (Bas-

Tabelle 2: Wal-Mart und die Nummer 2 im globalen Einzelhandel im Vergleich

	Wal-Mart	Carrefour
Herkunftsstaat	USA	Frankreich
Gründungsjahr	1962	1963
Umsatz (2008, Mill. US-$)	405.607	129.607
Börsegang	1970	1970
MitarbeiterInnen (Herkunftsstaat)	2,1 Mill. (1,4)	0,5 Mill. (0,13)
Standorte	4200	15430
Aktiv in # Staaten	16	31
Anteil Umsätze Ausland	25	57
Lieferanten	61.000	–
Lieferanten aus # Staaten	55+	–

Quellen: Dawson 2007; Carrefour 2008; Wal-Mart 2009.

ker 2007). Diese Zahl reflektiert die zentrale, einfache aber erfolgreiche Strategie von Wal-Mart: „Every Day Low Prices". Warum Wal-Mart wesentlich schneller als seine Konkurrenten gewachsen ist, wird in der Literatur unterschiedlich beantwortet (Fishman 2007). Vereinfacht gesagt existieren zwei Interpretationen. Einerseits werden der Kostenvorteil auf einen höheren Ausbeutungsgrad in Bezug auf die eigene Belegschaft sowie der Zulieferer zurückgeführt (Milberg 2007; Wichterich 2009). Andererseits betonen AutorInnen wie Basker (2007) die jahrzehntelange technologische Frontrunner-Position von Wal-Mart und die ständigen Investitionen in neue Technologien zur Optimierung der Steuerung der Warenkette. Wal-Mart gilt als Idealtypus eines Leitunternehmens in einer käufergesteuerten Warenkette (Abbildung 2).

    Die räumliche Evolution der Zulieferkette lässt sich grob in zwei Phasen einteilen: Während in der Anfangszeit sowie zwischen 1985 und 1992 eine „Buy Ameri-

Abbildung 2: Akteure der „Wal-Mart-Kette"

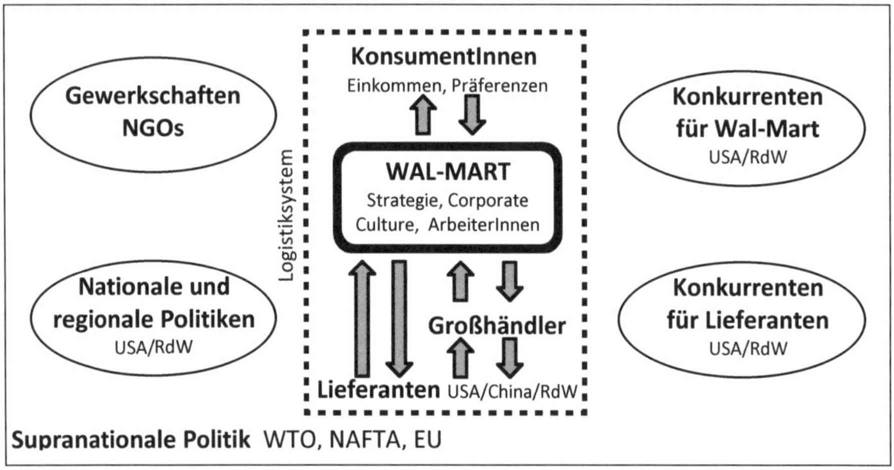

RdW = Rest der Welt

can"-Strategie nicht zuletzt auch als Werbebotschaft genutzt wurde, dominierte danach und bis heute ein Trend zum Einkauf von Waren aus Niedriglohnländern, insbesondere China (siehe unten). Durch die großen Importvolumina trägt Wal-Mart unmittelbar zum gewaltigen US-Leistungsbilanzdefizit gegenüber China bei. Auch Walmex (Wal-Mart Mexiko) hat die größte negative Handelsbilanz unter allen mexikanischen Unternehmen. Nicht zuletzt aufgrund eines überbewerteten Peso werden 55 % der Einkäufe von Walmex importiert. Bisher kauften die mexikanischen Ketten deutlich weniger aus dem Ausland zu. Um wettbewerbsfähig zu bleiben, müssen jedoch auch sie zunehmend auf importierte Waren umsteigen. Durch die Präsenz und Strategie von Walmex kommt es so zu einer Verdrängung von mexikanischer zugunsten von ausländischer, vor allem chinesischer Produktion (Durand 2007).

Kostenvorteile sind der Kern der überlegenen Wettbewerbsfähigkeit von Wal-Mart. Wodurch entsteht diese überlegene Effizienz der Wal-Mart Kette, die 5 bis 10 % billigere Preise gegenüber der Konkurrenz ermöglicht? Als Sam Walton 1962 seine ersten Geschäfte eröffnete und mit niedrigeren Preisen seine Konkurrenten unterbieten wollte, hatte er ein zentrales Problem: Er kaufte alle Waren bei den gleichen Großhändlern wie die Konkurrenz. Aus einer derartigen Situation ließ sich kein Wettbewerbsvorteil generieren. Walton versuchte daher, direkt bei den Produzenten einzukaufen (*direct sourcing*). Diese hatten jedoch kein Interesse daran, alle verstreuten Wal-Mart Geschäfte einzeln zu beliefern. Das war der entscheidende Anstoß zur Gründung eigener Wal-Mart Distributionszentren, die von den Produzenten beliefert wurden. Von dort aus sorgte eine firmeneigene Truckerflotte für die Verteilung zu den einzelnen Filialstandorten. Das verursachte zwar höhere Lieferkosten, die in Summe etwa fünf-prozentige Kostenreduktion beim Einkauf, die die Umgehung des Großhandels erbrachte, machte das aber bei Weitem wett. Sie führte zu den entscheidenden Kostenvorteilen, die den Aufstieg des Diskonters einleiteten (Friedman 2006). Die Ausschaltung des Großhandels ist neben der Technologieführerschaft im Logistikbereich der Kern des Erfolgs der Wal-Mart-Kette. Die negative Performance am deutschen Markt, die mit dem Rückzug endete, lässt sich unter anderem durch das Scheitern der Übertragung dieses Logistiksystems auf deutsche Verhältnisse erklären. Wal-Mart konnte aufgrund mangelnder Größe sowie dominanter Großhändler keine direkten Zulieferbeziehungen mit den Produzenten aufbauen und so auch keine Kostenvorteile gegenüber der Konkurrenz erzielen (Christopherson 2007).

Wal-Mart, Löhne und Gewerkschaften

Profitieren die ArbeiterInnen einer Region von der Eröffnung einer Wal-Mart-Filiale? Die Beschäftigungseffekte einer Wal-Mart-Ansiedlung in den USA sind für die Gemeinde in Summe insgesamt leicht positiv (Basker 2007). Dieses Ergebnis ist jedoch in mehrfacher Hinsicht zu modifizieren. Erstens ermöglichen die vorhandenen Daten keine Unterscheidung zwischen Voll- und TeilzeitarbeiterInnen. Wenn Wal-Mart im Vergleich mehr TeilzeitarbeiterInnen beschäftigt als die Einzel- und Großhändler, die durch die Ansiedlung aus dem Markt gedrängt werden, kann es zu einem Nettorückgang des Beschäftigungsvolumens bei Nettozunahme der Beschäftigten kommen. Wie aber verändert sich die Qualifikationsstruktur der ArbeiterInnen? Wenngleich in dieser Frage wenige empirische Studien vorliegen, gibt es anekdotische Evidenz für die Substitution von relativ qualifizierten durch relativ unqualifizierte Arbeitskräfte. Diese Dequalifizierung hat neben dem Geschäftsmodell des „lean retailing" mit der Ablehnung von Gewerkschaften durch das Wal-Mart-Management zu tun. So gibt es etwa für das Management von Wal-Mart-Geschäften einen eigenen Leitfaden mit dem Titel „Manager's Toolbox to Remaining Union Free". Wenngleich der Einzelhandelssektor in den USA grundsätzlich einen geringen gewerkschaftlichen Organisationsgrad aufweist (5,7 % im Vergleich zu 7,9 % im Unternehmenssektor insgesamt), so hat es Wal-Mart über die Jahrzehnte geschafft, jegliche gewerkschaftliche Initiative innerhalb des Unternehmens zu unterbinden.

Welche Auswirkungen hat Wal-Mart auf die lokalen Löhne in den USA? Wal-Mart bezahlt seinen ArbeiterInnen einen Lohn, der knapp über dem Mindestlohnniveau liegt (Basker 2007). Es gibt jedoch empirisch robuste Ergebnisse, die einen Lohnverlust für ArbeiterInnen bei Konkurrenten von Wal-Mart belegen (Bernstein/Bivens 2006). Ein Fallbeispiel dazu lieferten im Jahr 2003 60.000 gewerkschaftlich organisierte ArbeiterInnen im Lebensmitteleinzelhandel in Kalifornien. Diese traten in einen vier Monate langen Streik, als ihre Arbeitgeber in Antizipation des Markteintritts von Wal-Mart die Löhne senken wollten. Letztendlich setzten sich die Arbeitgeber durch. Ein Beleg dafür, dass zumindest in jenen Bereichen, wo gewerkschaftlich organisierte ArbeiterInnen tätig sind, die Konkurrenz von Wal-Mart zu fallenden Löhnen führt.

Die Erkenntnisse für die USA lassen sich nicht in direkter Weise auf Wal-Mart-Standorte in Schwellen- und Entwicklungsländern übertragen (Gereffi/Christian 2009). Wal-Mart akzeptiert in diesen Staaten die gewerkschaftliche Organisation seiner ArbeiterInnen und zahlt tendenziell überdurchschnittliche Löhne. Als Ergebnis einer Analyse zu Arbeitsbedingungen bei Walmex im Vergleich zu Konkurrenten stellt Tilly (2007:1815) fest: „Wal-Mart as a low-wage retailer appears to be a US phenomenon." Damit hätte die Expansion von Wal-Mart in Schwellenländern potenziell positive Effekte für die ArbeiterInnen im Einzelhandel. Durand (2007) zeigt allerdings für Mexiko eine Reihe von problematischen Entwicklungen, die in Summe diese positive Beurteilung wieder aufheben könnten. Der Einstieg von Wal-Mart in Mexiko führte demnach zwar zu einer Modernisierung des Einzelhandelssektors, die nationalen Ketten litten jedoch unter Marktanteilsverlusten und einer Produktivitätsabnahme. Insgesamt kam es auch zu Lohnsenkungen im Einzelhandelssektor. Die Abnahme der Produktivität kann als Übergangsphänomen interpretiert werden, in welcher die Einzelhandelsunternehmen erst wieder ihre optimale Betriebsgröße zu erreichen suchen. So ist seit etwa 2000 wieder ein starker Anstieg der Arbeitsproduktivität zu beobachten, allerdings hat sich die Produktivitätslücke zwischen Wal-Mart und der größten mexikanischen Kette Soriana nicht geschlossen. Das ist ein Hinweis auf beschränkte positive Spillover-Effekte (Durand 2009).

Politische Grenzen der Expansion
Aufgrund des hohen Anteils an Importen im Warensortiment von Wal-Mart ist der Konzern unmittelbar von handelspolitischen Entscheidungen betroffen. Durch diese Abhängigkeit ergibt sich eine klare Befürwortung des Freihandels. Neben den handelspolitischen Maßnahmen wirken sich auch Regulierungen bezüglich ausländischer Direktinvestitionen auf die Internationalisierung von Wal-Mart aus. Dies soll am Beispiel des Markteinstiegs von Wal-Mart in den indischen Markt skizziert werden. Indische Unternehmen gehören seit längerem zu den wichtigsten Zulieferern für Wal-Mart. Ei-

ner Eröffnung von Wal-Markt Geschäften in Indien stehen jedoch regulatorische Barrieren entgegen. Indien gilt als einer der attraktivsten Wachstumsmärkte, die strengen Einschränkungen in Bezug auf ausländische Direktinvestitionen im Einzelhandel behindern jedoch eine einfache Lukrierung der vermuteten Renditen. Ein Markteinstieg ist für ausländische Einzelhandelsketten nur über Kooperationen und/oder Joint Ventures mit indischen Einzelhändlern möglich. Anfang 2006 wurde diese Bestimmung für Singlebrand-Einzelhändler (z.B. Nike) gelockert, aber für Multibrand-Ketten (z.B. Wal-Mart) blieben die Restriktionen aufrecht. So war Wal-Mart gezwungen, 2006 eine Allianz mit dem indischen Unternehmen Bharti einzugehen. Gleichzeitig versucht das Wal-Mart-Management, durch Lobbying einen direkteren Zugang zum Einzelhandelssektor zu erhalten. 2009 kam es zu einem Treffen zwischen Robson Walton, dem Nachfolger von Firmengründer Sam Walton, und dem indischen Premierminister Manmohan Singh, bei dem Walton für eine Liberalisierung der Einschränkungen von ausländischen Direktinvestitionen im Multibrand-Einzelhandel warb (Business Week, 6.11.2009). Parallel dazu hat sich eine massive Front des Widerstands in Indien gegen das Markteindringen von transnationalen Einzelhandelsketten gebildet, die sich vor allem auch gegen Wal-Mart richtet (Franz 2008).

Chinesische und mexikanische Lieferanten

Als Hauptstandort der Konsumgüterproduktion für Wal-Mart fungiert China. Wal-Mart hat einen Anteil von 6,5 % am amerikanischen Einzelhandelsumsatz, ist aber für 11 % der gesamten US-Importe aus China und für über 15 % aller Konsumgüterimporte aus China verantwortlich (Basker/Van 2008). Diese relativ starke Ausrichtung auf den globalen Beschaffungsmarkt ist auch eine Folge der mit dessen Errichtung und Pflege verbundenen Kostenverläufe: Der Aufbau globaler Zuliefernetzwerke und der direkte Einkauf ohne zwischengeschaltete Großhändler verlangt zunächst einmal Investitionen in das Netzwerk und verursacht damit entsprechende Fixkosten. Diese Fixkosten können nur über eine entsprechend große Menge an gehandelten Waren und der damit verbundenen Durchschnittskostendegression amortisiert werden. Erneut wird hier die hohe Bedeutung von Economies of Scale für Wal-Mart deutlich.

Neben diesen Ergebnissen für den aggregierten Zuliefersektor gibt es kaum Studien zu Upgrading-Prozessen durch die Integration in die Wal-Markt Kette auf Branchen- oder Unternehmensebene. Eine Ausnahme ist eine Fallstudie der Weltbank über die Entwicklung der mexikanischen Reinigungsmittelindustrie (Javorcik/Keller/Tybout 2006). Im Einklang mit den obigen Ergebnissen ergaben die Interviews mit Unternehmen dieser Branche, dass durch den Eintritt von Walmex und die dadurch entstehenden Zulieferverflechtungen weniger effiziente Unternehmen verdrängt wurden. Außerdem kam es zu einem Druck in Richtung Grenzkostenpreise, das heißt die Profite der LieferantInnen gingen durch eine erhöhte Wettbewerbsintensität zurück. Die im Markt verbleibenden Unternehmen konnten demgegenüber wachsen. Seit sie Zulieferbeziehungen zu Walmex aufnahmen, wurden sie effizienter und innovativer. Als wesentlicher Faktor für die Zunahme an Innovationstätigkeit auf Seiten der Reinigungsmittelindustrie sind die veränderten Anreize durch die Integration in die Wal-Markt-Kette zu nennen. Wal-Mart erhöht die Innovationsanreize auf zweierlei Art: Erstens verlangt das Unternehmen bei gleichbleibenden Produkten einen regelmäßigen Preisabschlag, während für verbesserte Produkte gleiche oder höhere Preise bezahlt werden. Das erhöht den Anreiz zur inkrementellen Innovation erheblich. Zweitens ergeben sich durch die Zunahme der Marktgröße und damit verbundene Größeneffekte Anreize zu effizienterer Produktion durch Prozessinnovationen.

Wie viele andere Unternehmen dieser Größe und sektoralen Zugehörigkeit hat auch Wal-Mart eine Geschichte der Arbeits- und Menschenrechtsverletzungen in seinen Zulieferbetrieben. Als in den 1990er Jahren Berichte über Kinderarbeit in den Zulieferbetrieben in Bangladesch im US-Fernsehen publik gemacht wurden, argumentierte der damalige Chief Executive Officer David Glass, man müsse einen Unterschied machen zwischen amerikanischen Kindern und Bangladeschi (Gereffi/Christian 2009). Wie viele andere Unternehmen hat sich auch Wal-Mart einen Verhaltenskodex gegeben, der menschenwürdige Arbeitsbedingungen in den Zulieferfabriken verspricht. Allerdings ist die Kontrolle der Einhaltung dieser Standards keineswegs so streng wie notwendig und wird durch eine Reihe von Subauftragnehmern erschwert (Hale 2000). Ob Wal-Mart durch seine aggressiven Preisverhandlungen mit den Lieferanten noch schlechtere Arbeitsbedingungen provoziert als seine Konkurrenten, wurde bislang nicht untersucht. Im Jahr 2002 kam es zu ca. 6.000 gerichtlichen Klagen wegen unsozialer Praktiken bei Wal-Mart und seinen Zulieferbetrieben. Der Konzern reagierte mit einer Öffentlichkeitskampagne und argumentierte, dass 2004 in 7.600 Fabriken etwa 12.000 Inspektionen stattgefunden haben. Mit 108 Subunternehmern habe man endgültig die Lieferbeziehungen eingestellt, da es zu Verstößen gegen das Verbot von Kinderarbeit gekommen war (Servant 2007). Dennoch bleiben zahlreiche fragwürdige Zustände weiterhin bestehen. Das National Labour Comitee veröffentlichte im Jahr 2008 einen Bericht über die Arbeitsbedingungen in chinesischen Wal-Mart-Zulieferunternehmen. Darin wird von Kinderarbeit, Lohnunterschlagung, gesundheitsgefährdenden Arbeitsbedingungen etc. berichtet (New York Times, 5.1.2008). Allerdings lassen sich die vorwiegend weiblichen chinesischen WanderarbeiterInnen Verletzungen ihrer Menschenwürde und ihrer arbeitsrechtlichen Ansprüche zunehmend weniger gefallen. Wichterich (2009) berichtet von neu entstehenden Netzwerken der Solidarität zwischen den WanderarbeiterInnen und internationalen NRO sowie kirchlichen und gewerkschaftlichen Organisationen. Sobald Widerstand geleistet wird, besteht jedoch die Gefahr, dass die Produktion in das Landesinnere von China oder nach Vietnam abwandert.

Resümee

Ausländisches Kapital im Einzelhandel wirkt sich generell sehr stark auf die Wettbewerbssituation vor Ort, die Dynamiken im Zulieferumfeld, die Konsumpraktiken, aber auch auf das regulatorische Umfeld aus. Obwohl generelle Aussagen zu den entwicklungspolitisch relevanten Effekten in allen diesen Bereichen nur unter Inkaufnahme grober Vereinfachungen möglich sind, sehen wir auf einer sehr generellen Ebene eine „multiple Polarisierung", die durch die mit der Supermarktrevolution verbundene Modernisierung im Einzelhandel ausgelöst wird. (1) Durch den Aufstieg von Einzelhandelsketten zu Leitunternehmen in käufergesteuerten Warenketten kommt es zu einer Polarisierung bei den Zulieferbetrieben. Kapitalstarke und technologisch gut ausgestattete Unternehmen und

Landwirtschaften profitieren potenziell von der Integration in die modernen Warenketten im Einzelhandel. Kapitalschwache und technologie- bzw. innovationsaverse Betriebe sehen sich hohen Einstiegsbarrieren in die Zulieferketten gegenüber. Die Einbindung von KleinlieferantInnen und KleinbäuerInnen erfolgt aufgrund der hohen Standards generell nur über sehr „fesselnde" Verträge. Ob diese Einbindung dennoch wichtige Stimuli für Entwicklungsprozesse im ländlichen Raum auslöst, wird sehr kontrovers diskutiert. (2) Es entsteht eine polarisierte Struktur im Einzelhandelssektor selbst. Im modernen Supermarktbereich kommt es mittlerweile auch in den Schwellenländern zu einer starken Konzentration und zur Ausbildung von Oligopolen. Der traditionelle Einzelhandel wird in Nischenbereiche abgedrängt und spielt vor allem in der Versorgung der einkommensschwächeren Schichten eine Rolle. Die Rückkoppelungen zur Polarisierung auf der Zulieferkette sind evident. (3) Es polarisieren sich Lohn-, Preis- und Konsumstrukturen, in Industrie- und Entwicklungsländern jedoch in einer unterschiedlichen Form. In ersteren entwickelt sich über den Einzelhandel eine Niedriglohn-, -preis-, -konsumspirale: Einzelhandelsketten versuchen über niedrige Löhne einen preislichen Wettbewerbsvorteil gegenüber der Konkurrenz durchzusetzen. Es breitet sich ein Niedriglohnsegment für vorwiegend weibliche Handelsangestellte aus, das selbst sehr stark auf Diskonterpreise beim eigenen Konsum angewiesen ist. In den Entwicklungsländern ist die Zugänglichkeit zu den preislich eher günstigen Supermärkten für einkommensschwache Schichten unter anderem aufgrund deren eingeschränkter Mobilität noch immer gering. Sie sind in ihrem Konsum auf den traditionellen Einzelhandel angewiesen, der zunehmend selbst die Supermärkte als Großhandel nutzt.

Literatur

Basker, Emek (2007): The Causes and Consequences of Wal-Mart's Growth. In: Journal of Economic Perspectives 21/3: 177-198

Basker, Emek/Van, Pham Hoang (2008): Wal-Mart as Catalyst to U.S.-China Trade. Mimeo: University of Missouri

Bernstein, Jared/Bivens, Josh (2006): The Wal-Mart debate: A false choice between prices and wages. Economic Policy Institute Issue Brief 223, http://www.epi.org/publications/entry/ib223/, 6.4.2010

Bianchi, Constanza/Arnold, Stephen J. (2004): An institutional perspective on retail internationalization success. In: International Review of Retail, Distribution and Consumer Research 14/2: 149-169

Biles, James J./Brehm, Kevin/Enrico, Amanda/Kiendl, Cheray/Morgan, Emily/Teachout, Alexandra/Vasquez, Katie (2007): Globalizing of Food Retailing and Transformation of Supply Networks: Consequences for Small-scale Agricultural Producers in Southeastern Mexico. In: Journal of Latin American Geography 6/2: 55-75

Carrefour (2008) Annual Report. http://www.carrefour.com/docroot/groupe/C4com/Finance/Publications_et_presentations/Les%20rapports%20annuels/CARREFOUR_RA_2009_UK_01-56_V2.pdf, 8.3.2010

Christopherson, Susan (2007): Barriers to „US style" lean Retailing: The Case of Wal-Mart's Failure in Germany. In: Journal of Economic Geography 7/4: 451-469

Coe, Neil M. (2004): The internationalisation/ globalisation of retailing: Towards an economic-geographical research agenda. In: Environment and Planning A 36/9: 1571-1594

Coe, Neil M. (2006): The Strategic Localization of Transnational Retailers: The Case of Samsung-Tesco in South Korea. In: Economic Geography 82/1: 61-88

Coe, Neil M./Dicken, Peter/Hess, Martin (2008): Global production networks: realizing the potential. In: Journal of Economic Geography 8/2: 271-295

Coe, Neil M./Hess, Martin (2005): The internationalization of retailing: implications for supply network restructuring in East Asia and Eastern Europe. In: Journal of Economic Geography 5/4: 449-473

Coe, Neil M./Wrigley, Neil (2007): Host economy impacts of transnational retail: the research agenda. In: Journal of Economic Geography 7/4: 341-371

Dawson, John A. (2007): Scoping and conceptualising retailer internationalisation. In: Journal of Economic Geography 7/4: 373-397

Deloitte/Stores (2010): Top 250 Global Retailers 2008. http://www.stores.org/pdf/Top%20250%20list%20for%20web.pdf, 5.2.2010

Dicken, Peter (2003): „Placing firms"; grounding the debate on the „global" corporation. In: Peck, Jamie/Yeung, Henry Wai-chung, Hg.: Remaking the global economy. London: Sage: 27-44

Dries, Lisbeth/Germenji, Etleva/Noev, Nivelin/Swinnen, Johan F.M. (2009): Farmers, Vertical Coordination, and the Restructuring of Dairy Supply Chains in Central and Eastern Europe. In: World Development 37/11: 1742-1758

Durand, Cédric (2007): Externalities from foreign direct investment in the Mexican retailing sector. In: Cambridge Journal of Economics 31/2: 393-411

Durand, Cédric/Wrigley, Neil (2009): Institutional and economic determinants of transnational retailer expansion and performance: a comparative analysis of Wal-Mart and Carrefour. In: Environment and Planning A 41/7:1534-1555

Durand, Cédric (2009): Technology, Competition and Dissidence. Three issues on innovation in retailing. http://www.aimresearch.org/uploads/file/Presentations/Sept09/CDURAND-retail_and_innovation-BAMconf-0909.pdf, 8.3.2010

Faigenbaum, Sergio/Berdegué, Julio A./Reardon, Thomas (2002): The Rapid Rise of Supermarkets in Chile: Effects on Dairy, Vegetable, and Beef Chains. In: Development Policy Review 20/4: 459-471

Fishman, Charles (2007): The Wal-Mart Effect. How an Out-of-Town Superstore became a Superpower. London: Penguin

Franz, Martin (2008): Barrieren der Expansion von Einzelhandelsunternehmen durch Widerstände einheimischer Einzelhändler: das Beispiel Indien. In: Berichte des Arbeitskreises Geographische Handelsforschung 23: 37-41

Freidberg, Susanne (2007): Supermarkets and imperial knowledge. In: Cultural Geographies 14: 321-342

Friedman, Thomas L. (2006): The World is Flat. The Globalized World in the Twenty-First Century. London: Penguin

Gereffi, Gary (1994): The Organization of Buyer-Driven Global Commodity Chains: How U.S. Retailers Shape Overseas Production Networks. In: Gereffi, Gary/Korzeniewicz, Miguel, Hg.: Commodity Chains and Global Capitalism. Westport: Praeger: 95-122

Gereffi, Gary/Humphrey, John/Sturgeon, Timothy (2005): The governance of global value chains. In: Review of International Political Economy 12/1: 78-104

Gereffi, Gerry/Christian, Michelle (2009): The Impacts of Wal-Mart: The Rise and Consequences of the World's Dominant Retailer. In: Annual Review of Sociology 35: 573-591

Hale, Angela (2000): What Hope for „Ethical" Trade in the Globalised Garment Industry? In: Antipode 32/4: 349-356

Humphrey, John (2007): The supermarket revolution in developing countries: tidal wave or tough competitive struggle? In: Journal of Economic Geography 7/4: 433-450

Javorcik, Beata/ Keller, Wolfgang/ Tybout, James (2006): Openness and Industrial Response in a Wal-Mart World: A Case Study of Mexican Soaps, Detergens and Surfactant Producers. World Bank Policy Research Working Paper 3999

License! Global (2008): Top 25 Global Retailers. A Quick Reference Guide to Sales, Brands, Licensing, and Merchandising. http://www.licensemag.com/licensemag/data/articlestandard// licensemag/252008/524838/article.pdf, 8.3.2010

Madevu, Hilton/Louw, André/Kirsten, Johann (2009): Mapping the competitive food chain for fresh produce: The case of retailers in Tshwane Metro, South Africa. Paper contributed to the International Association of Agricultural Economists Conference, Beijing, China, August 16-22, 2009. http://ageconsearch.umn.edu/bitstream/51555/2/Mapping%20FP%20retailing_ IAAE.09.pdf, 17.02.2010

Milberg, William (2007): Shifting Sources and Uses of Profits: Sustaining U.S. Financialization with Global Value Chains. SCEPA Working Paper 9

Neven, David /Reardon, Thomas (2004): The Rise of Kenyan Supermarkets and the Evolution of their Horticulture Product Procurement Systems. In: Development Policy Review 22/6: 669-699

Ponte, Stefano (2002): The „Latte Revolution"? Regulation, Markets and Consumption in the Global Coffee Chain. In: World Development 30/7: 1099-1122

Reardon, Thomas (2005): Retail Companies as Integrators of Value Chains in Developing Countries: Diffusion, Procurement System Change, and Trade and Development Effects. Eschborn: Deutsche Gesellschaft für Technische Zusammenarbeit (GTZ)

Reardon, Thomas/Barrett, Christopher B./Berdegué, Julio A./Sinnen, Johan F.M. (2009): Agrifood Industry Transformation and Small Farmers in Developing Countries. In: World Development 37/11: 1717-1727

Reardon, Thomas/Berdegué, Julio A. (2002): The rapid rise of supermarkets in Latin America: Challenges and opportunities for development. In: Development Policy Review 20/2: 317-334

Reardon, Thomas/Henson, Spencer/Berdegué, Julio (2007): „Proactive fast-tracking" diffusion of supermarkets in developing countries: implications for market institutions and trade. In: Journal of Economic Geography 7/4: 399-431

Saporito, Bill (2003): Can Wal-Mart Get Any Bigger? (Yes, a lot bigger … Here's how). In: Time Magazine January 5

Servant, Jean-Christophe (2007): Sweatshops für Wal-Mart. In: Die Globalisierungsmacher. Konzerne, Netzwerker, Abgehängte (= Edition Le Monde Diplomatique Nr. 2). Berlin: Taz Verlag: 15

Tacconelli, Wance/Wrigley, Neil (2009): Organizational Challenges and Strategic Responses of Retail TNCs in Post-WTO-Entry China. In: Economic Geography 85/1: 49-73

Tilly, Chris (2007): Wal-Mart and its Workers: Not the Same all over the World. In: Connecticut Law Review 39/4: 1805-1823

Timmer, Peter C. (2009): Do Supermarkets Change the Food Policy Agenda? In: World Development 37/11: 1812-1819

Wal-Mart (2009): Annual Report http://media.corporate-ir.net/media_files/irol/11/112761/ ARs/2009_Annual_Report.pdf, 8.3.2010

Wichterich, Christa (2009): Kämpfe an der Quelle der Wertschöpfungskette in China. In: Hoering, Uwe u.a., Hg.: Globalisierung bringt Bewegung. Münster: Verlag Westfälisches Dampfboot: 120-135

Wrigley, Neil/Coe, Neil M./Currah, Andrew (2005): Globalizing retail: conceptualizing the distribution-based transnational corporation (TNC). In: Progress in Human Geography 29/4: 437-457

Autorinnen und Autoren

Elisabeth AUFHAUSER ist Assistenzprofessorin am Institut für Geographie und Regionalforschung der Universität Wien.

Jennifer BAIR ist Assistenzprofessorin am Department of Sociology der University of Colorado.

Karin FISCHER ist Assistentin an der Abteilung Politik- und Entwicklungsforschung des Instituts für Soziologie der Johannes Kepler Universität Linz.

Jörg FLECKER ist wissenschaftlicher Leiter der Forschungs- und Beratungsstelle Arbeitswelt (FORBA) und Universitätsdozent für Wirtschaftssoziologie an der Universität Wien.

Niels FOLD ist Professor am Institute of Geography and Geology der University of Copenhagen.

Andrea KOMLOSY ist a.o. Universitätsprofessorin am Institut für Wirtschafts- und Sozialgeschichte der Universität Wien.

Lukas LENGAUER ist Postdoc für Wirtschaftsgeographie am Fachbereich Geographie und Geologie der Universität Salzburg.

Wolfram MANZENREITER ist Assistenzprofessor an der Abteilung Japanologie des Instituts für Ostasienwissenschaften der Universität Wien.

Leonhard PLANK ist DOC-team Stipendiat der Österreichischen Akademie der Wissenschaften und Lehrbeauftragter am Projekt Internationale Entwicklung der Universität Wien.

Christian REINER ist Assistent für Wirtschaftsgeographie am Fachbereich Geographie und Geologie der Universität Salzburg.

Andreas STAMM ist wissenschaftlicher Mitarbeiter am Deutschen Institut für Entwicklungspolitik (DIE) in Bonn.